Die
gesammten Materialien

zu den

das Bürgerliche Gesetzbuch und seine Nebengesetze betreffenden bayerischen Gesetzen und Verordnungen

nebst den

einschlägigen Ministerialerlassen

herausgegeben

von

Heinrich Becher.

II. Abtheilung.

Gesetz, das Unschädlichkeitszeugniß betreffend
vom 15. Juni 1898.

München, 1899.
J. Schweitzer Verlag.
(Arthur Sellier.)

Die

gesammten Materialien

zu dem Gesetze,

das Unschädlichkeitszeugniß betreffend

vom 15. Juni 1898.

Herausgegeben

von

Heinrich Becher.

München, 1899.

J. Schweitzer Verlag.

(Arthur Sellier.)

Inhaltsverzeichniß.

Alphabetisches Sachregister.

B. = Begründung; B. = Bericht des Ausschusses der K. d. Abg.; A.B. = Verhandlungen des Ausschusses der K. d. Abg.; St. = Stenographischer Bericht über die Verhandlungen der K. d. Abg.; R.A. = Verhandlungen des Ausschusses der K. d. Reichsräthe; St.R. = Stenographischer Bericht der Verhandlungen der K. d. Reichsräthe. Die Zahlen bedeuten die Seiten.

Berichtigungen.

1. Auf Seite 1 ist in der letzten Zeile der Vorbemerkung statt Artikel „187" zu setzen Artikel „186".

2. Auf Seite 97 ist statt „München, den 17. März 1898" zu lesen „München, den 22. März 1898" (zu vergl. die authentische Berichtigung auf Seite 134 der II. Abth.).

3. Auf Seite 131 muß es in Zeile 14 von oben statt „Modifikationen" heißen „Notifikationen".

4. Auf Seite 193 muß es in Zeile 13 von unten statt „aufgeworfen" heißen: „aufgenommen".

II. Abtheilung.

Das Gesetz, das Unschädlichkeitszeugniß betreffend.

1.

Vorbemerkung.

Am 28. Januar 1898 legten die K. Staatsministerien der Justiz, des Innern und der Finanzen den Gesetzentwurf nebst Begründung der Kammer der Abgeordneten mit dem Ersuchen um Verweisung an einen Ausschuß vor. (Beil. z. d. Verhandl. d. K. d. Abg. 1898 Bd. XV Nr. 912 S. 193.) In der Sitzung vom 31. Januar 1898 theilte der Präsident der Kammer dies dem Hause mit. (Stenogr. Ber. über d. Verhandl. d. K. d. Abg. 1898 Bd. X Nr. 374 S. 751.) In der Sitzung vom 11. Februar 1898 wurde über die geschäftliche Behandlung des Gesetzentwurfs berathen und dieser auf Vorschlag des Abgeordneten Wagner an einen Ausschuß von 14 Mitgliedern verwiesen. (Stenogr. Ber. a. a. O. Bd. XI Nr. 382 S. 101.) In den besonderen XVII. Ausschuß wurden gewählt die Abgeordneten Aigner, Fuchs, Ganzleben, Geiger, Hofmann, Huber, Kraußold, Lerno, Lutz, Michel, Segitz, Wagner, von Walter, Wieland. (Stenogr. Ber. a. a. O. Bd. XI Nr. 386 S. 191.)

Das Gesetz wird dauernde Geltung haben. Es beruht auf den Vorbehalten des Artikel 120 des Einf.Ges. z. B.G.B.

2.

Vorlage.

(Beilage Nr. 912 z. d. Verhandl. d. K. d. Abg. 1898 Bd. XV S. 193.)

Die S. 193.

Königlichen Staatsministerien der Justiz, des Innern und der Finanzen

an das

Präsidium der Kammer der Abgeordneten.

Seine Königliche Hoheit Prinz Luitpold, des Königreichs Bayern Verweser, haben allergnädigst zu genehmigen geruht, daß an den Landtag, und zwar zunächst an die Kammer der Abgeordneten, der

Entwurf eines Gesetzes, das Unschädlichkeitszeugniß betreffend,

gebracht werde.

S. 193. Die ergebenst Unterzeichneten beehren sich demgemäß, den Gesetzentwurf nebst Begründung dem sehr verehrlichen Präsidium der Kammer der Abgeordneten mit dem Antrage auf Verweisung an einen Ausschuß zu übermitteln, und benützen mit Vergnügen auch diesen Anlaß zur Versicherung ihrer ausgezeichnetsten Hochachtung.

München, den 28. Januar 1898.

Dr. Freiherr von Riedel. Freiherr von Feilitzsch.
Dr. Freiherr von Leonrod.

3.

Entwurf eines Gesetzes,

das Unschädlichkeitszeugniß betreffend.

(Beilage Nr. 912 z. d. Verhandl. d. K. d. Abg. 1898 Bd. XV S. 193 bis 195.)

Im Namen Seiner Majestät des Königs.

Seine Königliche Hoheit Prinz Luitpold, des Königreichs Bayern Verweser, haben nach Vernehmung des Staatsraths mit Beirath und Zustimmung der Kammer der Reichsräthe und der Kammer der Abgeordneten und in Ansehung der Artikel 11 bis 13 unter Beobachtung der in Tit. X § 7 der Verfassungsurkunde vorgeschriebenen Formen beschlossen und verordnen, was folgt:

Artikel 1.

Wird eine Theilfläche eines Grundstücks, das mit Hypotheken, Grundschulden, Rentenschulden oder Reallasten belastet ist, veräußert, so wird das Trennstück ohne Einwilligung der Berechtigten von den Belastungen frei, wenn von dem Amtsgerichte, bei welchem das Grundbuch für das Grundstück geführt wird, festgestellt ist, daß die Veräußerung für die Berechtigten unschädlich ist.

Artikel 2.

Die Feststellung der Unschädlichkeit darf nur erfolgen, wenn die durch die Veräußerung des Trennstücks entstehende Verringerung des Umfanges und des Werthes des Grundstücks im Verhältnisse zu dem Umfange und dem Werthe des übrigen Theiles des Grundstücks eine geringe ist und die Werthminderung in Geld oder durch ein anderes Grundstück ausgeglichen wird. Erstreckt sich die Belastung auf andere Grundstücke, so gelten diese im Verhältnisse zu dem Trennstücke mit dem übrigen Theile des Grundstücks zusammen als ein Grundstück.

Wird das Trennstück zu einem öffentlichen Zwecke unentgeltlich abgetreten, so wird auf die Werthminderung die Wertherhöhung angerechnet, die sich aus der dem öffentlichen Zwecke dienenden Anlage ergibt.

Die Ausgleichung ist nicht erforderlich, wenn die Werthminderung den Betrag von fünfzig Mark nicht übersteigt.

Artikel 3.

Soweit die Ausgleichung der Werthminderung in Geld erfolgt, muß der erforderliche Betrag zur Vertheilung unter die Berechtigten bei der Hinterlegungsstelle des Gerichtsbezirkes hinterlegt werden. Die Hinterlegung hat mit der Bestimmung zu geschehen, daß zur Rücknahme die Ermächtigung des Amtsgerichts erforderlich ist. S. 193.

Soweit die Ausgleichung durch ein anderes Grundstück erfolgt, müssen die Rechte der Berechtigten auf dieses erstreckt werden.

Im Falle der unentgeltlichen Abtretung zu einem öffentlichen Zwecke muß mit der Ausführung der den Werth des Grundstücks erhöhenden Anlage begonnen sein. S. 194.

Artikel 4.

Auf Antrag des Eigenthümers hat das Amtsgericht den Berechtigten die bevorstehende Feststellung der Unschädlichkeit mit der Aufforderung mitzutheilen, innerhalb einer Frist von einem Monate zu erklären, ob sie auf der Ausgleichung der Werthminderung bestehen. Die Mittheilung hat die Angabe der Größe des Trennstücks und des Betrages der Werthminderung zu enthalten; als Rechtsnachtheil ist den Berechtigten anzudrohen, daß die Unschädlichkeit ihnen gegenüber ohne Ausgleichung der Werthminderung festgestellt werden würde.

Ist die Mittheilung an einen Berechtigten nicht thunlich, so ist die für ihn bestimmte Mittheilung an die Gerichtstafel anzuheften und einmal in das für die Bekanntmachungen des Amtsgerichts bestimmte Blatt einzurücken. Das Gleiche gilt, wenn ein Berechtigter gestorben und der Erbe dem Amtsgerichte nicht bekannt ist. Das Amtsgericht kann anordnen, daß die Veröffentlichung noch in einem anderen Blatte erfolgen soll. Die Erklärungsfrist beginnt mit dem Ablauf eines Monats seit der Einrückung, im Falle mehrfacher Einrückung seit der letzten Einrückung.

Berechtigte, die nicht im Grundbuch eingetragen sind, werden nur berücksichtigt, wenn ihre Rechte angemeldet und auf Verlangen des Amtsgerichts glaubhaft gemacht sind.

Artikel 5.

Die Feststellung der Unschädlichkeit hat, soweit die Ausgleichung der Werthminderung in Geld erfolgen soll, die Angabe des zu hinterlegenden Betrages, soweit sie durch ein Grundstück erfolgen soll, die Bezeichnung des Grundstücks und die Angabe der Belastungen zu enthalten, welche den auf das Grundstück zu erstreckenden Rechten im Range vorgehen dürfen. Die Angabe von Grunddienstbarkeiten, die nach Artikel 187 des Einführungsgesetzes zum Bürgerlichen Gesetzbuch der Eintragung nicht bedürfen, ist nicht erforderlich.*)

Im Falle des Artikel 3 Absatz 3 ist anzugeben, daß mit der Ausführung der Anlage begonnen ist.

Im Falle des Artikel 4 sind die Berechtigten zu bezeichnen, denen gegenüber die Ausgleichung der Werthminderung nach Artikel 4 nicht erforderlich ist.

Artikel 6.

Die Feststellung der Unschädlichkeit kann nicht im Wege der Beschwerde angefochten werden.

*) Es handelt sich um Grunddienstbarkeiten, die zu dem Zeitpunkte schon bestehen, in welchem das Grundbuch als angelegt anzusehen ist.

Artikel 7.

S. 194. Die Befreiung des Trennstücks tritt in den Fällen des Artikel 5 Absatz 1 nicht vor der Hinterlegung oder der Erstreckung der Rechte auf das andere Grundstück ein.

Im Falle des Artikel 4 tritt die Befreiung ohne Ausgleichung der Werthminderung nur ein, wenn die Unschädlichkeit ohne Ausgleichung gegenüber allen Berechtigten festgestellt ist, welche zur Zeit der lastenfreien Abschreibung des Trennstücks im Grundbuch eingetragen sind.

Wird das Trennstück von einer Hypothek, Grundschuld oder Rentenschuld befreit, so ist zur lastenfreien Abschreibung des Trennstücks die Vorlegung des Hypotheken-, Grundschuld- oder Rentenschuldbriefes nicht erforderlich.

Artikel 8.

Ist ein Geldbetrag zur Vertheilung unter die Berechtigten hinterlegt, so hat das Amtsgericht diesen die Hinterlegung mit der Aufforderung mitzutheilen, innerhalb einer Frist von einem Monate zu erklären, ob sie auf der Vertheilung des hinterlegten Betrages bestehen; als Rechtsnachtheil ist den Berechtigten anzudrohen, daß die Unterlassung der Erklärung als Verzicht auf die Rechte an dem hinterlegten Betrage angesehen werden würde. Die Vorschriften des Artikel 4 Absatz 2, 3 und des Artikel 7 Absatz 2 finden Anwendung.

Wird die Vertheilung nicht verlangt, so ist der Eigenthümer zur Erhebung des hinterlegten Betrages zu ermächtigen.

Ist die im Artikel 4 bestimmte Mittheilung erfolgt, die Unschädlichkeit aber vor dem Ablaufe der Erklärungsfrist festgestellt worden, so gilt der Ablauf der Erklärungsfrist als Verzicht auf die Rechte an dem hinterlegten Betrage, wenn nicht der Berechtigte vorher erklärt, daß er auf der Ausgleichung der Werthminderung bestehe.

Artikel 9.

Die Vertheilung des hinterlegten Betrages unter die Berechtigten erfolgt nach den für die Vertheilung des Erlöses im Falle der Zwangsversteigerung geltenden Vorschriften. Die Vertheilung ist erst zulässig, wenn die lastenfreie Abschreibung des Trennstücks im Grundbuch erfolgt ist.

Soweit der Eigenthümer eine Hypothek, eine Grundschuld oder eine Rentenschuld durch die Befriedigung des Gläubigers erwirbt, kann sie nicht zum Nachtheile der Rechte geltend gemacht werden, von welchen das Trennstück befreit worden ist.

Artikel 10.

Ist das Grundstück mit einem Vorkaufsrechte belastet, das sich nicht auf den Fall der ersten Veräußerung beschränkt, so finden auf die Befreiung des Trennstücks von dem Vorkaufsrechte die Vorschriften der Artikel 1 bis 6 und des Artikel 7 Absatz 1, 2 entsprechende Anwendung. Die Ausgleichung der Werthminderung in Geld ist ausgeschlossen.

Erfolgt die Veräußerung des Trennstücks im Wege des Verkaufes, so darf die Unschädlichkeit erst festgestellt werden, wenn der Berechtigte von dem ihm für diesen Veräußerungsfall zustehenden Vorkaufsrechte keinen Gebrauch macht.

Artikel 11.

Bei Familienfideikommissen, landwirthschaftlichen Erbgütern, Lehen und allodifizirten Lehen finden die Vorschriften der Artikel 3, 5, 6 und des Artikel 7 Absatz 1 auf die Befreiung des Trennstücks von den Rechten der Anwärter oder der Anerben entsprechende Anwendung. Der Veräußerung eines Trennstücks steht die Veräußerung eines einzelnen Grundstücks gleich. S. 195.

Zur Ausgleichung der Werthminderung kann auch die Forderung auf den Kaufpreis dienen, wenn das veräußerte Trennstück an erster Stelle hinter den zur Zeit der Veräußerung bestehenden Belastungen mit einer Hypothek für die Forderung belastet ist. Die Forderung sowie der zu hinterlegende Geldbetrag sind den Rechten der Berechtigten zu unterwerfen.

Fideikommißschulden stehen den Hypotheken gleich.

Bei Familienfideikommissen ist zur Feststellung der Unschädlichkeit das Fideikommißgericht zuständig.

Artikel 12.

Die Vorschriften der Artikel 1 bis 11 finden auf die Aufhebung eines dem jeweiligen Eigenthümer des Grundstücks an einem anderen Grundstücke zustehenden Rechtes entsprechende Anwendung.

Artikel 13.

Die Vorschriften der Artikel 1 bis 12 gelten auch für Verfügungen, die vor dem Inkrafttreten dieses Gesetzes erfolgt sind.

Artikel 14.

Soll ein abgebranntes Gebäude auf einem anderen Grundstücke wiederaufgebaut werden, so wird die Entschädigungssumme von den Rechten der Hypotheken-, Grundschuld- und Rentenschuldgläubiger ohne Einwilligung der Gläubiger frei, wenn von dem Amtsgerichte, bei welchem das Grundbuch für das belastete Grundstück geführt wird, festgestellt ist, daß der Wiederaufbau auf dem anderen Grundstücke für die Gläubiger unschädlich ist.

Die Feststellung der Unschädlichkeit darf nur erfolgen, wenn die Rechte der Gläubiger in der bestehenden Rangordnung sich auf das andere Grundstück erstrecken oder auf dieses erstreckt werden. Ist das Grundstück mit Rechten belastet, welche den Rechten der Gläubiger im Range vorgehen, so darf die Feststellung erfolgen, wenn die vorgehenden Belastungen durch den Werth, den das Grundstück als Baustelle hat, offenbar gedeckt werden.

Die Vorschriften des Artikel 5 Absatz 1, des Artikel 6 und des Artikel 7 Absatz 1 finden entsprechende Anwendung.

Artikel 15.

Bis zu dem Zeitpunkte, in welchem das Grundbuch als angelegt anzusehen ist, ist für die Feststellung der Unschädlichkeit in den Landestheilen rechts des Rheins, unbeschadet der Vorschrift des Artikel 11 Absatz 4, das Amtsgericht, bei welchem das Hypothekenbuch für das Grundstück geführt wird, in der Pfalz das Amtsgericht, in dessen Bezirke das Grundstück belegen ist, zuständig.

Soweit es nach Art. 4 Abs. 3, Art. 7 Abs. 2 und Art. 9 Abs. 1 Satz 2 auf Eintragungen im Grundbuch ankommt, treten in den Landestheilen rechts des Rheins an deren Stelle die entsprechenden Eintragungen im Hypothekenbuch.

S. 195 Der Eigenthümer ist nicht berechtigt, für den Betrag, zu welchem eine Hypothek durch Befriedigung des Gläubigers erloschen ist, an deren Stelle eine neue Hypothek zu begründen.

In der Pfalz gelten als eingetragene Rechte diejenigen, welche im Hypothekenregister eingetragen sind. Der Antragsteller hat einen Hypothekenauszug vorzulegen; die Ergänzung des Auszugs ist erforderlichen Falls durch das Amtsgericht zu veranlassen. Die Ausgleichung der Werthminderung durch ein anderes Grundstück findet nicht statt. Die Vorschriften des Art. 7 Abs. 2, des Art. 9 Abs. 1 Satz 2 und des Art. 14 bleiben außer Anwendung.

Artikel 16.

Die Vorschriften dieses Gesetzes finden keine Anwendung auf die Bodenzinse, für welche die Vorschriften des Art. 15 des Gesetzes vom 28. April 1872, die Grundentlastung betreffend, gelten.*)

Artikel 17.

Für die Entscheidung, einschließlich des Verfahrens, über Anträge auf Feststellung der Unschädlichkeit werden drei Zehntheile der Sätze des § 8 des Reichs-Gerichtskostengesetzes bis zum Meistbetrage von zwanzig Mark erhoben.

Erfolgt die Veräußerung oder die Aufhebung eines Rechtes unentgeltlich zu einem öffentlichen Zwecke, so kommt die im Absatz 1 bestimmte Gebühr nicht in Ansatz.

Für das Vertheilungsverfahren nach Art. 9 gelten in Ansehung der Gebühren und Auslagen dieselben Vorschriften wie für das Vertheilungsverfahren im Falle der Zwangsenteignung.

Gegeben . . . . .

Für den Entwurf:

Dr. Freiherr von Riedel. Freiherr von Feilitzsch.
Dr. Freiherr von Leonrod.

4.

Begründung.

(Beilage Nr. 912 z. d. Verhandl. d. K. d. Abg. 1898 Bd. XV S. 196 bis 202.)

S. 196 Der Eigenthümer ist nicht befugt, über sein Grundstück Verfügungen zu treffen, welche die Wirksamkeit der auf dem Grundstücke lastenden Rechte Dritter beeinträchtigen. Verfügungen des Eigenthümers über einzelne Flächentheile des Grundstücks sind nur mit der Wirkung möglich, daß die Rechte Dritter an dem Grundstücke unberührt bleiben. Wenn daher Jemand von dem Nachbargrundstück eine Fläche, die für dieses ohne Belang ist, für ihn aber vermöge ihrer Lage von erheblichem Werthe sein würde, erwerben will, so muß er entweder die vorhandenen Entlastungen mitübernehmen oder die Zustimmung

*) Vergl. hierher nun auch das Gesetz vom 2. Februar 1898, die Fortsetzung der Grundentlastung betreffend (Ges. u. Ver.Bl. S. 19 ff.), insbesondere Art. 6.

der Berechtigten zu der lastenfreien Abschreibung oder zu der Vertheilung der Belastungen auf die einzelnen Theile erwirken. Der erste Weg wird sich wegen der mit der Gesammthaft verbundenen Gefahr regelmäßig von selbst verbieten. Denn der Erwerber des Trennstücks muß sich ungeachtet der Entrichtung seiner Gegenleistung gefallen lassen, daß das Trennstück wegen der auf dem Stammgrundstück ruhenden dinglichen Rechte in Anspruch genommen wird. Auch ist die Haftung des Trennstücks für die auf dem Stammgrundstücke vorhandenen Belastungen ein Hinderniß für die selbständige Belastung des Trennstücks, insbesondere für die Aufnahme einer Hypothek, Grundschuld oder Rentenschuld. Beim zweiten Wege werden die Zahl der dinglich Berechtigten, die Verschiedenheit oder Unbekanntheit ihres Aufenthaltes, der Mangel ihrer Verfügungsfähigkeit oder Legitimation oder auch des guten Willens häufig nicht zu überwindende Schwierigkeiten bereiten oder doch das Ziel nur mit unverhältnißmäßigen Opfern erreichen lassen. Die Folge wird in den meisten Fällen sein, daß das Geschäft, das die wirthschaftliche Lage des Erwerbers verbessern und Niemandem schaden würde, sich zerschlägt. Aehnlich können die Verhältnisse gelagert sein, wenn der Eigenthümer über ein mit dem Eigenthum an seinem Grundstücke verbundenes Recht an einem anderen Grundstücke verfügen will, das für sein Grundstück von geringem, dessen Aufhebung aber für das belastete Grundstück von großem Werthe ist, z. B. eine Fahrtgerechtigkeit, wenn das herrschende Grundstück die Zufahrt etwa durch Neuanlage eines Weges erhält. Die Vorschrift des § 21 (in Verbindung mit dem § 8) der Grundbuchordnung erleichtert nur die zu der Verfügung über das Recht erforderliche Eintragung, läßt aber das Recht des Dritten, dessen Zustimmung nicht erholt worden ist, sich auf die Unwirksamkeit der eingetragenen Verfügung (§§ 876, 877 des B.G.B.) zu berufen und nach § 894 des Bürgerlichen Gesetzbuchs die Berichtigung des Grundbuchs zu verlangen, unberührt. S. 196.

Für derartige Fälle erfordert das Interesse der Landeskultur, das Ausscheiden des Trennstücks aus der Mithaft für die Belastungen des Stammgrundstücks und die Aufhebung des mit dem Eigenthum an dem belasteten Grundstücke verbundenen Rechtes ohne Zustimmung der dinglich Berechtigten zu erleichtern.

Das Einführungsgesetz zum Bürgerlichen Gesetzbuch eröffnet daher der Landesgesetzgebung die Möglichkeit, die Folgerungen aus dem Grundsatze, daß Verfügungen des Eigenthümers die Rechte Dritter an dem Grundstücke nicht berühren, für solche Fälle zu durchbrechen, in welchen die Rechtsänderung für die Berechtigten unschädlich ist. Die Unschädlichkeit muß von der zuständigen Behörde festgestellt werden: das Unschädlichkeitszeugniß ersetzt die Zustimmung der Berechtigten.

Ein derartiger Vorbehalt besteht zunächst für die Fälle der Veräußerung eines Grundstücks. Der Art. 120 Abs. 1 des Einführungsgesetzes läßt im Falle der Veräußerung eines Theiles eines Grundstücks die Ertheilung des Unschädlichkeitszeugnisses zu dem Zwecke zu, diesen Theil von den Belastungen des Grundstücks zu befreien.

Die lastenfreie Abschreibung eines Theiles eines Grundstücks im Falle der Veräußerung kennt auch das bayerische Recht, obwohl das Hypothekengesetz (§§ 39, 40) grundsätzlich zu jeder Aenderung des Hypothekengegenstandes durch Vertauschung oder Zertrümmerung oder durch Abtrennung einer Grundfläche die Zustimmung der Hypothekengläubiger fordert. Im Falle des Austausches von Grundstücken zur Durchführung einer Gemeinheitstheilung kann nach § 37

S. 196. des Hypothekengesetzes das Prozeßgericht die Zustimmung der Hypothekengläubiger ergänzen, wenn der Beweis erbracht ist, daß der Tausch die Sicherheit der Gläubiger nicht gefährdet. Bei der Flurbereinigung steht dritten Personen, mit deren Rechten eines der betheiligten Grundstücke belastet ist, ein Widerspruchsrecht gegenüber dem eine bessere Benutzung des Grundes und Bodens bezweckenden Austausche nur insoweit zu, als der eingetauschte Grundbesitz nicht den gleichen Werth wie der ausgetauschte hat; über den Widerspruch entscheidet ein Schiedsgericht. Steht eines der betheiligten Grundstücke im Fideikommißverbande, so ist die Vernehmung der Anwärter nicht erforderlich und hat das Oberlandesgericht die Genehmigung zu der Veränderung zu ertheilen, wenn durch ein Zeugniß der Flurbereinigungskommission die günstigere Gestaltung der Bewirthschaftungsverhältnisse nachgewiesen und außerdem dargethan wird, daß der eingetauschte Grundbesitz einen gleich großen Werth wie der bisherige hat (Flurbereinigungsgesetz vom 29. Mai 1886 Art. 1, 6 ff., 25 ff., 37).

Weitere Vorbehalte enthält der Art. 120 Abs. 2 des Einführungsgesetzes, wonach unberührt bleiben die landesgesetzlichen Vorschriften, nach welchen auf Grund des Unschädlichkeitszeugnisses

1. im Falle der Theilung eines mit einer Reallast belasteten Grundstücks die Reallast auf die einzelnen Theile des Grundstücks vertheilt wird;

2. die Aufhebung eines dem jeweiligen Eigenthümer eines Grundstücks an einem anderen Grundstücke zustehenden Rechtes ohne die Zustimmung Derjenigen erfolgen kann, zu deren Gunsten das Grundstück des Berechtigten belastet ist;

3. in den Fällen des § 1128 des Bürgerlichen Gesetzbuchs (Haftung der Brandversicherungssumme für Hypotheken) und des Art. 52 des Einführungsgesetzes (Enteignung auf Grund Reichsrechts und, soferne die Vorschrift des Art. 52 materiell für das landesgesetzliche Enteignungsrecht gemäß Art. 67, 109 des Einführungsgesetzes gilt, auch bei Enteignung auf Grund Landesrechts) der dem Eigenthümer zustehende Entschädigungsanspruch von dem einem Dritten an dem Anspruche zustehenden Rechte befreit wird.

Ein Unschädlichkeitszeugniß für diese Zwecke ist dem bayerischen Rechte fremd. Die unter die Vorschrift des Art. 15 des Grundentlastungsgesetzes vom 28. April 1872 fallenden Reallasten werden, wenn das belastete Grundstück
S. 197. getheilt wird, auf die Theilstücke Kraft des Gesetzes ver-|| theilt; die Vertheilung erfolgt nach Maßgabe der Steuerverhältnißzahl. Zur Ablösung von Grunddienstbarkeiten und von Reallasten, die mit dem Eigenthum an einem Grundstücke verbunden sind, ist die Zustimmung dritter Personen, denen Rechte an dem Grundstücke zustehen, nicht erforderlich.

(Grundentlastungsgesetz vom 4. Juni 1848 Art. 7 bis 18, 21 bis 34, dazu das Grundentlastungsgesetz vom 28. April 1872 Art. 10 bis 18,*) Forstgesetz vom 28. Mai 1852 in der Fassung der Bekanntmachung vom 4. Juli 1896 Art. 29 bis 31, Weideablösungsgesetz vom 28. Mai 1852 Art. 6, 28, 45 und Gesetz über die Ablösbarkeit der Ehehaftsverhältnisse vom 23. Februar 1868 Art. 13, 14.)

Die angeführten Vorschriften lassen auch im bayerischen Rechte das Bestreben erkennen, den dinglich Berechtigten unschädliche Verfügungen des Eigenthümers über das Grundstück von dem Erfordernisse der Zustimmung der Berechtigten zu befreien.

*) Vergl. die Anm. zu Art. 16 S. 6.

Die Vorbehalte des Art. 120 ermöglichen, dem Bedürfnisse in aus- S. 197.
reichenderem Maße entgegenzukommen.

Das Unschädlichkeitszeugniß bildet eine Ergänzung der Grundbucheinrichtung, welche die Befreiung eines Trennstücks von den Belastungen des Stammgrundstücks dadurch erschwert, daß die Löschung eines eingetragenen Rechtes den in bestimmter Form (§ 29 der G.B.O.) zu führenden Nachweis der Bewilligung des Berechtigten voraussetzt und die eingetragenen Rechte nicht durch Verjährung erlöschen. Deßhalb haben die preußischen Gesetze, durch welche die das Liegenschaftsrecht für die altpreußischen Landestheile regelnden Gesetze vom 5. Mai 1872 auf andere Landestheile übertragen worden sind, mit diesen Gesetzen die Gesetze einführt, welche die lastenfreie Abtrennung von Theilflächen erleichtern.

Vergl. die preußischen Gesetze vom 12. April 1885 für Kassel und Hohenzollern (Ges.-Samml. S. 115), vom 22. April 1886 für Schleswig-Holstein (Ges.-Samml. S. 139), vom 12. April 1888 § 76 für den Geltungsbereich des rheinischen Rechtes (Ges.-Samml. S. 52), ferner die Gesetze vom 25. März 1889 für Hannover (Ges.-Samml. S. 65) und vom 19. August 1895 § 4 für Frankfurt und Hessen (Ges.-Samml. S. 481).

Daß auch für Bayern ein Bedürfniß besteht, von dem Vorbehalte des Art. 120 des Einführungsgesetzes Gebrauch zu machen, hat der Bayerische Landwirthschaftsrath einstimmig anerkannt.

Das Unschädlichkeitszeugniß ist hauptsächlich von dem preußischen Rechte ausgebildet worden.

In Preußen ist die lastenfreie Abtrennung von Grundstücken gestattet zunächst für die Fälle des Verkaufs durch Gesetz vom 3. März 1850 (Ges.-Samml. S. 145), dann für die Fälle des Tausches durch Gesetz vom 27. Juni 1860 (Ges.-Samml. S. 384), endlich für die Fälle einer unentgeltlichen Abtretung einzelner Gutstheile zu öffentlichen Zwecken durch Gesetz vom 15. Juli 1890 (Ges.-Samml. S. 226). Die in diesen Gesetzen enthaltenen Grundsätze gelten in Folge der oben erwähnten Gesetze fast im ganzen Umfange der preußischen Monarchie und sind auch in Waldeck-Pyrmont durch Gesetz vom 14. Dezember 1896 (Ges.-Samml. S. 263) eingeführt worden.

Das Unschädlichkeitszeugniß ist ferner in die Grundbuchgesetze von Oldenburg (Ges. vom 3. April 1876 § 58), Lippe (Ges. vom 27. Juli 1882 § 59) und Schwarzburg-Sondershausen (Ges. vom 2. August 1882 § 63) übergegangen.

Etwas anders als diese Gesetze hat das sächsische Bürgerliche Gesetzbuch §§ 419, 420 für den Fall, daß von einem mit Hypotheken belasteten Grundstücke eine Grundfläche oder ein mit dem Eigenthum verbundenes Recht abgetrennt werden soll, die Ersetzung der Einwilligung der Hypothekengläubiger durch die zuständige Behörde gestaltet.

Der Entwurf lehnt sich an die Vorschriften des preußischen Rechtes an. Die über das Unschädlichkeitszeugniß zu treffenden Vorschriften sind nicht in das Ausführungsgesetz zum Bürgerlichen Gesetzbuch eingestellt, sondern zum Gegenstande eines besonderen Gesetzentwurfes gemacht worden, weil es wünschenswerth ist, daß von dem Unschädlichkeitszeugnisse schon bei der Ueberleitung aus dem Pfandbuchsysteme des rechtsrheinischen Rechtes in das Grundbuchsystem des Bürgerlichen Gesetzbuchs und bei der Anlage des Grundbuchs Gebrauch gemacht werden kann, dieser Zweck aber erfordert, daß die Vorschriften schon vor der Einführung des Bürgerlichen Gesetzbuchs in Kraft treten.

S. 197. Von dem Vorbehalte des Art. 120 Abs. 2 Nr. 1 ist kein Gebrauch gemacht worden, weil ein Bedürfniß sich nicht herausgestellt hat. Aus demselben Grunde ist die Ertheilung des Unschädlichkeitszeugnisses nach Art. 120 Abs. 2 Nr. 3 nicht auf den Fall der Zwangsenteignung erstreckt worden, die Vorschriften des Flurbereinigungsgesetzes, der Ablösungsgesetze und des Art. 15 des Grundentlastungsgesetzes vom 28. April 1872 bleiben nach Art. 113, 115, 184 des Einführungsgesetzes unberührt.

Zu den einzelnen Bestimmungen des Entwurfes ist Folgendes zu bemerken:

I. Der Entwurf befaßt sich zunächst in den Art. 1 bis 10 mit dem im Art. 120 Abs. 1 des Einführungsgesetzes behandelten Falle der Veräußerung eines Theiles eines Grundstücks.

Wie sich aus dem Art. 2 ergibt, begreift der Ausdruck „Veräußerung" alle Fälle der Ueberlassung zu Eigenthum, die entgeltliche (Kauf, Tausch u. s. w.), ebenso wie die unentgeltliche (Schenkung). Von den Fällen unentgeltlicher Veräußerung ist von besonderer Wichtigkeit die Abtretung des Trennstücks zu einem öffentlichen Zwecke, z. B. zum Baue von Eisenbahnen, Straßen, Kanälen, Entwässerungs- und Bewässerungsanlagen.

Die Vorschriften des Entwurfes finden auf städtische wie auf ländliche Grundstücke Anwendung.

Die Unschädlichkeit kann nicht mit Wirkung gegenüber allen dinglichen Rechten, sondern, wie aus den Art. 1 und 10 folgt, nur gegenüber Hypotheken, Grundschulden und Rentenschulden, ferner Reallasten — bei diesen vorbehaltlich des Art. 16 — und unter gewissen Voraussetzungen gegenüber dem Vorkaufsrechte erfolgen.

Bei dem Erbbaurechte und dem Nießbrauche macht der Inhalt des Rechtes die Ertheilung des Unschädlichkeitszeugnisses unthunlich;
S. 198. bei den Grunddienstbarkeiten und den beschränkten persönlichen || Dienstbarkeiten reichen die Vorschriften des § 1026 und des § 1090 Abs. 2 des Bürgerlichen Gesetzbuchs aus.

Für die Ausstellung des Unschädlichkeitszeugnisses und für das vorangehende Verfahren sind in Preußen die Generalkommissionen (Auseinandersetzungsbehörden), in einigen Provinzen bei landschaftlich beliehenen Grundstücken die Kreditdirektionen zuständig. In Bayern fehlen ähnliche Behörden.

Nach dem Vorbilde des sächsischen Rechtes (Verordnung vom 3. August 1868) ist deßhalb im Art. 1 das Amtsgericht für zuständig erklärt, bei welchem das Grundbuch für das Grundstück geführt wird, von dem der Theil abgetrennt werden soll.

Diese Behörde ist am besten im Stande, die Rechtslage des Grundstücks zu beurtheilen, und kann sich auch am leichtesten über die in Betracht kommenden Werthverhältnisse unterrichten. Daß erforderlichen Falles Sachverständige beizuziehen sind, versteht sich von selbst.

Eine das Gericht zur Zuziehung von Sachverständigen allgemein verpflichtende Bestimmung läßt sich bei der Verschiedenartigkeit der in Betracht kommenden Verhältnisse nicht aufstellen, ohne in vielen Fällen unnöthige Kosten zu verursachen.

Im Falle des Tausches kann das Unschädlichkeitszeugniß bei jedem der beiden Grundstücke erforderlich sein. Die Zuständigkeit bestimmt sich für jedes Grundstück nach dem Bezirke, in dessen Grundbuch es eingetragen ist. S. 198.

Im Art. 2 sind die Bedingungen festgesetzt, unter welchen die Unschädlichkeit festgestellt werden darf. Voraussetzung ist vor Allem, daß das Trennstück im Verhältnisse zum übrigen Theile des Grundstücks sowohl von geringem Umfange als auch von geringem Werthe ist. Auf die Höhe der Belastung, insbesondere die Höhe der Hypotheken, kommt es nicht an. Das Unschädlichkeitszeugniß ist danach auf verhältnißmäßig kleine Trennstücke beschränkt. Das Zeugniß auch bei größeren Trennstücken zuzulassen, verbietet die damit verbundene Gefährdung des Grundkredits. Den Gläubigern darf nicht eine wesentliche Aenderung ihrer Rechtslage aufgedrängt werden, bei der ein Irrthum über die Zulänglichkeit der Ausgleichung die schlimmsten Folgen haben könnte. Die Ertheilung des Unschädlichkeitszeugnisses ist ferner davon abhängig, daß die Minderung, welche der Werth des Grundstücks durch die Abtrennung erleidet, ausgeglichen wird. Die Werthminderung bemißt sich nicht nur nach dem Werthe der abgetrennten Fläche, sondern es ist auch auf den Einfluß Rücksicht zu nehmen, den die Abtrennung auf den Werth des Stammgrundstücks übt. Die Ausgleichung kann nur durch baares Geld oder durch ein anderes Grundstück geschehen. Mit der Verpfändung einer Kaufpreisforderung, auch wenn diese durch Hypothek an dem Trennstücke gesichert ist, brauchen sich die Berechtigten nicht zu begnügen. Zu der Ausgleichung muß, wenn die Veräußerung entgeltlich erfolgt, nicht gerade die Gegenleistung verwendet werden. Die Ausgleichung kann vielmehr auch im Falle des Verkaufes mit einem anderen Grundstücke und auch im Falle des Tausches mit Geld geleistet werden. Bei der Abtretung zu einem öffentlichen Zwecke wird auf die Werthminderung die Wertherhöhung angerechnet, die sich aus der dem öffentlichen Zwecke dienenden Anlage ergibt. Denn insoweit als der Werth des Grundstücks sich durch die Anlage, insbesondere durch die verbesserten Verkehrs- und Absatzverhältnisse, erhöht, ist eine Schädigung der Berechtigten ausgeschlossen. Reicht die Wertherhöhung zur Ausgleichung nicht hin, so muß der Unterschied durch Baarzahlung oder durch ein anderes Grundstück ausgeglichen werden.

Die Ausgleichung ist nach Art. 2 Abs. 3 nicht erforderlich, wenn die Werthminderung den Betrag von 50 *M.* nicht übersteigt. Hat das Trennstück einen so geringen Werth, so ist anzunehmen, daß die Berechtigten an der Ausgleichung kein Interesse haben. Die Kosten der nach Art. 3 Abs. 1, 2 zur Bewirkung der Ausgleichung erforderlichen Maßregeln würden unverhältnißmäßig hoch sein. Ist der Werth des ganzen Grundstücks, von dem eine Theilfläche abgetrennt werden soll, so gering, daß der den Betrag von 50 *M.* nicht übersteigende Werth des Trennstücks verhältnißmäßig erheblich ist, so ist die Ertheilung des Unschädlichkeitszeugnisses nach Art. 2 Abs. 1 ausgeschlossen.

Eine besondere Vorschrift ist für den Fall erforderlich, daß das Grundstück, von welchem ein Theil abgetrennt werden soll, mit einem anderen Grundstücke für dieselbe Belastung in Gesammthaft steht. Denn hier wird das Recht des Berechtigten durch das andere Grund-

S. 198. stück zum Theile gesichert. Bei der Beurtheilung der Frage, ob die Abtrennung nur eine verhältnißmäßig geringe Verminderung des Umfanges und des Werthes zur Folge hat, muß deßhalb auch das andere Grundstück berücksichtigt werden. Eine erhebliche Verminderung des einen Grundstücks kann gleichwohl für unschädlich erklärt werden, wenn sie gegenüber dem Gesammtumfange und dem Gesammtwerthe der beiden Grundstücke unerheblich ist.

Ist das Recht des Dritten selbst zu Gunsten eines Anderen belastet, z. B. die Hypothekenforderung des Dritten verpfändet, so wird durch das Unschädlichkeitszeugniß auch die Zustimmung des Anderen (§ 876 Satz 1, 3, § 877 des B.G.B.) ersetzt.

Der Art. 3 bestimmt, wie die Ausgleichung der Werthminderung bewirkt wird.

Soweit die Ausgleichung durch Baarzahlung zu erfolgen hat, wird sie dadurch bewirkt, daß der erforderliche Betrag bei einer öffentlichen Hinterlegungsstelle zur Vertheilung unter die Berechtigten hinterlegt wird.

Soll das Trennstück durch ein anderes Grundstück ersetzt werden, so müssen die Rechte der Berechtigten auf dieses Grundstück erstreckt werden.

Bei Hypotheken, Grundschulden und Rentenschulden tritt die Er-
S. 199. streckung ohne Weiteres ein, ‖ wenn das Grundstück dem Stammgrundstücke nach § 890 Abs. 2 des Bürgerlichen Gesetzbuchs zugeschrieben wird (§ 1131 des B.G.B.). Im Falle der unentgeltlichen Abtretung zu einem öffentlichen Zwecke genügt es, daß mit der Ausführung der Anlage begonnen ist. Eine weitere Verschiebung, insbesondere bis zur Fertigstellung der öffentlichen Anlage, würde zu einer unerwünschten Verhinderung des Unternehmers in der Verfügung über das Trennstück führen. Wann die Voraussetzung zutrifft, daß mit der Anlage begonnen ist, wird das Gericht erforderlichen Falles durch Erklärung der Behörde, welcher die Ausführung oder, sofern die Ausführung durch Private erfolgt, die Beaufsichtigung der Ausführung der Anlage obliegt, unschwer feststellen können.

Bei der Regelung des zur Feststellung der Unschädlichkeit dienenden Verfahrens geht der Entwurf davon aus, daß die Rechte der betheiligten Dritten von Amtswegen zu wahren sind. Die Anhörung der Berechtigten ist weder bei der Entscheidung der Frage, ob die Verringerung des Umfanges und des Werthes des Grundstücks eine verhältnißmäßig geringe ist, noch bei der Bestimmung der Art und der Höhe der Ausgleichung nothwendig.

An der Ausgleichung haben die Berechtigten, weil es sich nur um eine verhältnißmäßig geringe Werthminderung handelt, häufig kein Interesse. Deßhalb rechtfertigt es sich, ihnen eine Frist zur Erklärung darüber zu bestimmen, ob sie von dem Rechte auf Ausgleichung Gebrauch machen wollen, und die Unterlassung der Erklärung als Verzicht auf die Ausgleichung zu behandeln. Durch den Wegfall der Ausgleichung wird die Angelegenheit wesentlich vereinfacht. Die Fristbestimmung ist aber zwecklos, wenn anzunehmen ist, daß die Berechtigten auf der Ausgleichung bestehen werden, und die mit ihr verbundene Verzögerung kann auch im entgegengesetzten Falle dem Veräußerer so ungelegen sein, daß er es vorzieht, den zur Ausgleichung erforderlichen Geldbetrag zu hinterlegen, um sofort zum Ziele zu gelangen. S. 199.

Der Entwurf (Art. 4) macht deßhalb die Bestimmung einer Erklärungsfrist von dem Antrage des Eigenthümers abhängig.

Bei der Feststellung der Unschädlichkeit müssen die Berechtigten berücksichtigt werden, die im Grundbuch eingetragen sind. Nicht eingetragene Berechtigte werden nur berücksichtigt, wenn ihre Rechte von ihnen oder von dem Eigenthümer angemeldet und erforderlichen Falles glaubhaft gemacht werden (vergl. § 9 des Gesetzes über die Zwangsversteigerung und die Zwangsverwaltung). Hypotheken-, Grundschuld- und Rentenschuldgläubiger, die ihre Rechte durch Abtretung nach § 1154 Abs. 1 des Bürgerlichen Gesetzbuchs erworben haben, können daher so lange nicht auf Berücksichtigung rechnen, als sie sich nicht haben eintragen lassen.

Nach Art. 7 Abs. 2 müssen wegen des öffentlichen Glaubens des Grundbuchs alle Eintragungen berücksichtigt werden, die zu der Zeit bestehen, zu welcher die lastenfreie Abschreibung des Trennstücks im Grundbuch erfolgt. Die Ausgleichung wird daher nach Art. 4 nur entbehrlich, wenn nicht in der Zwischenzeit zwischen der Feststellung der Unschädlichkeit und der lastenfreien Abschreibung des Trennstücks neue Eintragungen erfolgen. Sollen neue Eintragungen außer Betracht bleiben, so müßte in das Grundbuch ein Vermerk des Inhalts eingetragen werden, daß die lastenfreie Abschreibung des Trennstücks ohne Ausgleichung der Werthminderung bevorstehe. Der Entwurf erachtet es nicht für erforderlich, die Eintragung eines solchen Vermerks anzuordnen oder zuzulassen.

Ist die Aufforderung eines Berechtigten, der berücksichtigt werden muß, wegen Unbekanntheit seines Wohnortes oder aus einem anderen Grunde nicht thunlich, so muß eine öffentliche Bekanntmachung erlassen werden. Der Entwurf schließt sich an die für die öffentliche Zustellung einer Ladung geltenden Vorschriften des § 187 Abs. 2, 3 und des § 189 Abs. 1 der Civilprozeßordnung an, begnügt sich aber für die Regel mit einer einmaligen Einrückung in das für die amtlichen Bekanntmachungen bestimmte Blatt. Der Unthunlichkeit der Aufforderung ist der Fall gleichzustellen, daß ein zu berücksichtigender Berechtigter gestorben und der Erbe dem Amtsgerichte nicht bekannt ist. Die Erben eines eingetragenen Berechtigten dürfen nicht deßwegen unberücksichtigt bleiben, weil sie ihre eigene Eintragung noch nicht erwirkt haben; die Eintragung pflegt erst nach der Erbtheilung beantragt zu werden.

Macht nur ein Theil der Berechtigten von dem Rechte auf Ausgleichung der Werthminderung Gebrauch, so gebührt die ganze Ausgleichung diesen Berechtigten. Der Verzicht der im Range vorgehenden Berechtigten kommt den nachstehenden zu Statten, deren Aussicht auf Befriedigung aus dem Stammgrundstücke sich dadurch verringert, daß die vorgehenden Berechtigten aus diesem allein befriedigt werden müssen.

Die Ausgleichung der Werthminderung ist die Bedingung, von deren Erfüllung die Befreiung des Trennstücks regelmäßig abhängig ist (Art. 7 Abs. 1).

S. 199. Die Feststellung der Unschädlichkeit muß deßhalb Bestimmung darüber treffen, in welcher Weise die Ausgleichung zu erfolgen hat (Art. 5 Abs. 1). Soll die Ausgleichung durch Erstreckung der Rechte auf ein anderes Grundstück bewirkt werden, so muß, wenn dieses Grundstück belastet ist, das Unschädlichkeitszeugniß ersehen lassen, welche Belastungen den auf das Grundstück zu erstreckenden Rechten im Range vorgehen dürfen. Die Angabe ist jedoch bei denjenigen Grunddienstbarkeiten nicht erforderlich, welche nach Art. 187 des Einführungsgesetzes zum Bürgerlichen Gesetzbuch der Eintragung nicht bedürfen. Diese Grunddienstbarkeiten sind aus dem Grundbuch nicht ersichtlich und darum nur schwer feststellbar; andererseits äußern sie auf den Werth des belasteten Grundstücks nur selten größeren Einfluß.

S. 200. Ist die Ausgleichung gegenüber den zur Zeit der Feststellung der Unschädlichkeit bekannten Berechtigten nach Art. 4 nicht erforderlich, so kann die Bestimmung über die Art der Ausgleichung unterbleiben, wenn anzunehmen ist, daß in der Zwischenzeit bis zu der lastenfreien Abschreibung des Trennstücks neue Eintragungen nicht erfolgen werden. Um das Grundbuchamt in den Stand zu setzen, zu prüfen, ob die lastenfreie Abschreibung allen eingetragenen Berechtigten gegenüber ohne Werthausgleichung zulässig ist, sind in der Feststellung die Berechtigten zu bezeichnen, denen gegenüber es der Ausgleichung nicht bedarf.

Wird die Feststellung der Unschädlichkeit vom Amtsgerichte verweigert, so steht dem Eigenthümer nach Maßgabe der für die Angelegenheiten der freiwilligen Gerichtsbarkeit geltenden Vorschriften das Rechtsmittel der Beschwerde zu. Einer ausdrücklichen Bestimmung bedarf es nicht. Wird dagegen die Unschädlichkeit festgestellt, so schließt der Art. 6 in Uebereinstimmung mit dem preußischen Rechte die Anfechtung der Entscheidung im Wege der Beschwerde aus. Die Frage der Unschädlichkeit wird zwischen der Behörde und dem Eigenthümer verhandelt. Die Behörde hat die Rechte der Berechtigten von Amtswegen zu wahren. Für die Erfüllung dieser Pflicht haftet der Beamte nach Maßgabe der allgemeinen Grundsätze. Jedem Berechtigten das Recht der Beschwerde zu geben, würde die Feststellung der Unschädlichkeit in vielen Fällen so sehr erschweren und vertheuern, daß ihr Zweck vereitelt werden würde.

Wird die Feststellung nur unter Bestimmung einer anderen oder einer höheren als der von dem Antragsteller angebotenen Werthausgleichung bewilligt, so liegt darin zugleich eine Ablehnung des Antrags auf Bewilligung der dem Antragsteller günstigeren Feststellung. Die Anfechtung dieser Ablehnung wird nicht dadurch ausgeschlossen, daß gleichzeitig die Feststellung unter der schwereren Bedingung erfolgt ist.

Die Befreiung des Trennstücks tritt erst ein, wenn das Trennstück aus dem Bestande des bisherigen Grundstücks ausscheidet, wenn es im Grundbuch von diesem abgeschrieben wird, und wird im Grundbuch dadurch ersichtlich gemacht, daß die Belastungen nicht mit ihm auf das neue Blatt übertragen werden (§ 49 Abs. 2 der G.B.O.).

Soweit die Befreiung von einer Werthausgleichung abhängig ist, hat das Grundbuchamt die Erfüllung dieser Bedingung zu prüfen.

Für den Nachweis der Erfüllung ist § 29 Satz 2 der Grundbuch- S. 200.
ordnung maßgebend.

Bei Hypotheken, Grundschulden und Rentenschulden muß die Befreiung des Trennstücks, abweichend von der Vorschrift der §§ 42, 43 der Grundbuchordnung, eingetragen werden, ohne daß der Hypotheken-, Grundschuld- oder Rentenschuldbrief vorliegt. Die Sachlage ist ähnlich wie bei dem Erlöschen dieser Rechte durch Zwangsversteigerung (§ 131 des Gesetzes über die Zwangsversteigerung und die Zwangsverwaltung). Die Abschreibung des Trennstücks wird nach § 62 und § 70 der Grundbuchordnung nachträglich auf dem Briefe vermerkt. Die Zulässigkeit der Vorschrift des Art. 7 Abs. 3 beruht auf § 83 der Grundbuchordnung.

Wird zur Ausgleichung der Werthminderung ein Geldbetrag hinterlegt, so tritt er für die Berechtigten in gleicher Weise an die Stelle des Trennstücks, wie bei der Zwangsversteigerung der Erlös an die Stelle des versteigerten Grundstücks tritt. Die Vertheilung unter die Berechtigten erfolgt deßhalb nach den für die Vertheilung des Erlöses geltenden Vorschriften (Art. 9). Das gerichtliche Vertheilungsverfahren kann nach § 143 des Gesetzes über die Zwangsversteigerung und die Zwangsverwaltung dadurch ersetzt werden, daß die Betheiligten sich über die Vertheilung einigen. Die Vertheilung darf wegen des öffentlichen Glaubens des Grundbuchs nicht vorgenommen werden, bevor die lastenfreie Abschreibung des Trennstücks im Grundbuch erfolgt ist. Wer eine Hypothekenforderung erwirbt, für welche nach dem Grundbuch das ganze Grundstück haftet, muß sich gefallen lassen, daß an die Stelle des Trennstücks die Werthausgleichung tritt; das Recht auf diese darf aber nicht schon erloschen sein.

Soweit der Eigenthümer eine Hypothek, Grundschuld oder Rentenschuld dadurch erwirbt, daß der Gläubiger aus dem hinterlegten Betrage befriedigt wird (§ 1143, § 1163 Abs. 1 Satz 2 des B.G.B.), muß sie hinter den Rechten zurückstehen, von denen das Trennstück befreit wird; denn diesen Rechten gegenüber gilt die Befriedigung als Befriedigung aus dem Grundstücke, ihr Vorrücken im Range gleicht die Werthminderung aus, welche das ihnen haftende Grundstück durch die Abtrennung des Trennstücks erleidet.

In vielen Fällen haben die Berechtigten kein Interesse daran, daß der hinterlegte Geldbetrag zu ihrer Befriedigung verwendet wird. Nach Art. 8 sollen sie deßhalb, ehe zur Vertheilung geschritten wird, zur Erklärung darüber aufgefordert werden, ob sie auf der Vertheilung bestehen. Die Unterlassung rechtzeitiger Erklärung wird als Verzicht behandelt. Für die Aufforderung nach Art. 8 gilt das Gleiche wie für die Aufforderung zur Erklärung darüber, ob auf Ausgleichung der Werthminderung bestanden wird (Art. 4). Wird das Unschädlichkeitszeugniß ertheilt, während eine nach Art. 4 bestimmte Erklärungsfrist im Laufe ist, so hat der Ablauf der Frist, wenn die Erklärung unterbleibt, die Wirkung des Verzichtes, ohne daß es einer ausdrücklichen Androhung dieses Rechtsnachtheils bedarf.

Auf die Befreiung des Trennstücks von einem Vorkaufsrechte müssen die für die Befreiung von Hypotheken, Grundschulden, Rentenschulden und Reallasten geltenden Vorschriften entsprechende Anwendung finden (Art. 10). Gegenüber einem Vorkaufsrechte kommt indessen

S. 200. die Ertheilung des Unschädlichkeitszeugnisses nur in Frage, wenn das
S. 201. Recht fortbesteht, obwohl es bei der Veräußerung des Trennstücks nicht ausgeübt worden ist oder nicht ausgeübt werden konnte, wenn es also nicht auf den ersten Veräußerungsfall beschränkt ist. Erfolgt die Veräußerung des Trennstücks im Wege des Verkaufes, so darf dem Berechtigten die Ausübung seines Rechtes nicht verwehrt werden. Das Trennstück muß ihm zum Kaufe angeboten werden, er hat sich innerhalb der Vorkaufsfrist (§ 510 Abs. 2 des B.G.B.) zu entscheiden, ob er sein Recht ausüben oder nicht ausüben will. In einem wie im anderen Falle erledigt sich das Verkaufsrecht für diesen Veräußerungsfall: ist es auf diesen beschränkt, so erlischt es. Wird das Trennstück in anderer Weise als im Wege des Verkaufes veräußert, so besteht das Vorkaufsrecht für diesen Fall überhaupt nicht und ist ihm das Grundstück nur noch unterworfen, wenn das Recht sich auf fernere Verkaufsfälle erstreckt.

Nach dem Inhalte des Vorkaufsrechtes kann der Nachtheil, welchen der Berechtigte dadurch erleidet, daß das Trennstück von seinem Rechte frei wird, nicht in der Weise ausgeglichen werden, daß für sein Recht ein der Minderung des Werthes des Grundstücks entsprechender Geldbetrag an die Stelle des Trennstücks tritt. Es könnte nur eine Ablösung des Vorkaufsrechtes in Frage kommen. Der Entwurf sieht davon ab, sie zuzulassen, weil die Bemessung der dem Berechtigten zu gewährenden Entschädigung Schwierigkeit bereiten würde und ein Bedürfniß nicht anzunehmen ist.

II. Im Einklange mit der preußischen Gesetzgebung und im Anschlusse an den im Art. 9 des Flurbereinigungsgesetzes vom 29. Mai 1886 enthaltenen Gedanken ist die lastenfreie Abtrennung einer Theilfläche bei einem im Fideikommiß, Erbguts- oder Lehenverbande stehenden Grundstücke auch gegenüber den Rechten der Anwärter und der Anerben zugelassen (Art. 11 Abs. 1 Satz 1). Die Feststellung der Unschädlichkeit erfolgt nach den gleichen Grundsätzen wie bei den im freien Verkehre befindlichen Grundstücken. Doch machen die besonderen Vorschriften des Fideikommiß-, Erbgüter- und Lehenrechts einige Abweichungen nothwendig.

Wird die Werthminderung in Geld ausgeglichen, so muß der hinterlegte Betrag in der Weise gebunden werden, wie es die Theilfläche an deren Stelle er tritt, bisher gewesen ist. Für die verzinsliche Anlegung gilt das Gleiche wie bei anderen, dem Rechtsverhältnisse unterworfenen Geldbeträgen (vergl. Fideikommißedikt § 68, Lehenablösungsgesetz vom 4. Juni 1848 Art. 4, Erbgütergesetz vom 22. Februar 1855 Art. 6 Abs. 5. Mit Rücksicht hierauf finden auf die Befreiung eines Fideikommisses, Erbguts oder Lehens von den Rechten der Anwärter oder der Anerben die Vorschriften der Art. 4, 8, 9 keine Anwendung. Der dem Rechtsverhältnisse entsprechenden Bindung kann auch die Kaufpreisforderung gegen den Erwerber der Theilfläche unterworfen werden. Der Entwurf gestattet, sie zur Ausgleichung der Werthminderung zu verwenden, wenn für sie auf dem Trennstücke an erster Stelle hinter den zur Zeit der Veräußerung bestehenden Belastungen Hypothek bestellt wird (Art. 11 Abs. 2 Satz 1).

Bei den im Fideikommiß, Erbguts- oder Lehenverbande stehenden

Grundstücken läßt der Entwurf (Art. 11 Abs. 1 Satz 2) auch die S. 201.
lastenfreie Abtrennung eines einzelnen Grundstücks im Ganzen zu. Diese Ausdehnung greift aber nur gegenüber den Rechten der Anwärter und der Anerben Platz. Sie ist im Interesse des Verkehrs gelegen und für die bezeichneten Berechtigten unbedenklich.

Für die Familienfideikommisse sind einige Sondervorschriften erforderlich. Das Familienfideikommiß kann nicht mit Hypotheken, sondern nur mit Fideikommißschulden belastet werden. Für diese muß hier ebenso, wie bei der Zwangsversteigerung (Art. 4 des Gesetzes vom 23. Februar 1879, Art. 38 des Gesetzes vom 29. Mai 1886) das Gleiche gelten wie für Hypotheken (Art. 11 Abs. 3).

Die freiwillige Gerichtsbarkeit in Fideikommißsachen steht den Oberlandesgerichten als Fideikommißgerichten zu, die insbesondere auch die Fideikommißmatrikel führen, in welche die Fideikommißschulden eingetragen werden. Die Zuständigkeit für die Feststellung der Unschädlichkeit muß deßhalb gleichfalls den Fideikommißgerichten übertragen werden (Art. 11 Abs. 4).

III. Im Art. 12 wird von dem Vorbehalte des Art. 120 Abs. 2 Nr. 2 des Einführungsgesetzes zum Bürgerlichen Gesetzbuch Gebrauch gemacht. Die Regelung ist die gleiche wie bei der Veräußerung eines Trennstücks.

IV. Das Bedürfniß, welchem die Vorschriften der Art. 1 bis 12 abzuhelfen bestimmt sind, besteht auch bei Verfügungen, die unter der Herrschaft der bisherigen Gesetze vorgenommen worden sind, und die Rechtslage ist bei ihnen keine andere als bei den unter dem neuen Rechte stattfindenden Verfügungen. Der Entwurf legt deßhalb in Uebereinstimmung mit den preußischen Gesetzen diesen Vorschriften rückwirkende Kraft bei (Art. 13).

V. Der Art. 14 betrifft die im Art. 120 Abs. 2 Nr. 3 des Einführungsgesetzes zum Bürgerlichen Gesetzbuch zugelassene Befreiung der Brandversicherungssumme von den in § 1128 des Bürgerlichen Gesetzbuchs bestimmten Rechten der Hypotheken-, Grundschuld- und Rentenschuldgläubiger. Die Regelung schließt sich im Wesentlichen an die Vorschriften an, welche für den Fall des Art. 120 Abs. 1 getroffen sind. Der Wiederaufbau ist zweifellos dann unschädlich, wenn die Rechte der Gläubiger sich auf die neue Baustelle in der gleichen Rangordnung, welche sie auf der früheren haben, erstrecken.

Ist dieß nicht der Fall, so läßt der Entwurf die Feststellung der Unschädlichkeit nur zu, wenn die Rechte auf die neue Baustelle in der bestehenden Rangordnung erstreckt und, sofern die neue Baustelle schon belastet ist, die vorgehenden Belastungen || durch den Werth, den das S. 202.
Grundstück als Baustelle hat, offenbar gedeckt werden.

Aus dem Ausdrucke „offenbar" ergibt sich, daß ein Zweifel über die Deckung der vorgehenden Belastungen ausgeschlossen sein muß, ohne daß es eingehender Werthsermittelungen bedarf.

Das im Art. 39 Abs. 1 des Brandversicherungsgesetzes vom 3. April 1875 aufgestellte Erforderniß der Bewilligung der Distriktsverwaltungsbehörde bleibt unberührt.

VI. Die Vorschriften über das Unschädlichkeitszeugniß müssen schon vor dem Inkrafttreten des Liegenschaftsrechts des Bürgerlichen Gesetzbuchs d. h. vor dem Zeitpunkte, in welchem das Grundbuch als angelegt

S. 202. anzusehen ist (Art. 186 ff. des Einf.-Ges. zum B.G.B.), Geltung erlangen. Es ist insbesondere nothwendig, daß bei der Anlegung des Grundbuchs von der rückwirkenden Kraft der Vorschriften Gebrauch gemacht werden kann, damit nicht bei dem Trennstücke die Belastungen eingetragen werden müssen, die voraussichtlich alsbald nach der Anlegung des Grundbuchs auf Grund des Unschädlichkeitszeugnisses zur Löschung gebracht werden würden.

Der Art. 15 setzt die Abweichungen fest, welche in Folge dessen veranlaßt sind. Für das rechtsrheinische Bayern beschränken sie sich darauf, daß an die Stelle des Amtsgerichts, welches das Grundbuch führt, das Amtsgericht tritt, welches das Hypothekenbuch führt, daß das, was im Art. 4 Abs. 3, im Art. 7 Abs. 1 und im Art. 9 Abs. 1 von Eintragungen im Grundbuch bestimmt ist, auf die entsprechenden Eintragungen im Hypothekenbuch zu beziehen und daß das Recht des Eigenthümers, nach § 84 des Hypothekengesetzes für den Betrag, zu welchem eine Hypothek erloschen ist, an deren Stelle eine neue Hypothek zu begründen, aus demselben Grunde, auf welchem der Art. 9 Abs. 2 beruht, ausgeschlossen ist.

In der Pfalz kann nur das Amtsgericht für zuständig erklärt werden, in dessen Bezirke das Grundstück belegen ist; als eingetragene Rechte sind diejenigen anzusehen, welche im Hypothekenregister eingetragen sind; die Vorschriften des Art. 7 Abs. 2 und des Art. 9 Abs. 1 Satz 2 müssen außer Anwendung bleiben.

Die Besonderheiten des pfälzischen Rechts, dem der Schutz des gutgläubigen Erwerbes von Rechten an Grundstücken unbekannt ist, bringen es mit sich, daß die Ausgleichung der Werthminderung durch ein anderes Grundstück ausgeschlossen werden muß. Aus demselben Grunde läßt sich die Vorschrift des Art. 14 nicht auf die Pfalz erstrecken.

Im Uebrigen versteht sich von selbst, daß die in den Artikeln 1 bis 14 über die Grundschulden und die Rentenschulden getroffenen Vorschriften keine Anwendung finden.

VII. Bei den Reallasten, für welche der Art. 15 des Grundentlastungsgesetzes vom 28. April 1872 gilt, ist für das Unschädlichkeitszeugniß kein Raum.

Die Befreiung des Trennstücks setzt voraus, daß das Recht, von welchem das Trennstück befreit werden soll, auf dem Stammgrundstücke bestehen bleibt. Diese Reallasten vertheilen sich aber im Falle der Theilung des belasteten Grundstücks Kraft Gesetzes auf die einzelnen Theile.

Die Schwierigkeiten, die sich aus der Gesammthaft des Trennstücks ergeben, bestehen bei ihnen nicht. Die auf das Trennstück treffende Belastung ist ablösbar und muß abgelöst werden, wenn die Voraussetzung des Art. 15 Abs. 1 zutrifft, was bei kleinen Trennstücken sehr häufig der Fall sein wird.

Nach Art. 16 finden deßhalb die Vorschriften des Entwurfes auf diese Reallasten keine Anwendung.*)

*) Vergl. die Anm. oben zu Artikel 16 S. 6.

VIII. Die Ertheilung des Unschädlichkeitszeugnisses ist ein Geschäft der nichtstreitigen Gerichtsbarkeit, für das wie für alle derartigen Geschäfte eine Gebühr erhoben werden muß. Gebührenfreiheit kann nur für die Fälle gewährt werden, in denen es sich um eine unentgeltliche Verfügung zu Gunsten eines öffentlichen Zweckes handelt. S. 202.

Für das nach Art. 14 auszustellende Zeugniß verbleibt es bei den Vorschriften des Art. 92 des Gesetzes vom 3. April 1875 über die Brandversicherungsanstalt für Gebäude.

Da der Feststellung der Unschädlichkeit ein Verfahren vorausgeht, in dem das Gericht in der Regel verschiedene Ermittelungen anzustellen hat, so ist die Erhebung einer mäßigen Bauschgebühr gerechtfertigt. Der Entwurf bestimmt dieselbe Gebühr, die nach Art. 98 des Gebührengesetzes für diejenigen gerichtlichen Bestätigungen und sonstigen Beschlußfassungen erhoben wird, für die das Gebührengesetz keine besondere Bestimmung trifft. Die Gebühr soll auch das im Falle der Hinterlegung eines Geldbetrages nach Art. 8 stattfindende Verfahren decken. Dagegen müssen für das Vertheilungsverfahren nach Art. 9 Gebühren und Auslagen nach denselben Vorschriften erhoben werden, wie für das Vertheilungsverfahren im Falle der Zwangsenteignung (Art. 25 Abs. 3 des Gebührengesetzes). Das Vertheilungsverfahren ist ein selbständiges, nicht immer ganz einfaches Geschäft, das der Feststellung der Unschädlichkeit nachfolgt. Die Sachlage ist dieselbe wie bei der Zwangsenteignung, die beiden Fälle sind mit einander nahe verwandt.

Daß auf die Feststellung der Unschädlichkeit die für alle Geschäfte der nichtstreitigen Gerichtsbarkeit geltenden Vorschriften der Art. 47 bis 54 des Gebührengesetzes Anwendung finden, braucht nicht ausdrücklich bestimmt zu werden.

5.

Verhandlungen des Ausschusses der Kammer der Abgeordneten.

I.

Protokoll

über die 1. Sitzung des besonderen (XVII.) Ausschusses der Kammer der Abgeordneten zur Berathung der Gesetzentwürfe, betreffend

a) die Vorbereitung der Anlegung des Grundbuchs in den Landestheilen rechts des Rheins,

b) das Unschädlichkeitszeugniß.

(Beilage Nr. 968 z. d. Verhandl. d. K. d. Abg. 1898 Bd. XV S. 411 bis 413.)

München, den 25. Februar 1898. S. 411.

Gegenwärtig:

a) Die Vertreter der k. Staatsregierung:

der k. Staatsminister der Justiz Dr. Freiherr von Leonrod, Excellenz,
der k. Senatspräsident am k. obersten Landesgerichte Dr. Ritter von Jacubezky,
der k. Oberregierungsrath Henle;

ferner

b) die Ausschußmitglieder:

von Walter, Vorsitzender, Kraußold, Stellvertreter des Vorsitzenden, Fuchs, Schriftführer, Aigner, Joseph Geiger, Eusebius Hofmann, Joseph Huber, Lerno, Lutz, Segitz, Wagner, Wieland (Ganzleben und Michel entschuldigt).

Vorsitzender **von Walter** eröffnet die Sitzung mit dem Bemerken, daß es sich heute lediglich um die Besprechung über die formelle Behandlung der dem XVII. Ausschusse überwiesenen Gesetzentwürfe handle. Als im Jahre 1879 die Entwürfe zu den Ausführungsgesetzen zur Berathung gestanden hätten, habe der damalige Ausschuß es für gut befunden, diese Entwürfe in zwei Lesungen zu berathen; die erste Lesung sei eine Art freie Besprechung gewesen, erst nach Beendigung der ersten Lesung seien Referent und Korreferent bestellt worden, welche zur schriftlichen Berichterstattung für die zweite Lesung veranlaßt worden seien; auf Grund dieser schriftlichen Berichte sei in die Berathung der Gesetzentwürfe eingetreten worden.

Es sei zuzugeben, daß die vorliegenden Gesetzentwürfe, jenen über das Unschädlichkeitszeugniß ausgenommen, eine so umständliche Behandlung wohl kaum nothwendig machten; aber immerhin dürfte es gut sein, auch sie, insbesondere den Gesetzentwurf über die Vorbereitung der Anlegung des Grundbuchs in zweimaliger Lesung durchzuberathen.

Im Jahre 1879 seien zu den Ausschußsitzungen auch mit der Rechtsmaterie vertraute Stenographen zur Erleichterung der Aufgabe der Schriftführer beigezogen und die Ausschußprotokolle durch Druck vervielfältigt worden.

Es dürfte sich empfehlen, auch dießmal so zu verfahren, um so mehr, als die Berathungen des Ausschusses wenigstens über den eine dauernde Einrichtung bezweckenden Gesetzentwurf über das Unschädlichkeitszeugniß vielfach als Interpretationsmaterial dienen werden und die Ausschußverhandlungen der Allgemeinheit zugänglich gemacht werden sollen.

In der über diese Vorschläge eröffneten Diskussion hält

Abg. **Wagner** es für zweckmäßiger, sofort den Referenten und Korreferenten zu bestellen; hätten diese ihre schriftlichen Berichte erstattet, so könnte man in

S. 411. die Berathung der beiden Gesetzentwürfe eintreten. Zeige sich, daß eine einmalige Lesung nicht ausreiche, so könnte auch eine zweite Lesung vorgenommen werden.

Der Vorschlag des Vorsitzenden habe den Vortheil, daß die Referenten leichter arbeiten, wenn sie die Meinung der Ausschußmitglieder über die beiden Gesetzentwürfe vorher gehört hätten; es sei aber doch im Auge zu behalten, daß die beiden Gesetzentwürfe so schwierig seien, daß ein Nichtjurist diese Materie ohne Weiteres nicht beherrschen könne. Zur Einführung derjenigen Ausschußmitglieder, welche nicht juristisch gebildet seien, in die schwierige Materie wäre ein schriftliches Referat sehr geeignet, in welchem diejenigen Gesichtspunkte besonders hervorgehoben werden sollen, die in der Diskussion der näheren Erörterung zu unterstellen seien. Uebrigens dürfte auch die k. Staatsregierung über den Vorschlag des Vorsitzenden gehört werden. Die Herren, welche die Gesetzentwürfe bearbeitet hätten, würden wohl in der Lage sein, mitzutheilen, ob sie es für nothwendig hielten, diesen umständlichen Weg zu betreten.

Abg. **Lerno** empfiehlt, dem Vorschlage des Vorsitzenden entsprechend zu verfahren. Wenn ein schriftliches Referat ohne erste Lesung erstattet würde, komme darin nur die Ansicht eines einzigen Ausschußmitgliedes zum Ausdruck; werde aber in freier ungezwungener Besprechung der Gesetzentwürfe die erste Lesung vorgenommen, so erhalte der Referent für die Bearbeitung seines Referats reichhaltiges Material. Dieses Verfahren trage zum besseren Verständniß der Gesetzentwürfe bei, welche für das öffentliche Leben von der größten Bedeutung seien.

Abg. **Kraußold** hält es für richtiger, wenn sofort die Referenten bestellt würden und erst dann in die erste Lesung eingetreten würde. In dem Referate würde erst das Fremdartige dem Nichtjuristen vermittelt und könnten die Gesichtspunkte, die in den Motiven nicht so ausführlich behandelt seien, klar gelegt werden.

Der k. Staatsminister der Justiz Dr. Freiherr **von Leonrod:** Die k. Staatsregierung hat sich in die formelle Behandlung der Gesetzentwürfe im Ausschusse nicht einzumischen; ich möchte nur bemerken, daß die Verweisung der beiden Gesetzentwürfe an einen Ausschuß beantragt worden ist, weil es nicht wohl angängig gewesen wäre, sofort in öffentlicher Sitzung in eine Berathung über die beiden Gesetzentwürfe einzutreten, welche großentheils technisch-juristische Fragen behandeln.

Was die Grundzüge der beiden Gesetzentwürfe anlangt, so glaube ich, daß in der Einleitung zur Begründung dieser Entwürfe Alles so klar gelegt ist, daß wenigstens die Juristen sich sofort werden zurecht gefunden haben. Die beiden Gesetzentwürfe dürften durch und durch so präzise bearbeitet sein, daß nach meinem Dafürhalten die Ausschußberathungen nicht lange Zeit in Anspruch nehmen werden.

Wenn mir erlaubt sein sollte, eine kurze Einleitung zu den beiden Gesetzentwürfen zu geben, so werden sich die Mitglieder des Ausschusses davon überzeugen, daß es richtig ist, was ich soeben gesagt habe.

Vorsitzender **von Walter** bemerkt, daß allerdings in eine Diskussion über die Gesetzentwürfe selbst nicht eingetreten werde, daß aber die Mit-

theilungen des Herrn Staatsministers zweifellos zur besseren Information der S. 411.
Ausschußmitglieder bezüglich der formellen Behandlung der Gesetzesvorlagen dienen würden.

Der k. Staatsminister der Justiz Dr. Freiherr **von Leonrod**: S. 412.
......*) Was den Entwurf eines Gesetzes, das Unschädlichkeitszeugniß betr., anlangt, so wird dasselbe den meisten Herren recht schwierig vorgekommen sein; es ist nicht zu leugnen, daß z. B. die Art. 3—10 wegen ihrer technisch-juristischen Schwierigkeiten einem Nichtjuristen nicht leicht verständlich sein werden.

Der Gesetzentwurf bezweckt die Erleichterung der Veräußerung eines verhältnißmäßig kleinen Theiles von einem größeren Grundstücke, das mit dinglichen Rechten, insbesondere mit Hypotheken belastet ist.

Unter einem Unschädlichkeitszeugniß ist also zunächst zu verstehen die richterliche Bestätigung, daß die lastenfreie entgeltliche, ausnahmsweise auch unentgeltliche Wegveräußerung eines unbedeutenden Trennstückes von einem größeren Grundstücke, das mit Hypotheken oder anderen Rechten belastet ist, den Interessen der Gläubiger, also der dinglich Berechtigten, nicht schädlich ist.

Solche Veräußerungen sind, wie die Herren, welche Grundbesitzer sind, gewiß schon selbst erfahren haben, oft dringend nothwendig, theils um eine bessere Abgrenzung zu erzielen, theils um einen Bauplatz abzurunden, theils um eine öffentliche Straße zu verbreitern u. s. w., begegnen aber nicht selten den größten Schwierigkeiten, wenn das Stammgrundstück, von welchem ein Theilchen weggelöst werden soll, hypothekarisch belastet ist.

Die Belastung des Grundstückes mit einem dinglichen Rechte ruht auf dem ganzen Grundstücke, also auch auf jedem einzelnen Theile. Bei der Abtreunung des kleinen Grundstückes (Trennstück) tritt die Hypothek sofort als
Gesammthypothek auf. Wenn nun der Erwerber dieses Trennstückes die S. 413.
Haftung für das Stammgrundstück übernehmen soll, dann wird er aus naheliegenden Gründen vorziehen, auf das Trennstück zu verzichten. Das ist auch gar nicht der Zweck der Abtrennung; die Belastung soll nicht mit übergehen, denn dieses Trennstück wird nicht ein selbständiges Grundstück, sondern es wird zu einem anderen Ganzen hinzugefügt, z. B. zu einem landwirthschaftlichen Grundbesitz, zu einem Bauplatz, zu einer öffentlichen Straße ꝛc.; es darf die Lasten des Stammgrundstückes nicht mit sich forttragen.

Eine solche Abtrennung hat in der Regel auch nicht die Bedeutung, daß der Gläubiger hierdurch in seinem Interesse geschädigt würde, weil er durch das Stammgrundstück ohnehin genügend gesichert erscheint. Gleichwohl wird es dem Eigenthümer des Stammgrundstückes sehr schwer werden, die Erklärung der sämmtlichen Berechtigten in der vorgeschriebenen Form zu erreichen, nämlich nach § 29 der Grundbuchordnung, nach welchem „die Eintragsbewilligung oder die sonstigen zu der Eintragung erforderlichen Erklärungen vor dem Grundbuchamte zu Protokoll gegeben oder durch öffentliche oder öffentlich beglaubigte Urkunden nachgewiesen werden müssen"; der eine Gläubiger wird nicht dazu zu vermögen sein, die Erklärung in der vorgeschriebenen Form abzugeben, ein anderer Gläubiger ist dem Eigenthümer gänzlich unbekannt, was namentlich in Zukunft bei den Briefhypotheken sehr häufig der Fall sein wird, ein dritter Gläubiger ist unbekannten Aufenthalts.

---

*) Vorausgehen allgemeine Bemerkungen des K. Staatsministers der Justiz über den Entwurf eines Gesetzes, betreffend die Vorbereitung der Anlegung des Grundbuchs in den Landestheilen rechts des Rheins (s. I. Abth. Nr. 5, I S. 19, 20).

S. 413. Für alle solche Fälle beseitigt das Unschädlichkeitszeugniß das bestehende Hinderniß; deßhalb ist es von großem Vortheile, wenn nach Aufhebung der §§ 39 und 40 des Hypothekengesetzes und nach Gestaltung der Gesammthypothek im Sinne des § 1132 des Bürgerl. Gesetzbuchs nun Art. 120 des Einführungsgesetzes zur Anwendung kommt und der Richter nach Einvernahme der Sachverständigen erklärt, daß die lastenfreie Abtrennung des Trennstückes den Gläubigern des Stammgrundstückes unschädlich ist.

Ich will nicht verschweigen, daß auch der Bayerische Landwirthschaftsrath, der über diesen Gesetzentwurf wie über viele andere gutachtlich gehört worden ist, einstimmig sich dahin ausgesprochen hat, daß auch für Bayern ein Bedürfniß besteht, von dem Vorbehalte des Art. 120 des Einführungsgesetzes Gebrauch zu machen.

Dieser Gesetzentwurf ist nicht nur für das diesseitige Bayern, sondern auch für das jenseitige Bayern gedacht; er mußte schon jetzt vorgelegt werden, damit seine Bestimmungen bei der Anlegung des Grundbuchs sofort angewendet werden.

Dem Vorschlage des Vorsitzenden wurde mit allen Stimmen gegen drei Stimmen beigetreten.

von Walter,
Vorsitzender.

Fuchs,
Schriftführer.

II.

Protokoll

über die 4. Sitzung*) des besonderen (XVII.) Ausschusses der Kammer der Abgeordneten zur Berathung der Gesetzentwürfe, betreffend

a) die Vorbereitung der Anlegung des Grundbuchs in den Landestheilen rechts des Rheins,

b) das Unschädlichkeitszeugniß.

(Beilage Nr. 970 z. d. Verhandl. d. K. d. Abg. 1898 Bd. XV S. 439 bis 452.)

S. 439. München, den 14. März 1898.

Gegenwärtig:

a) Die Vertreter der k. Staatsregierung:

der k. Staatsminister der Justiz Dr. Freiherr von Leonrod, Excellenz,
der k. Senatspräsident am k. obersten Landesgerichte Dr. Ritter von Jacubezky,
der k. Ministerialrath und Kronanwalt Ritter von Schubart,
der k. Oberregierungsrath Henle;

ferner

b) die Ausschußmitglieder:

von Walter, Vorsitzender, Kraußold, Stellvertreter des Vorsitzenden, Fuchs, Schriftführer, Michel, Stellvertreter des Schriftführers, Aigner, Ganzleben, Joseph Geiger, Joseph Huber, Lerno, Segitz, Wagner (Eusebius Hofmann, Lutz und Wieland abwesend).

Tagesordnung:

Gesetzentwurf, betreffend das Unschädlichkeitszeugniß.

*) Die 2. und die 3. Sitzung des genannten Ausschusses beschäftigten sich mit dem Entwurf eines Gesetzes, betreffend die Vorbereitung der Anlegung des Grundbuchs in den Landestheilen rechts des Rheins (s. Abth. I S. 21 ff., 48 ff.).

Generaldiskussion.

S. 439.

Abg. **Michel:** Im Großen und Ganzen stehe ich dem vorliegenden Gesetzentwurfe sehr sympathisch gegenüber und begrüße ihn freudig; nur habe ich, was das pfälzische Recht anlangt, einige Bedenken. Es ist mir klar, daß die Bestimmungen der Art. 1—14 erst Anwendung finden in der Zeit, in welcher das Grundbuch als angelegt erklärt sein wird, und daß für die Zwischenzeit Art. 15 ff. in Anwendung gebracht werden müssen. Es ist nun bekannt, daß wir nach pfälzischem Recht als Belastung von Grundstücken nicht blos Hypotheken haben, sondern auch Privilegien, Vorzugsrechte. In der Theorie werden nun diese Vorzugsrechte auch als privilegirte Hypotheken aufgeführt und betrachtet. Art 15, welcher für die Zwischenzeit gilt, spricht im Allgemeinen von eingetragenen Rechten, und muß man der Ansicht sein, daß auch Vorzugsrechte darunter begriffen sind. Allein die Voraussetzungen für das Unschädlichkeitszeugniß als solches sind nach den Motiven in Art. 1 auch für die Zwischenzeit aufgeführt und unter den Belastungen der Grundstücke sind nur Hypotheken genannt und nicht auch Vorzugsrechte. Ich habe nun das Bedenken, daß in der Praxis Verwirrungen entstehen könnten, und wünsche eine Erklärung der k. Staatsregierung darüber, ob unter den Hypotheken im Allgemeinen auch diese Vorzugsrechte inbegriffen sein sollen. Ich darf wohl für die Herren, welchen vielleicht die Bestimmungen des pfälzischen Civilrechts nicht ganz geläufig sind, bemerken, daß nach dem Art. 2095 des Code civil unter den Privilegien Rechte verstanden werden, welche einer Forderung die Eigenart verleihen, daß kraft Gesetzes und vermöge der Eigenart der Forderung eben diese Forderung allen anderen Forderungen, selbst den Hypothekenforderungen, vorgezogen werden muß. Bei der Hypothek kommt es auf diese Eigenart der Forderung nicht an. Von den Privilegien des Code civil sind nicht mehr alle als zu Recht bestehend anzusehen. Es besteht noch ein Kaufsprivilegium und ein Theilungsprivilegium; das letztere besteht wieder in zwei Arten, das Theilungsprivilegium im Allgemeinen, welches dem Miterben zusteht gegenüber dem anderen Erben, und das weitere Privilegium, das einem Gläubiger gewährt wird, der mit einem exekutorischen Titel versehen ist und auf Grund desselben die Theilung betreiben kann.

Die Vormundschaftsnovelle vom 26. April 1888 bestimmt, daß diese sämmtlichen Privilegien dem Einschreibungszwang unterworfen sind, und es besteht im Allgemeinen hiefür eine Frist von 45 Tagen. Jenes Privilegium, welches dem Gläubiger, der mit einem exekutorischen Titel versehen ist, verliehen wird und für welches der Code civil sechs Monate bestimmt, besteht heute noch. Nun habe ich das Bedenken, daß bei der Anwendung dieses Gesetzes in der Praxis sich Schwierigkeiten ergeben könnten nach der Richtung hin, ob unter den Hypotheken auch diese Privilegien inbegriffen sind.

Der zweite Punkt, der mir Bedenken macht, ist mehr allgemeiner Natur und bezieht sich auf die Beweismittel, die möglicher Weise zur Anwendung zu kommen haben in dem voraussichtlichen Verfahren für die Ausstellung des Unschädlichkeitszeugnisses. Wir haben ja in der Pfalz keine besonderen Bestimmungen darüber, daß die Beweismittel der Reichscivilprozeßordnung auch auf die nichtstreitige Rechtspflege Anwendung zu finden haben; der dem Reichstag jetzt vorliegende Entwurf über die Angelegenheiten der freiwilligen Gerichtsbarkeit enthält allerdings in Art. 14 Bestimmungen darüber, daß für diejenigen Reichsgesetze, welche in die freiwillige Gerichtsbarkeit einschlagen, die Bestimmungen über Zeugen, Sachverständige und Eid Anwendung zu finden haben.

S. 439. Es dürfte nun zweckmäßig sein, wenigstens für die Zeit bis zum 1. Januar 1900 eine Bestimmung in den Entwurf aufzunehmen, wie es bei etwa nothwendigen Beweiserhebungen zu halten ist.

Ich habe noch ein weiteres, drittes Bedenken. Nach Art. 2158 und 2160 des Code civil kann der Hypothekenbewahrer in der Pfalz nur dann eine Löschung vornehmen, wenn entweder eine Einwilligung vorliegt oder ein richterliches Erkenntniß, welches die Löschung verordnet. Ich glaube nicht, daß der pfälzische Hypothekenbewahrer schon auf Grund des Unschädlichkeitszeugnisses eine Löschung wird vornehmen können, wenn nicht gleichzeitig in diesem Unschädlichkeitszeugniß ausgesprochen wird, daß die Löschung bewilligt wird; dann werden in dieser Beziehung keine Anstände sich ergeben.

Senatspräsident Dr. **von Jacubezky:** Ich möchte zunächst die allgemeine Frage wegen der Beweismittel beantworten. Die Ertheilung des Unschädlichkeitszeugnisses ist eine Angelegenheit der nichtstreitigen Gerichtsbarkeit und es finden deßhalb, soweit in dem Entwurfe nicht besondere Vorschriften gegeben sind, die allgemeinen Vorschriften über das Verfahren in den Angelegenheiten der nichtstreitigen Gerichtsbarkeit Anwendung. Für die Zeit bis zum Inkrafttreten des Bürgerl. Gesetzbuchs verbleibt es bei denjenigen Normen, welche jetzt gelten. Ich weiß wohl, daß diese Vorschriften zum großen Theil nur auf der Praxis der Gerichte beruhen; allein wir können für diese Angelegenheit allein nicht ein Gesetz über das Verfahren machen. Wie es bisher
S. 440. in allen übrigen Angelegenheiten gehalten worden ist trotz || des Mangels ausdrücklicher gesetzlicher Vorschriften, so wird es auch für die Zukunft, in der kurzen Zeit noch der Fall sein.

Für das Ausführungsgesetz zum Bürgerl. Gesetzbuch aber ist eine Vorschrift in Aussicht genommen, wonach die allgemeinen Vorschriften des von dem Herrn Vorredner angeführten Entwurfs eines Reichsgesetzes über die Angelegenheiten der nichtstreitigen Gerichtsbarkeit auch auf diejenigen Angelegenheiten dieser Art Anwendung zu finden haben, welche den Gerichten durch die Landesgesetzgebung zugewiesen sind. Das Reichsgesetz spricht blos von den Aufgaben der freiwilligen Gerichtsbarkeit, die den Gerichten durch Reichsgesetze zugewiesen sind, und die Landesgesetzgebung hat freie Hand bezüglich der Angelegenheiten, die sie selbst regelt, und dazu gehört die Ertheilung des Unschädlichkeitszeugnisses. Es bleiben noch verschiedene andere Angelegenheiten übrig und für diese werden die allgemeinen Vorschriften, natürlich mit denjenigen Vorbehalten, die sich bei näherer eingehender Prüfung als erforderlich herausstellen, für anwendbar erklärt werden; dann würde also auch der von dem Herrn Vorredner angeführte § 14 über die Beweiserhebungen Anwendung finden. Es wird ja in der Regel höchstens die Vernehmung eines Sachverständigen in Frage kommen.

Was nun die Frage anlangt, die der Herr Vorredner bezüglich des pfälzischen Rechts angeregt hat, so geht der Entwurf davon aus, daß die sogenannten Vorzugsrechte des pfälzischen Rechts, welche Grundstücke zum Gegenstand haben, ihrem Wesen nach besonders geartete Hypotheken sind. Sie sind Hypotheken mit besonderen Vorrechten, sie haben sowohl in Ansehung der Einschreibung wie des Ranges gewisse Vorrechte vor den Hypotheken. Aber sie sind nebenher immer auch Hypotheken und deßwegen ist es nicht für erforderlich erachtet worden, sie ausdrücklich zu nennen. Sie werden durch den allgemeinen Ausdruck „Hypotheken" meines Erachtens schon gedeckt.

Was die Frage der Löschung im Hypothekenregister anlangt, so glaube S. 440.
ich, daß auch hier eine ausdrückliche Vorschrift nicht nothwendig sein wird. Die Sachlage ist nicht anders als in den Landestheilen rechts des Rheins. Nach dem Hypothekengesetz ist auch zur Löschung nothwendig entweder, daß die Einwilligung desjenigen vorliegt, dessen Recht gelöscht werden soll, oder aber ein Urteil, welches die Verpflichtung zur Bewilligung der Löschung ausspricht. Das ist dasselbe, was Art. 2160 des pfälzischen Civilgesetzbuchs sagt. Hier wird die Einwilligung der Berechtigten ersetzt durch das Unschädlichkeitszeugniß, und dieses hat dieselbe rechtliche Bedeutung wie die ausdrückliche Einwilligungserklärung desjenigen Berechtigten, gegen den das Zeugniß ertheilt ist. Wenn das Unschädlichkeitszeugniß vorliegt, so wird der pfälzische Hypothekenbeamte ebenso gut löschen wie der dießrheinische; ich glaube nicht, daß in dieser Beziehung eine besondere Vorschrift nothwendig ist. Das französische Recht hat nicht die Bedeutung, daß nicht durch ein späteres Gesetz etwas Neues als gleichwerthig erklärt werden könnte. Damals, als der Code civil gemacht wurde, hatte man nichts Anderes als entweder die Erklärung des Berechtigten oder das Urtheil; jetzt machen wir noch ein Drittes dazu, und das ist gleichwerthig mit der Erklärung. Eine Sondervorschrift für die Pfalz würde zu Mißverständnissen führen.

Abg. **Michel:** Ich kann die Ausführungen des Herrn Vorredners nicht in allen Theilen als richtig anerkennen. Der 18. Titel des 3. Buchs des Code civil spricht „von Privilegien und Hypotheken" und ist den „Privilegien" eine Anzahl von Artikeln gewidmet und dann erst kommen die Hypotheken. Art. 2095 des Code civil lautet: „Ein Privilegium ist ein Recht, welches die Beschaffenheit der Forderung einem Gläubiger ertheilt, den übrigen, selbst hypothekarischen Gläubigern vorgezogen zu werden." Später kommt dann im Art. 2114 die Definition der Hypothek: „Die Hypothek ist ein dingliches Recht an Immobilien, welche für die Erfüllung einer Verbindlichkeit haften. — Sie ist ihrer Natur nach untheilbar und ruht ganz auf allen Immobilien, welche damit beschwert sind, auf jedem dieser Immobilien einzeln genommen, und auf jedem Theile derselben. — Sie folgt ihnen, in was für Hände sie auch übergehen mögen."

Es ist mir recht wohl bekannt, daß in der Theorie von privilegirten Hypotheken gesprochen wird, daß insbesondere auch Zachariä*) — einer der besten Kommentatoren unseres Civilrechts neben Laurent — von privilegirten Hypotheken spricht; allein die Gerichtssprache hat sich diese Aussprachsweise nicht angeeignet. Es werden immer unterschiedlich die Ausdrücke „Vorzugsrechte" und „Hypotheken" gebraucht und ich habe immer die Befürchtung, daß Verwirrungen entstehen, wenn in dem Gesetze nur von Hypotheken gesprochen wird. Mein Zweck ist nur, man solle Vorsorge treffen, daß in der Praxis keine Schwierigkeiten entstehen.

Was die Löschungen anlangt, so sagt Art. 2157 des Code civil: „Eingetragene Privilegien und Hypotheken werden mit Einwilligung der Parteien, die dabei ein Interesse haben und hiezu fähig sind, oder kraft eines in letzter Instanz ergangenen oder rechtskräftig gewordenen Urtheils ausgestrichen." Art. 2158 besagt: „Im einen wie im anderen Falle haben diejenigen, welche die Ausstreichung nachsuchen, auf dem Bureau des Hypothekenbewahrers die

*) Vergl. Zachariä-Crome, Handbuch des französischen Civilrechts, 8. Aufl., 2. Bd., § 226, Note 17.

S. 440. Ausfertigung der authentischen Urkunde, die die Einwilligung enthält, oder die Ausfertignng des Urtheils zu hinterlegen." Art. 2160, welcher vom Ausstreichungsbefehl handelt, sagt: „Die Gerichte sind schuldig, die Ausstreichung zu befehlen, wenn die Eintragung, ohne auf ein Gesetz oder einen Titel gegründet zu sein, oder zufolge eines unregelmäßigen oder erloschenen oder durch Zahlung wieder aufgehobenen Titels geschehen ist, oder wenn die aus einem Privilegium oder einer Hypothek entstandenen Rechte auf eine gesetzliche Weise getilgt sind."

Es muß zum Ausdruck gebracht werden, daß es dieselbe Sache sei, wie die Löschung von Hypotheken auf Grund der Vormundschaftsnovelle vom 26. April 1888; denn, wenn dieß in dem Unschädlichkeitszeugniß nicht ausgesprochen ist, wird sich der Hypothekenbewahrer sagen müssen: ich weiß nicht, was ich machen soll, die Löschung ist nicht angeordnet, ich darf sie nicht vornehmen. Ich möchte bitten, daß in dieser Beziehung spezielle Bestimmungen in das Gesetz aufgenommen werden. Die einfache Vorlage des Unschädlichkeitszeugnisses ermächtigt den Hypothekenbewahrer noch nicht, die Löschung vorzunehmen. Solange dieser Befehl des Art. 2160 nicht vorliegt, kann der Hypothekenbewahrer nicht löschen. Das sind meine Bedenken.

Senatspräsident Dr. **von Jacubezky:** Ich möchte mich zunächst bezüglich der Behauptung, die ich allerdings aus Zachariä entnommen habe, daß die Privilegien nichts Anderes seien als besonders geartete Hypotheken, auf Art. 2113 berufen, welcher sagt: „Alle privilegirten und der Förmlichkeit der Eintragung unterworfenen Forderungen, in Ansehung deren die zur Bewahrung des Privilegiums oben vorgeschriebenen Bedingungen nicht beobachtet sind, hören gleichwohl nicht auf, hypothekarische Forderungen zu sein; aber die
S. 441. Hypothek datirt sich in Beziehung auf Dritte erst von dem Zeitpunkte der Eintragung, welche geschehen muß, wie unten bestimmt werden wird." Wenn die Privilegien gleichwohl trotz des Verlustes des Plus, das sie gegenüber den einfachen Hypotheken haben, nicht aufhören, hypothekarische Forderungen zu sein, dann müssen sie vorher schon hypothekarische Forderungen gewesen sein; denn was nicht vorher hypothekarische Forderung war, kann nicht aufhören, es zu sein.

Was den Art. 2160 anlangt, so möchte ich bemerken, daß Herr Abg. Michel von der Idee auszugehen scheint, das Unschädlichkeitszeugniß solle ein richterliches Urtheil ersetzen, in welchem Jemand verurtheilt wird, die Löschung zu bewilligen. Das ist nicht der Fall, sondern das Unschädlichkeitszeugniß hat die Bedeutung, daß es ein Aequivalent ist für die Einwilligungserklärung. Es ist rechtlich der Einwilligungserklärung gleich, und wenn diese Erklärung in authentischer Form beim Hypothekenamt hinterlegt wird, hat der Hypothekenbeamte die Löschung vorzunehmen; mehr als das wird nicht verlangt. Art. 2157 sagt: „Die Eintragungen werden entweder mit Bewilligung der Parteien, welche hiezu fähig sind, oder kraft eines in letzter Instanz ergangenen oder rechtskräftig gewordenen Urtheils gelöscht." Wir haben hier die erste Alternative: mit Bewilligung der Betheiligten.

Art. 2158 lautet: „In dem einen wie in dem anderen Falle haben diejenigen, welche die Löschung nachsuchen, eine Ausfertigung der die Einwilligung enthaltenden authentischen Urkunde oder des Urtheils auf dem Hypothekenamte zu hinterlegen." Wenn das geschehen ist, ist die Sache glatt und der Ausfertigung der authentischen Urkunde entspricht hier die Ausfertigung des Unschädlichkeitszeugnisses. Wenn Sie ein Bedenken haben in dieser Richtung,

dann müssen wir uns entschließen, ausdrücklich noch den Satz aufzunehmen, S. 441.
daß das Unschädlichkeitszeugniß die Einwilligung der Berechtigten in die Löschung ihrer Rechte ersetzt; das gilt dann allgemein, auch für die Zeit nach Anlegung des Grundbuchs und für die Zwischenzeit nach Art. 15 sowohl für das rechtsrheinische Bayern als auch für die Pfalz. Eine Sondervorschrift für die Pfalz ist nicht angemessen. Ich gebe das anheim und bin bereit, eine Formulierung zu entwerfen, wenn Sie den Zusatz für nothwendig halten.

Abg. **Michel**: Ich erkläre mich damit einverstanden, und bin auch der Ansicht, daß damit die Schwierigkeiten gehoben sind. Was die Auffassung anlangt, daß diese Privilegien als solche, wenn sie nicht richtig gewahrt sind, Hypothen werden, so ist das ja richtig; sie sind sogenannte degenerirte Hypotheken. Ich komme immerhin von diesem Bedenken nicht weg und bin der Ansicht, daß gerade diese Vorzugsrechte als solche scharf geschieden werden müssen von den Hypotheken, damit sich in der Praxis keine Schwierigkeiten ergeben. Wenn auch ein Einverständniß darüber besteht, daß man die Vorzugsrechte unter die Hypotheken subsumiren kann, so dürfte es doch von großem Belang sein, wenn die Vorzugsrechte als solche besonders hervorgehoben werden. Es wird dadurch die Handhabung des Gesetzes außerordentlich erleichtert.

Senatspräsident Dr. **von Jacubezky**: Wenn so großes Gewicht darauf gelegt wird, läßt sich die Sache so richten, daß Art. 15 Abs. 3 folgende Fassung bekommt: In der Pfalz gelten als Hypotheken auch die Vorzugsrechte und als eingetragene Rechte diejenigen 2c., welche im Hypothekenregister eingetragen sind.

Vorsitzender: Ich theile für meine Person die Meinung der k. Staatsregierung, daß wir von den Vorbehalten des Art. 120 Abs. 1 Ziff. 1 bis 3 des Einführungsgesetzes*) Gebrauch machen müssen. Die k. Staatsregierung hat von zwei Vorbehalten keinen Gebrauch gemacht, einmal von dem Vorbehalt, daß die Theilbarkeit der Reallasten ausgesprochen werden kann, und dann von dem Vorbehalt, daß auch für das Zwangsenteignungsverfahren landesgesetzliche Bestimmungen getroffen werden können. Ich muß gestehen, mir ist vorläufig noch nicht ganz klar, ob wir in Bezug auf das Letztere landesgesetzliche Vorschriften entbehren können. Was aber die Reallasten betrifft, so sind dieselben nach dem bisherigen Recht untheilbar mit der Wirkung, daß bei einer Veräußerung eines Theils der belasteten Grundstücke die Reallast mit Solidarhaft auf alle wegverkauften Grundstücke übergeht. Für den Fall nun, daß nur eine geringfügige Grundfläche abgetrennt wird, trifft der vorliegende Gesetzentwurf Vorkehrung, indem hier durch das Unschädlichkeitszeugniß festgestellt werden soll, daß eine Abtrennung den dinglich Berechtigten einen Schaden nicht bringt und deßhalb die Abtrennung ohne ihre Zustimmung geschehen kann. Nun sind aber auch die bisherige Gesetzgebung und Rechtsprechung nach meinem Dafürhalten anfechtbar, jedenfalls haben sie zu einer Reihe von Prozessen geführt. Wir haben eine Menge von Reallasten, die auf einem Gesammtanwesen haften. Mir gibt insbesondere die Petition, die

*) Die K. Staatsregierung hat im Artikel 1 des Entwurfs von dem Vorbehalte des Artikel 120 Abs. 1 und im Artikel 12 des Entwurfs von dem Vorbehalte des Art. 120 Abs. 2 Nr. 2 des Einf. Ges. z. B.G.B. Gebrauch gemacht, von den Vorbehalten des Art. 120 Abs. 2 Nr. 1 und 3 dieses Gesetzes aber nicht. Vergl. oben S. 7 bis 10. Den Wortlaut des Artikel 120 s. oben S. 8.

S. 441. an die Kammer der Reichsräthe betreffs der Ablösung der Komplexlasten eingereicht worden ist, Anlaß, auf die Sache einzugehen. In der Petition wird eine Reihe von Reallasten aufgeführt, die auf den Gütern der vormals reichsunmittelbaren Herren lasten, es sind dieß Reallasten, die namentlich zu Kirchen- und Schulzwecken bestehen, gewisse Reichnisse an Geld oder in Naturalien oder auch die Baupflicht begreifen. Außer diesen Reallasten gibt es noch eine ganze Reihe von anderen. Aus der Petition ist zu ersehen, daß die hohen Herren sich auch schon im Jahre 1877 mit einer Petition an die Kammer der Abgeordneten gewendet haben, daß die Reallasten abgelöst werden sollen. Ich war damals selbst Referent im Finanzausschusse und habe mich beim Staatsministerinm der Finanzen erkundigt, welche Lasten gemeint sein sollen, und habe erfahren, daß diese Komplexlasten in großer Zahl vorhanden sind und nicht blos auf adeligen Gütern, sondern auch auf ländlichen Anwesen haften. Es sind dieß Kirchentrachten, Leistungen für die Kirche, an den Pfarrer, Meßner und das sonstige Kirchenpersonal, die darin bestehen, daß ein Laib Brod, eine Getreidegarbe 2c. oder auch Geld geleistet werden muß. Es haben sich nun bei der Zertrümmerung von mit solchen Rechten belasteten Anwesen in der Praxis viele Schwierigkeiten ergeben. Auf der einen Seite schien es zu hart, die Solidarhaft auf alle abgetretenen Grundstücke zu erstrecken, auf der andern Seite ist eine große Gefahr für die Berechtigten gegeben, wenn man das Recht einfach auf das Stammgut reduzirt und nur dort fortbestehen läßt. Die Gefahr besteht, weil ja möglicher Weise derjenige, welcher den Restkomplex bekommt, in nicht guten Vermögensverhältnissen ist und meistens auch die Qualität der Grundstücke eine viel geringwerthigere ist als der Werth der Grundstücke, die wegverkauft und lastenfrei werden.

Ich habe gemeint, daß es entsprechend wäre, wenn man auch von dem
S. 442. Vorbehalt Gebrauch machen wollte, gewisse || Normen über die Theilbarkeit solcher Reallasten zu geben. In diesem Gesetze wird dazu wohl kaum ein Raum sein; gleichwohl möchte ich aber der k. Staatsregierung dringend an's Herz legen, sich die Frage nochmals zu überlegen und vielleicht in dem seinerzeitigen Ausführungsgesetze eine Bestimmung darüber aufzunehmen. Das Bedürfniß hiezu läßt sich kaum so glatt bestreiten, wie es in den Motiven geschehen ist.

Im Uebrigen stehe ich dem Gesetzentwurfe sehr sympathisch gegenüber. Ich halte es für nothwendig, daß wir ein derartiges Gesetz erlassen, wenn es auch nicht gerade das Rubrum führen muß „das Unschädlichkeitszeugniß betreffend". Der Titel für das Gesetz findet in den weitesten Kreisen Beanstandung; kein Mensch kann sich eigentlich recht vorstellen, was denn eigentlich mit dem „Unschädlichkeitszeugniß" gemeint ist. Unschädlichkeiten gibt es sehr zahlreiche, da kann man an Alles denken, nur nicht an das, um was es sich im Gesetze handelt. Nach meinem Dafürhalten machen wir nicht blos für die Juristen und die Gerichte Gesetze, sondern auch für das rechtsuchende Publikum; das soll auch wissen, was es bedeutet. Ich werde darauf noch zurückkommen bei Feststellung der Ueberschrift und würde schon eine präzisere Ausdrucksweise wünschen.

Was nun die weiteren Bestimmungen des Gesetzes betrifft, so scheint mir, daß das Verfahren ein zu langwieriges auf der einen und ein zu kostspieliges auf der anderen Seite ist. Das Verfahren theilt sich in zwei Theile. Der erste Theil hat blos zum Zweck, festzustellen, ob auf einer Ausgleichung überhaupt bestanden wird. Der zweite Theil hat zum Zweck festzustellen, ob die Berechtigten auf eine Vertheilung des hinterlegten Geldbetrags bestehen, und zwischen diese beiden Abtheilungen schiebt sich nach meinem Dafürhalten S. 442. noch ein drittes Verfahren ein, nämlich die Hinterlegung des Geldbetrags selbst. Das könnte viel einfacher gemacht werden. Wir haben in Art. 4 eine einmonatliche Frist, innerhalb welcher die Berechtigten die Erklärung abgeben können, ob sie auf einer Ausgleichung der Werthminderung bestehen wollen. Diese Frist ist, wenn die Bekanntmachung öffentlich erfolgen muß, vom Ablauf des Tags der Einrückung zu berechnen, und so wird auch die Frist des Art. 8 berechnet werden müssen. Ich glaube, wir haben damit bereits eine Zeitbestimmung, die das Verfahren vor Ablauf von sechs Monaten kaum zum Abschluß bringen läßt. Dazu kommt dann noch die Feststellung des zu hinterlegenden Geldbetrags. Dieß hat auch zur Folge, daß Art. 17 des Gesetzes für jedes dieser Verfahren eine eigene Gebühr bestimmt. Für das erste Verfahren sind die Gebühren des § 8 des Reichsgerichtskostengesetzes festgesetzt, für das zweite Verfahren die Gebühren für das Vertheilungsverfahren nach dem bayerischen Gebührengesetze. Das wird unter Umständen auch etwas theuer und ich glaube, daß wir durch diese beiden Bestimmungen den Zweck des Gesetzes nicht sehr fördern. Wenn den Leuten die lastenfreie Abtrennung eines Grundstücks zu theuer wird, unterlassen sie es, und wir kommen in die Gefahr, daß das Grundbuch nicht richtig wird. Deßhalb meine ich, man sollte in dieser Beziehung eingreifen und eine Vereinigung der Fristen in Art. 4 und 8 herbeiführen. Man kann gleich bei der ersten Aufforderung an die Berechtigten sagen, daß der Geldbetrag hinterlegt ist. Die Hinterlegung des Geldbetrags würde ich gleich bei der Stellung des Antrags zur Pflicht machen.

Außerdem habe ich ein wesentliches Bedenken dagegen, daß die Berechtigten gar nichts in die Sache hineinzureden haben. Die Motive gehen davon aus, daß das Verfahren sich lediglich zwischen dem Eigenthümer und dem Gerichte abwickelt, und daß deßhalb die Berechtigten nicht zu hören sind; aber auf der andern Seite ist doch auch eine Kollusionsgefahr sehr nahe liegend zwischen dem Eigenthümer und demjenigen, der die abgetrennte Grundfläche erwirbt, daß beide unter Umständen dem Gerichte Dinge vormachen, durch welche das Gericht irre geführt und der Gläubiger geschädigt wird. Ich meine deßhalb, daß man den Berechtigten eine Erinnerungsabgabe gestattet und ihnen für den Fall, daß sie mit ihren Erinnerungen nicht gehört werden, ein Beschwerderecht zugestehen sollte. Es wird das im Interesse des Kredits nur wohlthätig wirken, es wird ein Gewaltakt, wenn man sagen würde, daß der Berechtigte gar nichts zu reden hat. Durch die Beschwerde wird die Sache nicht länger aufgehalten, als wenn wir zwei Fristen haben; im Gegentheil, es geht schneller. Eine weitere Beschwerde wäre nicht möglich, es handelt sich blos um thatsächliche Feststellungen.

Außer diesen Bedenken machen mich insbesondere auch die Bestimmungen in Art. 10 und 12 des Entwurfs bedenklich. Art. 10 handelt von dem Vorkaufsrecht und Art. 12 von den Reallasten, und zwar nach dem Entwurfe nur von diesen. Die Grunddienstbarkeiten sollen aber ausgenommen sein, und zwar nach dem Entwurfe schon deßhalb, weil sie zur Zeit nicht im Hypothekenbuche eingetragen sind. Es handelt sich zunächst darum, ob das Vorkaufsrecht einer besonderen Sicherung bedarf. Die Motive gehen mit Recht von der Anschauung aus, daß es, wo es sich um ein einmaliges Vorkaufsrecht handelt, nicht nothwendig ist. Wenn abgetrennte Flächen verkauft werden, hat der Vorkaufsberechtigte dieses Recht geltend zu machen oder er verzichtet darauf. Nur für den Fall werden besondere Bestimmungen für nothwendig erachtet, wo das Vorkaufsrecht auf längere Zeit und auf mehrere Veräußerungen sich

S. 442 erstreckt. Ich kenne zwei Arten von Vorkaufsrechten, ein gesetzliches, welches nach dem Bürgerl. Gesetzbuch nur mehr bei der Erbgemeinschaft gegeben ist,*) und das vertragsmäßige.**) Ich kann mir nicht denken, daß es Vorkaufsrechte geben soll, die auf eine Reihe von Veräußerungsfällen ausgedehnt, die bei einer unbestimmten Zahl von Veräußerungen desselben Objekts geltend gemacht werden können. Ein Vorkaufsrecht, welches das erste Mal, zweite und dritte Mal nicht geltend gemacht worden ist, ist nach den Bestimmungen des geltenden Rechts nicht denkbar. Bei den zahllosen Veränderungen, die der Verkehr ergeben wird, wird kaum ein besonderer Anlaß gegeben sein, ein solches Vorkaufsrecht zu konstituiren, das sich auf eine Mehrzahl von Veräußerungen erstreckt. Wenn meine Voraussetzung richtig ist, so können wir Art. 10 des Gesetzes vollständig entbehren und dann wird Art. 12 lediglich auf Reallasten oder gegebenen Falles auf Grunddienstbarkeiten zu beschränken sein. Ich habe auch bezüglich der ersten Anschauung, daß das Verfahren vereinfacht werden könnte, mir die bezüglichen Anträge zurecht gelegt und werde dieselben autographiren lassen. Ich erlaube mir, die Anträge jetzt schon bekannt zu geben.

Ich halte es endlich noch für nothwendig, klar zu legen, wie denn der Antrag auf lastenfreie Abtrennung einer Grundfläche aussehen und wie er belegt sein muß. Bei der großen Verantwortlichkeit, die die Amtsgerichte mit dem Vollzug des Gesetzes übernehmen, wird man ihnen gewiß einen Gefallen erweisen, wenn man ihnen einige Anhaltspunkte gibt, wie sich die Sache abwickeln soll. Ich würde nun die Abänderung folgender Artikel vorschlagen:

S. 443. Der Ausschuß wolle beschließen:

I.

Art. 4 sei zu fassen wie folgt:

Abs. 1: Mit dem Antrage des Eigenthümers auf Feststellung der Unschädlichkeit ist das Operat der Vermessungsbehörden mit Planskizze über die beabsichtigte Abtrennung vorzulegen und eine Beglaubigung dafür beizubringen, ob und in welchem Betrage eine Werthminderung des ihm verbleibenden Guts des Grundstücks (Stammgrundstück) eintritt. Zugleich ist, wenn die Ausgleichung der Werthminderung durch ein Grundstück erfolgen soll, dieses Grundstück unter Vorlage der Erwerbsurkunde und des Steuerkatasterauszugs und unter Angabe der darauf bestehenden Rechte Dritter zu bezeichnen oder falls die Ausgleichung in Geld bewirkt werden will, die Hinterlegung des erforderlichen Geldbetrags nachzuweisen.

Abs. 2: Das Amtsgericht hat hievon den Berechtigten mit der Aufforderung Mittheilung zu machen, daß sie binnen einer unerstrecklichen Frist von einem Monat allenfallsige Erinnerungen gegen den Antrag vorzubringen und sich darüber zu erklären haben, ob sie auf der Ausgleichung der Werthminderung bestehen, widrigenfalls ihnen gegenüber die Unschädlichkeit ohne Ausgleichung festgestellt werden würde.

Abs. 3 der bisherige Abs. 2 } des Entwurfs.
Abs. 4 der bisherige Abs. 3 }

*) Vergl. die §§ 2034 bis 2037 des B.G.B.

**) Vergl. die §§ 505 bis 514 des B.G.B. über das obligatorische und die §§ 1094 bis 1104 des B.G.B. über das dingliche Vorkaufsrecht.

II. S. 443.

Art. 5 habe zu lauten:

Abs. 1: Der Beschluß auf Feststellung der Unschädlichkeit hat, soweit die Ausgleichung der Werthminderung in Geld erfolgen soll, die Angabe des hinterlegten Betrags oder, soweit sie durch ein Grundstück bewirkt werden soll, die Bezeichnung des Grundstücks und die Angabe der Belastungen zu enthalten, welche den auf das Grundstück zu erstreckenden Rechten im Range vorgehen dürfen. Die Angabe von Grunddienstbarkeiten, die nach Art. 187 des Einführungsgesetzes zum Bürgerl. Gesetzbuch der Eintragung nicht bedürfen, ist nicht erforderlich.

Abs. 2 und Abs. 3 unverändert.

III.

Art. 7 Abs. 1 habe zu lauten:

Die Befreiung des Grundstücks tritt in den Fällen des Art. 5 Abs. 1, wenn die Ausgleichung in Geld erfolgt durch den dortselbst bezeichneten Beschluß, außerdem aber nicht vor Erstreckung der Rechte auf das zur Ausgleichung dienende Grundstück ein.

Abs. 2 und 3 unverändert.

IV.

Art. 8 habe zu lauten:

Abs. 1: Soll die Ausgleichung der Werthminderung in Geld erfolgen, so hat das Amtsgericht den Berechtigten zugleich mit der in Art. 4 bezeichneten Aufforderung weiter aufzutragen, sich innerhalb der unerstrecklichen Frist von einem Monat zu erklären, ob sie auf der Vertheilung des hinterlegten Betrags bestehen, und ist ihnen als Rechtsnachtheil anzudrohen, daß die Unterlassung der Erklärung als Verzicht auf die Rechte an dem hinterlegten Betrage angesehen werden würde. Die Vorschrift des Art. 7 Abs. 2 findet Anwendung.

Abs. 2 unverändert.

Abs. 3 fällt weg.

V.

Im Art. 17 hat Abs. 3 wegzufallen.

Abg. **Wagner:** Im Allgemeinen bin ich der gleichen Meinung, wie die bisherigen Redner; ich halte das vorgeschlagene Gesetz für ein nützliches, ja sogar, wenn ich auf die Einführung des Grundbuchs und auf die Anlage desselben hinblicke, für ein notwendiges. Denn ohne ein solches Gesetz dürfte es in vielen Fällen nicht möglich sein, entgegenstehende Hindernisse zu überwinden.

Was die Einzelheiten desselben betrifft, so bin ich der Meinung, daß uns noch Aufklärung zu geben ist darüber, warum der Art. 1 des Gesetzes nichts über das Ewiggeld sagt. Ich weiß nicht, ob angenommen ist, daß das Ewiggeld unter den Reallasten zu verstehen sein wird. Es wird dieß wohl der Fall sein, dann wäre die weitere Frage noch die, warum nicht auch die Grunddienstbarkeiten hereingezogen werden. Hiefür ist bereits in den Motiven ein Grund angegeben, nämlich der Hinweis auf § 1026 des Bürgerl. Gesetzbuchs. Nun ist dieß doch nach meiner Meinung ein vereinzelter Fall; es könnten Fälle vorkommen, in welchen es wünschenswerth wäre, auch im Falle

S. 443. einer Dienstbarkeit, welcher nicht unter § 1026 fällt, die Ausstellung eines Unschädlichkeitszeugnisses wirksam zu machen, wenn beispielsweise derjenige Theil, der abgetrennt werden soll, allerdings von der Dienstbarkeit betroffen wird, aber doch die Ausgleichung mit einem anderen Grundstück, auf welches die Dienstbarkeit ohne jegliche Beschädigung des Berechtigten übertragen werden könnte, möglich wäre. Also das ist ein Fall, der sich nach meinem Dafürhalten beispielsweise bei Wegegerechtigkeiten u. s. w. ziemlich aufdrängt. Es hat ja die Sache für die Anlage des Grundbuchs insofern keine Bedeutung, als zur Zeit die Grunddienstbarkeiten nicht in das Hypothekenbuch eingetragen werden, weßhalb hierauf wohl auch für das Uebergangsstadium wenigstens ein besonderes Gewicht nicht zu legen ist. Im Uebrigen muß man von der Anschauung ausgehen, daß in dem Fall, den ich im Auge habe, die Vorschrift des Art. 2 nicht als gegeben zu erachten ist. Wenn man das annähme — ich habe die Tragweite meiner Behauptungen selbst noch nicht so voll überlegt — dann würde allerdings meine Anregung in Wegfall zu kommen haben.

Was die Anregungen anlangt, die Kollege Michel gegeben hat, so glaube ich, daß denselben durch das, was bereits erklärt worden ist, wird entsprochen werden können. Ich bin der Meinung, daß es schon im Interesse der Deutlichkeit liegen würde, wenn die Wünsche, die er hat, durch ausdrückliche Bestimmungen im Gesetze Berücksichtigung finden würden.

Was die Ausführungen des Herrn Vorsitzenden betrifft, so bin ich mir nicht ganz klar geworden, was der Herr Vorsitzende mit der Anführung der Petition wegen Ablösung der Komplexlasten beabsichtigt. Soviel ich zum Schlusse wahrgenommen habe, wünscht der Herr Vorsitzende eine Regelung der ganzen Frage beim Ausführungsgesetz. Es wird also angemessen sein, die Diskussion über diese sehr schwierige Frage hier in Wegfall kommen zu lassen.

Was den Titel des Gesetzes anlangt, so meine ich, für denjenigen, der das Gesetz einmal gelesen hat, ist er doch sehr signifikant, man weiß sofort, um was es sich eigentlich handelt. Ich wäre der Meinung, man solle es dabei belassen, weil der Titel mit ziemlicher Kürze das ganze Wesen des gegenwärtigen Gesetzes kennzeichnet.

S. 44 l. Es sagt nun weiter der Herr Vorsitzende, daß ihm das Verfahren etwas zu langwierig und zu kostspielig erscheine. Was das Erstere betrifft, so ist vielleicht wünschenswerth, daß es noch einfacher gestaltet werde; aber sehr viel einfacher wird es nicht gehen und insbesondere dann nicht, wenn die Anregungen des Herrn Vorsitzenden berücksichtigt werden. Wenn die Betheiligten gehört werden müssen, dann wird derjenige, der die Ausstellung eines Unschädlichkeitszeugnisses wünscht, in den allermeisten Fällen besser daran sein, wenn er sich direkt an die Betheiligten wendet und sie ersucht, daß sie ihm die Bewilligung zur Abtrennung ertheilen. Nach meiner Ansicht ist gerade das das Wesen des Gesetzes, daß ohne zu große Umständlichkeit, und dazu gehört eine Einvernahme der Betheiligten, in den meisten Fällen das Unschädlichkeitszeugniß erwirkt werden kann, und dazu gehört weiter auch, daß den Betheiligten kein Beschwerderecht eingeräumt wird. In demselben Augenblick, wo das Gegentheil der Fall ist, wird ein Verfahren eintreten, das sich langwierig gestaltet und unter Umständen erst im Beschwerdeweg definitiv entschieden werden muß. In diesem Fall würde ich als Besitzer des betreffenden Grundstücks mich lieber gleich an die Betheiligten wenden.

Was weiter die Bemängelungen betrifft hinsichtlich des Vorkaufsrechts, so ist Art. 10 vielleicht etwas zu vorsichtig, indem er Vorkaufsrechte, welche auf mehrere Veräußerungen Bezug haben, in's Auge faßt. Allein vorkommen mögen diese Fälle, und wenn sie vorkommen, meine ich, wird es gut sein, sie zu berücksichtigen. Ich glaube also, Art. 10 könnte nichts schaden, und wenn man ihn so läßt, wie er ist, fallen auch die Bedenken gegen den Art. 12 weg. Ueber die Anträge des Herrn Vorsitzenden sich jetzt zu äußern, ist nicht möglich; man wird sie einzeln besehen müssen. Ich hätte noch eine Anfrage bezüglich des Art. 11. Hier ist von Familienfideikommissen die Rede und es ist wohl außer Zweifel, daß das Gesetz nur diejenigen Familienfideikommisse im Auge hat, welche sich nach der VII. Verfassungsbeilage bemessen. Es gibt aber auch solche, welche nach der IV. Verfassungsbeilage konstituirt sind, d. h. solche, welche konstituirt sind von Herren, welche unter die IV. Verfassungsbeilage fallen. Für derartige Familienfideikommisse wird das Hypothekenbuch bei den Amtsgerichten geführt; allein die Frage der Anwärter wird auch bei diesen Fideikommissen in Würdigung zu ziehen sein. Es ist dieß allerdings eine sehr bestrittene Materie und führt auf frühere Rechtsverhältnisse zurück und es gibt bei diesen Fideikommissen die größten Bedenken in der Praxis. Es wird gut sein, wenn nach dieser Richtung hin eine Erklärung abgegeben würde, wie sich die k. Staatsregierung bezüglich dieser Fideikommisse den Art. 11 denkt. S. 441.

Im Uebrigen möchte ich dem Herrn Vorsitzenden in dem Wunsche beistimmen, daß es möglich sein sollte, das Verfahren etwas billiger zu gestalten. Es wird zuzugeben sein, in den meisten Fällen wird die Entschädigungssumme eine allzu große nicht sein und, wenn dieß der Fall ist, so wird sich wohl die Gebühr nach der Höhe der verlangten Entschädigungssumme oder nach dem Werthe der Trennfläche bestimmen, die Gebühr wird also dann nicht allzu hoch sein. Wenn es sich aber um ein großes Gut handelt, wäre es allerdings wünschenswerth, daß das Verfahren etwas billiger gestaltet werden könnte. In den meisten Fällen werden übrigens die Leute in der Lage sein, die Gebühr zu tragen; im Allgemeinen wird gesagt werden müssen, daß das Verfahren nicht zu theuer werden wird.

Die Frage, ob man den Art. 9 nicht so fassen kann, daß das Vertheilungsverfahren nur ausnahmsweise eintritt und in der Regel davon Umgang genommen werden kann, wäre noch anzuregen. Allein es wird auch hier kaum möglich sein, etwas Einfacheres zu geben, als ohnehin schon durch die Bestimmung des Art. 4 geschehen ist.

Meine Bedenken wären also im Großen und Ganzen sehr geringe und glaube ich, daß man das Gesetz ohne allzu große Aenderungen annehmen soll.

Abg. Joseph **Geiger**: Ich möchte auf die Vorbemerkung unseres Herrn Vorsitzenden zurückkommen, ob wir nicht den Wunsch aussprechen sollen, die Staatsregierung möchte von dem Rechte des § 120 des Einführungsgesetzes Gebrauch machen, wonach auch bezüglich Ziff. 1 l. c., wenigstens im kommenden Ausführungsgesetz über die Theilung der Reallasten Vorschriften gegeben werden können. Ich erwähne hiebei eine Art von Reallast, welche auch jetzt noch ziemlich häufig vorzukommen pflegt: die sog. Ehehaftreichnisse; ich habe erst kürzlich wieder Gelegenheit gehabt, mit einem Kollegen über ein Ehehaftreichniß und über die Verpflichtungen des Eigenthümers eines Grundstücks zu sprechen. Dieser Eigenthümer war zugleich Hufschmied und als solcher verpflichtet, einem anderen Grundbesitzer gegen gewisse Getreidegaben Hufschmiedarbeiten zu liefern. Wenn hier Theilungen der Grundstücke vorkommen, so könnten so schwierige Verhältnisse entstehen, daß wohl eine gesetzliche Regelung am Platze wäre. Das Gesetz vom Jahre 1868 erleichtert allerdings und

S. 444. außerordentlich die Ablösung dieser Reallasten um so mehr, als das Verfahren tax- und stempelfrei ist. Leider wird aber von dieser Ablösung nicht genügend Gebrauch gemacht.

Was den Titel unseres jetzigen Gesetzentwurfs betrifft, so muß auch ich die allgemeine Anschauung theilen. Es sind uns Klagen aus den verschiedensten Theilen unseres Landes zugegangen und ich glaube, es ist die allgemeine Anschauung, daß dieser Titel mit dem Gesetzentwurfe nicht recht harmonirt, bezw., daß es nicht genügt, lediglich zu sagen, „das Unschädlichkeitszeugniß betreffend". Gewöhnlich wird der Titel eines Gesetzes oder die Ueberschrift andeuten, was den Inhalt des Gesetzes bildet. Wenn hier eine Aenderung möglich wäre, würde auch ich gerne mithelfen. Es ist aber dieß eine etwas untergeordnete Frage.

Ich darf ferner wohl sagen, daß die Sprache dieses Gesetzentwurfs sich wesentlich unterscheidet von der Sprachweise des Entwurfs, den wir vor einigen Tagen berathen haben. Die Sprache ist ungleich schwieriger und es gehört schon ein Studium dazu, sich allmählich die Sache zurecht zu legen. Ich gebe zu, daß die Technik der Gesetzgebung der modernen Zeit eine solche Sprache begünstigt, allein die Gesetze sind nicht blos für die Gerichte und Rechtsanwälte gemacht, sondern für das Publikum, und wenn nun schon die Materie für das Publikum schwierig genug ist, so wäre es vielleicht doch der Mühe werth, den einen oder anderen Artikel für den gewöhnlichen Sprachgebrauch gangbar zu machen.

Was das Verfahren betrifft, so bin ich der Anschauung unseres Herrn Vorsitzenden, daß man wohl die Bestimmungen der Art. 4 und 8 zusammenlegen könnte. Es vereinfacht sich dadurch die Sache außerordentlich; ich kann mir eigentlich eine Schwierigkeit oder eine Lücke, die daraus entstehen könnte, nicht denken. Die Zahl derjenigen, welche sich erklären, wird nicht immer eine große sein und diese allein kommen dann für Art. 8 noch in Betracht. Im
S. 445. Großen und Ganzen fällt ‖ die Erklärung über die Zustimmung zur Abtrennung mit der Erklärung über die Vertheilung der Ausgleichsumme zusammen. Ich glaube also, daß man Art. 4 und 8 zusammenfassen müsse und daß dadurch bedeutend Zeit erspart werden würde; denn die Fristen würden sich dadurch bedeutend abkürzen, wenn die Ausschreibung — und solche wird in vielen Fällen nicht umgangen werden können — nicht zwei Mal geschehen muß und nicht jedes Mal vom nächsten Monat ab erst die einmonatliche Frist läuft. Wann soll außerdem das Verfahren zu Ende kommen? Auch ist zu berücksichtigen, daß es sich um verhältnißmäßig kleine Grundstücke handelt, die den Gegenstand der Abtretung bilden. — Allerdings ist das Wort „klein" nur relativ zu nehmen, eine größere Grundfläche kann als klein erscheinen im Gegensatz zum Gesammtkomplex. Aber im Allgemeinen wird es sich um unbedeutende Abtrennungen handeln und deßhalb glaube ich, daß man die Sache so kurz und einfach und so wenig kostspielig als möglich gestalten muß.

Ich theile auch die Anschauung des Herrn Vorsitzenden, daß es gefährlich wäre, Erinnerungen der Berechtigten vollständig auszuschließen. Es können insbesondere in Bezug auf die Werthherhöhung, noch leichter in Bezug auf die Werthminderung Abmachungen zwischen dem Eigenthümer und dem Erwerber der Trennfläche getroffen werden, welche unter Umständen eine Umgehung oder Beschädigung der Rechte der Gläubiger in sich schließen. Erinnerungen, meine ich, würden da wohl zugelassen werden sollen; und mit diesen dürfte auch das Beschwerderecht nicht auszuschließen sein. Es wird auch den Gang der Dinge nicht erheblich erschweren oder verzögern, besonders, wenn für das Beschwerderecht die Bestimmungen der Reichscivilprozeßordnung über sofortige Beschwerde eingeführt werden.

Ich vermisse im Uebrigen auch im Gesetze die Bestimmung, auf welchem S. 445.
Wege der Amtsrichter zur Feststellung der Unschädlichkeit kommt, sowohl im Falle, wenn die Werthminderung mit Geld auszugleichen ist, als auch im Falle des anderweitigen Ausgleichs. Das Gesetz gibt hiefür im Texte gar keinen Anhaltspunkt, wie der Amtsrichter zu verfahren habe; soll er Alles auf Grund seiner eigenen Prüfung entscheiden? Es wird wohl nothwendig werden, daß man dem Amtsrichter auch einen Weg zeigt, auf dem er zur betreffenden Feststellung des verhältnißmäßigen Minderwerths gelangt. Die Anhaltspunkte, welche nach Ansicht des Herrn Vorsitzenden von dem Eigenthümer bei Stellung seines Antrags dem Gerichte durch Vorlage der Erwerbsurkunden und Kataster zu geben sind, werden allerdings dann nicht mehr nothwendig sein, wenn das Grundbuch angelegt ist; denn von diesem Augenblick an ist der Eintrag in's Grundbuch Ersatz für alle Erwerbsurkunden.

Ich habe noch ein Bedenken bezüglich der Vertheilung der Ausgleichssumme. Es wird hingewiesen auf die Vertheilung des Erlöses bei der Zwangsversteigerung. So lange aber das Bürgerl. Gesetzbuch und die Reichssubhastationsordnung noch nicht gelten, werden wir auf die bayerische Subhastationsordnung angewiesen sein. Wie soll es aber gemacht werden, solange die bayerische Subhastationsordnung zu Grund zu legen ist? Gesetzt, daß der Vertheilungsbetrag, der beispielsweise 1000 Mk. beträgt, an den I. Hypothekgläubiger ausgehändigt wird, ist damit den Rechten der späteren Hypothekgläubiger, die eigentlich am meisten durch die Abtrennung betroffen sind, genügend Rechnung getragen? Dieß lasse ich dahin gestellt sein. Man kann sagen: um diesen Betrag erlischt die Hypothek des ersten Gläubigers. Eben diese Hypothek mag aber vielleicht in ihrer Höhe mit der Ausgleichsumme zusammenfallen, so daß der erste Gläubiger vollständig gedeckt wird. Derselbe will aber keine Bezahlung; er hat ein hohes Interesse, daß seine Hypothek, die vorzüglich angelegt ist, ihm erhalten bleibt; er fühlt sich durch den Restkomplex vollständig sicher, er wird von dem Verzicht vielleicht Gebrauch machen. Möglicherweise macht er aber keinen Gebrauch; er kennt die Verhältnisse nicht genau, er hat keinen Rechtsanwalt, und, ich fürchte fast, daß, wenn man das Gesetz nicht ändert, jeder einen Rechtsanwalt haben muß. Er verliert sonst seine gute Geldanlage, wenn ihm eines Tages bemerkt wird: Du bekommst jetzt diese Ausgleichsumme als Zahlung. Diese Dinge geben mir zu denken. Es werden z. B. nach unserer Subhastationsordnung diejenigen Hypotheken, welche in das geringste zulässige Gebot fallen, übernommen. Soll das auch in Zukunft der Fall sein? Daß wir hier Schwierigkeiten begegnen, welche durch den Text und die Motive des Gesetzes nicht genügend ausgeglichen sind, befürchte ich. Im Großen und Ganzen kann ich nur wünschen, daß das Gesetz zu Stande kommt; ich halte es für eine nothwendige Ergänzung des Gesetzes, welches wir vor einigen Tagen berathen haben.

Abg. **Kraußold:** Ich könnte im Wesentlichen auf das Wort verzichten; denn die meisten Beanstandungen, die vorgebracht worden sind, würden außerdem von mir theilweise angeregt worden sein. Auch ich muß gestehen, daß es mir mit dem Unschädlichkeitszeugniß ergeht wie allen Anderen. Ich möchte mir die Frage erlauben, ob in dem preußischen Gesetze und in dem von Schleswig-Holstein auch die Ueberschrift „Unschädlichkeitszeugniß" gebraucht ist?

Vorsitzender: Das Rubrum ist nicht dasselbe.

Senatspräsident Dr. **von Jacubezky:** Aber der Name ist derselbe.

S. 445. **Abg. Kraußold:** Es liegt in der Natur der Sache, weil wir solches bisher noch nicht gehabt haben und auch die Materie des Bürgerl. Gesetzbuchs selbst zum großen Theil noch fremd ist. Ich will nicht auf die Theilbarkeit der Reallasten und auf das Zwangsenteignungsverfahren eingehen. Schwierig erscheint mir die Sache dadurch, daß einerseits nur geringfügige Abtrennungen zulässig sein sollen und, wenn ich es richtig auffasse, mit Ausnahme des Art. 11, nur von einem Grundstück, nicht von einem Komplex von Grundstücken; es soll also das Verfahren nicht kompliziert und möglichst wohlfeil sein, andererseits können die Betheiligten ein Interesse daran haben und auch verhältnißmäßig höhere Beträge in Frage kommen, so daß ein Nichtanhören der Betheiligten mir Bedenken erregt. Wie das zu machen ist, das wird im Einzelnen festgestellt werden können; aber eine Beschwerde einzuführen, davor möchte ich doch warnen, wenn man festhält, daß es sich um geringfügige Sachen handelt. Das würde nach meinem Dafürhalten sehr häufig eine Verzögerung verursachen, die in keinem Verhältnisse stünde zu dem, um was es sich hier handelt. Es hängt dieß auch mit der Feststellnng des Minderwerths zusammen; in den Motiven ist davon gesprochen, daß man auch Sachverständige zuziehen könne. Das dürfte namentlich in Fällen nothwendig werden, wo die Sache nicht so einfach liegt, z. B. bei einem Bauplatz in der Stadt. Es dürfte daher wohl
S. 446. geboten erscheinen, ‖ bei der Feststellung eine gewisse nähere Präzision zu finden. Dieß würde ich um so mehr für nothwendig erachten, weil mir Art. 2 Abs. 2 nicht recht klar erscheint. Es heißt dort: „Wird ein Trennstück zu einem öffentlichen Zwecke unentgeltlich abgetreten, so wird auf die Werthminderung die Wertherhöhung angerechnet, die sich aus der dem öffentlichen Zwecke dienenden Anlage ergibt.“ Es wird nothwendig sein, daß wir Erhebungen pflegen, weil es sich um werthvollere Grundstücke handeln kann.

Abg. **Lerno:** Ich stehe auch dem Gesetze sympathisch gegenüber, weil ich es für nothwendig halte, daß dieses Gesetz vor Einführung des Bürgerl. Gesetzbuchs zu schaffen ist und nicht gewartet werden soll, bis das Ausführungsgesetz erscheint, obwohl ich beklage, daß solche einzelne Gesetze nebenherlaufen. Es ließe sich vielleicht erwägen, ob wir nicht das Gesetz in provisorischer Weise machen und dann die Bestimmungen in das Ausführungsgesetz aufnehmen könnten. Von Seite der Herren Vorredner sind so viele Erinnerungen und Wünsche ausgesprochen worden, daß das Gesetz aus den Ausschußberathungen in ziemlich verändertem Gewande hervorgehen wird. Auch ich wünsche an Stelle der bisweilen schwierigen Diktion, welche ein wiederholtes Lesen einzelner Sätze nothwendig macht, um zum Verständniß zu gelangen, eine leichter verständliche Sprache; wir würden uns den Dank derer verdienen, welche mit dem Gesetze zu thun haben oder von demselben betroffen werden. Mir gefällt auch der Titel des Gesetzes nicht; ich würde vorschlagen, zu sagen: „Gesetz, betreffend die lastenfreie Abtretung einzelner geringer Gründstückstheile.“

Im Gegensatze zum Herrn Abg. Wagner bin ich mit dem Herrn Vorsitzenden über die Zulassung von Erinnerungen der Betheiligten einverstanden. Im Interesse des Hypothekenkredits müssen wir den Betheiligten eine Erinnerung zugestehen. Die Praxis ist sehr mannigfaltig; es können Fälle vorkommen, in welchen der Mangel jeglichen Beschwerderechts außerordentlich hart empfunden würde. Daß das Verfahren nach dem Gesetzentwurf oft ziemlich schleppend sein wird, hat der Herr Vorsitzende und der Herr Abg. Wagner bereits auseinandergesetzt. Ich möchte darauf hinweisen, daß im Falle der Hinterlegung eines Geldbetrags nach Art. 9 das Verfahren wieder dadurch

verzögert wird, daß die in Bezug genommenen Vorschriften und festgelegten, S. 446.
gesetzlichen Fristen auch eingehalten werden müssen.

Bezüglich des Art. 2 Abs. 3 möchte ich mir eine Bemerkung erlauben. Es ist hier die Ausgleichung nicht erforderlich, wenn die Werthminderung den Betrag von 50 Mk. nicht übersteigt. Wenn ich mich in das Prinzip des Gesetzes hineindenke, so kann ich mir nicht zusammenreimen, wie sich das Gesetz in Gegenden mit parzellirtem Grundbesitz, z. B. in Unterfranken, ausführen läßt. Hier kann es vorkommen, daß von einem Grundstück, welches selbst kaum 50 Mk. werth ist, ein Theil abzutrennen ist. Daß hier eine Ausgleichung nicht nothwendig sein soll, finde ich sehr mißlich. In den Motiven Seite 198 heißt es:

> „Ist der Werth des ganzen Grundstücks, von dem eine Theilfläche abgetrennt werden soll, so gering, daß der den Betrag von 50 Mk. nicht übersteigende Werth des Trennstücks verhältnißmäßig erheblich ist, so ist die Ertheilung des Unschädlichkeitszeugnisses nach Art. 2 Abs. 1 ausgeschlossen."

Ich halte dieß für mißlich; es ist immerhin denkbar, daß die Abtretung einer kleinen Parzelle von einem solchen Grundstück im öffentlichen Interesse gelegen ist, daß aber doch ein Expropriationsrecht nicht gegeben ist. Wenn hier eine solche Abtrennung einer kleinen Parzelle überhaupt ausgeschlossen wäre, könnte es doch zu unangenehmen Konsequenzen führen, zu Zuständen, welche von den Betheiligten sehr schwer empfunden würden.

Senatspräsident Dr. **von Jacubezky:** Ich möchte zunächst die Frage bezüglich des Umfangs des Gesetzes, welche Gegenstände der Gesetzentwurf zu regeln hat, beantworten. Die vom Herrn Vorsitzenden angeregte Frage wegen der Theilung von Reallasten wird außer Betracht zu bleiben haben, weil es sich, wenn ich die Anregung richtig verstanden habe, nicht um die Feststellung einer Unschädlichkeit handelt, sondern um gesetzliche Vorschriften für gewisse Arten von bestehenden Reallasten des Inhalts, daß im Falle einer Theilung der belasteten Grundstücke eine Vertheilung der Reallast eintritt, wie das im Art. 15 des Grundentlastungsgesetzes vom Jahre 1872 bezüglich der Grundabgaben, die aus der Ablösung stammen, bestimmt ist.*) Selbstverständlich kann man derartige Normen nur machen, nachdem man die einzelnen Arten von Reallasten, für welche die Vorschriften gelten sollen, durchgegangen hat. Prinzipiell gilt jetzt für bestehende Reallasten dasselbe, was nach dem Bürgerl. Gesetzbuch in Zukunft für die Reallasten gelten wird, d. h. die Reallast besteht als dingliche Belastung auf den einzelnen Theilstücken ungetheilt fort. Diese Anregung wird also hier nicht weiter zu verfolgen sein. Der Herr Vorsitzende hat auch bemerkt, die zu erlassenden Vorschriften sollen nicht in das gegenwärtige Gesetz aufgenommen, sondern beim allgemeinen Ausführungsgesetz erwogen werden.

Der Herr Vorsitzende hat noch eine andere Frage angeregt, die mit dem Art. 120 des Einführungsgesetzes zusammenhängt, nämlich die Frage, ob nicht das Unschädlichkeitszeugniß unter gewissen Umständen auch ertheilt werden soll, wenn es sich um die Auszahlung der Entschädigung wegen einer Zwangsenteignung handelt.

Der Entwurf hat hievon abgesehen in der Annahme, daß ein Bedürfniß hiefür nicht bestehe; in der That sind der Staatsregierung Anregungen, daß

---

*) Vergl. hierzu oben S. 8.

S. 446. eine solche Erleichterung wünschenswerth sei, nicht zugekommen. Indessen muß ich allerdings einräumen, daß Fälle möglich sind, in welchen Schwierigkeiten dadurch entstehen, daß ein Betheiligter nicht zu finden ist oder der Auszahlung an den Eigenthümer ohne ernsten Grund widerspricht, und die Sachlage insoferne die gleiche ist, wie in den im Entwurfe behandelten Fällen, als es sich um einen verhältnißmäßig geringen Betrag handelt. Der Eigenthümer kann ein berechtigtes Interesse daran haben, die Entschädigung, sobald sie festgestellt sein wird, ohne Weiterungen ausbezahlt zu erhalten. Soll ihm nicht gestattet sein, den Berechtigten Ersatz für das enteignete Trennstück in einem anderen Grundstücke zu gewähren oder, falls etwa die meisten Berechtigten mit der alsbaldigen Auszahlung der Entschädigung an ihn einverstanden sind, gegen die übrigen nach Art. 4 vorzugehen? Oder nehmen wir an, es ist die Zwangsenteignung durchgeführt, die Entschädigung hinterlegt und ein Vertheilungsverfahren eröffnet worden, in diesem ist auf einen nicht aufzufindenden Berechtigten ein kleiner Betrag entfallen. Soll dieser Betrag nun dreißig Jahre hinterlegt bleiben oder soll dem Eigenthümer gestattet werden, mittelst einer gerichtlichen Aufforderung des Berechtigten dessen Ausschließung und die Aus-
S. 447. zahlung des Betrags zu erwirken? Ich glaube, ‖ es ist möglich, diesem Wunsche entgegenzukommen. Für den Fall, daß die Herren es wünschen, haben wir eine Fassung vorbereitet, weil wir erwarteten, daß die Frage angeregt wird. Ich erlaube mir, dieselbe dem Herrn Vorsitzenden zu übergeben; vielleicht ist es zweckmäßig, sie vervielfältigen zu lassen. Die Fassung vermeidet den Ausdruck „Zwangsenteignung“ und gebraucht diejenige Umschreibung, welche in den Art. 52 und 109 des Einführungsgesetzes zum Bürgerl. Gesetzbuch gewählt ist, um klar zu stellen, welche Fälle unter den Begriff fallen. Die Fassung lautet:

„Der Anspruch auf die Entschädigung für die im öffentlichen Interesse erfolgende Entziehung, Beschädigung oder Benützung eines Grundstücks, Beschränkung des Eigenthums oder Entziehung oder Beschränkung eines Rechts der im Art. 12 bezeichneten Art wird von den Rechten Dritter frei, wenn von dem im Art. 1 bezeichneten Gerichte festgestellt ist, daß die Befreiung für die Berechtigten unschädlich ist.

Die Befreiung des Anspruchs steht der Aufhebung eines Rechts der im Art. 12 bezeichneten Art gleich.“

Das Detail wird erst später zu besprechen sein, es wird nur die Bereitwilligkeit ausgesprochen, in dieser Beziehung eine Ergänzung vorzunehmen.

Was den Titel des Gesetzes anlangt, so handelt es sich um eine Geschmacksfrage. Aber ich möchte doch darauf aufmerksam machen, daß es für das Citiren der Gesetze sehr mißlich ist, wenn die Titel lang sind. Wir haben den Ausdruck gewählt, wiewohl auch wir wußten, daß er zunächst nicht recht verständlich ist; wir glaubten, uns sagen zu dürfen, man werde im Leben diese gerichtliche Feststellung eben das Unschädlichkeitszeugniß nennen. Man wird das Bedürfniß fühlen, einen Namen für die Sache zu haben, und dieser Name wird „Unschädlichkeitszeugniß“ sein. Dieser Name hat sich in anderen deutschen Staaten eingebürgert; er wird auch gebraucht werden, wenn das Gesetz ihn künstlich vermeidet. Wir haben uns genöthigt gesehen, dem Gesetze, betreffend die Zwangsvollstreckung in das unbewegliche Vermögen wegen Geldforderungen, den Nebentitel „Subhastationsordnung“ zu geben. Der Haupttitel wird im Leben niemals gebraucht, weil er zu lang ist.

Was die Sprache des Gesetzes anlangt, so handelt es sich auch dabei S. 447.
um eine Geschmacksfrage. Im Allgemeinen ist dieses Gesetz, das bestimmt ist, eine Ergänzung des Bürgerl. Gesetzbuchs zu bilden, in derselben Weise, nach denselben Grundsätzen redigirt, wie das Bürgerl. Gesetzbuch, und ich glaube, daß wir bei den Gesetzen, die sich an dieses anschließen, es im Wesentlichen nicht anders machen können. Sehen Sie sich die Reichsgesetze an, die zur Ausführung des Bürgerl. Gesetzbuchs ergangen sind, beziehungsweise in den Entwürfen dem Reichstage vorliegen, so finden Sie dieselbe Sprechweise. Wir müssen damit rechnen, daß die Ausdrucksweise des Bürgerl. Gesetzbuchs, mit der auch das neue Handelsgesetzbuch in der Hauptsache übereinstimmt, in Deutschland künftig die Ausdrucksweise privatrechtlicher Gesetze sein wird. Natürlich kann man, wo sich einzelne Härten finden, die bessernde Hand anlegen.

Was nun die materiellen Bedenken anlangt, so meine ich, daß die Bedeutung und Aufgabe des Gesetzes nicht von allen Herren Vorrednern richtig aufgefaßt worden ist. Gerade der eine Punkt, der von mehreren Herren hervorgehoben worden ist, bringt mich auf diese Meinung. Die Herren glauben, es sei nothwendig, daß diejenigen, deren Rechte eine Aenderung erleiden sollen, d. h., abgesehen von dem Fall des Art. 2 Abs. 3, diejenigen, die sich einen Ersatz sollen gefallen lassen müssen, erst gehört werden. Alle Gesetze, welche bisher in den deutschen Staaten diese Einrichtung eingeführt haben, sehen das Wesen derselben darin, daß die Betheiligten nicht gehört werden müssen. Diese Einrichtung ist bestimmt für zweierlei Fälle, einmal für den Fall, daß ein Betheiligter ohne ernsten Grund, aus übertriebener Aengstlichkeit, vielleicht auch aus bösem Willen, nicht zu bewegen ist, die Einwilligung zu ertheilen, obwohl er sie offenbar ohne Schaden ertheilen könnte. Wird ein solcher Berechtigter zur Erklärung aufgefordert, so weiß man, was kommt. Es kommt ein Widerspruch und über diesen Widerspruch will man sich hinwegsetzen. Es hat also keinen Zweck, den Berechtigten erst zu fragen. Der andere Fall aber, und das ist der häufigere, ist der, daß man denjenigen, um den es sich handelt, nicht finden kann. Was wird nun da die Folge sein? Es erscheint im Amtsblatt eine öffentliche Aufforderung, und wenn diese irgend eine Bedeutung haben soll, so müssen Sie bestimmen, daß diese Aufforderung erst wirksam wird, wenn eine gewisse Frist abgelaufen ist. So ist es in der Civilprozeßordnung und in den Landesgesetzen, welche derartige Aufforderungen zulassen, überall gemacht. Man muß eine gewisse Zeit abwarten, damit der vielleicht in der Fremde lebende Betheiligte, sei es dadurch, daß er selbst nachforscht, oder dadurch, daß zufällig Andere ihn darauf aufmerksam machen, möglicher Weise in die Lage kommt, von der Ausschreibung Kenntniß zu erlangen. Daraus entsteht eine große Verzögerung, die den Zweck der Einrichtung wesentlich beeinträchtigt, und in den meisten Fällen erfährt der Aufgeforderte doch nichts von der bevorstehenden Aenderung seines Rechtes.

Ich meine also, wenn wir überhaupt den Zweck des Gesetzes erreichen wollen, müssen wir darauf verzichten, die Betheiligten erst noch zu hören.

Noch schlimmer aber wäre es für den Zweck, wenn den Betheiligten ein Beschwerderecht eingeräumt würde, welches nothwendig aufschiebende Wirkung haben müßte, sonst hätte es keinen Sinn. Hätte es keine aufschiebende Wirkung, dann müßte man sagen, wenn die Rechtsänderung einmal eingetreten ist, kann sie auch im Wege der Beschwerde nicht mehr rückgängig gemacht werden. Da aber das Zeugniß, sobald es ausgefertigt ist, zum Grundbuch-

S. 447. amt hingetragen und die lastenfreie Abschreibung sofort beantragt wird, würde der Berechtigte nicht die Möglichkeit haben, sein Recht zu wahren. Wenn Sie aber aufschiebende Wirkung gewähren und im Anschluß an die Civilprozeßordnung eine zweiwöchentliche Frist, dann würde wieder eine Verzögerung, die dem ganzen Zwecke des Gesetzes widerspricht, herbeigeführt werden. Ich halte das Beschwerderecht für entbehrlich; ich glaube, daß man unseren Gerichten das Zutrauen schenken kann, daß sie nicht leichtsinnig das Zeugniß ausstellen, zumal da der Richter sich durch ein Versehen persönlich haftbar macht. Die Gewissenhaftigkeit der Gerichte und die eigene Haftbarkeit der Richter gibt Gewähr dafür, daß man nicht leichtsinnig dieses Zeugniß ertheilt.

Es ist dann gesagt worden, es könnten Kollusionen zwischen dem Veräußerer und dem Erwerber stattfinden, die den Richter hinter's Licht führten. Ich glaube nicht, daß dieß überhaupt möglich ist. Der Richter hat seinerseits zu prüfen, ob die Voraussetzungen des Art. 2 gegeben sind. Was die Betheiligten ihm vortragen, wird er nicht ohne Weiteres glauben. Das ist auch sonst nicht der Fall, wenn Jemand zum Richter kommt und von ihm etwas verlangt, z. B. die Genehmigung einer Löschungsbewilligung in Vormund-
S. 448. schaftsangelegenheiten. Der Richter glaubt nicht ohne || Weiteres, was der Antragsteller behauptet, er überzeugt sich erst von der Wahrheit der Behauptung. Es müssen also Behelfe beigebracht, gegebenen Falls auch Sachverständige vernommen werden. Daß der Richter über den Werth der Ausgleichung Sachverständige vernimmt, wird allerdings die Regel sein. Es gibt jedoch Fälle, in denen dieß nicht nothwendig erscheint. Wenn es bei Art. 2 Abs. 3 verbleibt, wird es nicht selten vorkommen, daß zum Zwecke der Korrektion einer Grundstücksgrenze oder zum Zweck der Erweiterung einer Straße ein kleines Stück abgetreten wird, von dem jeder vernünftige Mensch in der Gegend weiß, daß es nicht 50 Mk. werth ist. Wenn dieß auf der Hand liegt und kein Zweifel möglich ist, warum soll dann der Richter erst noch Sachverständige vernehmen und dem Betheiligten Kosten machen? Ob er Sachverständige vernehmen soll, liegt in seinem richterlichen Ermessen. In allen Fällen aber, in denen die Sache nicht ganz klar ist, wird er schon wegen seiner eigenen Haftung Sachverständige beiziehen. Ein weiterer Fall ist der: Es wird ein anderes Grundstück surrogirt, von welchem jedem Laien sofort klar ist, daß es viel werthvoller ist, als die abgetrennte Parzelle. Warum sollen hier erst Sachverständige vernommen werden? Es ist deßhalb nicht angezeigt, die Vorschrift aufzunehmen, daß in allen Fällen Sachverständige vernommen werden müssen.

Es wurde weiter bemerkt, es handle sich um dreierlei Verfahren und dieß sei komplizirt. Ich glaube nun, daß die Komplikation nur eine scheinbare ist und daß das Verfahren des Entwurfs sachlich einfacher ist und den Antragsteller schneller zum Ziel führt, als das Verfahren, das der Herr Vorsitzende vorgeschlagen hat. Vor Allem muß ich bemerken, ein besonderes Verfahren zur Feststellung des Betrags der Werthausgleichung ist nicht in Aussicht genommen, sondern die Werthausgleichung soll in dem Unschädlichkeitszeugniß selbst bestimmt werden. Das Zeugniß muß den Inhalt haben, daß aus ihm selbst ersichtlich ist, ob und in welcher Weise eine Werthausgleichung erforderlich ist. Das hat seinen Grund darin, daß das Grundbuchamt, wenn es die Parzelle abschreiben soll, prüfen muß, ob die Bedingungen vorhanden sind, von welchen die Befreiung des Trennstücks von den auf dem Restgrundstück ruhenden Lasten abhängig ist. Wenn also die Werthausgleichung in Geld erfolgen soll, kann nicht einfach gesagt werden, es wird festgestellt, daß

die Abtrennung der aus der Anlage ersichtlichen Parzelle von dem Grundstück S. 448.
den Berechtigten unschädlich ist, sondern das Zeugniß muß so gefaßt werden, daß die Abtrennung den Berechtigten unschädlich ist, sofern zur Ausgleichung des Werthes ein Betrag von so und so viel Mark hinterlegt wird. Ebenso muß bei Ausgleichung durch ein anderes Grundstück gesagt werden, daß die Abtrennung unschädlich ist, sofern die auf dem Trennstück bestehenden Rechte auf das Grundstück Plannummer so und so viel erstreckt werden, und dabei nach Maßgabe des Art. 5 noch angegeben werden, welche Rechte vorgehen dürfen, d. h. es muß geprüft werden, ob bei der Rechtslage, in der sich das zu surrogirende Grundstück befindet, eine Erstreckung der Rechte des Trennstücks auf das zu surrogirende Grundstück einen angemessenen Ersatz bildet oder nicht. Das eine Verfahren also, von dem gesprochen worden ist, nämlich das zur Feststellung des zu hinterlegenden Betrags oder der Beschaffenheit des zu surrogirenden Grundstücks, ist kein besonderes Verfahren, sondern dabei handelt es sich um den nothwendigen Inhalt des Unschädlichkeitszeugnisses.

Der Entwurf gibt dem Eigenthümer verschiedene Möglichkeiten, zu dem Unschädlichkeitszeugnisse zu kommen, und das ist ein Vorzug des Entwurfs, daß er dem Antragsteller diese Möglichkeiten offen hält, während der Antrag des Herrn Vorsitzenden sie ihm nicht gewährt. Es kann sein, daß es für den Antragsteller keine Schwierigkeit hat, so viel Baargeld zu hinterlegen, als nothwendig ist, um sofort das Zeugniß zu bekommen. Warum sollen da erst die Betheiligten gehört werden, ob sie auf Ausgleichung bestehen? Der Antragsteller sagt: ich will nicht einen Monat warten, mir pressirt es, ich muß das Zeugniß sogleich haben. Der Entwurf antwortet: gut, hinterlege das Geld, dann bekommst Du das Unschädlichkeitszeugniß sofort, das Trennstück wird abgeschrieben und die Frage, ob und wie die Geldausgleichung für die Berechtigten zu verwenden ist, wird hinterher bereinigt, wenn Du Deinen Zweck inzwischen erreicht hast. Ich meine, das ist ein Vorzug, nicht ein Nachtheil des Entwurfs, daß er dem Eigenthümer ermöglicht, die Sache sofort mit einem Gange zum Gericht abzumachen. Es wäre meines Erachtens keine Verbesserung des Entwurfs, wenn wir dem Antragsteller diese Möglichkeit abschneiden würden.

Der Antragsteller kann aber auch ein Interesse daran haben, nicht genöthigt zu sein, die Ausgleichung bewirken zu müssen; es kann ihm weniger daran liegen, warten, und mehr daran, nicht hinterlegen oder ein anderes Grundstück surrogiren zu müssen. Wenn voraussichtlich keiner von den Berechtigten auf der Werthausgleichung bestehen wird, und das wird die Mehrzahl der Fälle sein, dann beantragt er die Aufforderung nach Art. 4, damit das Zeugniß mit dem Inhalt ausgestellt werden kann; es wird festgestellt, daß die Veräußerung unschädlich und eine Werthausgleichung nicht erforderlich ist. Meldet sich keiner der Berechtigten, so kann die Abschreibung erfolgen, ohne daß er für Werthausgleichung zu sorgen hat. Hier ist das Interesse des Antragstellers gerade das entgegengesetzte gegenüber dem Falle, von dem ich zuerst gesprochen habe. Im ersten Fall kann der Antragsteller nicht warten, aber er ist bereit, zu hinterlegen; im zweiten Falle ist die Sache weniger dringend, es fehlt aber die Bereitwilligkeit, zu hinterlegen.

Nun kommt der Fall, wo hinterlegt ist (Art. 8), wo es sich also darum handelt, was mit dem Geld geschehen soll. Dieses ist zur Werthausgleichung bestimmt und muß, um diesen Zweck zu erfüllen, den Berechtigten zukommen. Aber sehr häufig wird für die Berechtigten kein dringendes Interesse bestehen

S. 448. das Geld wirklich zu bekommen, sondern sie werden sagen, ehe ich mir von meiner Hypothek einen kleinen Betrag zurückzahlen lasse, bin ich lieber damit einverstanden, daß das Grundstück um das kleine Trennstück vermindert wird. Auch das wird, wie die Erfahrung gelehrt hat, die Regel sein. In den meisten Fällen wird die Vertheilung nicht verlangt werden. Besteht keiner der Berechtigten auf der Vertheilung, so ist nach Art. 8 Abs. 2 der Eigenthümer zur Erhebung des hinterlegten Betrags zu ermächtigen. Das Gericht erläßt die Anweisung an die Hinterlegungsstelle, es sei der hinterlegte Betrag dem Eigenthümer, der ihn deponirt hat, zurückzugeben; damit ist Alles erledigt.

Möglich ist freilich auch, daß die Berechtigten verlangen, daß die Ausgleichung durch Vertheilung des hinterlegten Geldes stattfinde, und für den Fall müssen wir bestimmen, wie zu verfahren ist.

Nun ist auch beanstandet worden, daß Art. 9 für die Vertheilung des hinterlegten Betrags auf die im Fall der Zwangsversteigerung für die Vertheilung des Erlöses geltenden Vorschriften hinweist. Ich glaube nicht, daß es ein anderes Verfahren gibt, das für diesen Zweck brauchbar wäre,
S. 449. und erlaube mir, Sie darauf aufmerksam zu machen, daß in || dem nahe verwandten Falle der Zwangsenteignung nach Art. 53 des Ausführungsgesetzes zur Civilprozeßordnung ebenfalls dieses Vertheilungsverfahren stattfindet. In der That handelt es sich hier um eine Zwangsenteignung im weiteren Sinne, d. h. die Berechtigten müssen sich gefallen lassen, daß ihren Rechten das Objekt, das mit denselben belastet ist, theilweise entzogen wird gegen Geldentschädigung. Wir haben also eine kraft eines besonderen Rechtssatzes eintretende Entziehung des Rechts gegen Entschädigung, das ist der allgemeine Begriff der Zwangsenteignung. Für den Fall der Zwangsenteignung im engeren Sinne enthält das Einführungsgesetz zum Bürgerl. Gesetzbuch in den Art. 53, 109 dieselbe Vorschrift. Es finden aber nur die Vorschriften über das Vertheilungsverfahren entsprechende Anwendung, nicht die über das Versteigerungsverfahren. Das Mindestgebot, welches für die Frage maßgebend ist, unter welchen Voraussetzungen der Zuschlag ertheilt werden kann, kann natürlich nicht in Frage kommen; der Ertheilung des Zuschlags entspricht hier die Ertheilung des Unschädlichkeitszeugnisses. Dieses wird ohne Rücksicht auf die Berechtigten ertheilt, es muß ja der volle Werth ersetzt und dasjenige, was weggenommen, wenn auch in anderer Form, wiedergegeben werden. Ich glaube also, daß wir den Art. 9 nicht entbehren können.

Weiter ist auch Art. 10 beanstandet worden. Dieser Artikel nimmt Rücksicht auf eine besondere Gestaltung des Vorkaufsrechts, die im Bürgerl. Gesetzbuch § 1097 zugelassen ist. Dieser bestimmt:

> „Das Vorkaufsrecht beschränkt sich auf den Fall des Verkaufs durch den Eigenthümer, welchem das Grundstück zur Zeit der Bestellung gehört, oder durch dessen Erben; es kann jedoch auch für mehrere oder für alle Verkaufsfälle bestellt werden."

Also das Vorkaufsrecht beschränkt sich in der Regel auf den Fall der ersten Veräußerung; es kann jedoch auch für mehrere und für alle Verkaufsfälle bestellt werden. Dieses Vorkaufsrecht ist eingeführt worden hauptsächlich mit Rücksicht auf die Bestrebungen, eine seßhafte ländliche Arbeiterbevölkerung zu schaffen. Man hat gesagt, es müsse die Möglichkeit geboten werden, die Leute auf kleinen Grundstücken anzusiedeln, auf denen der Gutsherr, der die Leute ansiedelt, noch in gewissem Maße die Hand hat, so daß die Leute nicht an Personen veräußern können, die ganz anderen Kreisen angehören, sondern nur an solche, die geneigt sind, zu ihm in dasselbe Verhältniß zu treten, in dem diejenigen standen, die er angesiedelt hat. Dieses Vorkaufsrecht kommt auch noch in anderen Verhältnissen vor. Es ist z. B. möglich, daß eine Stadtgemeinde Anlaß hat, sich das Vorkaufsrecht auf eine Reihe von Jahren zu sichern, nicht blos für den ersten Verkaufsfall, sondern auch für spätere Fälle. Möglicher Weise hat sie beim ersten Verkauf noch kein Interesse, das Vorkaufsrecht auszuüben, aber später hat sie ein solches, und deßhalb läßt sie sich das Recht auf zehn Jahre bestellen. Das Bürgerl. Gesetzbuch gibt diese Möglichkeit. Wir müssen also damit rechnen, daß in Zukunft von dieser Befugniß Gebrauch gemacht wird. Es kann nicht schaden, wenn wir die nach dem Bürgerl. Gesetzbuch möglichen Rechte berücksichtigen. S. 449.

Was den Art. 12 anlangt, so spricht dieser nicht von denjenigen Rechten, welche erlöschen, d. h., welche auf dem Grundstück ruhen und von denen das Trennstück frei werden soll, sondern er besagt, daß der Abtrennung einer Theilfläche von einem Grundstück der Fall gleichgestellt wird, wenn die Grundfläche zwar unverändert bleibt, wenn aber ein Recht aufgehoben werden soll, das mit dem Grundstück in der Art verbunden ist, daß der jeweilige Eigenthümer des Grundstücks der Berechtigte ist, z. B. eine Grunddienstbarkeit, eine Reallast, auch ein Vorkaufsrecht kann nach dem Bürgerl. Gesetzbuch in dieser Weise begründet werden. Dieselben Vorschriften, wie für die Abtrennung von Theilen eines Grundstücks, gelten auch für die Abtrennung eines solchen Rechts, weil sie wirthschaftlich dieselbe Bedeutung hat. Ein solches Recht macht das herrschende Grundstück, dessen Eigenthümer jeweils der Berechtigte ist, werthvoller und diese Werthsteigerung kommt denjenigen zu gute, die ein Recht auf den Werth des Grundstücks haben, also den Hypothekgläubigern u. s. w. Auch dieser Mehrwerth darf ihnen nicht ohne Weiteres entzogen werden. Nach den Vorschriften des Bürgerl. Gesetzbuchs kann ein solches Recht nur mit Zustimmung derjenigen aufgehoben werden, denen das herrschende Grundstück haftet. Deßhalb soll das Unschädlichkeitszeugniß in gleicher Weise für die Aufhebung dieses Rechts ertheilt werden können, wie für die Abtrennung eines Grundstücktheils.

Was den Art. 11 betrifft, von dem Herr Abg. Wagner gesprochen hat, so versteht der Entwurf unter den Familienfideikommissen nur diejenigen, welche nach der VII. Verfassungsbeilage zu beurtheilen sind. Ich bitte Sie, über diese Grenze nicht hinauszugehen. Bei den Fideikommissen der IV. Verfassungsbeilage handelt es sich um die Hausverfassungen der standesherrlichen Häuser. Wir können nicht wohl in die Hausverfassungen des hohen Adels eingreifen; es ist auch kein Bedürfniß dazu vorhanden.

Herr Abg. Wagner hat auch von den Grunddienstbarkeiten gesprochen und mit Recht angeführt, daß der Entwurf besondere Vorschriften mit Rücksicht auf § 1026 des Bürgerl. Gesetzbuchs*) für nicht erforderlich erachtet. Ich muß auch auf den § 1023 aufmerksam machen, durch den § 1026 eine gewisse Ergänzung erhält. § 1023 sagt nämlich:

„Beschränkt sich die jeweilige Ausübung einer Grunddienstbarkeit auf einen Theil des belasteten Grundstücks, so kann der Eigenthümer

*) § 1026 des B.G.B. lautet: „Wird das belastete Grundstück getheilt, so werden, wenn die Ausübung der Grunddienstbarkeit auf einen bestimmten Theil des belasteten Grundstücks beschränkt ist, die Theile, welche außerhalb des Bereichs der Ausübung liegen, von der Dienstbarkeit frei.“

S. 449. die Verlegung der Ausübung auf eine andere, für den Berechtigten ebenso geeignete Stelle verlangen, wenn die Ausübung an der bisherigen Stelle für ihn besonders beschwerlich ist; die Kosten der Verlegung hat er zu tragen und vorzuschießen. Dieß gilt auch dann, wenn der Theil des Grundstücks, auf den sich die Ausübung beschränkt, durch Rechtsgeschäft bestimmt ist.

Das Recht auf die Verlegung kann nicht durch Rechtsgeschäft ausgeschlossen oder beschränkt werden."

Wenn wir diese beiden Paragraphen zusammennehmen, so glaube ich, werden wir sagen müssen, in allen Fällen, in denen das Unschädlichkeitszeugniß mit gutem Gewissen ertheilt werden könnte, wird schon ohne Unschädlichkeitszeugniß der Zweck erreicht.

Auch der Art. 2 Abs. 3 wurde beanstandet. Dabei scheint mir übersehen worden zu sein, daß dieser Absatz nur von einer Ausgleichung spricht, die nach Abs. 1 zu leisten ist. Nach Abs. 1 darf die Feststellung der Unschädlichkeit nur erfolgen, wenn die Flächen- und Werthminderung eine verhältnißmäßig geringe ist. Darüber können wir nicht hinaus. Wir können dieses Verfahren nicht in Fällen einführen, in welchen den Berechtigten 9/10 des Grundstücks, das im Ganzen nicht sehr groß ist, entzogen werden sollen. Wenn ich auf einer Parzelle, die im Ganzen 120 M. werth ist, eine Hypothek
S. 450. habe, so ist die Abtrennung eines Stücks im || Werthe von 50 M. schon sehr beträchtlich. Wir müssen uns bei dem, was der Entwurf will, bescheiden. Auf den Fall, daß etwa ein ganzes Grundstück losgelöst wird, können wir das Unschädlichkeitszeugniß nicht erstrecken, so weit reicht der Vorbehalt des Art. 120 des Einführungsgesetzes nicht. Es wäre das auch bei der Konstruktion der Gesammthypothek nach dem Bürgerl. Gesetzbuch nicht gut angängig. Bei der Festsetzung der Grenze auf 50 M. haben wir uns an Vorbilder angeschlossen. Erheblich höher wird man nicht gehen können. Wenn man andererseits die Grenze weiter heruntersetzen würde, wäre die Vorschrift bedeutungslos.

Der Abs. 2 des Art. 2 ist von Herrn Abg. Kraußold beanstandet worden. Hier wird vorausgesetzt, daß das Trennstück zu einem öffentlichen Zweck unentgeltlich abgetreten wird. Bei dem öffentlichen Zweck handelt es sich immer um eine Anlage, das Grundstück muß zu dem öffentlichen Zweck hergerichtet werden. Wenn aus dieser Anlage, zu Gunsten deren die Abtretung erfolgt ist, sich ein die Werthminderung aufwiegender Vortheil für den Rest des Grundstücks ergibt — der Hauptfall ist der des öffentlichen Weges —, dann ist den Gläubigern nichts entzogen. Nehmen wir an, das Trennstück ist 100 M. werth und die Wertherhöhung, die dadurch entstanden ist, daß jetzt das restige Grundstück unmittelbar an der Straße liegt, ist 150 M. werth, was soll da noch ausgeglichen werden, da der Gläubiger ohnehin schon in eine bessere Lage versetzt ist? Es kann möglicherweise auch nur ein Theil der Werthminderung durch die Wertherhöhung ersetzt werden, dann muß der Ueberschuß ausgeglichen werden.

Ich glaube also, daß man sagen kann, daß die Vorschriften des Entwurfs bezüglich des Verfahrens dem Antragsteller, dem zu helfen der Zweck des Ganzen ist, vortheilhafter sind, als die scheinbar einfacheren Vorschriften, wie sie vom Herrn Vorsitzenden vorgeschlagen worden sind. Bei eingehender Erwägung wird man finden, daß man, wenn allen Fällen Rechnung getragen werden soll, den Betheiligten die Möglichkeiten bieten muß, die der Entwurf ihnen bietet. Dabei verlangt der Entwurf nicht, wie gesagt worden ist, eine

zweimalige Aufforderung der Berechtigten, sondern er begnügt sich mit einer S. 450.
einmaligen. Der Herr Vorsitzende hat vielleicht den Zusammenhang zwischen dem Art. 4 und dem Art. 8 Abs. 3 nicht ausreichend beachtet. Wenn nämlich schon nach Art. 4 Aufforderung ergangen ist, dann braucht man eine neue Aufforderung nicht zu erlassen. Art. 8 kommt nur in Frage, wenn hinterlegt ist. Der Antragsteller hat nicht gewartet nach Art. 4, weil er keine Zeit hatte, sondern er hat hinterlegt, um schnell zum Zeugniß zu kommen. Jetzt soll Art. 8 angewendet werden. In diesem Fall ist die Aufforderung nach Art. 4 gar nicht vorausgegangen. Es ist aber auch eine Kombination möglich. Der Eigenthümer hat zunächst den Antrag gestellt, die Berechtigten nach Art. 4 aufzufordern. Nachträglich treten aber Umstände ein, die es ihn bereuen lassen; jetzt erscheint es ihm vortheilhafter, zu hinterlegen, um das Zeugniß sogleich zu bekommen. Nun hinterlegt er und bekommt das Zeugniß. In diesem Fall gilt die Aufforderung, die nach Art. 4 bereits ergangen ist, an Stelle der in Art. 8 vorgesehenen Aufforderung. Es sind also nicht zwei Aufforderungen, sondern nur eine, und über eine kommen wir nicht hinweg, die hat der Herr Vorsitzende auch. Ich glaube, wenn die Herren sich dieses Verfahren noch eingehender überlegen, so müssen Sie finden, daß wir mit dem Entwurf dem Antragsteller besser helfen, als wenn wir sagen, es muß in allen Fällen, ehe das Zeugniß ertheilt wird, eine Aufforderung der Berechtigten stattfinden.

Vorsitzender: So habe ich allerdings Art. 4 und 8 nicht aufgefaßt und nicht auffassen können, weil weder der Text noch die Motive des Gesetzes einen Anhaltspunkt bieten für die Darstellung, die der Herr Ministerialkommissär gegeben hat. Ich habe aus dem Gesetze nur herauslesen können, daß zuerst die Aufforderung gestellt wird, ob überhaupt auf Ausgleichung der Werthminderung bestanden wird, daß dann, wenn dieses Verfahren erledigt ist und der Eigenthümer sich nicht zur Ausgleichung durch ein Grundstück herbeiläßt, der Geldbetrag bestimmt werden soll, und daß endlich, wenn der Geldbetrag hinterlegt ist, das Ausgleichungsverfahren stattfinden soll. Ich glaube, daß viele Richter, welche das Gesetz anzuwenden haben, auch zu keiner anderen Auffassung gelangen können. Heute hat sich die Sache dahin klar gestellt:

1. Wenn der Antragsteller sich sofort zur Ausgleichung des Werthes, sei es durch Grundstücke oder durch Hinterlegung von Geld, herbeiläßt, so kann sofort die Ausfertigung des Unschädlichkeitszeugnisses ohne Einvernahme der Berechtigten erfolgen.
2. Wenn er das nicht thut, so wird auf seinen Antrag die Aufforderung nach Art. 4 erlassen und wird dann abgewartet, was die Berechtigten in Folge dieser Aufforderung thun.
3. Wenn inzwischen der Eigenthümer zu einer anderen Anschauung gelangt und einsieht, daß er zu lange warten muß, bis er auf dem Wege des Art. 4 das Unschädlichkeitszeugniß ausgefertigt erhält, so steht es ihm frei, zu hinterlegen oder ein Grundstück anzubieten, und macht er davon Gebrauch, so kann ihm das Zeugniß nach Art. 7 ausgestellt werden. Das Zeugniß hat dann, wenn es sich um einen Geldbetrag handelt, auch wenn die Frist des Art. 4 noch nicht abgelaufen ist, seine Wirkung; aber wenn innerhalb der Frist Einwendungen nicht erhoben worden sind, dann wird Verzicht angenommen.

S. 450. Senatspräsident Dr. **von Jacubezky:** Wenn innerhalb der Frist keine Erklärung abgegeben wird, gilt damit zugleich auch der Verzicht auf Vertheilung als erklärt. Es war ja die Aufforderung dahin gerichtet, man solle erklären, ob man auf der Ausgleichung besteht. Wer auf der Ausgleichung nicht besteht, will natürlich auch die Vertheilung nicht. Deßhalb braucht er keine besondere Aufforderung mehr; wenn er sich nicht erklärt, wird angenommen, daß auch auf die Vertheilung verzichtet wird.

Vorsitzender: Unter diesen Umständen habe ich natürlich keinen Anlaß mehr, meine Anträge auf Abänderung der Art. 4 und 8, soweit es sich um das Verfahren handelt, aufrecht zu erhalten. Nur wird zu versuchen sein, die Sache auch im Text des Gesetzes zum Ausdruck zu bringen oder doch jedenfalls die Sache im schriftlichen Bericht so festzustellen, daß ein Mißverständniß hierüber nicht entstehen kann. Bedauerlich ist, wenn man solche wichtige Fundamentalsätze erst aus den Kommentaren entnehmen muß. Daran habe ich auch gedacht, daß, wenn der von mir vorgeschlagene Weg betreten werden soll, der Abs. 3 des Art. 8 keine weitere Bedeutung hat. Wenn aber die Sache so zusammenhängt, habe ich für meinen Theil keinen Anlaß, meine
S. 451. Anträge in ‖ dieser Beziehung weiter aufrecht zu erhalten. Nur würde ich darauf bestehen, daß in Art. 4 festgestellt werden muß, was bei der Antragstellung vorgelegt werden muß. Das wird um so nothwendiger sein, als der Amtsrichter selber keine Grundlage für die Würdigung der Sache hat, wenn nicht der Antragsteller verpflichtet wird, sofort bei der Stellung des Antrags alles zur Begründung desselben Erforderliche beizubringen. Es würde sich nur um eine Abänderung des Art. 4 Abs. 1 handeln. Bezüglich des Verfahrens bin ich vollständig aufgeklärt und glaube, daß man den Interessen des Eigenthümers mit den Intentionen des Entwurfs mehr Rechnung trägt und seine Rechte mehr schützt, als wenn man die ganze Aufforderung nach Art. 4 und 8 zusammenfaßt.

Abg. **Geiger:** Ich bin dem Herrn Ministerialkommissär sehr dankbar für die Ausführungen, welche er uns zum Verständniß des Gesetzes gegeben hat. Ich muß aber erklären, es überrascht mich doch, daß dieses Verständniß weder durch den Text noch durch die Motive geboten wird, auch nicht dem, der sich in der That Mühe gibt, die Sache zu studiren. Wie soll es einem jungen Amtsrichter gehen, wenn alte Juristen erst durch die mündlichen Erklärungen des Kommissärs zum Verständniß dessen kommen, was gemeint ist. Ich bin nun zurückgekommen auf meine frühere Bemerkung, daß wir das Gesetz redaktionell schon etwas anders gestalten müssen. Ich berufe mich auf alle meine Kollegen. Wir sind alte Richter und haben schon viele Gesetze studirt. Ich bitte also die Staatsregierung, uns zu helfen, daß wir dem Gesetze jene Deutlichkeit geben, welche nothwendig ist.

Nach den Ausführungen des Herrn Ministerialkommissärs gebe ich zu, daß wir von einem Erinnerungsrecht, auf das ich mich früher bezogen habe, keinen weiteren Gebrauch machen sollen. Ich halte es nicht für nothwendig. Es wird sich fragen, wie weit wir für das Beschwerderecht noch einen genügenden Raum haben. Nicht ganz klar ist mir, trotz der Ausführungen des Herrn Ministerialkommissärs, was er in Bezug auf die Vertheilung der Ausgleichssumme gesagt hat. Ich weiß nicht, welches Gesetz bis zum Jahre 1900 in Bezug auf die Vertheilung des Erlöses angewendet wird; doch die bayerische Subhastationsordnung? Wenn ich dieses Gesetz mir vorlege und mir denke, ich vertheile den Erlös nach den Bestimmungen desselben, so werden sich bei jedem einzelnen Fall Schwierigkeiten ergeben. Die zu vertheilende Summe kann unter Umständen nur 50 M. sein. Wenn nun der erste Bezugsberechtigte einsieht, daß er kein Interesse hat, sich diese 50 M. auf seine Hypothek geben zu lassen und um diese Summe seine Hypothek zu verringern, weil das übrig bleibende Gut ihm noch genügende Sicherheit für seine Forderung bietet, wenn der zweite Hypothekgläubiger ebenso denkt, der dritte Hypothekgläubiger aber das Geld will: sollte er nicht verständigt werden, welche Haltung die vorgehenden Gläubiger eingenommen haben; ohne diese Verständigung weiß er nicht, wie er zu dem Gelde kommt; er ist sich nicht klar, ob nicht die vorausgehenden Hypothekgläubiger eine Erklärung abgegeben haben, ob sie auf die Ausgleichssumme verzichten wollen, und er wird möglicherweise sich denken, daß er nicht zum Zuge kommt. Und nun kommt das Geld wieder zurück an den Eigenthümer, der das Trennstück verkauft hat, und der dritte Hypothekgläubiger, der eigentlich entschädigt werden soll, weil für seine Forderung geringere Sicherheit geschaffen worden ist, bekommt nichts. Denken wir uns den Fall, daß wirklich schon der erste Hypothekgläubiger auf das Geld Anspruch erhebt, es handelt sich aber um ein Annuitätenkapital. Was dann? Kurz, es ergeben sich in jedem einzelnen Falle Schwierigkeiten, ich hoffe, daß der Herr Ministerialkommissär die Güte hat, uns über diese Schwierigkeiten hinwegzuhelfen. S. 451.

Senatspräsident Dr. **von Jacubezky:** Wenn Art. 8 unseres Gesetzes zur Anwendung kommt, so wird von Amtswegen jeder der Berechtigten zur Erklärung aufgefordert und es wird ihm dabei der Rechtsnachtheil angedroht, daß die Unterlassung der Erklärung als Verzicht auf seine Rechte am hinterlegten Betrag angesehen werden würde. Mehr kann man nicht thun, als die Berechtigten zur Erklärung auffordern und sagen: Wenn Ihr Euch nicht erklärt, nehmen wir an, daß Ihr an diesem Betrag kein Interesse habt. Keiner kann wissen, ob der ihm Vorausgehende das Geld bekommen oder lieber seine Hypothek stehen lassen will; wenn einer freilich denkt, das wird der Andere schon nehmen, da rühre ich mich nicht, da können wir ihm nicht helfen. Wenn der erste Hypothekgläubiger ein Interesse daran hat, seine Hypothek ruhen zu lassen, so wird er natürlich keine Erklärung abgeben; dann kommt nicht in Frage, daß ihm das Geld aufgedrängt wird; wenn er nichts sagt, wird ja angenommen, daß er auf den hinterlegten Betrag keinen Anspruch erhebt, dann bleibt seine Hypothek auf dem Restgrundstück liegen und das Geld wird an diejenigen, die bei Aufstellung des Vertheilungsplans nach der Subhastationsordnung die nächsten sind, hinausgegeben. Es entfallen aus der Reihe derjenigen, die berechtigt sind, alle die, welche als verzichtend gelten. Das ergibt sich unmittelbar aus dem Art. 8. Je mehr vorausgehende Gläubiger verzichten, um so weiter kommt der Betrag zu den Nachstehenden herunter, und wenn einer der Vorausgehenden den Betrag nimmt, dann rücken die Nachstehenden auf. Beim Annuitätenkapital ist es ebenso. Ein der hinterlegten Summe gleicher Betrag gilt eben als fällig. Die Bank hat die Wahl, entweder zu sagen, ich nehme das Geld nicht, und das wird sie meistens thun, oder zu sagen, ich will die Ausgleichung, dann ist es eine außerordentliche Tilgung, die neben der Annuitätentilgung herläuft. Das Kapital wird um so viel früher ganz getilgt. Dasselbe Verhältniß kann sich im Falle der Zwangsenteignung ergeben. Denken Sie sich, das Trennstück wird enteignet zum Zwecke des Eisenbahn- oder Straßenbaues und es handelt sich darum, die Entschädigung

S. 451. zu vertheilen. Für diesen Fall bestimmt Art. 53 des Ausführungsgesetzes zur Reichscivilprozeßordnung genau dasselbe, was wir hier sagen, und für die Zukunft sagt Art. 53 des Einführungsgesetzes zum Bürgerl. Gesetzbuch für die Reichsgesetze, die eine Zwangsenteignung zulassen, und Art. 109 für die Landesgesetze über Zwangsenteignung das Nämliche. Wenn das nicht ausführbar wäre, glaube ich, hätten es diese Gesetze nicht gesagt. Die Schwierigkeiten sind bei der Zwangsenteignung ganz genau dieselben, es ist gar kein Unterschied.

Abg. **Aigner:** Wie allen Vorrednern, so ist auch mir der vorliegende Gesetzentwurf sehr sympathisch. Ich wünsche auch, daß das Verfahren ein billigeres und rascheres werden möge, weil ich glaube, daß dadurch ein wirksamerer Gebrauch von dem Unschädlichkeitszeugniß gemacht werden wird. Der Herr Vorsitzende hat davon gesprochen, daß den Berechtigten ein Einspruchsrecht zugestanden werden soll; ich kann mich damit einverstanden erklären, allein ich habe das Bedenken, daß dann das Verfahren nicht schneller geht, sondern eine Verzögerung eintreten könnte, wie sie der Herr Ministerialkommissär angedeutet hat.

S. 452. Was den Titel des Gesetzes betrifft, so muß ich auch sagen, daß daraus nicht hervorgeht, was man will, und daß man im Volke nicht versteht, was gemeint ist. Ich meine, man könnte sagen: „Gesetzentwurf über die Abtrennung einzelner Grundstücktheile", dann würde man wissen, was gemeint ist.

Herr Collega Geiger hat von der Vertheilung gesprochen. In dieser Richtung möchte ich doch fragen, ob es nicht möglich wäre, daß auch bei dieser Sache die Hypothekgläubiger, also die Berechtigten, sich außergerichtlich einigen könnten. In erster Linie stünde ja den Hypothekgläubigern das Recht zu, die Summe zu erhalten; verzichten Alle darauf — die Löschung wird ja dadurch nicht aufgehalten und die Vertheilung kann auch nach der Löschung vollzogen werden —, so wird das Geld an die Betreffenden zurückfallen.

Abg. Josef **Huber:** Es wurde angeregt, daß die Betheiligten gehört werden sollen; ich meine, wenn sie gehört werden sollen, ist die nothwendige Frage, daß sie auch ein Recht zum Einspruch haben. Ich sehe nicht ein, warum sie das nicht bekommen sollen. Und wenn der Betheiligte ein Einspruchsrecht hat, scheint mir die Möglichkeit gegeben, daß aus dem ganzen Handel nichts wird und das Gesetz seinen Zweck verliert. Mir ist nicht klar, ob der Amtsrichter der Einzige sein soll, der das Unschädlichkeitszeugniß ausstellen kann, ob er gezwungen ist, Sachverständige zu vernehmen, oder ob ihm das anheimgestellt ist. Auch möchte ich bitten, den Text des Gesetzes so deutlich als möglich zu machen. Wenn erfahrene Juristen dasselbe schwer begreifen, so ist es für den Laien unmöglich, es zu verstehen. Es schadet nichts, wenn die Artikel länger und weniger schön werden.

Vorsitzender: Ich theile mit, daß mir von Seite der k. Staatsregierung folgender Antrag übergeben worden ist:

Der Ausschuß wolle beschließen, als Art. 7a einzuschalten:

„Das Unschädlichkeitszeugniß ersetzt die Bewilligung der Berechtigten zur Löschung ihrer Rechte an dem Trennstücke."

Es wird noch ein zweiter Zusatz zu Art. 15 bezüglich der pfälzischen Hypotheken nothwendig sein.

Ferner wurde eine Anregung gegeben, ob der Gedanke des Gesetzes nicht klarer würde, wenn Art. 4 hinter Art. 7 gestellt würde. Ich habe einen ähnlichen Gedanken gehabt und geglaubt, daß wir in Art. 3 vielleicht aussprechen könnten: Soweit die Ausgleichung der Werthminderung in Geld erfolgt, kann das Zeugniß sofort ausgestellt werden; soweit das aber nicht der Fall ist, würde Art. 4 eingreifen, und würde der Eigenthümer, wenn er sich zur Hinterlegung nicht versteht, einen Antrag zu stellen haben. Art. 4 hätte nur den Zweck, das Verfahren einzuleiten, wenn weder durch Geld noch durch ein Grundstück ausgeglichen wird, wenn also gar kein Ausgleich angeboten wird. Wir brauchen eventuell keine Verstellung der Art. 4 und 7 vorzunehmen, wenn man den Anfang des Art. 4 vielleicht in der Weise verändert, daß man sagt: „Beabsichtigt der Eigenthümer, die Ausstellung des Unschädlichkeitszeugnisses zu erlangen, ohne eine Ausgleichung des Minderwerths anzubieten, so hat das Amtsgericht 2c. 2c.“ S. 452.

Senatspräsident Dr. **von Jacubezky**: Die Art. 5 und 7 behandeln im Anschluß an die Art. 1—3 zunächst den gewöhnlichen, einfachsten Fall, den der Ausstellung des Zeugnisses mit Werthausgleichung; dann kommt der besondere Fall, daß das Zeugniß nach Art. 4 ohne Werthausgleichung ertheilt werden soll. Will man die beiden Fälle getrennt behandeln, dann muß natürlich Art. 5 Abs. 3 mit dem jetzigen Art. 4 verbunden werden. Durch diese Versetzung, für die ich nachträglich einen Entwurf mitbringen werde, würde das Verständniß vielleicht erleichtert werden.

Abg. **Geiger**: Ich möchte doch bitten, zu erwägen, ob es nicht möglich wäre, den Gang der Sache im Gesetz der Reihenfolge nach so darzustellen, wie sie sich entwickelt. Das würde eine ganz wesentliche Erleichterung bewirken. Nur auf diese Weise könnte man ein klares Bild gewinnen. Wenn auch wir dieses Gesetz verstehen, so wird man es doch draußen nicht verstehen.

Vorsitzender: Ich bemerke, daß zu Art. 15 Abs. 3 Seitens der k. Staatsregierung folgender Antrag eingereicht worden ist:

„In der Pfalz gelten als Hypotheken auch die Vorzugsrechte und als eingetragene Rechte diejenigen, welche im Hypothekenregister eingetragen sind.“

von Walter,
Vorsitzender.

Fuchs,
Schriftführer.

III.

Protokoll

über die 5. Sitzung des besonderen (XVII.) Ausschusses der Kammer der Abgeordneten zur Berathung der Gesetzentwürfe, betreffend

a) die Vorbereitung der Anlegung des Grundbuchs in den Landestheilen rechts des Rheins,

b) das Unschädlichkeitszeugniß.

(Beilage Nr. 977 z. d. Verhandl. d. K. d. Abg. 1898 Bd. XV S. 503 bis 513.)

S. 503. München, den 17. März 1898.

Gegenwärtig:

a) Die Vertreter der k. Staatsregierung:

der k. Staatsminister der Justiz Dr. Freiherr von Leonrod, Excellenz,
der k. Senatspräsident am k. obersten Landesgerichte Dr. Ritter von Jacubezky,
der k. Ministerialrath und Kronanwalt Ritter von Schubart,
der k. Oberregierungsrath Henle;

ferner

b) die Ausschußmitglieder:

von Walter, Vorsitzender, Fuchs, Schriftführer, Michel, Stellvertreter des Schriftführers, Aigner, Ganzleben, Joseph Geiger, Eusebius Hofmann, Lerno, Wagner (Kraußold und Segitz entschuldigt, Joseph Huber, Lutz und Wieland abwesend).

Tagesordnung:

Gesetzentwurf, betreffend das Unschädlichkeitszeugniß.

Spezialdiskussion.

Hiezu liegen Abänderungs- und Ergänzungsanträge sowohl der k. Staatsregierung als der Abg. von Walter und Genossen vor.

Ueberschrift und Einleitungsworte des Gesetzentwurfs werden einstweilen zurückgestellt.

Artikel 1.

Wird eine Theilfläche eines Grundstücks, das mit Hypotheken, Grundschulden, Rentenschulden oder Reallasten belastet ist, veräußert, so wird das Trennstück ohne Einwilligung der Berechtigten von den Belastungen frei, wenn von dem Amtsgerichte, bei welchem das Grundbuch für das Grundstück geführt wird, festgestellt ist, daß die Veräußerung für die Berechtigten unschädlich ist.

Als Abs. 2 hat die k. Staatsregierung vorgeschlagen:

> „Der Antragsteller hat einen von der Messungsbehörde angefertigten Plan des Grundstücks, in welchem die zu befreiende Theilfläche ersichtlich gemacht ist, und die amtliche Angabe der Größe des Grundstücks und der Theilfläche vorzulegen."

Die Berathung dieses Abs. 2 wird bis zur Berathung der Art. 4 und 5 zurückgestellt.

Abg. **Wagner:** Wie ich bereits konstatirt habe, erstreckt sich Art. 1 nicht auf Grunddienstbarkeiten. Mit Rücksicht auf die §§ 1026, 1023 des Bürgerl.

Gesetzbuchs*) wurde von Seiten der k. Staatsregierung eine Ausdehnung auf S. 503. die Grunddienstbarkeiten nicht für nothwendig erachtet und ist sie auch für die Gegenwart deßhalb nicht angezeigt, weil dieselben zur Zeit im Hypothekenbuch nicht eingetragen sind. Nun gibt es aber doch Grunddienstbarkeiten, bezüglich welcher es wohlthätig sein könnte, wenn man sie mit hereinnehmen würde, wie beispielsweise die Forstrechte, soweit sie nicht Reallasten sind, ebenso die Weiderechte, ferner gewisse Berechtigungen, Steine, Lehm ꝛc. auf einem fremden Grundstücke zu graben. Bezüglich solcher Dienstbarkeiten könnten immerhin Verhältnisse vorkommen, bei welchen eine Ausdehnung des Art. 1 sehr wünschenswerth wäre. Es wäre denkbar, daß die Nothwendigkeit eintreten könnte, von einem Steinbruch ein bestimmtes Stück abzutrennen, welches für das Recht des am Grundbesitze Berechtigten sehr wenig von Belang wäre; hier wäre eine Ausdehnung wünschenswerth. Einen bestimmten Antrag in dieser Richtung möchte ich, ehe ich die Erklärung der k. Staatsregierung in dieser Beziehung gehört habe, nicht stellen.

Senatspräsident Dr. **von Jacubezky:** Von den verschiedenen Dienstbarkeiten, die der Herr Abg. Wagner eben angeführt hat, sind manche von der Beschaffenheit, daß, wenn mit einem Theil der Fläche eine Veränderung vor sich geht, von selbst diese Fläche frei wird, d. h. sie geben kein Recht, eine Flächenveränderung zu verhindern. Wer ein gewöhnliches Fahrtrecht zu dem Zwecke hat, um die Ernte von einem Grundstück wegzubringen, kann nicht verhindern, daß auf einem Theil des Grundstücks ein Haus aufgeführt wird, soferne noch genügend Fläche übrig bleibt, um neben diesem Gebäude zu fahren. Wer eine Forstdienstbarkeit — die bestehenden sind fast alle Reallasten — besitzt, kann nicht verhindern, daß der Eigenthümer des Grundstücks die Fläche theilweise anders verwendet, daß da, wo bisher Holz gestanden, eine Wiese angelegt wird, soferne dadurch ein Holzertrag, wie er zur Deckung des Rechts des Berechtigten nothwendig ist, nicht gefährdet wird. Ebensowenig gibt das Weiderecht die Befugniß, zu verhindern, daß auf einer Parzelle der dem Weiderecht unterliegenden Flur eine Aenderung eintritt, welche das Beweiden ausschließt. Insoweit ist eine gesetzliche Bestimmung nicht nothwendig. Gerade das Beispiel mit dem Steinbruch zeigt, daß es sich hier nicht um Rechte handelt, wie sie Art. 1 treffen will. Die hier genannten Rechte sind solche, welche das Grundstück in seiner Eigenschaft als Werthobjekt ergreifen; was hier dem Berechtigten haftet, ist der Werth des Grundstücks und daher auch die Werthausgleichung. Wenn ich bei einem Steinbruch ein Stück wegnehme, hat es mit der Werthausgleichung seine Schwierigkeiten. Man müßte dem Berechtigten das Recht abkaufen, das wäre Zwangsenteignung. Die Zulassung einer Zwangsenteignung ist nicht nothwendig; ein Bedürfniß für besondere Vorschriften tritt nur bei Hypotheken und den ihnen gleichstehenden Rechten hervor, weil diese bei Theilung des Grundstücks sich vervielfältigen und jeder Theil für das Ganze haftet. Wenn wir den Gedanken auf Grunddienstbarkeiten ausdehnen wollten, würden wir nach meinem Dafürhalten in eine Kasuistik gerathen; wir müßten einzelne wichtigere Arten von Grunddienstbarkeiten durchgehen und uns die Frage vorlegen: In welcher Weise soll hier Ersatz durch ein anderes Grundstück geschaffen werden? Wenn es sich um die besondere Qualität des Grundstücks als Steinbruch, Lehmgrube, ꝛc. handelt, so müßten besondere Vorschriften aufgestellt werden, und wenn ich auch zugebe, daß man das machen kann, so S. 504.

*) Vgl. oben S. 45, 46.

S. 504. glaube ich nicht, daß ein Bedürfniß besteht. Es verlohnt sich nicht, weil der Verkehr ein derartiges Bedürfniß nicht hat erkennen lassen.

Abg. **Wagner:** Ich will dem Herrn Ministerialkommissär darin vollständig Recht geben, daß eine Werthausgleichung durch ein anderes Grundstück nicht wohl möglich wäre, und wir genöthigt wären, andere Vorschriften zu geben; ob ein Bedürfniß vorliegt, kann ich nicht beurtheilen. Es können aber Fälle vorkommen, in welchen es sehr wünschenswerth wäre, eine gesetzliche Bestimmung zu haben, z. B. bei einem Grundstück, auf welchem ein Weiderecht ruht, soll ein Stück an einen Anderen abgetreten werden, der sich dort einen Garten anlegen will; der betreffende Theil ist von geringem Umfang und Werth. In diesem Falle wäre es von Belang, daß eine derartige Vorschrift bestünde.

Abg. **Ganzleben** frägt an, wie es in dieser Beziehung mit dem Muthrecht steht.

Senatspräsident Dr. **von Jacubezky:** Das Muthrecht beruht auf dem Berggesetz; es ist übrigens keine Belastung des Grundstücks, davon kann man ein Grundstück nicht frei machen. Das Muthen setzt das Schürfen voraus und dem Schürfen sind nach dem Berggesetz gewisse Grundstücke nicht unterworfen, z. B. Haus-, Gartengrundstücke. Diese Vorschriften des Berggesetzes kommen hier nicht in Frage, dabei handelt es sich um etwas ganz Selbständiges, um eine Beschränkung des Eigenthums, von der man nicht durch ein Unschädlichkeitszeugniß befreien kann.

Art. 1 Abs. 1 der Regierungsvorlage wird einstimmig angenommen.

Artikel 2.

Die Feststellung der Unschädlichkeit darf nur erfolgen, wenn die durch die Veräußerung des Trennstücks entstehende Verringerung des Umfanges und des Werthes des Grundstücks im Verhältnisse zu dem Umfange und dem Werthe des übrigen Theiles des Grundstücks eine geringe ist und die Werthminderung in Geld oder durch ein anderes Grundstück ausgeglichen wird. Erstreckt sich die Belastung auf andere Grundstücke, so gelten diese im Verhältnisse zu dem Trennstücke mit dem übrigen Theile des Grundstücks zusammen als ein Grundstück.

Wird das Trennstück zu einem öffentlichen Zwecke unentgeltlich abgetreten, so wird auf die Werthminderung die Wertherhöhung angerechnet, die sich aus der dem öffentlichen Zwecke dienenden Anlage ergibt.

Die Ausgleichung ist nicht erforderlich, wenn die Werthminderung den Betrag von fünfzig Mark nicht übersteigt.

Dieser Artikel soll nach den Vorschlägen der k. Staatsregierung folgenden Wortlaut erhalten:

Artikel 2.

Die Feststellung der Unschädlichkeit darf nur erfolgen, wenn die durch die Veräußerung des Trennstücks entstehende Verringerung des Umfanges und des Werthes des Grundstücks im Verhältnisse zu dem Umfange und dem Werthe des übrigen Theiles des Grundstücks eine geringe ist und, abgesehen von den Fällen des Art. 4, die Werth-

minderung in Geld oder durch ein anderes Grundstück ausgeglichen S. 504.
wird. Erstreckt sich die Belastung auf andere Grundstücke, so gelten diese im Verhältnisse zu dem Trennstücke mit dem übrigen Theile des Grundstücks zusammen als ein Grundstück.

Wird das Trennstück zu einem öffentlichen Zwecke unentgeltlich abgetreten, so wird auf die Werthminderung die Wertherhöhung angerechnet, die sich aus der dem öffentlichen Zwecke dienenden Anlage ergibt.

Das Amtsgericht kann Sachverständige vernehmen.

Zu Art. 2 liegt der Abänderungsantrag „von Walter und Genossen" vor, welcher lautet:

Artikel 2.

Die Feststellung der Unschädlichkeit darf nur erfolgen, wenn die durch die Veräußerung der abzutrennenden Fläche eintretende Werthminderung des Stammgrundstücks eine verhältnißmäßig geringe ist und durch Geld oder durch ein anderes Grundstück ausgeglichen wird. Erstreckt sich die Belastung auf andere Grundstücke, so gelten diese im Verhältnisse zu dem Trennstücke mit dem übrigen Theile des Grundstücks zusammen als Ein Grundstück.

Wird das Trennstück zu einem öffentlichen Zwecke unentgeltlich abgetreten, so wird auf die Werthminderung die Wertherhöhung angerechnet, die sich aus der dem öffentlichen Zwecke dienenden Anlage ergibt.

Die Ausgleichung ist nicht erforderlich, wenn die verhältnißmäßige Werthminderung den Betrag von fünfzig Mark nicht übersteigt.

Die in dem Abänderungsvorschlage der k. Staatsregierung eingeschalteten Worte „abgesehen von den Fällen des Artikel 4", sowie der Abs. 3, wonach das Amtsgericht Sachverständige vernehmen kann, werden bis zur Berathung der Art. 4 und 5 zurückgestellt.

Abg. **Geiger:** Wir waren in unseren Anträgen bestrebt, die Materie in ein gewisses System zu bringen; wir glaubten, in den Artikeln 1, 2, 3 die allgemeinen Grundsätze feststellen zu sollen, nach welchen die ganze Materie zu behandeln ist und welche für alle Fälle maßgebend sein sollen. Die späteren Artikel sollten dann gesondert das Verfahren regeln und den Gerichten und Parteien sagen, welche Erfordernisse von letzteren zu erfüllen sind. Es ist dann Ausscheidung getroffen, wie es gehalten werden soll, wenn eine Ausgleichung nothwendig bezw. von dem Antragsteller zugestanden wird, und wie in denjenigen Fällen, in welchen ohne Ausgleichung die Sache geordnet werden soll. Wenn wir glaubten, an diesem System festhalten zu sollen, konnten wir uns im Art. 2 nicht dazu verstehen, schon hier von der Befugniß des Amtsrichters, Sachverständige zu vernehmen, zu sprechen, und ebenso glaubten wir, daß auf Art. 4 überhaupt im Art. 2, welcher grundlegend sein soll, keine Rücksicht genommen werden dürfe. Aus denselben Gründen ließen wir den Abs. 3 stehen, indem wir nur das Wort „verhältnißmäßig" einfügten, weil die Summe von 50 *M.* nicht absolut unter allen Umständen von der Verpflichtung zur Ausgleichung entheben soll, sondern nur dann, wenn diese Summe als eine verhältnißmäßig geringe erscheint. Es gibt Fälle, z. B. in Unterfranken, wo unter Umständen die Summe von 50 *M.* die Hälfte des

S. 505. Werthes des ganzen Grundstücks repräsentirt. In diesem Falle || würde das Prinzip des Gesetzes nicht mehr passen; um dieß zum Ausdruck zu bringen, ist das Wort „verhältnißmäßig" eingefügt worden. Durch die redaktionelle Aenderung glaubten wir, den ganzen Artikel verständlicher zu machen und die Schwerfälligkeit zu beseitigen. Das Wort „Umfang" ist in unserem Antrag weggeblieben, weil wir es nicht für nothwendig hielten. Es handelt sich darum, ob die wegzutrennende Theilfläche einen geringen Werth repräsentirt oder nicht. Es kann unter Umständen der Umfang des Trennstücks nicht gerade so klein sein, daß es im Verhältniß zum Areal des Stammgrundstücks als gering erscheint. Gleichwohl kann es in Bezug auf den Werth, z. B. wenn es eine Sandfläche ist, welche nicht weiter benützt wird, aber zu einer Anlage oder für den Nachbar von Bedeutung ist, als ganz geringfügige Sache erscheinen. Wenn wir den Umfang besonders betonen würden, könnte dieß zu einer irrigen Auslegung führen. Es könnte dann das Gesetz für den Fall, daß das abzutrennende Grundstück nicht gerade klein, aber von unbedeutendem Werthe ist, für nicht anwendbar erachtet werden, während es lediglich darauf ankommt, daß die Theilfläche im Verhältniß zum Gesammtgut nur geringen Werth hat.

Senatspräsident Dr. **von Jacubezky:** Wenn im Entwurfe verlangt ist, daß die Verringerung eine geringfügige ist und zwar nach zwei Richtungen, erstens in Ansehung des Umfangs, zweitens bezüglich des Werths, so ist dabei nicht verkannt, daß die Hauptsache der Werth ist. Die in Art. 1 genannten Rechte sind solche, bei denen das Grundstück als Werthobjekt in Betracht kommt; für die Hypothek ist der Werth des Grundstücks viel wichtiger als der Umfang. Der Grund, warum gleichwohl in Uebereinstimmung mit dem preußischen Gesetz der „Umfang" hier angeführt worden ist, liegt darin, daß man eine größere Gewähr für die Berechtigten schaffen wollte, die ja regelmäßig, wenn Werthausgleichung geleistet wird, nicht gehört werden. Es kommt auf eine Schätzung durch Sachverständige an. Schätzungen von Grundstücken gehören aber nicht zu denjenigen Feststellungen, welche mit voller Genauigkeit gemacht werden können.

Man hat geglaubt, daß die Befreiung des Trennstücks für die Berechtigten weniger gefährlich sei, wenn man nicht blos verlangt, daß nach dem von den Sachverständigen festgestellten Werthverhältniß die Werthminderung als gering erscheine, sondern wenn außerdem noch verlangt wird, daß nur wenig von der Fläche wegkomme. Wenn ein großer Teil der Fläche weggetrennt wird, dann mag es immerhin bedenklich erscheinen, wenn die Sachverständigen den abgetrennten Theil im Verhältnis zum Rest für geringwerthig erachten, wenn sie z. B. sagen: obwohl das Trennstück ein Viertel des Grundstücks ausmacht, kann man es doch für unbedeutend erachten, weil der Werth nur ein Zwölftel ist. Ich muß jedoch anerkennen, daß das Wesentliche der Werth ist, und wenn die Herren darauf Gewicht legen, daß blos das Werthverhältnis hervorgehoben werden soll, so bin ich ermächtigt, zu erklären, daß von Seite der k. Staatsregierung dem Antrag nicht entgegen getreten wird.

Ich möchte dann gleich auf den zweiten Theil des ersten Satzes eingehen. Ich bin mit dem Herrn Vorsitzenden einverstanden, daß die Frage, ob die lediglich redaktionellen Worte „abgesehen von den Fällen des Artikel 4", eingesetzt werden sollen, vorläufig zurückgestellt wird. Aber um ein Mißverständniß, das ich aus den Anträgen der Herren entnommen zu haben glaube, abzuschneiden, möchte ich zunächst sagen, wie eigentlich der zweite Theil des Satzes 1 des Art. 2 im Zusammenhalt mit den Art. 5 und 7 gedacht ist.

Die Feststellung der Unschädlichkeit darf nur erfolgen, wenn die Werthmin- S. 505.
derung eine verhältnißmäßig geringe ist. Dazu kommt das weitere Erforderniß,
daß eine Ausgleichung stattfindet. Die Ausgleichung muß nicht nothwendig
schon erfolgt sein, wenn das Zeugniß ertheilt werden soll; darin unterscheidet
sich der Entwurf von den Vorschlägen. Der Entwurf geht von folgendem
Gedanken aus: In dem Unschädlichkeitszeugniß wird festgestellt, welche Aus-
gleichung geleistet werden soll. Der Inhalt des Zeugnisses ist beispielsweise
folgender: „Es wird festgestellt, daß die Veräußerung der im Plane bezeich-
neten Fläche von dem Grundstück Nr. so und so viel den Berechtigten un-
schädlich ist, sofern der Betrag von x Mark hinterlegt wird." Das Unschäd-
lichkeitszeugniß des Entwurfs ist eine gerichtliche Verfügung, die Sie in Parallele
stellen können mit einem Arrestbefehl, der die Anordnung des Arrestes von
einer vom Gläubiger zu leistenden Sicherheit abhängig macht, oder mit den
Fällen, in welchen die vorläufige Vollstreckbarkeit einer Entscheidung davon
abhängig gemacht wird, daß der Gläubiger einen gewissen Betrag zur Sicherung
des Schuldners hinterlegt. Diese bedingte Ertheilung des Zeugnisses hat für
den Antragsteller einen großen Werth, weil er das Geld nicht vorzuschießen
braucht, sondern das Geld, das er bei der Veräußerung vor dem Grundbuch-
amt Zug um Zug erhält, verwenden kann. Bei der Substituirung eines
Grundstücks werden wir später sehen, daß es überhaupt nicht anders geht.
Der Entwurf bestimmt also Folgendes: Es ist ein Erforderniß für die Fest-
stellung, daß die Werthminderung eine verhältnißmäßig geringe ist, und regel-
mäßig, abgesehen von den später zu behandelnden Ausnahmefällen, ist die
Feststellung davon abhängig zu machen — vielleicht kann man das redaktionell
einfügen —, daß die Werthminderung durch Geld oder durch ein anderes
Grundstück ausgeglichen wird. Die Frage, ob in den Fällen, in welchen die
Ausgleichung nothwendig ist, das Unschädlichkeitszeugniß so bedingt auszustellen
ist, wie aus Art. 5 und 7 hervorgeht, oder ob man Zwischenbeschluß erlassen
soll, kommt später zur Erörterung. Der zweite Satz des Abs. 1 der Redaktions-
vorschläge stimmt mit dem Entwurfe vollständig überein. Das Gleiche gilt
vom zweiten Absatz. Der Abs. 3 unserer Redaktionsvorschläge gehört zum
Art. 4 a der Kommissionsanträge und bleibt hier außer Betracht. Dagegen
muß ich bezüglich des im Abs. 3 durch die Kommissionsanträge eingeschalteten
Wortes „verhältnßimäßig" bemerken, daß diese Einschaltung mir keine glückliche
Aenderung zu sein scheint. Vielleicht würde man den Gedanken klarer zum
Ausdruck bringen, wenn man sagte, die Ausgleichung kann erlassen werden,
wenn die Werthminderung den Betrag von 50 M. nicht übersteigt. Wir müssen,
um den Gedanken des Art. 2 richtig zu erfassen, die zwei Voraussetzungen
scharf auseinanderhalten und deßhalb sind in unserem Vorschlag die Worte
„abgesehen von den Fällen des Artikel 4" eingeschaltet. Von der ersten
Voraussetzung, der verhältnißmäßig geringen Werthminderung, gibt es keine
Ausnahme; die zweite Voraussetzung, die Ausgleichung der Werthminderung in
Geld oder durch ein anderes Grundstück, erleidet zwei Ausnahmen, die eine
in Abs. 3 des gegenwärtigen Artikels, die andere im Art. 4. In diesen zwei
Fällen kann man das Unschädlichkeitszeugniß nach dem Entwurfe unbedingt,
d. h. ohne Ausgleichung, erlangen. Wird anerkannt, daß es zweckmäßig ist,
in den Fällen der Ausgleichung das Zeugniß ‖ bedingt auszustellen, dann, S. 506
glaube ich, wird man dazu kommen, im Art. 2 nach unserem Vorschlag irgend-
wie hervorzuheben, daß die Ausnahme blos die zweite Voraussetzung betrifft;
aber das Wort „verhältnißmäßig" bitte ich wegzulassen, dieses würde man
nicht recht verstehen. Die Werthminderung ist in jedem Falle eine „verhältniß-

S. 506. mäßige", sie steht immer in irgend einem Verhältniß zum Werth des ganzen Grundstücks und zum Werth des Restgrundstücks. Daß die Bestimmung des Abs. 3 nicht für den Fall anwendbar ist, wenn die Werthminderung eine verhältnißmäßig große ist, ergibt sich schon daraus, daß von der Voraussetzung der verhältnißmäßig geringen Werthminderung gar nie dispensirt werden kann. Die Ausgleichung einer verhältnißmäßig großen Werthminderung kann deßhalb gar nie in Frage kommen, deßhalb glaube ich, daß die Fassung des Regierungsentwurfs die richtigere ist.

Vorsitzender: Ich möchte vor Allem eine irrige Auffassung berichtigen, die aus den Aeußerungen des Herrn Ministerialkommissärs hervorgeht. Damit, daß wir im Art. 2 sagen, die Werthminderung des Stammgrundstücks ist eine „verhältnißmäßig" geringe, haben wir nicht etwa sagen wollen, daß es blos auf den Werth ankommt, sondern wir haben dabei die Rücksicht auf den „Umfang" des Grundstücks und des Trennstücks nicht ausschließen wollen, und dabei bedacht, daß auch noch andere Momente in Betracht kommen können, welche für die Feststellung des Werthverhältnisses von Einfluß sind. Insofern glaube ich, daß die Weglassung der Worte „im Verhältniß zum Umfang" eine Verbesserung gegenüber dem Entwurfe ist.

Im Uebrigen sind wir auch von der Anschauung ausgegangen, daß das Erforderniß für die Ausstellung des Unschädlichkeitszeugnisses ein doppeltes sein muß: einmal die verhältnißmäßige Geringfügigkeit des Trennstücks, dann die Ausgleichung, welche in bestimmten Fällen wegfallen kann, nämlich im Falle der Ausgleichung der Werthminderung durch die durch die öffentliche Anlage bewirkte Wertherhöhung und in dem Falle, daß die Werthminderung die Summe von 50 M. nicht übersteigt. In letzterer Beziehung haben wir uns vollständig an den Gang der Generaldiskussion angeschlossen. Dort ist hervorgehoben worden, daß in Unterfranken Fälle vorkommen, in welchen von einem Grundstück, das nicht mehr als 70 M. werth und mit Hypotheken belastet ist, ein Theil im Werthe von 50 M. abgetrennt wird. Um zu verhüten, daß in einem solchen Fall, wo der größte Theil des Grundstücks verloren geht, die Abtrennung ohne Ausgleichung für unschädlich erklärt wird, haben wir geglaubt, das Wort „verhältnißmäßig" in Abs. 3 einschalten zu müssen. Damit ist meines Erachtens nur wiederholt, was in Abs. 1 ausgesprochen ist.

Senatspräsident Dr. **von Jacubezky:** Durch diesen Zusatz wird die Sache nicht klarer. Wenn ich von vornherein sage: unter allen Umständen muß die Werthminderung eine verhältnißmäßig geringe sein, so kann in dem vom Herrn Vorsitzenden eben bezeichneten Falle, daß das ganze Grundstück 70 und das Trennstück 50 M. werth ist, überhaupt, auch mit Werthausgleichung, von der Ertheilung des Unschädlichkeitszeugnisses nicht die Rede sein. Man kann den Berechtigten nur dann zumuthen, daß sie sich, ohne gehört zu werden, eine Aenderung des Objekts ihres Rechts gefallen lassen, wenn es sich um eine offensichtlich geringfügige Aenderung handelt. Wenn ich bereits im Abs. 1 des Artikels ausgesprochen habe, daß nur dann die Ausstellung des Zeugnisses zulässig ist, wenn die Werthminderung eine verhältnißmäßig geringe ist, so kann ich doch nicht später in Abs. 3 sagen, es soll die Werthminderung ausgeglichen werden, wenn sie eine verhältnißmäßige ist. Ich meine, das ist nicht recht verständlich und setzt voraus, daß der oben ausgesprochene Gedanke die Möglichkeit, das Zeugniß im Falle einer verhältnißmäßig großen Werth-

minderung zu erlangen, offen läßt, während dieser Fall oben schon aus- S. 506.
geschlossen ist.

Ich möchte mein Einverständniß mit den Ausführungen des Herrn Vorsitzenden dahin aussprechen, daß die Voraussetzungen, von denen hier gesprochen wird, nicht die einzigen sind. Die Hauptvoraussetzung ist vielmehr die, daß das Gericht die Ueberzeugung gewinnt, daß nach den Umständen die Abtrennung für die Berechtigten unschädlich ist; deßhalb die Fassung: „darf nur erfolgen, wenn". Das Gericht hat die Frage der Unschädlichkeit nach bestem Wissen und Gewissen zu prüfen; dabei wird es natürlich erforderlichen Falles Sachverständige vernehmen; damit aber erhöhte Gewähr dafür geboten ist, daß den Berechtigten nicht zu nahe getreten wird, wird das richterliche Ermessen durch das Gesetz dahin eingeschränkt, daß die Ertheilung des Zeugnisses unter keinen Umständen zulässig ist, wenn eine verhältnißmäßig bedeutende Werthminderung in Frage kommt. Ich gebe dem Herrn Vorsitzenden auch darin Recht, daß das Gericht bei dieser Prüfung immerhin auch auf das Verhältniß des Umfangs des Trennstücks zu dem des Restgrundstücks Rücksicht nehmen wird, und gerade deßhalb haben wir gegen die Streichung der Worte: „zu dem Umfange und" keine Erinnerung.

Was die Benützung des Wortes „Stammgrundstück" in Ihrer Abänderung des Art. 2 anlangt, so möchte ich bitten, diesen Ausdruck zu vermeiden.

Abg. **Geiger:** Der Herr Ministerialkommissär hat das von uns im 3. Absatz eingeschaltete Wort „verhältnißmäßig" beanstandet; ich glaube hingegen, daß wir dieses Wort nicht missen können. Wenn man allerdings die Voraussetzung des Abs. 1 im Auge behält, wird man zu der Auffassung kommen können, daß nach Abs. 3 ein Betrag bis zu 50 M. nicht unter allen Umständen von der Ausgleichung frei bleiben könne; wenn aber andererseits erwogen wird, daß diese Bestimmung in einem selbständigen Absatz steht, und in diesem Art. 2 die grundlegenden Punkte enthalten sind, so heißt für Manche die ganz kategorische Fassung des Abs. 3: „Die Ausgleichung ist nicht erforderlich, wenn die Werthminderung den Betrag von 50 M. nicht übersteigt", nichts Anderes, als: ist die Werthminderung nur 50 M., dann braucht es keine Ausgleichung. Um diese Auffassung zu vermeiden, und jeden Zweifel über die Bedeutung dieser Bestimmung auszuschließen, erachte ich die Einschaltung des Wortes „verhältnißmäßig" nicht nur nicht für schädlich, sondern für nothwendig.

Senatspräsident Dr. **von Jacubezky:** Die Diskussion hat gezeigt, daß wir in der Sache vollständig einig sind. Ich habe mich schon vorhin auf die Ausführungen des Herrn Vorsitzenden berufen, daß das Zeugniß nicht ohne Weiteres ertheilt wird, wenn die Voraussetzungen des Art. 2 vorliegen, sondern daß es vor Allem nothwendig ist, daß das Amtsgericht zur Ueberzeugung von der Unschädlichkeit gelangt ist. Der Art. 2 hat lediglich die Bedeutung, das
richterliche Ermessen einzuschränken. || Es ist also zunächst nothwendig die S. 507.
richterliche Ueberzeugung von der Unschädlichkeit; dann wird gesagt, diese kann gewonnen werden, wenn gewissen Voraussetzungen Genüge geleistet ist.

Der Abg. Geiger hat gesagt, aus der kategorischen Fassung des Abs. 3 könnte man schließen, der Richter dürfe eine Ausgleichung im Betrage von nicht mehr als 50 M. überhaupt nicht verlangen. Das würde freilich nicht richtig sein, aber thatsächlich hat eine Ausgleichung von so geringem Betrage

S. 507. wenig Bedeutung, die Berechtigten können mit einem so kleinen Betrage nichts anfangen.

Vielleicht empfiehlt es sich, den Eingang etwa so zu fassen: Von der Ausgleichung kann abgesehen werden, oder: Die Ausgleichung kann erlassen werden, wenn . . . . Der Sinn ist der, das Gericht braucht auf der Ausgleichung nicht zu bestehen, wenn es in der Lage ist, trotz Nichtausgleichung die Unschädlichkeit festzustellen. Es handelt sich nur um eine Beschränkung des richterlichen Ermessens nach zwei Richtungen, Es wird dem Gerichte gesagt, einmal muß die Werthminderung eine verhältnißmäßig geringe sein und außerdem muß der Richter die Gewährung des Gesuches davon abhängig machen, daß Werthausgleichung erfolgt. Dieses zweite Gebot ist aber kein absolutes, davon kann der Richter sich dispensiren, wenn die Werthminderung, die eine geringfügige ist, den Betrag von 50 *M.* nicht übersteigt. Das Wort „verhältnißmäßig" bringt diesen Gedanken nicht zum Ausdruck, es ist deßhalb mißlich, weil, wenn eine verhältnißmäßig große Werthminderung da ist, überhaupt kein Zeugniß, weder mit noch ohne Ausgleichung ertheilt werden darf. Ich kann nicht von Ausgleichung sprechen, wenn kein Unschädlichkeitszeugniß ausgestellt wird.

Abg. **Wagner:** Ich muß gestehen, daß ich der Fassung der Regierungsvorlage den Vorzug gebe vor den Abänderungsanträgen bezüglich der Streichung der Worte „im Verhältniß zu dem Umfang" in Abs. 1 des Art. 2. Es kann Fälle geben, in welchen es sehr wünschenswerth ist, daß gerade auf den Umfang besondere Rücksicht genommen wird. Es kann verhältnißmäßig große Flächen mit verhältnißmäßig sehr geringem Werthe geben; der Richter könnte dadurch, daß man die betreffenden Worte gegenüber dem Entwurf absichtlich ausgeschlossen hat, zu dem Mißverständniß geführt werden, daß auf den Umfang gar nichts ankomme. Ich bin auch der Anschauung des Herrn Vorsitzenden, daß nicht blos Werth und Umfang, sondern auch noch andere Umstände in Betracht kommen; es schadet aber jedenfalls nicht, wenn man das Wort „Umfang" in dem Artikel stehen läßt.

Was die Einschaltung des Wortes „verhältnißmäßig" in Abs. 3 anlangt, so gebe ich zu, daß man dasselbe missen könnte; nützen wird es jedenfalls nicht viel.

Vorsitzender: Der Herr Ministerialkommissär hat uns vorgeschlagen, den Eingang des Abs. 3 anders zu fassen, damit ist aber nach meinem Dafürhalten der Gedanke, den wir haben, nicht getroffen. Ich möchte einen anderen Vorschlag unterbreiten. Wir sind mit der Regierung darin einverstanden, daß das Erforderniß der verhältnißmäßigen Geringfügigkeit, das in Abs. 1 ausgesprochen ist, auch in Abs. 3 zu bezeichnen ist; wenn wir in Abs. 3 sagen würden: „Die Ausgleichung ist nicht erforderlich, wenn die Werthminderung (Abs. 1) den Betrag von 50 *M.* nicht übersteigt", dann wäre unser Gedanke getroffen.

Der k. Staatsminister Dr. Freiherr **von Leonrod:** Ich finde, daß der 3. Absatz nach dem Antrage viel unklarer ist; ich weiß nicht, was der Amtsrichter, der darnach zu entscheiden hat, bei dem Worte „verhältnißmäßig" denken soll. Ich wäre dem Herrn Abg. Geiger dankbar, wenn er noch auseinandersetzen würde, was er damit eigentlich sagen wollte.

Abg. **Geiger:** In Abs. 1 ist Alles ausgeführt, was der Herr Ministerialkommissär vorgetragen hat. Die Werthminderung muß eine verhältnißmäßige

sein, wenn man auf der einen Seite das Trennstück, auf der anderen Seite S. 507.
den übrigbleibenden Komplex des Stammgrundstücks in's Auge faßt. Es wird nun demjenigen, der das Gesetz anzuwenden hat, gesagt: unter diesen Umständen allein ist die Ausstellung eines Unschädlichkeitszeugnisses möglich. Im 3. Absatz wird ein Grundsatz ausgesprochen, welcher geeignet ist, die Bedeutung des Abs. 1 zu beseitigen. Diese Bestimmung würde nämlich dahin führen können, daß auch in den Fällen, in welchen die Werthminderung von 50 M. eine verhältnißmäßig bedeutende ist, der Amtsrichter sich gleichwohl nicht anders getraut als zu sagen, „hier braucht es keine Ausgleichung, denn das Gesetz sagt in einem besonderen Absatze, die Ausgleichung ist nicht erforderlich, wenn 2c. 2c." Einer solchen Auslegung muß vorgebeugt werden. Es muß dem Amtsrichter, der den 1. Absatz wohl gelesen hat, aber durch den 3. Absatz irregeführt werden kann, klar gemacht werden, daß er auch bei einer Werthminderung bis zu 50 M. nicht in allen Fällen von Werthausgleichung absehen kann, sondern nur dann, wenn die Werthminderung mit Rücksicht auf einen konkreten Fall eine verhältnißmäßig geringe ist.

Der Vorschlag des Herrn Ministerialkommissärs stimmt mit unserer Idee nicht überein; denn wir wollen in der That, daß man unter allen Umständen, wo die verhältnißmäßige Minderung nur 50 M. beträgt, von der Ausgleichung absieht. Würde es heißen „kann", dann wäre es in das reine Belieben des Amtsrichters gesetzt, ob er von Werthausgleichung absehen will oder nicht. Diese dem Richter gegebene Fakultät möchte ich vermieden haben.

Oberregierungsrath **Henle:** Ich bin der Meinung, daß, wenn das Wort „verhältnißmäßig" in Abs. 3 eingefügt wird, der Amtsrichter zu dem Irrthum verleitet werden könnte, es sei hier etwas Anderes gemeint, als in Abs. 1. Man darf nicht vergessen, daß in den Fällen, die Abg. Geiger im Auge hat, von Ertheilung eines Unschädlichkeitszeugnisses überhaupt nicht die Rede sein kann, weil die im Gesetze an erster Stelle stehende Voraussetzung fehlt. Wenn ein mit Hypotheken belastetes Grundstück im Werthe von 70 M. eine Minderung von 50 M. erleiden soll, so kann für den Amtsrichter eine Ausgleichung nicht in Frage kommen. Er muß dem Antragsteller sofort erklären, auf eine Ausgleichung kann ich mich nicht einlassen, es ist kein Fall, in welchem ein Unschädlichkeitszeugniß ertheilt werden kann. Abs. 3 setzt voraus, daß eine Ausgleichung überhaupt in Frage kommen kann. Von einer Ausgleichung kann aber nicht die Rede sein, wenn es an der ersten Voraussetzung der Geringfügigkeit mangelt. Die Sache würde durch die Einschaltung des Wortes „verhältnißmäßig" nur unklar werden. Ich hoffe doch, daß unsere Amtsrichter so vernünftig in der Auslegung sein werden, zu erkennen, daß, wenn in Abs. 3 von Werthminderung gesprochen wird, damit die Werthminderung im Sinne von Abs. 1 gemeint ist. Ich bitte, es beim Entwurfe zu belassen.

Abg. **Lerno**: Im Gegensatz zu diesen Ausführungen glaube ich, daß es S. 508.
im Hinblick auf die Praxis besser ist, wenn der Amtsrichter in Abs. 3 wieder erinnert wird, daß es die Werthminderung ist, die Abs. 1 verlangt. Mir scheint deßhalb das Wort „verhältnißmäßig" unerläßlich zu sein.

Senatspräsident Dr. **von Jacubezky**: Aus den Ausführungen, namentlich des Herrn Abg. Geiger, habe ich entnommen, daß Sie, wenn es sich nur um eine Minderung von 50 M. handelt, eine Ausgleichung überhaupt für unstatthaft

S. 508. erachten, weil es nicht zweckmäßig sei, daß wegen eines so kleinen Betrages eine Vertheilung stattfinde. Ich kann mich auch damit einverstanden erklären, thatsächlich wird eine Ausgleichung von so geringem Betrage für die Berechtigten keinen Werth haben.

Lassen wir die Worte so, wie sie im Entwurfe stehen, dann wird eine Ausgleichung nicht verlangt werden, wenn die Werthminderung den Betrag von 50 M. nicht übersteigt. Es gibt nur zwei Möglichkeiten: entweder ist die Werthminderung nach dem Verhältniß zum Werthe des Restgrundstücks eine geringfügige, dann wird, auch wenn nach Abs. 3 keine Ausgleichung verlangt wird, das Zeugniß ertheilt, oder sie ist keine geringfügige, dann wird das Zeugniß nicht ertheilt, auch wenn der Betrag der Werthminderung 50 M. nicht übersteigt. Aber ich verstehe nicht, da es nur diese beiden Möglichkeiten gibt, wie man den Fall hereinziehen will, daß bei einer nicht geringfügigen Werthminderung eine Ausgleichung stattfinden soll: der Fall ist ja nicht denkbar.

Bezüglich der Anregung des Herrn Vorsitzenden möchte ich bemerken: Das Gesetz ist als Nebengesetz zum Bürgerl. Gesetzbuch zu betrachten und als solches wird es sich an die Sprache des Reichsgesetzes anschließen müssen. Im Bürgerl. Gesetzbuch ebenso wie in der Civilprozeßordnung, Konkursordnung und im Handelsgesetzbuch hat der Artikel, wenn er im Verlaufe eines Abschnittes oder Paragraphen gebraucht wird, demonstrative Kraft, also „die" Werthminderung in dem Abs. 3 des Art. 2 ist diejenige, von welcher im Art. 2 überhaupt die Rede ist. Deßhalb ist die Einschaltung, wie sie vom Herrn Vorsitzenden vorgeschlagen ist, überflüssig. Die Einschaltung des Wortes „verhältnißmäßige" ist jedenfalls nicht korrekt, es müßte heißen „verhältnißmäßig geringe".

Abg. **Lerno:** Die Frage ist ziemlich untergeordneter Natur, ich glaube, wir verstünden uns leichter, wenn wir einen praktischen Fall annehmen. Ich habe das letzte Mal exemplifizirt auf Fälle in Gegenden mit parzellirten Grundstücken. Wenn nun beispielsweise das Gesammtgrundstück einen Werth von 80 M., das Trennstück mit 1/10 der Gesammtfläche einen Werth von 8 M. hat, ist dann die Abtrennung eine verhältnißmäßig geringe oder nicht? Es ist sehr wohl denkbar, daß ein Grundbuchrichter, der immer ängstlich die Rechte der Hypothekgläubiger zu wahren beflissen sein wird, für den Fall, daß der Antragsteller nicht 8 M. in Geld, wohl aber ein anderes Grundstück anbieten will, auf dieses Anerbieten sehr gerne eingehen wird, wenn die von uns vorgeschlagene Fassung nicht da ist. Im angeführten Beispiel beträgt die Werthminderung nur 8 M.; da wird der Amtsrichter sagen müssen, auf eine Ausgleichung brauche ich nicht einzugehen, und er muß dann den Antrag vielleicht abweisen, der unter Umständen sehr praktisch, ja nothwendig sein kann. Ich halte es also für nothwendig, das Wort „verhältnißmäßig" beizubehalten.

Senatspräsident Dr. **von Jacubezky:** Wenn das gesammte Grundstück 80 M., das Trennstück 8 M. werth ist, so wird man wohl annehmen dürfen, daß eine geringfügige Werthminderung vorliegt: dann wird eine Ausgleichung nicht erforderlich sein. Ich wiederhole, der ganze Art. 2 ist eine Einschränkung des richterlichen Ermessens. Von der Einschränkung im ersten Absatz „Du darfst nicht bewilligen ohne Werthausgleichung" wird in Abs. 3 eine Ausnahme dahin gemacht „Du darfst ohne Ausgleichung bewilligen, wenn es sich um weniger als 50 M. handelt." Der Richter wird auch regelmäßig von dieser Befugniß Gebrauch machen, weil den Berechtigten thatsächlich durch eine

solche Ausgleichung nichts gedient ist. Ich muß mich dagegen wenden, daß S. 508.
Sie von einer verhältnißmäßigen Werthminderung sprechen. Jede Werthminderung ist eine verhältnißmäßige, es müßte also heißen eine „verhältnißmäßig geringe“, aber eine andere als eine solche kann niemals zur Ausgleichung kommen. Bei Einschaltung der Worte „verhältnißmäßig geringe“ würde man an einen Gegensatz denken und sich fragen: Wie ist es denn bei einer verhältnißmäßig großen Werthminderung? Man könnte meinen, da müsse eine Ausgleichung stattfinden. Das ist aber nicht der Fall, weil bei solcher Werthminderung das Zeugniß nicht ausgestellt werden darf.

Hierauf wird die Beibehaltung der Worte „des Umfanges“ und „im Verhältnisse zu dem Umfange“, wie sie in Abs. 1 des Art. 2 der Regierungsvorlage stehen, mit Stimmenmehrheit abgelehnt.

Sodann werden die beiden ersten Absätze des Art. 2 in der Fassung der Abänderungsanträge der Ausschußmitglieder von Walter und Genossen angenommen.

Die Frage, ob das Wort „ein“ im 2. Satz des Art. 2, wie in der ebengenannten Fassung geschehen, durch großen Anfangsbuchstaben oder auf andere Weise hervorgehoben werden soll, wird der Redaktionskommission überlassen.

Die Abstimmung über den Abs. 3 des Art. 2 wird vorläufig zurückgestellt.

Artikel 3.

Soweit die Ausgleichung der Werthminderung in Geld erfolgt, muß der erforderliche Betrag zur Vertheilung unter die Berechtigten bei der Hinterlegungsstelle des Gerichtsbezirkes hinterlegt werden. Die Hinterlegung hat mit der Bestimmung zu geschehen, daß zur Rücknahme die Ermächtigung des Amtsgerichts erforderlich ist.

Soweit die Ausgleichung durch ein anderes Grundstück erfolgt, müssen die Rechte der Berechtigten auf dieses erstreckt werden.

Im Falle der unentgeltlichen Abtretung zu einem öffentlichen Zwecke muß mit der Ausführung der den Werth des Grundstücks erhöhenden Anlage begonnen sein.

Abg. **Wagner:** Ich möchte nur die Anfrage stellen, ob es nicht angemessen wäre, im zweiten Satz des Abs. 1 das Wort „Rücknahme“ durch ein anderes Wort zu ersetzen, vielleicht „Erhebung“.

Senatspräsident Dr. **von Jacubezky:** Die Fassung ist gewählt mit Rücksicht auf die Vorschriften des Bürgerl. Gesetzbuchs über die Hinterlegung.
Dort ist als die Regel aufgestellt, daß der Hinterlegende das hinter || legte S. 509.
Geld zurücknehmen kann, solange nicht einer der Umstände eingetreten ist, die im § 376 bestimmt sind. Hier handelt es sich darum, daß der Hinterlegende gehindert sein muß, nach seinem Belieben das hinterlegte Geld wieder zurückzunehmen. Er muß das Geld bei der Hinterlegungsstelle lassen, bis feststeht, ob ein Vertheilungsverfahren stattfindet oder nicht. Kommt es zum Vertheilungsverfahren, dann bekommt er das Geld überhaupt nicht mehr; kommt es nicht dazu, dann ist der Eigenthümer nach Art. 8 Abs. 2 zur Erhebung des hinterlegten Geldes zu ermächtigen. Ich bitte den Ausdruck nicht zu ändern, denn die Vorschrift, daß die Hinterlegung mit der Bestimmung zu geschehen hat, daß die Rücknahme ausgeschlossen oder nur mit Ermächtigung einer Behörde zulässig ist, kommt im Bürgerl. Gesetzbuch und in der neuen Fassung der

S. 509. Civilprozeßordnung häufig vor. Es wird immer derselbe Ausdruck gebraucht: ich bitte daher, von einer Redaktionsänderung absehen zu wollen.

Vorsitzender erklärt sich hiemit einverstanden.

Senatspräsident Dr. **von Jacubezky:** Man kann allerdings sagen, das Gericht hat zu bestimmen, wer das Geld erheben darf. Was die Anregung des Herrn Vorsitzenden betrifft, so habe ich nichts dagegen, wenn der Art. 8 nach seinem Vorschlage geändert wird.

Abg. **Wagner:** Der Ausdruck in Art. 8 paßt viel besser, als der im Art. 3 gebrauchte, wenn ein anderer als derjenige, der hinterlegt hat, für befugt erklärt wird, das Geld zu erheben. In der Praxis wird es übrigens keine Schwierigkeiten geben.

Senatspräsident Dr. **von Jacubezky:** Es handelt sich im Satz 2 blos darum, das Geld der Hinterlegungsstelle so zu übergeben, daß es ausschließlich zur Verfügung des Amtsgerichts steht, daß es nicht ohne Weiteres zurückgenommen werden kann. Wenn diese Bestimmung nicht getroffen wird, so kann der Hinterlegende nach seinem Belieben das Geld wieder abholen. Das muß ausgeschlossen werden. Was dann geschieht, wenn nicht der Eigenthümer das Geld zurückbekommt, sondern es einem Berechtigten im Vertheilungsverfahren zugewiesen wird, steht in den Vorschriften der Subhastationsordnung, auf welche Bezug genommen ist. Daß das Geld zur Verfügung des Amtsgerichts steht, ergibt sich daraus, daß die Hinterlegung nach Satz 1 „zur Vertheilung unter die Berechtigten“ erfolgen muß. Im Satz 2 braucht nur gesagt zu werden, daß der Hinterlegungsvertrag die Bestimmung enthalten muß, daß das Geld nicht ohne Ermächtigung des Amtsgerichts an den Hinterlegenden zurückgegeben werden darf.

Abg. **Wagner:** Ich fasse den Sinn der Bestimmung dahin auf, daß die Hinterlegung mit der Bestimmung geschehen soll, daß derjenige das Geld erheben darf, welchen das Amtsgericht als den Erhebungsberechtigten bezeichnet. Wenn das der Fall ist, sehe ich nicht ein, warum das Wort „Rücknahme“ hier gewählt wird; denn wenn es zur Erhebung einer Ermächtigung des Amtsgerichts bedarf, so ist außer Zweifel, daß auch der Hinterlegende das Geld nicht ohne Weiteres erheben darf, daß ferner auch ein anderer als der Hinterlegende die Erhebung vornehmen kann, und auf diesen paßt nicht das Wort „Rücknahme“, sondern besser das Wort „Erhebung“.

Abg. **Lerno:** Ich wäre für die Beibehaltung der Diktion der Regierungsvorlage, es soll eine unerlaubte Zurücknahme verhindert werden und das Geld nur durch Erhebungsanweisung erhoben werden dürfen.

Art. 3 wird unverändert einstimmig angenommen.

Artikel 4.

Auf Antrag des Eigenthümers hat das Amtsgericht den Berechtigten die bevorstehende Feststellung der Unschädlichkeit mit der Aufforderung mitzutheilen, innerhalb einer Frist von einem Monat zu erklären, ob sie auf der Ausgleichung der Werthminderung bestehen. Die Mittheilung hat die Angabe der

Größe des Trennstücks und des Betrages der Werthminderung zu enthalten: S. 509.
als Rechtsnachtheil ist den Berechtigten anzudrohen, daß die Unschädlichkeit ihnen gegenüber ohne Ausgleichung der Werthminderung festgestellt werden würde.

Ist die Mittheilung an einen Berechtigten nicht thunlich, so ist die für ihn bestimmte Mittheilung an die Gerichtstafel anzuheften und einmal in das für die Bekanntmachungen des Amtsgerichts bestimmte Blatt einzurücken. Das Gleiche gilt, wenn ein Berechtigter gestorben und der Erbe dem Amtsgerichte nicht bekannt ist. Das Amtsgericht kann anordnen, daß die Veröffentlichung noch in einem anderen Blatte erfolgen soll. Die Erklärungsfrist beginnt mit dem Ablauf eines Monats seit der Einrückung, im Falle mehrfacher Einrückung seit der letzten Einrückung.

Berechtigte, die nicht im Grundbuch eingetragen sind, werden nur berücksichtigt, wenn ihre Rechte angemeldet und auf Verlangen des Amtsgerichts glaubhaft gemacht sind.

Senatspräsident Dr. **von Jacubezky** (zur Geschäftsordnung): Ich möchte den Vorschlag machen, jetzt lediglich den zweiten Absatz des in den Redaktionsvorschlägen der k. Staatsregierung enthaltenen Art. 4 zu berathen, denn das Schema soll so aufgestellt werden, daß zuerst die materiellen Grundsätze und dann das Verfahren geregelt werden. Die materiellen Grundsätze sind enthalten in den jetzt festgestellten Art. 1, 2, 3; dazu kommt noch in Betracht der bereits berathene, aber noch nicht zur Abstimmung gebrachte Abs. 3 des Art. 2 Ihrer Abänderungsanträge und kommt weiter in Betracht der materielle Satz, daß eine Ausgleichung nicht erforderlich ist, wenn die Berechtigten auf gerichtliche Aufforderung sich nicht erklärt haben.

Vorsitzender ist damit einverstanden, meint aber, daß aus seinem Antrage noch der Satz herüberzunehmen sei, daß die Ausgleichung auch nicht nothwendig sei, wenn die Werthminderung durch die Wertherhöhung der öffentlichen Anlage ausgeglichen werde.

Senatspräsident Dr. **von Jacubezky** hat dagegen nichts zu erinnern.

Der von der k. Staatsregierung vorgeschlagene Abs. 2 zu Art. 4:

> „Das Gleiche gilt, wenn die Berechtigten von dem Amtsgericht aufgefordert worden sind, innerhalb einer Frist von einem Monate zu erklären, ob sie auf der Ausgleichung bestehen, und nicht vor dem Ablaufe der Frist erklärt haben, daß sie die Ausgleichung verlangen",

sowie Abs. 3 des von Abg. von Walther und Genossen vorgeschlagenen Art. 4a: S. 510.

> „Einer Ausgleichung bedarf es nicht, soweit im Falle des Art. 2 Abs. 2 die Werthminderung durch die eintretende Wertherhöhung gedeckt wird",

werden zur Diskussion gestellt.

Abg. **Geiger:** Der Herr Ministerialkommissär hat im gewissen Sinne Recht, wenn er sagt, man solle in die grundlegenden Artikel diejenigen Fälle aufnehmen, in welchen eine Ausgleichung nicht erforderlich ist. Abs. 3 des Art. 2 enthält nun einen solchen Fall, in dem von uns eine Ausgleichung als wegfallend betrachtet wird. Die beiden anderen Fälle, die hier in Frage kommen, nämlich, daß die Gläubiger auf einer Ausgleichung nicht bestehen

S. 510. und daß durch die Anlage die Wertherhöhung erreicht wird, welche die Werthminderung ausgleicht, soll man in diesen Artikel nicht aufnehmen, weil hier ausgesprochen wird, daß auf die nothwendige Ausgleichung verzichtet, bezw. die nothwendige Ausgleichung durch eine andere Wertherhöhung kompensirt wird. Diese beiden Bestimmungen gehören nicht in Art. 2.

Senatspräsident Dr. **von Jacubezky:** Ich glaube, es ist nicht von einem eigentlichen Verzicht und nicht von einer wirklichen Kompensation die Rede. Was den Satz betrifft: „Einer Ausgleichung bedarf es nicht, soweit im Falle des Art. 2 Abs. 2 die Werthminderung durch die eintretende Wertherhöhung gedeckt wird", so meine ich, wir brauchen ihn überhaupt nicht auszusprechen; wir haben ja schon beschlossen, zu sagen: „Auf die Werthminderung wird die Wertherhöhung angerechnet, die sich aus der dem öffentlichen Zwecke dienenden Anlage ergibt", das heißt, man zieht die Wertherhöhung von der Werthminderung ab. Wenn die Sachlage die ist, daß die Wertherhöhung der Werthminderung gleich oder größer ist als diese, so ergibt die Anrechnung ohne Weiteres, daß eine Ausgleichung nicht mehr stattzufinden hat. Wenn die Werthminderung 50 M. beträgt, und die Wertherhöhung ebenfalls 50 M., so ist die Ausgleichung gleich Null. In dem zweiten Absatze des Art. 2 ist das, was der Herr Abg. Geiger als Kompensation bezeichnet, schon ausgesprochen.

Was die gerichtliche Aufforderung anlangt, so meine ich, es handelt sich hier nicht um einen wirklichen Verzicht, sondern um eine Präklusion. Es ist ein materieller Rechtssatz, daß die Berechtigten mit dem Rechte auf Ausgleichung ausgeschlossen werden; dieser Satz ist auch eine Ausnahme von dem Satz, daß das Gericht nur unter dem Vorbehalt der Werthausgleichung das Zeugniß ertheilen darf. Wir stellen zuerst die Regel auf: „es muß Werthausgleichung stattfinden", dann wird erläuternd beigefügt: „auf die Werthausgleichung wird in dem bestimmten Falle die Wertherhöhung angerechnet, es ist also eine Ausgleichung nicht erforderlich, wenn die Wertherhöhung die Werthminderung deckt." Als Ausnahme wird bestimmt: „Bei geringfügigen Werthminderungen ist eine Ausgleichung überhaupt nicht erforderlich", und weiter haben wir eine Ausnahme für den Fall, daß von dem Rechte der Präklusion Gebrauch gemacht wird. Wenn Sie Art. 4c Ihrer Anträge so anfangen: „Soll eine Ausgleichung nicht erfolgen", ohne daß oben gesagt ist, daß die Präklusion möglich ist, so könnte man denken, der einzige Fall, in dem eine Ausgleichung nicht erfolgen soll, sei der, daß die Werthminderung blos 50 M. beträgt. Es fehlt mit anderen Worten der Satz des materiellen Rechts, daß die Präklusion zulässig ist. Wir werden nicht darüber hinauskommen, den materiellen Satz aufzunehmen, daß man eine solche Präklusion erwirken kann.

Vorsitzender: Die Eingangsworte unseres Art. 5 sind doch durch die Vorschläge zu Art. 4c Abs. 2 schon getroffen. Hier ist die Präklusion angedeutet und deßhalb bedarf es nach meinem Dafürhalten nicht noch einer weiteren Bestimmung, daß die Ausgleichung nicht stattzufinden braucht, wenn die Berechtigten innerhalb der Frist eine Erklärung nicht abgegeben haben. Wenn Jemand eine Frist versäumt, die unter einem Präjudiz gesetzt worden ist, hat er das Präjudiz verwirkt, wenn er die Frist versäumt. Wenn ich auch zugebe, daß nicht immer ein Verzicht anzunehmen ist, wenn die Berechtigten innerhalb der Frist eine Erklärung nicht abgegeben haben, so trifft doch

unter allen Umständen das Wort Präklusion zu. Deßhalb bedarf es nicht S. 510.
nothwendig einer materiellen Bestimmung, um dieses Präklusions-Präjudiz zu verwirklichen; es liegt im Verfahren. Ich habe übrigens nichts dagegen, wenn wir diesen Satz unter die materiellen Bestimmungen aufnehmen. Ich hätte auch dagegen nichts zu erinnern, wenn der dritte Absatz unseres Art. 4a hier ausgehoben und in Art. 2 eingereiht wird; doch das ist Sache der Redaktion.

Der erste Absatz des Art. 4 der Redaktionsvorschläge der k. Staatsregierung wird mit Stimmenmehrheit mit der Ergänzung angenommen, daß vor das Wort „Werthminderung" das Wort „verhältnißmäßige" eingeschaltet wird.

Der zweite Absatz desselben Art. 4 wird einstimmig und der dritte Absatz des Art. 4a mit Stimmenmehrheit angenommen.

Abg. **Geiger:** Ich möchte anregen, ob die k. Staatsregierung nunmehr bei der Berathung der Frage, was der Antrag enthalten soll, nicht geneigt wäre, unseren Antrag zu Grunde zu legen; es wird dann auch der schriftliche Antrag der Staatsregierung unterzubringen sein.

Der k. Staatsminister der Justiz: Seitens der k. Staatsregierung besteht hiergegen keine Erinnerung.

Vorsitzender verliest sodann Art. 4 der Abänderungsanträge „von Walter und Genossen", welcher lautet:

> Der Antrag des Eigenthümers auf Feststellung der Unschädlichkeit hat, wenn die Werthminderung ausgeglichen werden soll, zu enthalten:
> 1. die Bezeichnung des Grundstücks sowie des Trennstücks nach Umfang und Beschaffenheit unter Vorlage des Messungsoperats mit Planskizze,
> 2. den Betrag der durch die beabsichtigte Abtrennung des Trennstücks eintretenden Werthminderung des Stammgrundstücks unter Vorlage etwaiger Belege hiefür,
> 3. die Erklärung, ob die Ausgleichung durch Geld oder durch ein anderes Grundstück erfolgen soll; im letzteren Falle ist dasselbe gemäß Ziff. 1 zu bezeichnen und seine Belastung anzugeben.
>
> Im Falle der unentgeltlichen Abtretung zu einem öffentlichen S. 511.
> Zwecke ist die in Art. 2 Abs. II erwähnte Wertherhöhung und die in Art. 3 Abs. III geforderte Voraussetzung glaubhaft zu machen.

Senatspräsident Dr. **von Jacubezky:** Ich glaube, es wird gut sein, wenn man die einzelnen Nummern gesondert behandelt.

Ziff. 1 scheint sich von dem, was die k. Staatsregierung vorschlägt, sachlich nicht zu unterscheiden. Wir haben Fremdwörter, wie „Operat" und „Planskizze" vermieden, weil die neueren Gesetze sich überhaupt etwas mehr der sogenannten Sprachreinheit befleißigen. Man wird übrigens die Entscheidung dieser Frage der Redaktion überlassen können. Eine materielle Differenz besteht ja nicht. Die k. Staatsregierung schlägt also vor, die Feststellung der Ziff. 1 der Redaktionskommission zu überlassen. — Eine Erinnerung hiergegen wird nicht erhoben.

Abs. 1 und Ziff. 1 werden einstimmig angenommen.

S. 511. Ziff. 2.

Senatspräsident Dr. **von Jacubezky:** Mir ist zweifelhaft, ob man das vom Antragsteller verlangen soll. Die Angabe, die er macht, ist für das Gericht in keiner Weise bindend, das Gericht wird meistens genöthigt sein, Sachverständige zu vernehmen, es sei denn, daß etwa eine Notariatsurkunde vorgelegt wird, in der gerichtliche Sachverständige die Schätzung abgegeben haben. Die Aeußerung des Antragstellers für sich wird keine rechtliche Bedeutung haben. Wir erschweren es dem Antragsteller, wenn wir von ihm eine derartige Erklärung verlangen: ein gewissenhafter Antragsteller würde doch nur sagen, er glaube, daß die Werthminderung eine so geringfügige ist, daß das Unschädlichkeitszeugniß ertheilt werden kann, er gebe dem Gerichte anheim, die Werthminderung durch Sachverständige feststellen zu lassen.

Vorsitzender: Das ist richtig: wir haben uns aber gedacht, daß unter Umständen auch, abgesehen von dem Fall, den der Herr Ministerialkommissär meint, die Einvernahme von Sachverständigen vermieden werden kann. Es gibt eine Reihe von Möglichkeiten, in welchen glaubhaft dargethan wird, daß die Werthminderung nur eine geringfügige ist. Um nun einerseits dem Amtsrichter eine Grundlage zu geben, ob er überhaupt noch Sachverständige braucht oder nicht, und andererseits, um dem Antragsteller Kosten zu ersparen, die ihm durch die Vernehmung von Sachverständigen erwachsen würden, haben wir geglaubt, es ihm überlassen zu sollen.

Abg. **Wagner:** Ich glaube, daß man diesen Theil des Antrags „von Walter und Genossen" annehmen könnte. Denn es ist selbstverständlich, daß der Antragsteller die Werthminderung angeben muß und hiefür etwaige Belege, welche weitere Erhebungen abschneiden könnten, vorzulegen hat.

Ziff. 2 des Antrags „von Walter und Genossen" wird vorbehaltlich etwaiger Redaktion einstimmig angenommen.

Ziff. 3.

Senatspräsident Dr. **von Jacubezky:** Ich habe nichts gegen den ersten Satz: aber der zweite scheint mir nicht zu passen. Es ist verlangt, daß ein Messungsoperat und eine Planskizze vorgelegt werden, und ich sehe nicht ein, warum dieß nothwendig sein soll.

Vorsitzender: Es ist nur die Bezeichnung gemeint.

Senatspräsident Dr. **von Jacubezky:** Dann muß man die Worte „gemäß Ziff. 1" weglassen. Das Grundstück muß der Antragsteller natürlich bezeichnen, wenn er es anbietet. Ich glaube, es genügt, wenn man sagt: „Im letzteren Falle ist die Belastung dieses Grundstücks anzugeben." Die Worte „gemäß Ziff. 1" bitte ich unter allen Umständen weg zu lassen.

Abg. **Geiger:** Ich bin mit Weglassung der Worte „gemäß Ziff. 1" einverstanden, weil sie zu Mißverständnissen führen können.

Aber den Antragsteller überhaupt von der Verpflichtung zu entbinden, das einzutauschende Grundstück zu bezeichnen, weil sich das von selbst verstände, damit kann ich mich nicht einverstanden erklären. Wenn der Antragsteller erklärt, er will nicht durch Geld, sondern durch ein Grundstück ausgleichen, so muß ihn der Amtsrichter erst auffordern, das Grundstück genau zu bezeichnen, es muß auch der Fall getroffen werden, daß das Grundstück eine Belastung nicht hat. S. 511.

Vorsitzender: Diesen Ausführungen will ich ergänzend beifügen: wir machen das Gesetz nicht blos für die Zeit, von welcher an das Grundbuch angelegt ist. Wenn dieses einmal da ist, wird die Bezeichnung des Grundstücks aus dem Grundbuch selber entnommen werden können. Solange das aber nicht der Fall ist, werden die Erwerbsurkunden vorzulegen sein, aus denen hervorgeht, was es für ein Grundstück ist, das zum Ausgleich angeboten wird. Deßhalb ist eine Vorschrift über die Bezeichnung des Grundstücks nicht zu entbehren.

Ziff. 3 wird unter Weglassung der Worte „gemäß Ziff. 1" einstimmig angenommen.

Abs. 3 des Art. 4.

Senatspräsident Dr. **von Jacubezky:** Ich weiß nicht, warum hier die Glaubhaftmachung der Wertherhöhung verlangt wird. Unter Ziff. 2 verlangen Sie wegen der Werthminderung keine Glaubhaftmachung. Ich glaube, die Feststellung der Wertherhöhung wird man am besten den Sachverständigen überlassen können. Wenn für die Werthminderung der Antragsteller keinen Beleg vorgelegt hat, so müssen wegen der Werthminderung Sachverständige das Grundstück in Augenschein nehmen. Ich meine, da ist es am zweckmäßigsten, wenn die Sachverständigen gleichzeitig die Wertherhöhung feststellen und das Facit ziehen. Das wird richtiger sein, als wenn man die Minderung und die Erhöhung auseinanderreißt und für die eine Glaubhaftmachung verlangt, für die andere nicht. Die Wertherhöhung muß ebenso verlässig ermittelt werden, wie die Werthminderung, sonst kommen die Berechtigten zu kurz. Ich möchte daher bitten, die Worte: „die in Art. 2 Abs. 2 erwähnte Wertherhöhung und" wegfallen zu lassen.

Vorsitzender: Wir haben uns unter den Belegen in Abs. 1 Ziff. 2 und unter Glaubhaftmachung in Abs. 2 nichts Verschiedenes gedacht; die Belege sollen dazu dienen, die Glaubhaftmachung zu bewirken. Es ist wahrscheinlich, daß in den meisten Fällen die Wertherhöhung nicht ohne Vernehmung von S. 512.
Sachverständigen festgestellt werden kann, aber dennoch ist eine Reihe von Verhältnissen denkbar, in welchen die Wertherhöhung glaubhaft gemacht werden kann, ohne daß es der Vernehmung von Sachverständigen bedarf.

Abg. **Geiger:** Das Bedürfniß der Glaubhaftmachung stützt sich auch noch auf etwas Anderes. Wir müssen uns den Fall denken, daß der Eigenthümer die lastenfreie Abtrennung des Grundstücks herbeiführen will; zu diesem Zweck begründet er den Antrag nicht dadurch, daß er sagt: ich zahle die Summe der Werthminderung, oder ich gebe ein anderes Grundstück, sondern er sagt: „ich trete das Grundstück zu den oder den öffentlichen Zwecken ab." In diesem Falle gehört zur Begründung des Antrags, daß er sagt, worin die Wertherhöhung gegenüber der Werthminderung besteht. Es wird also zur Begründung des Antrags nothwendig sein, darzulegen und glaubhaft zu machen, daß der Antragsteller in der That von der Verpflichtung der Gelderlage oder des Austausches durch ein anderes Grundstück befreit ist, weil die Werthminderung gegenüber der eintretenden Wertherhöhung eine entsprechend

S. 512. geringfügige ist. Der Antragsteller wird sich ja in vielen Fällen leicht thun; er wird auf die Anlage und die Umstände aufmerksam machen können. Das soll er aber auch thun und glaubhaft darstellen, daß in diesem Falle eine Wertherhöhung vorhanden ist. Der Richter wird dann von Erhebungen durch Sachverständige Umgang nehmen können.

Senatspräsident Dr. **von Jacubezky:** Ich glaube, das, was beabsichtigt ist, könnte in vollständiger Uebereinstimmung mit Nr. 2 in der Weise gegeben werden, daß wir sagen: „Im Falle der unentgeltlichen Abtretung zu einem öffentlichen Zwecke ist die in Art. 2 Abs. 2 erwähnte Wertherhöhung unter Vorlage etwaiger Belege anzugeben und die in Art. 3 Abs. 3 geforderte Voraussetzung glaubhaft zu machen." Man kann von dem Antragsteller verlangen, daß er angibt, nach welchen Richtungen hin seinem Grundstück eine Wertherhöhung zugeht; wir dürfen aber bei der Wertherhöhung nicht mehr verlangen, als bei der Werthminderung, denn sonst ist der Antragsteller genöthigt, erst ein Gutachten von Sachverständigen zu erholen, was überflüssig ist.

Abg. **Lerno:** Unsere Wünsche werden durch das, was der Herr Ministerialkommissär gesagt hat, vollständig gedeckt und bin ich mit der vorgeschlagenen Abänderung einverstanden.

Abg. **Wagner:** Auch ich bin mit der vorgeschlagenen Fassung einverstanden.

Abs. 2 wird in folgender Fassung einstimmig angenommen:

„Im Falle der unentgeltlichen Abtretung zu einem öffentlichen Zwecke ist die in Art. 2 Abs. 2 erwähnte Wertherhöhung unter Vorlage etwaiger Belege anzugeben und die in Art. 3 Abs. 3 geforderte Voraussetzung glaubhaft zu machen."

Vorsitzender schlägt nunmehr vor, in die Berathung von Art. 4c der Anträge „von Walter und Genossen" in Zusammenhang mit Art. 4 Abs. 3 des Abänderungsantrags der Staatsregierung einzutreten.

Senatspräsident Dr. **von Jacubezky:** Ich habe hiergegen nichts einzuwenden; nur meine ich, daß die Fassung der Redaktionskommission vorbehalten werden soll. Man wird zuerst sagen müssen, was der Antrag in allen Fällen zu enthalten hat, und dann den besonderen Fall des Art. 4, daß eine Ausgleichung nicht erforderlich ist, behandeln müssen.

Abg. **Geiger:** Ich glaube, wir erschweren uns die Sache dadurch, daß wir den zweiten Fall wieder in den ersten hineinnehmen. Ich meine, man sollte zuerst sagen, was nothwendig ist, wenn eine Ausgleichung erforderlich ist, und dann erst den Fall behandeln, wenn eine Ausgleichung nicht erforderlich ist.

Vorsitzender: Ich stehe vollständig auf dem Standpunkte des Abg. Geiger und bin ebenfalls der Ansicht, daß es zweckmäßig ist, die beiden Fälle im ganzen Verfahren vollständig auseinanderzuhalten.

Senatspräsident Dr. **von Jacubezky:** Mein Gedanke war der, daß wir, da einmal der Antrag zur Berathung steht, denselben auch fertig machen sollen. Es kommt auch noch die Frage, ob das Zwischenverfahren aufgenommen werden soll. Der Entwurf kennt ein solches Zwischenverfahren nicht. Wenn ein solches Zwischenverfahren aufgenommen werden soll, dann werden Verschiedenheiten entstehen und dann wird man vielleicht nach Ihrem Vorschlag verfahren müssen. Allein ich glaube, daß wir uns zunächst sachlich einigen sollen. S. 512.

Abg. **Geiger:** Ich glaube, wir verwirren die Sache; wir sollen uns zunächst an den Fall halten, wie der Antrag beschaffen sein und was der Amtsrichter thun soll, wenn eine Ausgleichung nothwendig ist.

Vorsitzender: Ich glaube, daß, wenn wir jetzt berathen, was der Antrag in dem einen und in dem anderen Falle zu enthalten hat, die Materie nicht verwirrt wird. Wir können sofort, wenn dieß erledigt ist, zu Art. 4a zurückkehren und zu dem Verfahren, das einzuschlagen ist, wenn ausgeglichen werden soll: dann erst kommen wir wieder zu Art. 4c und Art. 5 zurück.

Abg. **Lerno:** Ich neige mich der Anschauung des Abg. Geiger zu. Wir haben uns Mühe gegeben, die Sache übersichtlich darzustellen; die Sache wird aber weniger klar, wenn wir in der vorgeschlagenen Weise vorgehen.

Vorsitzender: Ich stehe noch auf dem Standpunkte, den ich vorhin geltend gemacht habe, und möchte bitten, wenn das formelle Verfahren anders gestaltet werden soll, einen dießbezüglichen Antrag sofort bekannt geben zu wollen.

Abg. **Wagner:** Ich möchte den Herrn Vorsitzenden unterstützen und glaube, daß in erster Linie die Regierungsvorlage zu berathen ist.

Art. 4c der Anträge „von Walter und Genossen“ lautet:

> Soll eine Ausgleichung nicht erfolgen, so hat der Antrag des Eigenthümers den Erfordernissen in Art. 4 Abs. I Ziff. 1 und 2 und Abs. II zu entsprechen.

Hiezu liegt ein Abänderungsantrag der k. Staatsregierung vor, welcher lautet: S. 513.

> „Soll die Ausgleichung der Werthminderung nach Art. 4 Abs. II unterbleiben, so hat der Antragsteller die gerichtliche Aufforderung der Betheiligten zu beantragen; der Antrag hat den Erfordernissen in Art. 4 Abs. I Ziff. 1 und 2 und Abs. II zu entsprechen.“

Abg. **Geiger:** Ich glaube, daß wir mit der Materie am leichtesten zurecht kommen werden, wenn wir vorerst mit dem Fall der Ausgleichung uns befassen. Wenn wir die Erfordernisse der beiden Anträge zusammenfassen, müssen wir nothwendig auch die Verfügungen des Richters zusammenfassen.

Abg. **Lerno** fragt, warum die Regierung Werth darauf legt, daß hier in Abs. 1 die Nothwendigkeit der Antragstellung durch den Eigenthümer statuirt werden soll, während im weiteren Falle das Amtsgericht die Berechtigten aufzufordern hat.

Senatspräsident Dr. **von Jacubezky:** Wir haben bereits beschlossen, daß die Werthausgleichung nicht nothwendig ist, wenn die Betheiligten vom

S. 513. Amtsgerichte aufgefordert worden sind und sich nicht erklärt haben. Hier müssen wir bestimmen, daß der Antragsteller, wenn er die Aufforderung haben will, sie beantragen muß, mit anderen Worten, daß die Aufforderung nicht von Amtswegen erlassen wird.

Abs. 1 des Art. 4c wird in der durch den Abänderungsantrag der k. Staatsregierung erhaltenen Fassung einstimmig angenommen.

von Walter,
Vorsitzender.

Fuchs,
Schriftführer.

IV.

Protokoll

über die 6. Sitzung des besonderen (XVII.) Ausschusses der Kammer der Abgeordneten zur Berathung der Gesetzentwürfe, betreffend

a) die Vorbereitung der Anlegung des Grundbuchs in den Landestheilen rechts des Rheins,

b) das Unschädlichkeitszeugniß.

(Beilage Nr. 977 z. d. Verhandl. d. K. d. Abg. Bd. XV S. 513 bis 525.)

S. 513. München, den 18. März 1898.

Gegenwärtig:

a) Die Vertreter der k. Staatsregierung:

der k. Staatsminister der Justiz Dr. Freiherr von Leonrod, Excellenz,
der k. Senatspräsident am k. obersten Landesgerichte Dr. Ritter von Jacubezky.
der k. Ministerialrath und Kronanwalt Ritter von Schubart,
der k. Oberregierungsrath Henle;

ferner

b) die Ausschußmitglieder:

von Walter, Vorsitzender, Fuchs, Schriftführer, Michel, Stellvertreter des Schriftführers, Aigner, Ganzleben, Joseph Geiger, Eusebius Hofmann, Joseph Huber, Lerno, Wagner (Kraußold und Wieland entschuldigt, Lutz abwesend).

Tagesordnung:

Gesetzentwurf, betreffend das Unschädlichkeitszeugniß.

Spezialdiskussion.

(Fortsetzung.)

Artikel 4a der Abänderungsanträge „von Walter und Genossen“:

Das Amtsgericht hat nach Vornahme etwa nothwendiger Erhebungen Beschluß zu fassen.

In dem Beschlusse auf Feststellung der Unschädlichkeit ist im Falle der Ausgleichung der Werthminderung durch Geld der zu hinterlegende Betrag festzusetzen, sowie im Falle der Ausgleichung

durch ein anderes Grundstück zu bestimmen, welche Belastungen den S. 513.
darauf zu erstreckenden Rechten im Range vorgehen dürfen.

Einer Ausgleichung bedarf es nicht, soweit im Falle des Art. 2 Abs. II die Werthminderung durch die eintretende Wertherhöhung gedeckt wird.

Die Angabe von Grunddienstbarkeiten, die nach Art. 187 des Einführungsgesetzes zum Bürgerlichen Gesetzbuch der Eintragung nicht bedürfen, ist nicht erforderlich.

Im Falle des Art. 3 Abs. III ist anzugeben, daß mit der Ausführung der Anlage begonnen ist.

Senatspräsident Dr. **von Jacubezky:** Von Seite der k. Staatsregierung bestehen gegen das vorgeschlagene Verfahren Bedenken.

Der Entwurf gestaltet die Sache dadurch einfach, daß das Unschädlichkeitszeugniß, sobald das Gericht sich von der Unschädlichkeit der Abtrennung und von der verhältnißmäßigen Geringfügigkeit der Werthminderung überzeugt hat, sofort ertheilt wird.

Art. 5 nach den Redaktionsvorschlägen der k. Staatsregierung gebraucht statt der Worte: „Die Feststellung der Unschädlichkeit hat rc.“ die Fassung: „Der Beschluß, durch welchen die Unschädlichkeit festgestellt wird, hat rc.“ Damit ist das Unschädlichkeitszeugniß gemeint; um dies zum Ausdruck zu bringen, wird es zweckmäßig sein, in Klammern beizufügen „Unschädlichkeitszeugniß“.

Dieses wird sofort ertheilt, wenn das Gericht sich überzeugt hat, daß die materiellen Voraussetzungen vorliegen, es wird nicht erst abgewartet, daß die weitere Bedingung der Werthausgleichung erfüllt ist, vielmehr wird diese Bedingung in das Zeugniß hineingesetzt, gerade so wie in einen Arrestbefehl der Vorbehalt hineingesetzt wird, daß der Arrestgläubiger für einen gewissen Betrag Sicherheit leisten muß. Das Unschädlichkeitszeugniß wird also bedingt ertheilt und bei der Benützung vor dem Grundbuchamt muß die Erfüllung der Bedingung nachgewiesen werden, soferne sie sich nicht, wie es bei der Ausgleichung durch ein anderes Grundstück der Fall ist, unmittelbar vor dem Grundbuchamt vollzieht. Damit wird eine Ersparniß an Zeit und Arbeit gewonnen. Der Antragsteller bekommt nach dem Entwurf das Zeugniß sofort, er kann dann hinterlegen und das Weitere bei dem Grundbuchamt besorgen. Nach den Vorschlägen der Herren von Walter und Genossen dagegen bekommt der Antragsteller erst eine Mittheilung über den ‖ vorläufigen Beschluß und S. 514.
dann muß er neuerdings zu Gerichte gehen, um das Unschädlichkeitszeugniß zu erlangen.

Abgesehen von diesem formellen Unterschied würde die Sache auch materiell derart erschwert, daß in manchen Fällen der ganze Zweck vereitelt würde. In einem sehr großen Theile der Fälle, in welchen das Unschädlichkeitszeugniß nothwendig ist, handelt es sich um den Austausch von kleinen Grundstücken zum Zwecke der besseren Gestaltung der Grenzen. Da findet ein Austausch in der Weise statt, daß an die Stelle eines oder mehrerer solcher kleinen Grundstücke ein anderes oder mehrere treten, die der Nachbar zu dem gleichen Zwecke abtritt. Nach dem Entwurfe wird nun der Austausch in der Weise vor sich gehen, daß die Parzellen beiderseits für die Gläubiger, die auf dem einen und dem andern Grundstück Hypotheken haben, surrogirt werden: z. B. A gibt zwei kleine Grundstücke her und erhält hiefür ein größeres, das größere dient für die Gläubiger des A zum Ersatz der zwei

S. 514. kleinen, und umgekehrt dienen die zwei kleinen für die Gläubiger des B zum Ersatz des größeren. Das wird durch ihren Antrag unmöglich gemacht, denn es ist nicht möglich, daß schon vor Ausstellung des Unschädlichkeitszeugnisses die Belastungen in der Weise, wie hier verlangt wird, auf das Ersatzgrundstück erstreckt werden, nämlich so, daß ihnen die bisherigen Belastungen nicht vorgehen. In diesem Falle würde das Unschädlichkeitszeugniß gar nicht ausgestellt werden können. Das ist jedenfalls Ihre Absicht nicht. In dem anderen Falle, wo die Ausgleichung durch Geld erfolgt, wird in der Regel der Abtretende das Geld, das ihm bei der Auflassung als Gegenleistung bezahlt wird, dazu verwenden, um die in dem Unschädlichkeitszeugniß gestellte Bedingung der Hinterlegung eines bestimmten Betrages zu erfüllen. Die Leute gehen zum Notar, geben ihre Erklärungen ab, der eine gibt dem Notar das Zeugniß, der andere das Geld, der Notar läßt die Urkunde, das Zeugniß und das Geld zum Amtsgericht bringen, Alles erledigt sich auf einen Schlag; ebenso rasch geht es beim Austausch der Grundstücke. Warum soll das verhindert werden?

Im Art. 5 haben Sie dieselbe Konstruktion gewählt, wodurch die Sache vollständig unausführbar wird. Die Vorlage des Unschädlichkeitszeugnisses ist Voraussetzung für die lastenfreie Abschreibung des Trennstücks im Grundbuch, die lastenfreie Abschreibung folgt also nothwendig der Ausstellung des Unschädlichkeitszeugnisses nach; nun bestimmen Sie aber, daß das Zeugniß erst ausgestellt wird, wenn die Unschädlichkeit ohne Ausgleichung gegenüber allen Berechtigten, welche zur Zeit der künftigen lastenfreien Abschreibung des Trennstücks im Grundbuch eingetragen sind, festgestellt ist. Wie soll man dieß machen, wie kann man wissen, welche Eintragungen in Zukunft kommen? Wenn Sie diese Konstruktion wählen, machen Sie das, was Sie selber wollen, unausführbar und schließen Sie die Möglichkeit, daß man ohne Ausgleichung nach vorheriger Aufforderung der Berechtigten die Sache erledigen kann, aus. Nach meinem Dafürhalten bleibt nichts Anderes übrig, als die von der Regierungsvorlage gewählte Konstruktion anzunehmen, welche nicht von uns erfunden ist, sondern sich in anderen Gesetzen auch schon findet. Ich vermag nicht einzusehen, welche Interessen dadurch gefährdet werden sollen. Die Gerichte erlassen täglich Arrestbeschlüsse mit derartigen Vorbehalten, ebenso wird täglich die vorläufige Vollstreckbarkeit in der Weise ausgesprochen, daß der Gläubiger Sicherheit zu leisten hat. Das Grundbuchamt ist sehr wohl in der Lage, neben dem Unschädlichkeitszeugniß noch die Quittung der Hinterlegungsstelle zu prüfen; mehr hat es in diesem Falle nicht zu thun. Wenn es sich um Surrogirung eines Grundstücks handelt, hat es zu prüfen, ob die rechtsgeschäftlichen Erklärungen, die ihm vorliegen, sich mit dem decken, was im Unschädlichkeitszeugniß als Bedingung gestellt ist; auch daraus ergibt sich keine Schwierigkeit.

Abg. **Wagner:** Beim Lesen dieser Anträge habe ich den Eindruck gewonnen, daß dadurch die Sache nicht vereinfacht, sondern noch mehr verwickelt wird. Ich muß mich dem, was soeben der Herr Ministerialkommissär ausgeführt hat, vollständig anschließen. Ich kann eine Verbesserung in den gestellten Anträgen 4a, 4b und 5 nicht finden. Das Verfahren wird im Gegentheil durch die Trennung in zwei Theile, in einen Vorbeschluß und in die Ausstellung des Zeugnisses, nach meinem Dafürhalten sehr erschwert. Die Ausstellung des Zeugnisses soll in der möglichst einfachen Weise erwirkt werden können, sonst hat der Antragsteller in den meisten Fällen daran kein Interesse und thut besser, ohne das Gericht anzugehen, sich gleich an die Berechtigten S. 514. selbst zu wenden und deren Zustimmung zu erwirken. Ich glaube, wir sollten dem Gedankengang der k. Staatsregierung folgen, weil sich dann die Sache viel einfacher gestaltet. Das ganze Gesetz ist nach meiner Meinung ein Zwangsverfahren, durch das ein Grundbesitzer auf möglichst einfache und billige Weise in die Lage versetzt werden soll, die Abtrennung von solchen Grundstückstheilen gegenüber den Berechtigten durchzusetzen, welche für die Rechte derselben unschädlich sind. Das einfachste Verfahren ist hier immer das beste.

Vorsitzender: Wenn ich den Herrn Ministerialkommissär richtig verstanden habe, geht seine Beanstandung nicht dahin, daß die Gestaltung des Verfahrens eine verschiedene sein soll, je nachdem Ausgleichung angeboten wird oder nicht, sondern sie geht nur dahin, daß in jedem dieser Verfahren unsere Anträge Bestimmungen enthalten, welche die Ausstellung des Zeugnisses erschweren, unmöglich machen oder wenigstens nutzlos gestalten. Abg. Wagner hat auf Art. 5 Bezug genommen; allein dieser wird unter diese Beanstandung nicht fallen, er entspricht dem Art. 7 Abs. 2 des Entwurfs. Die Sache wird sich darum drehen, daß bezüglich der Art. 4a und 4b diejenigen Aenderungen getroffen werden, die es ermöglichen, sofort mit der Fassung des Beschlusses das Unschädlichkeitszeugniß auszustellen und den Antragsteller hinauszugeben, ohne erst abzuwarten, bis der zur Ausgleichung bestimmte Geldbetrag hinterlegt bezw. die Erstreckung der Rechte auf das zu surrogirende Grundstück bereits vorgenommen ist. Das wird zunächst nothwendig machen, daß wir Art. 4a und 4b mit einander verbinden, indem wir sagen: Das Amtsgericht hat .... Beschluß zu fassen; das Unschädlichkeitszeugniß ist auszustellen und hat zu enthalten, welcher Geldbetrag zu hinterlegen ist oder welche Belastung den zu erstreckenden Rechten vorgehen dürfe.

Senatspräsident Dr. **von Jacubezky:** Es war nicht meine Absicht, den Gedanken zu bekämpfen, daß man die beiden Fälle getrennt behandeln soll. Ich habe mich nur gegen die materiellen Aenderungen gewendet. Das, was der Herr Vorsitzende wünscht, ließe sich am leichtesten auf folgende Weise erreichen:

Abs. 1 des Art. 4a würde lauten: „Das Amtsgericht hat nach Vor- S. 515. nahme etwa nothwendiger Erhebungen über den Antrag Beschluß zu fassen."

Abs. 2: „Der Beschluß, durch welchen die Unschädlichkeit festgestellt wird (Unschädlichkeitszeugniß), hat, soweit ꝛc. ꝛc. (siehe Art. 5 der Regierungsvorlage)."

Vorsitzender: Art. 4b Abs. 1 würde hienach in Wegfall kommen und Abs. 2 ist vorläufig zurückzustellen.

Art. 4a lautet nunmehr:

Abs. 1. „Das Amtsgericht hat nach Vornahme etwa nothwendiger Erhebungen über den Antrag Beschluß zu fassen."

Abs. 2. „Der Beschluß, durch welchen die Unschädlichkeit festgestellt wird (Unschädlichkeitszeugniß), hat, soweit die Ausgleichung der Werthminderung in Geld erfolgen soll, die Angabe des zu hinterlegenden Betrages, soweit sie durch ein Grundstück erfolgen soll, die Bezeichnung des Grundstücks und die Angabe der Belastungen zu enthalten, welche den auf das Grundstück zu erstreckenden Rechten im Range vorgehen dürfen. Die Angabe von Grunddienstbarkeiten, die nach

S. 515. Art. 187 des Einführungsgesetzes zum Bürgerl. Gesetzbuch der Eintragung nicht bedürfen, ist nicht erforderlich."

Abs. 3. „Im Falle des Art. 3 Abs. 2 ist anzugeben, daß mit der Ausführung der Anlage begonnen ist."

Art. 4a wird hierauf in der verlesenen Fassung einstimmig angenommen.

Vom Art. 4c wurde Abs. 1 bereits festgestellt: die weiteren Bestimmungen des Art. 4c lauten:

> Von dem Antrage hat das Amtsgericht nach Vornahme etwaiger Erhebungen den Berechtigten mit der Aufforderung Mittheilung zu machen, innerhalb einer Frist von einem Monate zu erklären, ob sie auf der Ausgleichung der Werthminderung bestehen, widrigenfalls die Unschädlichkeit ihnen gegenüber ohne Ausgleichung der Werthminderung festgestellt werden würde.
>
> Ist die Mittheilung an einen Berechtigten nicht thunlich, so ist die für ihn bestimmte Mittheilung an die Gerichtstafel anzuheften und einmal in das für die Bekanntmachungen des Amtsgerichts bestimmte Blatt einzurücken. Das Gleiche gilt, wenn ein Berechtigter gestorben und der Erbe dem Amtsgerichte nicht bekannt ist. Die Erklärungsfrist beginnt mit dem Ablauf eines Monats seit der Einrückung.
>
> Berechtigte, die nicht im Grundbuch eingetragen sind, werden nur berücksichtigt, wenn ihre Rechte angemeldet und auf Verlangen des Amtsgerichts glaubhaft gemacht sind.

Senatspräsident Dr. **von Jacubezky:** Nachdem gestern beschlossen worden ist, in den Art. 4 als Abs. 2 die materielle Vorschrift des Art. 4 Abs. 2 der Regierungsvorschläge aufzunehmen, wird es richtig sein, mit der im Abs. 3 des Art. 4 der Regierungsvorschläge enthaltenen Bestimmung in der Berathung fortzufahren.

Was die Fassung: „als Rechtsnachtheil ist anzudrohen" betrifft, so ist diese in die Vorschriften der Civilprozeßnovelle über die durch das Bürgerl. Gesetzbuch veranlaßten Fälle des Aufgebotsverfahrens aufgenommen.

Die materielle Aenderung im Art. 4c Abs 1 besteht darin, daß hier nur eine einmalige Bekanntmachung verlangt wird. Mir ist diese Aenderung nicht ganz unbedenklich. Ich möchte die Herren insbesondere auf Aeußerungen aufmerksam machen, die in einer verwandten Materie von Denjenigen, die mitten im Verkehr stehen, der Regierung kürzlich zugekommen sind. Wir haben für das Ausführungsgesetz, das in Vorbereitung ist, unter Anderem auch Vorschriften über die Kraftloserklärung verloren gegangener Sparkassebücher vorbereitet. Diese Vorschriften sind durch Vermittlung des k. Staatsministeriums des Innern einer größeren Anzahl von Sparkassenverwaltungen mitgetheilt worden, und diese haben sich fast ohne Ausnahme dahin geäußert, man könne sich nicht mit einmaliger Einrückung in das Amtsblatt begnügen, es müsse vielmehr bei allen nicht ganz kleinen Sparkasseguthaben die Bekanntmachung in einem zweiten Blatte vorgeschrieben werden. Der Entwurf verlangt das nicht, sondern stellt es in das Ermessen des Richters. Aber unter gewissen Umständen weiß der Richter ganz genau, daß die Veröffentlichung blos im Amtsblatt des Amtsgerichtsbezirks für die Gläubiger werthlos ist. Es muß dem Richter gestattet sein, wenn er es für nothwendig hält, eine zweite Bekanntmachung zu veranlassen. Ich glaube nicht, daß die Richter überflüssiger Weise die zweite Bekanntmachung anordnen werden, fürchte aber,

daß, wenn Sie diese ausschließen, der Richter um so ängstlicher in der Fest- S. 515.
stellung der Unschädlichkeit werden wird; damit schaden Sie aber dem Antragsteller, der dann vielleicht abgewiesen wird.

Abg. **Lerno:** Wir haben diese Bestimmung hauptsächlich vom Gesichtspunkte der Vereinfachung und Verbilligung des Verfahrens getroffen; wir haben dabei nicht übersehen, daß nach dem Entwurf die Veröffentlichung in einem zweiten Blatte nur fakultativ ist. Das von der k. Staatsregierung angeführte Exempel von den Sparkassebüchern trifft nicht vollständig zu. Es handelt sich beim Sparkassebuch häufig für den Einzelnen um größere und bedeutendere Werthe. Dabei möchte ich auch der Vermuthung Raum geben, daß die Sparkassenverwaltungen mit ihren Wünschen von der Anschauung ausgegangen sind, daß das Amtsblatt des Gerichts nicht das gelesenste Blatt im Bezirke ist und daß sie diese Publikationen lieber in ihrem eigenen Gemeindeorgan veröffentlichen.

Senatspräsident Dr. **von Jacubezky:** Bei den Sparkassebüchern kommt nicht das Amtsblatt des Amtsgerichts, sondern das magistratische Amtsblatt oder das Amtsblatt des Verwaltungsbezirks in Frage.

Oberregierungsrath **Henle:** Auch ich halte es für zweckmäßiger, es beim Entwurfe zu belassen. Es handelt sich hier um eine Präjudizirung der Gläubiger, sie sollen von der Ausgleichung ausgeschlossen werden. Wenn die Aufforderung lediglich in's Amtsblatt kommt, wird sie ihnen in manchen Fällen nicht zum Bewußtsein kommen. Es ist übrigens die zweite Bekanntmachung nur fakultativ.

Vorsitzender: Welche Gewähr haben wir denn, daß das andere Blatt in die Hand der Gläubiger kommt, welche mit ihren Anträgen ausgeschlossen werden?

Senatspräsident Dr. **von Jacubezky** Von dem Amtsblatt darf man annehmen, daß es von den im || Bezirke wohnenden Leuten gelesen wird, aber S. 516.
die Hypothekgläubiger wohnen nicht immer in den Dörfern, wo die Schuldner sind. Man kann nicht verlangen, daß der Hypothekgläubiger in München die Blätter der Amtsgerichtsbezirke, in denen er Hypothekkapitalien stehen hat, liest. Wenn man einen solchen Gläubiger überhaupt auffordern muß — es wird dieß nicht sehr häufig vorkommen —, dann heißt es geradezu, ihn nicht auffordern, wenn man die Aufforderung nicht in ein anderes Blatt, allenfalls in die hiesigen „Neuesten Nachrichten“, einrücken läßt.

Vorsitzender: Demgegenüber möchte ich bemerken, daß auch damit keine Gewähr geschaffen ist; die Gläubiger können an verschiedenen Orten wohnen, und es müßte in jedem Blatt die Veröffentlichung besorgt werden. Hier handelt es sich doch nur um kleine Werthe, und bei diesem Umstande kann man von einer Veröffentlichung im zweiten Blatte absehen. Es gibt eine Reihe von Bekanntmachungen, die blos an die Gerichtstafel angeschlagen werden, und die Leute müssen es doch hinnehmen. Diejenigen Gläubiger, die vigilant sind, werden sich auch sonst von der Abtrennung Kenntnis zu verschaffen wissen. Unser Antrag bezweckt eine Abkürzung des Verfahrens und ist deßhalb zweckmäßiger, da die Gewähr, daß alle Gläubiger von der Aufforderung Kenntniß erhalten, durch ein zweites Blatt doch nicht erreicht wird.

S. 516. Abg. **Wagner:** Ich verspreche mir von derartigen Ausschreibungen nicht viel; das Geld, das für sie verausgabt wird, wird nutzlos aufgewendet. Nachdem aber die Veröffentlichung in einem zweiten Blatte nur fakultativ ist, sollte man sie nicht direkt ausschließen. Sehr viel wird die Bekanntmachung nicht nützen. Wenn z. B. der Berechtigte nicht bekannt ist, bietet weder dieses noch jenes Blatt eine Garantie. Da man aber vertrauen darf, daß der Amtsrichter keine unnöthigen Kosten verursachen und nur in den seltensten Fällen von dieser Befugniß Gebrauch machen wird, sollte man es bei der Regierungsvorlage belassen.

Abg. **Lerno:** Es ist nicht genügend hervorgehoben worden, daß es sich nur um Mittheilungen handelt, welche dem Berechtigten gegenüber nicht thunlich sind. Es muß zunächst die persönliche, vereinfachte Zustellung versucht werden; gelingt diese nicht, dann hat in der Regel auch die Bekanntmachung keinen Zweck. Die Anschauungen der Amtsrichter sind verschieden, und gerade Hypothekenbeamte sind sehr ängstlich. Es ist ferner zu berücksichtigen, daß es sich nur um Personen unbekannten Aufenthalts handelt und um den Fall, daß der Berechtigte gestorben und der Erbe nicht bekannt ist. Hier wird auch die Bekanntmachung in einer noch so großen Zeitung selten zu einem Resultat führen.

Abg. **Michel:** Die eigenartigen Verhältnisse in der Pfalz lassen es wünschenswerth erscheinen, daß die Form, in welcher die Mittheilungen zu erfolgen haben, im Gesetze festgelegt werde. Im Art. 21 der Vormundschaftsnovelle vom 26. April 1888 wurde eine Bestimmung aufgenommen, daß Mittheilungen in Vormundschaftssachen zuzustellen sind. Wenn eine solche Bestimmung nicht aufgenommen ist, wird man die Mittheilung in der Pfalz entweder in der Weise bethätigen müssen, daß sie durch die Bürgermeisterämter einfach eröffnet wird — dabei kann es allerdings mit Rücksicht auf den Fristenlauf, der sich daran knüpft, leicht zu Verwirrungen kommen —, oder man wird ein amtliches Schreiben hinausgehen lassen, was ebenfalls unzureichend sein dürfte. Ich bitte deßhalb, ausdrücklich im Gesetze zu konstatiren, daß die Mittheilungen zuzustellen sind.

Ich halte es ferner für nothwendig, mit Rücksicht auf die Minderjährigen und Entmündigten im Gesetze ausdrücklich hervorzuheben, daß an die gesetzlichen Vertreter die Zustellung zu erfolgen hat; ich möchte das nur anregen, ohne einen förmlichen Antrag zu stellen.

Senatspräsident Dr. **von Jacubezky:** Was die Mittheilung an die gesetzlichen Vertreter anlangt, so ist dieß ganz selbstverständlich und gilt für ganz Bayern und für alle Fälle, in welchen in einem gerichtlichen Verfahren an Jemand eine Zustellung zu erfolgen hat.

Was die weitere Frage betrifft, auf welche Weise die Mittheilungen zu machen sind, so ist beabsichtigt, auf die verhältnißmäßig wenigen landesgesetzlichen Fälle von Angelegenheiten der freiwilligen Gerichtsbarkeit — das Meiste wird durch das kürzlich vom Reichstag angenommene Reichsgesetz geordnet — die allgemeinen Vorschriften des Reichsgesetzes für anwendbar zu erklären. Das ist nothwendig, weil es zu Verwirrungen führen würde, wenn man für einige, verhältnißmäßig seltene Fälle andere Vorschriften geben wollte, als diejenigen, die im Allgemeinen für Angelegenheiten der freiwilligen Gerichtsbarkeit gelten. In diesem Reichsgesetz ist nun bestimmt, daß solche Mittheilungen, durch welche eine Frist in Lauf gesetzt wird, mit deren Versäumniß ein Rechtsnachtheil verbunden ist, zugestellt werden müssen, und zwar nach den für die Zustellung von Amtswegen geltenden Vorschriften der Civilprozeßordnung.*) Auch für die Uebergangszeit brauchen wir keine besonderen Bestimmungen, denn wir haben eine allgemeine auf Grund des Art. 65 des Ausführungsgesetzes zum Gerichtsverfassungsgesetze erlassene Vorschrift darüber, in welcher Weise die Zustellungen in der nichtstreitigen Gerichtsbarkeit zu bethätigen sind**): diese findet auch hier Anwendung. Ich glaube, daß auch für die Pfalz keine besonderen Vorschriften nothwendig sind: man wird auch dort die Mittheilung in derselben Weise wie andere Mittheilungen in der nichtstreitigen Gerichtsbarkeit, z. B. in Vormundschaftssachen, bewirken. Es wird genügen, wenn aus dem Protokoll hervorgeht, daß die Mittheilung in derselben Weise erfolgt, wie die Zustellungen in der freiwilligen Gerichtsbarkeit überhaupt, nämlich nach den jeweils hiefür geltenden Vorschriften. S. 516.

Abg. **Michel** ist durch diese Erklärung vollständig befriedigt.

Abs. 2 des Art. 4c wird hierauf in folgender Fassung einstimmig angenommen:

„Die Aufforderung muß die Mittheilung, daß die Feststellung der Unschädlichkeit bevorsteht, die Angabe der Größe des Trennstücks und des Betrages der Werthminderung enthalten; als Rechtsnachtheil ist den Berechtigten anzudrohen, daß die Unschädlichkeit ihnen gegenüber ohne Ausgleichung der Werthminderung festgestellt werden würde.“

Bezüglich des mit dem Abs. 3 des Art. 4c identischen Abs. 2 des Art. 4 der Regierungsvorlage wurde die Bestimmung:

„Das Amtsgericht kann anordnen, daß die Veröffentlichung noch in einem anderen Blatte erfolgen soll.“

mit Stimmenmehrheit abgelehnt, so daß es bei Abs. 3 des Art. 4c verbleibt. S. 517.

Abs. 4 des Art. 4c, der identisch ist mit Abs. 3 des Art. 4 der Regierungsvorlage, wurde einstimmig angenommen.

Art. 5 der Abänderungsanträge „von Walter und Genossen“:

Wenn die Unschädlichkeit ohne Ausgleichung der Werthminderung gegenüber allen Berechtigten festgestellt ist, welche zur Zeit der lastenfreien Abschreibung des Trennstücks im Grundbuch eingetragen sind, hat das Amtsgericht das Unschädlichkeitszeugniß (Art. 4b Abs. II) auszustellen.

Außerdem ist der Antrag abzuweisen und sind dem Eigenthümer die Berechtigten zu bezeichnen, denen gegenüber die Ausgleichung der Werthminderung nicht erforderlich ist.

---

*) § 16 des Reichsgesetzes über die Angelegenheiten der freiwilligen Gerichtsbarkeit.

**) Ver. v. 6. Sept. 1879, die Geschäftseinrichtung der Gerichtsschreibereien rc. betreffend, (G.V.Bl. S. 1110; Just.Min.Bl. S. 605); Ver. v. 6. Sept. 1879, die Gerichtsvollzieherordnung betreffend (G.V.Bl. S. 1091; Just.Min.Bl. S. 610); Just.Min.Bek. v. 11. Sept. 1879, die Ausführung der Gerichtsvollzieherordnung betreffend (Just.Min.Bl. S. 713); v. 25. Sept. 1879, die Ausführung der Zustellungen und Anheftungen durch die Gerichtsvollzieher betreffend, (Just.Min.Bl. S. 1233); v. 16. Juli 1881, den Dienst der Gerichtsschreiber und Gerichtsvollzieher betreffend, (Just.Min.Bl. S. 323). Becher, Landescivilrecht § 70 Note 192 ff. S. 527 ff.

S. 517. **Vorsitzender:** Im Allgemeinen schließt sich dieser Artikel an Art. 7 Abs. 2 der Regierungsvorlage an, welcher lautet:

„Im Falle des Art. 4 tritt die Befreiung ohne Ausgleichung der Werthminderung nur ein, wenn die Unschädlichkeit ohne Ausgleichung gegenüber allen Berechtigten festgestellt ist, welche zur Zeit der lastenfreien Abschreibung des Trennstücks im Grundbuch eingetragen sind."

Senatspräsident Dr. **von Jacubezky:** Der Artikel ist so, wie er lautet, überhaupt unausführbar. Vor der lastenfreien Veräußerung muß das Zeugniß ausgestellt werden, und doch soll man schon vor der Ausstellung des Zeugnisses wissen, welche Rechte im Grundbuch eingetragen sein werden zu der Zeit, zu der die lastenfreie Veräußerung eingetragen wird, das Zeugniß also schon ausgestellt ist; das ist offensichtlich unmöglich. Meines Erachtens bleibt nichts Anderes übrig, als den Art. 5 Abs. 3 der Regierungsvorschläge anzunehmen, welcher lautet:

„Im Falle des Art. 4 Abs. 2 sind in dem Unschädlichkeitszeugniß die Berechtigten zu bezeichnen, denen gegenüber die Ausgleichung der Werthminderung nicht erforderlich ist."

Es wird in das Zeugniß hineingeschrieben, wem gegenüber eine Werthausgleichung nicht erforderlich ist. Von manchen der Berechtigten wird mitunter der Eigenthümer schon eine Löschungsbewilligung haben. Diese werden gar nicht aufgefordert. Die Bewilligungen der übrigen werden durch das Zeugniß ersetzt. Das Grundbuchamt, dem die Löschungsbewilligungen und das Zeugniß vorgelegt werden, muß prüfen, ob die Löschungsbewilligung oder das ihr gleichstehende Unschädlichkeitszeugniß für alle Rechte vorliegt, welche von der lastenfreien Abschreibung betroffen werden. Es ist das geradeso, wie wenn blos Löschungsbewilligungen vorliegen. Das Zeugniß muß sich auf alle Rechte erstrecken, die zu der Zeit der lastenfreien Abschreibung im Grundbuch eingetragen sind, soweit nicht besondere Löschungsbewilligungen vorliegen. Diejenigen freilich, welche in der Zwischenzeit zwischen der Ausstellung des Zeugnisses und der lastenfreien Abschreibung noch Rechte erworben haben, können von dem Zeugnisse nicht betroffen werden, weil sie ja nicht zur Erklärung aufgefordert worden sind. Wenn also Jemand in der Zwischenzeit ein Recht erworben hat, so muß der Eigenthümer sich mit ihm besonders abfinden. Er wird kaum jemals den Antrag stellen, wenn die Sachlage die ist, daß in der Zwischenzeit neue Rechte zur Eintragung kommen. Wenn es aber der Fall ist, es wird z. B. eine Arresthypothek eingetragen, so ist dem neuen Berechtigten gegenüber mit dem Zeugnisse nichts zu machen. Hier ist entweder die Arresthypothek von dem Erwerber des Trennstücks zu übernehmen, bis der Arrest aufgehoben wird, oder es muß ein neues Unschädlichkeitszeugniß erwirkt werden.

Abg. **Geiger:** Wir haben jetzt das Stadium vor uns, daß der Amtsrichter, nachdem das Unschädlichkeitszeugniß ohne Abgleichung verlangt worden, die Aufforderung ergehen ließ, weil bei gewissen Berechtigten die Mittheilung nicht thunlich war. Die Frist ist abgelaufen, nun muß sich der Richter klar machen, ob alle Diejenigen, an welche die Mittheilung, sei es persönlich, sei es im Wege der Ausschreibung, erfolgt ist, gehört worden sind; er muß prüfen, ob überall die Zustellung richtig erfolgt ist, und nun findet er, daß alle in Frage kommenden Berechtigten entweder zuvor schon zugestimmt haben, oder erst auf die Aufforderung hin ihre Zustimmung gegeben haben, oder daß sie innerhalb der Frist keine Zustimmung gaben und das Präjudiz ihnen gegenüber verwirkt worden ist. In diesem Fall soll der Amtsrichter das Zeugniß ertheilen, mit dem Inhalte, daß den zur Zeit der Aufforderung im Grundbuch eingetragenen Berechtigten gegenüber die Unschädlichkeit festgestellt ist. Mit diesem Zeugniß wird der Eigenthümer nun zum Grundbuchamt gehen und die Löschung bewirken. Im Grundbuch zeigt sich nun aber, daß mittlerweile noch andere Berechtigte eingetragen worden sind, denen gegenüber eine Aufforderung nicht ergangen ist. In diesem Fall wird der Grundbuchrichter dieses Zeugniß nicht brauchen können, er wird die Löschung nicht vornehmen können, er wird und muß dem Antragsteller sagen, daß mit Rücksicht auf die mittlerweile eingetragenen weiteren Berechtigten die Löschung nicht eintritt. Hat der Eigenthümer diese Mittheilung erhalten, dann bleibt ihm nichts Anderes übrig, als in Bezug auf diese neuen Berechtigten entweder die Ausgleichungssumme zu hinterlegen, oder das Grundstück zu bezeichnen, oder sich außeramtlich mit ihnen abzufinden und ihre Löschungsbewilligung zu erwirken, auf Grund deren sodann das Unschädlichkeitszeugniß durch Löschung realisirt werden kann. Hat aber der Amtsrichter gefunden, daß Einzelne, denen die Mittheilung zugekommen ist, auf Ausgleichung bestehen, so kann er meines Erachtens das Unschädlichkeitszeugniß nur unter der Bedingung ausstellen, daß diesen gegenüber die Ausgleichung stattfindet. Er weiß aber noch nicht, in welcher Form diese Ausgleichung stattfinden soll. Der Antragsteller muß sich nun schlüssig machen, ob er die Ausgleichung mittels Geld oder durch Bezeichnung eines anderen Grundstücks vornehmen will. In diesem Falle wird der Amtsrichter das Zeugniß nur so ausstellen können, daß die Unschädlichkeit nur Denen gegenüber erklärt wird, welche sich ohne Ausgleichung hiezu bereit erklärt haben. Diese Klarstellung der Verhältnisse möchte ich auch in den einzelnen Fällen im Gesetze niedergelegt wissen. S. 517.

Senatspräsident Dr. **von Jacubezky:** Aus den Ausführungen des Vorredners habe ich entnommen, daß die Worte: „zur Zeit der lastenfreien Abschreibung des Grundstücks" zurückgezogen werden und daß es heißen soll: „zur Zeit der Ausstellung des Zeugnisses". Damit wird das vorhin geäußerte Bedenken erledigt. Man kann aber ‖ auch den Eingang nicht unverändert lassen, S. 518. denn die Feststellung der Unschädlichkeit ist eben die Ausstellung des Zeugnisses. Man müßte also sagen, es sei eine Voraussetzung, daß das Gericht sich überzeugt hat, daß die Ausgleichung gegenüber allen Berechtigten entbehrlich ist; nur in diesem Falle hat das Amtsgericht das Unschädlichkeitszeugniß auszustellen.

Dann muß ich aber bitten, jedenfalls den Art. 5 Abs. 3 unserer Redaktionsvorschläge aufzunehmen, sonst geht es nicht. In das Zeugniß muß hineingeschrieben werden, welches die Berechtigten sind, denen gegenüber es einer Ausgleichung nicht bedarf, weil in der Zwischenzeit zwischen der Ausstellung des Zeugnisses und der Eintragung der lastenfreien Abschreibung in das Grundbuch Rechtsveränderungen vorkommen können. Wenn festgestellt ist, daß die Ausgleichung keinem der Berechtigten gegenüber nothwendig ist, soll das Zeugniß ohne Ausgleichung ertheilt werden und in dem Zeugnisse müssen diejenigen Berechtigten bezeichnet werden, deren Rechte bei der Ausstellung des Zeugnisses berücksichtigt worden sind. Im Wesentlichen stimmen die Herren Antragsteller jetzt mit dem überein, was die Staatsregierung vorgeschlagen hat, nur, meine ich, verlangen Sie eine doppelte Prüfung, die nicht nothwendig ist. Es genügt, wenn das Zeugniß ausgestellt wird gegenüber denjenigen Berechtigten, welche

S. 518. dem Amtsgerichte bekannt sind und an welche es die Aufforderung gerichtet hat. Es ist nicht nothwendig, erst noch zu prüfen, ob nicht in der Zwischenzeit Eintragungen erfolgt sind. Diese Prüfung kann dem Grundbuchamt überlassen werden, bei dem von dem Zeugnisse Gebrauch gemacht wird.

Die Vorschrift Ihres Abs. 2 über die Abweisung des Antrags dürfte nicht aufzunehmen sein. Wenn der Richter sich überzeugt, daß das Zeugniß überhaupt nicht ertheilt werden kann, weil es sich um eine verhältnißmäßig große Werthminderung handelt, weist er den Antrag ab, und daß er dieß thun muß, ergibt sich schon daraus, daß er auf Grund der Erhebungen Beschluß zu fassen hat. Wenn die Aufforderungen zu dem Ergebnisse geführt haben, daß die Ausgleichung verlangt wird, ist ein anderer Beschluß als die Ablehnung des Antrags, wie er gestellt ist, gar nicht denkbar, wir brauchen das nicht in's Gesetz hineinzuschreiben. Hier normiren Sie die „Abweisung“, während Sie es in dem ersten Falle nicht thun.

Vorsitzender macht aufmerksam, daß die Bestimmung des Art. 5 Abs. 3 auch in seinem Abänderungsantrage aufgenommen ist.

Senatspräsident Dr. **von Jacubezky:** In der Regierungsvorlage ist der Fall der Abweisung überhaupt nicht erwähnt, sondern es ist gesagt, was im Zeugniß stehen muß. Das hat seinen guten Grund, weil das Zeugniß nur gegenüber denjenigen Personen gilt, die darin stehen, nur für diese ersetzt das Zeugniß die Löschungsbewilligung, und deßhalb müssen sie darin bezeichnet sein.

Vorsitzender: Wir haben uns die Sache so gedacht, daß Abs. 1 dann anzuwenden ist, wenn die Ausgleichung gegenüber allen Berechtigten, welche im Grundbuch eingetragen sind, entbehrlich ist. Ist das nicht der Fall, so tritt Abweisung des Antrags ein. Ich gebe zu, daß in unserem Antrag der Fall nicht vorgesehen ist, daß zwischen der Aufforderung und dem Vollzug im Grundbuch weitere Rechte eingetragen worden sind; es würde sich in diesem Falle nur um eine redaktionelle Aenderung handeln. Daß eine formelle Beschlußfassung noch einmal nothwendig sein soll, halte ich auch nicht für nothwendig, weil in Art. 4a der Beschluß und das Unschädlichkeitszeugniß ohnehin als identisch bezeichnet sind. Deßhalb dürfte wohl der Satz, daß der Antrag abzuweisen ist, wegzulassen sein; es paßt Art. 4 nicht mehr.

Abg. **Wagner**: Mir ist Art. 5 des Abänderungsantrags von Anfang an schwer verständlich gewesen und mir ist jetzt erst klar, was damit gemeint ist. Es wird in eine gewisse Kasuistik eingetreten, aber es werden doch nicht alle Fälle getroffen. Es ist nicht nothwendig, daß der Antrag dahin geht, daß die Unschädlichkeit allen Berechtigten gegenüber festgestellt wird. Man kann sich auch darauf beschränken, zu beantragen, daß die Unschädlichkeit den Gläubigern A, B, C gegenüber festgestellt wird, weil man die Löschungsbewilligung der andern in Händen hat. Ich bin der Meinung, daß die Fassung des Art. 5, wie sie der Herr Ministerialkommissär vorgeschlagen hat, die richtige und auch ausreichend ist.

Oberregierungsrath **Henle**: Nachdem in Abs. 1 gesagt ist, daß das Zeugniß auszustellen ist, wenn die Unschädlichkeit ohne Ausgleichung der Werthminderung gegenüber allen Berechtigten festgestellt ist, welche zur Zeit

der lastenfreien Abschreibung des Trennstücks im Grundbuch eingetragen sind, S. 518.
außerdem aber der Antrag abzuweisen ist, so entnehme ich daraus, daß Sie das Zeugniß nicht unter der Bedingung ausgestellt wissen wollen, daß z. B. einem Berechtigten gegenüber, welcher darauf besteht, die Ausgleichung stattfindet.

Vorsitzender: Das wollten wir anfänglich, weil wir Beschluß und Ausstellung des Zeugnisses als zwei verschiedene Akte aufgefaßt haben. Nachdem aber festgestellt ist, daß Beschluß und Ausstellung des Zeugnisses in einen Akt zusammenfallen, fällt die Sache natürlich weg. Eine Abweisung ist auch nicht mehr möglich, weil das Unschädlichkeitszeugniß bereits bedingt ausgestellt ist. Die Frage kommt übrigens auf dasselbe hinaus, weil nach Art. 7 Abs. 1 Befreiung des Grundstücks nicht eintreten kann, wenn nicht alle Berechtigten, die z. Z. der Aufforderung und der Eintragung im Grundbuch bereits eingetragen sind, zugestimmt haben. Deßhalb wird aus dem Vollzuge des Unschädlichkeitszeugnisses nichts und würde derselbe Weg einzuschlagen sein, den wir mit unserem abweisenden Beschluß beabsichtigt haben, daß der Eigenthümer wieder von vorne anfangen muß. Es werden also in Abs. 2 die Worte: „außerdem ist der Antrag abzuweisen" zu streichen sein.

Senatspräsident Dr. **von Jacubezky**: Der Regierungsentwurf spricht nicht von dem Fall der Abweisung, sondern von dem der Gewährung. Wir haben beschlossen, die materiellen Sätze in den Art. 4 aufzunehmen. Im Falle des Art. 4 Abs. 2 sind im Unschädlichkeitszeugnisse diejenigen Berechtigten zu bezeichnen, denen gegenüber die Ausgleichung der Werthminderung nicht erforderlich ist, das heißt, das Unschädlichkeitszeugniß, welches die Löschungsbewilligung ersetzt, muß die Namen derjenigen enthalten, deren Löschungsbewilligung ersetzt werden soll. Für den anderen Fall, daß sich ergeben hat, daß einzelnen Berechtigten gegenüber eine Ausgleichung erforderlich ist, haben wir eine besondere Vorschrift nicht aufgenommen, weil wir davon ausgingen, daß, || auch S. 519.
wenn das Gesetz nichts hievon sagt, der Richter die Betheiligten von der Sachlage in Kenntniß setzen wird. Er wird durch eine sogenannte Ersetzung den Antragsteller darauf aufmerksam machen, daß dem Antrag in der Form, in der er gestellt ist, nicht entsprochen werden kann, weil der oder jener Gläubiger die Ausgleichung verlangt hat und daß in Folge dessen der Antrag durch die Erklärung über die Art der Ausgleichung ergänzt werden muß. Das braucht man aber nicht ausdrücklich zu bestimmen; der Richter ist bei dieser Sache in derselben Lage, wie bei allen übrigen Angelegenheiten der freiwilligen Gerichtsbarkeit. Man braucht ihn darüber, daß erst eine Ersetzung stattzufinden hat, nicht zu belehren.

Vorsitzender: Es scheint, daß ich unrecht verstanden worden bin: ich will keine Belehrung, sondern nur das, was die Staatsregierung in Art. 5 Abs. 3 ausgesprochen wissen will.

Art. 5 wird in folgender Fassung:

> „Im Falle des Art. 4 Abs. 2 sind in dem Unschädlichkeitszeugniß die Berechtigten zu bezeichnen, denen gegenüber die Ausgleichung der Werthminderung nicht erforderlich ist."

einstimmig angenommen.

S. 519.

Artikel 6.

Die Feststellung der Unschädlichkeit kann nicht im Wege der Beschwerde angefochten werden.

Hiezu liegt folgender Abänderungsantrag „von Walter und Genossen" vor:

> „Die Feststellung der Unschädlichkeit kann von den Berechtigten mit sofortiger Beschwerde (§ 540 der Reichscivilprozeßordnung) angefochten werden, wenn die Zustellung nicht ordnungsgemäß erfolgt ist oder die Frist zur Abgabe der Erklärung (Art. 4c Abs. II) bei Fassung des Beschlusses noch nicht abgelaufen war."

Senatspräsident Dr. **von Jacubezky:** Ich bitte, diese Abänderung nicht vorzunehmen. Es ist mir erfreulich, gesehen zu haben, daß die Herren im Wesentlichen sich davon überzeugt haben, daß die Ertheilung des Unschädlichkeitszeugnisses nicht der Anfechtung im Wege der Beschwerde unterworfen werden darf. Sie wollen nur für ganz seltene Fälle eine Beschwerde zulassen. Aber so, wie es vorgeschlagen ist, geht es nicht, und wenn man eine Gestaltung wählte, bei der es ginge, glaube ich, würde der gewünschte Zweck nicht erreicht. Sie sagen, die Vorschriften der Civilprozeßordnung über die sofortige Beschwerde finden Anwendung. Nach der Civilprozeßordung beginnt die Beschwerdefrist mit der Zustellung an Denjenigen, der zur Einlegung der Beschwerde berechtigt ist. Wir müssen also den Beschluß allen Berechtigten zustellen lassen, damit die Frist in Lauf kommt. Schon das ist eine Erschwerung, die ganz zwecklos ist. Man kann nie wissen, ob Beschwerde erhoben wird, man muß also in allen Fällen, in denen eine Beschwerde in abstracto möglich ist, an alle Berechtigten, denen gegenüber die Ausgleichung für entbehrlich erklärt wird, Zustellungen machen. Soll nun die 14tägige Frist aufschiebende Wirkung haben oder nicht? Nach der Civilprozeßordnung hat sie nicht aufschiebende Wirkung. Wenn sie diese aber nicht hat, dann ist der Zweck insoferne vereitelt, als der Berechtigte gar nicht dazu kommt, sein Recht zu wahren. Der Eigenthümer hat, während die Frist noch läuft, vielleicht ehe die Zustellung an den Berechtigten erfolgt ist, von dem Unschädlichkeitszeugniß bei dem Notar oder vor dem Grundbuchamt Gebrauch gemacht, wie ist es dann?

Der Eigenthümer, welcher das Unschädlichkeitszeugniß bekommen hat, geht zum Notar mit dem Anderen, der das Trennstück erwerben will, und läßt dieses auf; die Auflassungserklärungen kommen mit dem Zeugniß an das Grundbuchamt zum Vollzug. Jetzt wird der Beschwerde stattgegeben. Es ist gleichgiltig, ob das Grundbuchamt schon vollzogen hat oder nicht, der Zeitpunkt ist entscheidend, wo die Bindung der Betheiligten eingetreten ist, und die ist schon eingetreten mit der notariellen Beurkundung. Soll die Auflassung rückgängig werden oder nicht? Wenn nicht, so ist die Beschwerde werthlos. Die Frage, wie die Aufhebung einer gerichtlichen Verfügung auf ein Rechtsgeschäft wirkt, das auf Grund der Verfügung vorgenommen worden ist, ist in dem vom Reichstag schon angenommenen Gesetze über die Angelelegenheiten der freiwilligen Gerichtsbarkeit in zweckmäßiger Weise dahin entschieden, daß diejenigen Handlungen, die im Vertrauen auf die richterliche Verfügung vorgenommen worden sind, ihre Wirksamkeit behalten, auch wenn hinterher die Verfügung aufgehoben wird.*) Es ist nicht möglich, daß wir in dieser Sache

*) § 32 des Reichsgesetzes über die Angelegenheiten der freiwilligen Gerichtsbarkeit.

das Gegentheil von dem thun, was auf dem ganzen übrigen Gebiete der freiwilligen Gerichtsbarkeit künftig Rechtens sein wird. Hat z. B. das Vormundschaftsgericht seine Genehmigung zur Veräußerung gegeben, und der Vormund hat die Veräußerung vorgenommen, so kann die Wirksamkeit der Veräußerung nicht mehr durch die Anfechtung des die Genehmigung ertheilenden Beschlusses in Frage gestellt werden. Die Beschwerde hat also gar keinen Werth, es kommt nichts dabei heraus. Sie haben also die Schwierigkeit, daß sie die Zustellung brauchen, und können doch nicht verhindern, daß die inzwischen vorgenommene lastenfreie Veräußerung Geltung behält. S. 519.

Wollen Sie, um dem abzuhelfen, vorschreiben, daß das Unschädlichkeitszeugniß erst nach einer bestimmten Zeit wirksam wird, so muß der Eigenthümer bei jedem Unschädlichkeitszeugniß 14 Tage lang warten, das ist gewiß keine Verbesserung. Und in diesen 14 Tagen wird der Berechtigte, dem die Aufforderung nicht zugestellt worden ist, von der Ertheilung des Zeugnisses nichts erfahren; Sie müssen also eine Zustellung oder eine öffentliche Bekanntmachung anordnen. Verzichten Sie auf die besondere Berücksichtigung dieser Fälle; sie werden außerordentlich selten vorkommen. Ich nehme an, daß, wie es auf dem Gebiete des Prozeßrechts der Fall ist, geringfügige Mängel der Zustellungsurkunde nicht in Betracht kommen, dann wird der Fall so gut wie nicht vorkommen. Die Zustellungen werden geprüft vom Gericht, und der Richter weiß, daß er persönlich haftet; in solchen Sachen pflegen die Richter nicht schlauderisch, sondern genau zu sein. Der Amtsrichter wird sich die Urkunden ansehen und er wird nicht Berechtigte in das Zeugniß hineinschreiben, die er gar nicht aufgefordert hat, das kommt nicht vor. Also die Berücksichtigung dieser Fälle durch ein besonderes Beschwerderecht ist nur thunlich, wenn man sich zu der Bestimmung entschließt, daß in jedem Falle 14 Tage gewartet werden muß, und dann muß noch Vorsorge getroffen werden, daß die Berechtigten von der Ausstellung des Zeugnisses Kenntniß erlangen. Man würde ein komplizirtes Verfahren brauchen und das würde dazu führen, daß für die weitaus größte Menge der Fälle, in der die Sache glatt ist, große Erschwerungen eintreten.

Abg. **Geiger:** Ich gebe zu, daß dann, wenn wir die beiden Stadien zusammenfassen und in dem Zeugniß von einem vorausgehenden besonderen Beschluß auf Feststellung absehen, Schwierigkeiten eintreten würden, wenn wir den Berechtigten ein Beschwerderecht zubilligen würden. Ich für meine Person würde daher keinen Anstand nehmen, den Art. 6, so wie wir ihn formulirt haben, fallen zu lassen, um das Beschwerderecht preiszugeben. S. 520.

Vorsitzender zieht sodann im Einverständniß mit den andern Antragstellern den Abänderungsantrag zu Art. 6 zurück.

Art. 6 der Regierungsvorlage wird einstimmig angenommen.

Artikel 7.

Die Befreiung des Trennstücks tritt in den Fällen des Artikel 5 Absatz 1 nicht vor der Hinterlegung oder der Erstreckung der Rechte auf das andere Grundstück ein.

Im Falle des Artikel 4 tritt die Befreiung ohne Ausgleichung der Werthminderung nur ein, wenn die Unschädlichkeit ohne Ausgleichung gegen-

S. 520. über allen Berechtigten festgestellt ist, welche zur Zeit der lastenfreien Abschreibung des Trennstücks im Grundbuch eingetragen sind.

Hiezu liegt der Antrag vor,

in Abs. 1 zu setzen:

„... im Falle des Art. 4a Abs. 2 ...“

und in Abs. 2 zu setzen:

„Im Falle des Art. 4 Abs. 2 rc.“

Senatspräsident Dr. **von Jacubezky:** Ich glaube, daß der erste Absatz des Art. 7 nothwendig ist. Das Unschädlichkeitszeugniß wird in diesem Fall bedingt ausgestellt und die Rechtswirksamkeit kann erst eintreten nach dem Eintritte der Bedingung. Ob diese Bedingung eingetreten ist, hat das Grundbuchamt zu prüfen, wenn es angegangen wird, auf Grund des Unschädlichkeitszeugnisses und der im Zusammenhange damit abgegebenen Auflassungserklärungen die lastenfreie Abschreibung vorzunehmen. Ebenso ist den Herren klar geworden, daß der zweite Absatz nothwendig ist, nach welchem diejenigen, denen gegenüber das Unschädlichkeitszeugniß in der Weise ausgestellt ist, daß es einer Ausgleichung nicht bedarf, identisch sein müssen mit den im Grundbuch als Berechtigte Eingetragenen.

Abs. 1 und 2 des Art. 7 werden mit den oben beantragten Aenderungen der Allegate einstimmig angenommen.

Artikel 7a

(von der k. Staatsregierung vorgeschlagen) lautet:

Die Feststellung der Unschädlichkeit ersetzt die Bewilligung der Berechtigten zu der Löschung ihrer Rechte an dem Trennstücke.

Wird das Trennstück von einer Hypothek, Grundschuld oder Rentenschuld befreit, so ist zur lastenfreien Abschreibung des Trennstücks die Vorlegung des Hypotheken-, Grundschuld- oder Rentenschuldbriefes und bei einer Hypothek für die Forderung aus einer Schuldverschreibung auf den Inhaber, aus einem Wechsel oder einem anderen Papiere, das durch Indossament übertragen werden kann, die Vorlegung der Urkunde nicht erforderlich.

Abg. **Michel:** Durch Abs. 1 dieses Artikels ist meinen früher geäußerten Wünschen Rechnung getragen; was die Löschungen der Vorzugsrechte anlangt, so bin ich mit Rücksicht auf die pfälzischen Verhältnisse vollständig beruhigt.

Art. 7a wird einstimmig angenommen.

Artikel 8.

Ist ein Geldbetrag zur Vertheilung unter die Berechtigten hinterlegt, so hat das Amtsgericht diesen die Hinterlegung mit der Aufforderung mitzutheilen, innerhalb einer Frist von einem Monat zu erklären, ob sie auf der Vertheilung des hinterlegten Betrages bestehen; als Rechtsnachtheil ist den Berechtigten anzudrohen, daß die Unterlassung der Erklärung als Verzicht auf die Rechte an dem hinterlegten Betrage angesehen werden würde. Die Vorschriften des Artikel 4 Absatz 2, 3 und des Artikel 7 Absatz 2 finden Anwendung.

Wird die Vertheilung nicht verlangt, so ist der Eigenthümer zur Erhebung des hinterlegten Betrages zu ermächtigen.

Ist die im Artikel 4 bestimmte Mittheilung erfolgt, die Unschädlichkeit S. 520.
aber vor dem Ablaufe der Erklärungsfrist festgestellt worden, so gilt der Ablauf der Erklärungsfrist als Verzicht auf die Rechte an dem hinterlegten Betrage, wenn nicht der Berechtigte vorher erklärt, daß er auf der Ausgleichung der Werthminderung bestehe.

Hiezu liegt folgender Abänderungsantrag von „Walter und Genossen" vor:

„Ist ein Geldbetrag zur Vertheilung unter die Berechtigten hinterlegt, so hat das Amtsgericht diesen die Hinterlegung mit der Aufforderung mitzutheilen, innerhalb einer Frist von einem Monat zu erklären, ob sie auf der Vertheilung des hinterlegten Betrages bestehen, widrigenfalls ihr Verzicht auf die Rechte an dem hinterlegten Betrage angenommen würde. Die Vorschriften des Art. 4c Abs. II und III finden Anwendung.

Wird die Vertheilung nicht verlangt, so ist der Eigenthümer zur Erhebung des hinterlegten Betrages zu ermächtigen."

Vorsitzender: Abs. 3 ist in unserem Modifikationsantrag deßhalb nicht berücksichtigt, weil bei dem von uns vorgesehenen Verfahren der Fall nicht hätte eintreten können, daß die Feststellung der Unschädlichkeit vor Ablauf der Erinnerungsfrist erfolgen konnte. Es wird aber jetzt das Verfahren geändert, und da die Ertheilung des Unschädlichkeitszeugnisses und die Beschlußfassung zwei getrennte Akte nicht mehr bilden, wird wohl auf Abs. 3 zurückzukommen sein.

Senatspräsident Dr. **von Jacubezky**: Unter der Voraussetzung, daß Sie Abs. 3 annehmen, besteht keine sachliche Differenz mehr. Nachdem wir uns oben zum Art. 4c entschlossen haben, die Worte: „als Rechtsnachtheil ist anzudrohen" beizubehalten, werden diese Worte auch hier zu gebrauchen sein.

Vorsitzender: Es ist richtig, daß die redaktionelle Aenderung, die wir im Modifikationsantrag im Abs. 1 getroffen haben, jetzt nicht mehr paßt, weil wir uns in früheren Artikeln der Diktion der Regierungsvorlage angeschlossen haben. Was Abs. 3 anlangt, so ist derselbe jetzt nicht mehr entbehrlich.

Art. 8 der Abänderungsanträge wird mit Zustimmung der übrigen Antragsteller zurückgezogen.

Art. 8 der Regierungsvorlage wird unter Aenderung des Allegats in S. 521.
Abs. 1 in „Artikel 4c Absatz 2, 3 2c." und des Allegats in Abs. 3 in „Art. 4 Absatz 2 . . . .", sowie unter Ersetzung des Wortes „Erhebung" durch „Rücknahme" einstimmig angenommen.

Artikel 9.

Die Vertheilung des hinterlegten Betrages unter die Berechtigten erfolgt nach den für die Vertheilung des Erlöses im Falle der Zwangsversteigerung geltenden Vorschriften. Die Vertheilung ist erst zulässig, wenn die lastenfreie Abschreibung des Trennstücks im Grundbuch erfolgt ist.

Soweit der Eigenthümer eine Hypothek, eine Grundschuld oder eine Rentenschuld durch die Befriedigung des Gläubigers erwirbt, kann sie nicht zum Nachtheile der Rechte geltend gemacht werden, von welchen das Trennstück befreit worden ist.

S. 521. Hiezu liegt folgender Abänderungsantrag „von Walter und Genossen" vor:

„Auf die Vertheilung des hinterlegten Betrages unter die Berechtigten finden die Vorschriften über die Zwangsversteigerung von Grundstücken (in das unbewegliche Vermögen) entsprechende Anwendung. Die Vertheilung ist erst zulässig, wenn die lastenfreie Abschreibung des Trennstücks im Grundbuch erfolgt ist.

Soweit der Eigenthümer durch die Befriedigung des Gläubigers eine Hypothek, eine Grundschuld oder eine Rentenschuld erwirbt, kann sie nicht zum Nachtheile der Rechte geltend gemacht werden, von welchen das Trennstück durch das Unschädlichkeitszeugniß befreit worden ist."

Senatspräsident Dr. **von Jacubezky**: Es handelt sich offenbar nur um redaktionelle Aenderungen, ich glaube aber nicht, daß es Verbesserungen sind. Was den Abs. 1 der Regierungsvorlage anlangt, so schließt sich die Regierungsvorlage eng an die Vorschrift an, die das Einführungsgesetz zum Bürgerl. Gesetzbuch im Art. 53 enthält. Die Worte „nach den für die Vertheilung des Erlöses im Falle der Zwangsversteigerung geltenden Vorschriften" sind von dorther entnommen. Sachlich ist unser Fall der gleiche, wie der der Zwangsenteignung, von der der Art. 53 spricht. Abgesehen davon, daß es wünschenswerth ist, daß man für dieselben Begriffe in den Nebengesetzen zum Bürgerl. Gesetzbuch und zum Einführungsgesetze die gleichen Ausdrücke verwendet, die in diesen Reichsgesetzen gebraucht sind, halte ich die vorgeschlagene Fassung nicht für schärfer oder genauer. Die Vorschriften über die Zwangsversteigerung von Grundstücken kommen nicht in Frage, sondern es kommt nur der Theil der Vorschriften über das Zwangsversteigerungsverfahren in Betracht, der von der Vertheilung des Erlöses spricht. Wenn Sie entgegen der Regierungsvorlage, die nur von der Vertheilung des Erlöses spricht, von der Zwangsversteigerung sprechen, könnte man meinen, es handle sich hier um das Versteigerungsverfahren mit dem Mindestgebote, von dem neulich einer der Herren gesprochen hat.

Der Ausdruck im Abs. 2 „durch das Unschädlichkeitszeugniß" ist unrichtig; denn nicht durch das Zeugniß wird befreit, sondern durch die Veräußerung, die mit Hilfe des Zeugnisses als eine lastenfreie erfolgt. Das Zeugniß ist nur eine Voraussetzung, aber nicht das, was die Befreiung unmittelbar bewirkt. Ich bitte, diese Worte zu streichen und die Regierungsvorlage unverändert anzunehmen.

Abg. **Geiger**: Ich gebe zu, daß in Bezug auf den ersten Absatz eine Verbesserung unsererseits geboten erscheint. Was aber die nähere Bezeichnung betrifft, so muß hervorgehoben werden, daß es sich um die gesetzlichen Vorschriften bei der Vertheilung des Erlöses in dem Verfahren bei der Zwangsvollstreckung in das unbewegliche Vermögen handelt. Dazu kommt, daß bis 1900 noch die bayerische und nicht die Reichs-Subhastationsordnung angewendet werden muß. Deßhalb glaube ich, daß, wenn wir von einer Vertheilung des Erlöses sprechen, wir zum Ausdruck bringen müssen, daß es sich hier um analoge Anwendung des Gesetzes über Zwangsvollstreckung in das „unbewegliche Vermögen" handelt. Auf dem Ausdruck „entsprechend" möchte ich vorerst beharren; denn es muß doch zum Ausdruck gebracht werden, daß die Vorschriften über die Vertheilung nur in der Weise zur Anwendung kommen können, wie sie dem gegenwärtigen Falle entsprechen. In der bayerischen Subhastationsordnung sind über die Vertheilung des Erlöses eine Reihe von Vorschriften enthalten, die hieher gar nicht passen. S. 521.

Senatspräsident Dr. **von Jacubezky**: Ich habe nichts dagegen, wenn Sie die Worte „entsprechende Anwendung" gebrauchen wollen. Dagegen glaube ich nicht, daß man von Vorschriften über die „Zwangsversteigerung in das unbewegliche Vermögen" sprechen kann. Man müßte sagen „Zwangsversteigerung von Grundstücken". Der Satz müßte dann lauten: „. . . finden die für die Vertheilung des Erlöses im Falle der Zwangsversteigerung von Grundstücken geltenden Vorschriften entsprechende Anwendung". Das Einführungsgesetz, das von dem Falle der Zwangsenteignung spricht, sagt auch blos „von den für die Zwangsversteigerung geltenden Vorschriften". Wenn Sie die vorgeschlagene Fassung für nothwendig erachten, habe ich nichts dagegen einzuwenden. Auf der Streichung der Worte „durch das Unschädlichkeitszeugniß" in Abs. 2 möchte ich aber bestehen.

Vorsitzender: Ich möchte einen Zusatz in Art. 1 nicht ganz entbehren, um klar zu machen, daß, solange das Grundbuch nicht eingeführt ist, die Vorschriften der bayerischen Subhastationsordnung zur Anwendung zu kommen haben. Ich würde den Beisatz „Zwangsvollstreckung in das unbewegliche Vermögen" für genügend erachten.

Senatspräsident Dr. **von Jacubezky**: Das ist noch allgemeiner; es kommt aber nur die Vertheilung des Erlöses in Frage. Es kann kein Zweifel sein, daß nur die Vorschriften der Subhastationsordnung zur Anwendung kommen.

Abg. **Lerno**; Ich meine auch, daß kein Zweifel besteht, daß nur die Vorschriften über die Vertheilung des Erlöses in Frage kommen und daß man deßhalb eine zweimalige Bezeichnung weglassen könnte.

Abs. 1 des Art. 9 wird in folgender Fassung:

> „Auf die Vertheilung des hinterlegten Betrages unter die Berechtigten finden die für die Vertheilung des Erlöses im Falle der Zwangsversteigerung von Grundstücken geltenden Vorschriften entsprechende Anwendung."

angenommen.

Abs. 2 des Art. 9 wird nach der Regierungsvorlage einstimmig angenommen. S. 522.

Artikel 10.

Ist das Grundstück mit einem Verkaufsrechte belastet, das sich nicht auf den Fall der ersten Veräußerung beschränkt, so finden auf die Befreiung des Trennstücks vor dem Vorkaufsrechte die Vorschriften der Art. 1 bis 6 und des Art. 7 Abs. 1, 2 entsprechende Anwendung. Die Ausgleichung der Werthminderung in Geld ist ausgeschlossen.

Erfolgt die Veräußerung des Trennstücks im Wege des Verkaufes, so darf die Unschädlichkeit erst festgestellt werden, wenn der Berechtigte von dem ihm für diesen Veräußerungsfall zustehenden Vorkaufsrechte keinen Gebrauch macht.

Dieser Artikel wird ohne Diskussion einstimmig angenommen.

S. 522 **Artikel 11.**

Bei Familienfideikommissen, landwirthschaftlichen Erbgütern, Lehen und allodifizirten Lehen finden die Vorschriften der Art. 3, 5, 6 und des Art. 7 Abs. 1 auf die Befreiung des Trennstücks von den Rechten der Anwärter oder der Anerben entsprechende Anwendung. Der Veräußerung eines Trennstücks steht die Veräußerung eines einzelnen Grundstücks gleich.

Zur Ausgleichung der Werthminderung kann auch die Forderung auf den Kaufpreis dienen, wenn das veräußerte Trennstück an erster Stelle hinter den zur Zeit der Veräußerung bestehenden Belastungen mit einer Hypothek für die Forderung belastet ist. Die Forderung, sowie der zu hinterlegende Geldbetrag sind den Rechten der Berechtigten zu unterwerfen.

Fideikommißschulden stehen den Hypotheken gleich.

Bei Familienfideikommissen ist zur Feststellung der Unschädlichkeit das Fideikommißgericht zuständig.

Hiezu liegt folgender Antrag „von Walter und Genossen" vor:

> Abs. 2: unverändert nach entsprechender Aenderung der Allegate.
>
> Abs. 2: Zur Ausgleichung der Werthminderung kann auch die Forderung auf den Kaufpreis dienen, wenn dafür auf dem veräußerten Trennstücke an nächst offener Stelle hinter den zur Zeit der Veräußerung bestehenden Belastungen eine Hypothek bestellt wird. Diese Hypothek oder der zu hinterlegende Geldbetrag wird an Stelle des Trennstücks dem Gesammtgute einverleibt.
>
> Abs. 3 und 4: unverändert.

Senatspräsident Dr. **von Jacubezky**: Ich möchte bemerken, daß nunmehr im ersten Absatz hinter „Art. 3" einzuschalten sein wird „4a".

Die vorgeschlagene Abänderung des ersten Satzes im zweiten Absatz ist gegenstandslos geworden. Man wird in das Unschädlichkeitszeugniß hineinsetzen müssen: „zur Ausgleichung kann die Kaufpreisforderung verwendet werden, wenn das Grundstück belastet wird"; aber die Ausgleichung selbst tritt erst ein, wenn die Belastung thatsächlich bewirkt ist. Was den zweiten Satz im zweiten Absatz anlangt, so ist der Ausdruck „Gesammtgut" nicht glücklich gewählt. Das Lehen und das landwirthschaftliche Erbgut ein Gesammtgut zu nennen, wird nicht gehen. Sie haben sich ferner gestoßen an dem Ausdruck „Rechte der Berechtigten". Man könnte hiefür vielleicht sagen: „. . . . sind den Rechten der Anwärter oder Anerben zu unterwerfen".

Abg. **Lerno**: Wir haben die Abänderung vorgeschlagen, weil wir den Ausdruck „Rechte der Berechtigten" vermeiden wollten. Mit dem Vorschlage des Herrn Ministerialkommissärs bin ich übrigens einverstanden.

Abg. **Geiger**: Ich habe unter den Berechtigten auch Fideikommißgläubiger verstanden.

Senatspräsident Dr. **von Jacubezky**: Das ist richtig, wir müssen uns daher entschließen, entweder alle Berechtigten einzeln aufzuführen, oder den Ausdruck „Rechte der Berechtigten" stehen lassen.

Abg. **Geiger**: Wenn wir sagen würden: „diese neuen Bestandtheile fallen unter das Gut", würden die Rechte aller Berechtigten berücksichtigt werden.

Senatspräsident Dr. **von Jacubezky**: Man könnte die Fassung auch so nehmen: „sind den von der Abtrennung betroffenen Rechten zu unterwerfen". S. 522.

Abg. **Geiger**: Das Wort „zu unterwerfen" genirt mich mehr, als die Worte „Rechte der Berechtigten"; das ist in unserm Rechtsleben ein ganz ungewöhnlicher Ausdruck. Man müßte einen entsprechenden Ausdruck dafür finden, daß diese ausgetauschten Vermögensbestandtheile dem Gesammtgut einzuverleiben sind; für „Gesammtgut" könnte man vielleicht „Hauptgut" setzen.

Senatspräsident Dr. **von Jacubezky**: Das Hauptgut ist das Grundstück; einem Grundstück kann man aber nicht einen Kaufpreis einverleiben. Vielleicht ließe sich sagen: „Auf die Forderung oder auf den zu hinterlegenden Geldbetrag sind die von der Abtrennung betroffenen Rechte zu erstrecken."

Was den Ausdruck „an nächstoffener Stelle" anlangt, so meine ich, die Worte „an erster Stelle hinter rc." werden nicht anders verstanden werden, als die Worte „an nächstoffener Stelle". Es handelt sich aber genau genommen um eine erst zu schaffende, nicht um eine schon offene Stelle; deshalb ist das Wort „offene" nicht ganz richtig.

Vorsitzender: Der Platz für die Stelle ist schon offen, weil noch nichts darauf eingetragen ist. Ich habe nur noch einen Zweifel, ob wir die Bestimmung, daß der Veräußerung eines Trennstücks die Veräußerung eines einzelnen Grundstücks gleich steht, aufnehmen können, wegen Art. 120 des Einführungsgesetzes zum Bürgerl. Gesetzbuch.

Senatspräsident Dr. **von Jacubezky**: Bezüglich der Fideikommisse haben wir nach Art. 59 des Einführungsgesetzes*) vollständig freie Hand.

Abg. **Wagner**: Ich möchte nur noch konstatirt wissen, daß das Gesetz auf die Fideikommisse nach der IV. Verfassungsbeilage keine Anwendung findet.

Oberregierungsrath **Henle**: In den meisten Hausgesetzen ist der Fall ohnehin im Sinne dieses Gesetzes geregelt.

Vorsitzender: Art. 11 ist eine Verfassungsbestimmung und ist deßhalb bei der Beschlußfassung die Vorschrift in Tit. X § 7 der Verfassungsurkunde einzuhalten. Nachdem heute jedoch nur neun Ausschußmitglieder anwesend sind, kann die Abstimmung nur eine provisorische sein. S. 523.

Abs. 1 wird unter Einschaltung des Allegats „4a" nach „Art. 3" einstimmig angenommen.

Satz 1 des Abs. 2 der Regierungsvorlage wird unverändert,

Satz 2 dieses Absatzes in folgender Fassung angenommen:

„Auf die Forderung oder den zu hinterlegenden Geldbetrag sind die von der Abtrennung betroffenen Rechte zu erstrecken."

Abs. 3 und Abs. 4 werden unverändert angenommen.

---

*) Artikel 59 des Einf.Ges. z. B.G.B. lautet: „Unberührt bleiben die landesgesetzlichen Vorschriften über Familienfideikommisse und Lehen, mit Einschluß der allodifizirten Lehen, sowie über Stammgüter."

S. 523.

Artikel 12.

Die Vorschriften der Art. 1 bis 11 finden auf die Aufhebung eines dem jeweiligen Eigenthümer des Grundstücks an einem andern Grundstücke zustehenden Rechtes entsprechende Anwendung. —

Dieser Artikel wird ohne Diskussion und zwar mit Rücksicht auf Tit. X § 7 der Verfassungsurkunde provisorisch angenommen.

Artikel 13.

Die Vorschriften der Art. 1 bis 12 gelten auch für Verfügungen, die vor dem Inkrafttreten dieses Gesetzes erfolgt sind. —

Hiezu liegt folgender Abänderungsantrag „von Walter und Genossen" vor:

> Die Vorschriften der Art. 1 bis 12 gelten auch für Verfügungen des Eigenthümers, die vor dem Inkrafttreten dieses Gesetzes erfolgt sind.

Vorsitzender: Wir wollen nur die Worte „des Eigenthümers" eingeschaltet wissen.

Senatspräsident Dr. **von Jacubezky**: Der Ausdruck ist nicht ganz richtig. Wir haben in Art. 11 auch den Lehensmann, der ist nicht Eigenthümer, und doch gilt die Vorschrift auch für ihn. Es ist auch möglich, daß die Verfügung von einem Nichteigenthümer getroffen wird und hinterher rechtswirksam wird, sei es auch nur im Wege der Ersitzung, die bei der Rückwirkung des Gesetzes auch in Frage kommt. Derjenige, der die Verfügung vorgenommen hat, muß nicht Eigenthümer gewesen sein, es muß nur in Folge der Verfügung das Eigenthum erlangt worden sein. Daß nichtigen, rechtsunwirksamen Verfügungen diese Wirkung nicht zukommt, versteht sich von selbst. —

Der Antrag auf Einschaltung der Worte „des Eigenthümers" wird sodann von den Antragstellern zurückgezogen und Art. 13 der Regierungsvorlage unverändert und zwar mit Rücksicht auf Tit. X § 7 der Verfassungsurkunde provisorisch angenommen.

Artikel 14.

Soll ein abgebranntes Gebäude auf einem anderen Grundstücke wieder aufgebaut werden, so wird die Entschädigungssumme von den Rechten der Hypotheken-, Grundschuld- und Rentenschuldgläubiger ohne Einwilligung der Gläubiger frei, wenn von dem Amtsgerichte, bei welchem das Grundbuch für das belastete Grundstück geführt wird, festgestellt ist, daß der Wiederaufbau auf dem anderen Grundstücke für die Gläubiger unschädlich ist.

Die Feststellung der Unschädlichkeit darf nur erfolgen, wenn die Rechte der Gläubiger in der bestehenden Rangordnung sich auf das andere Grundstück erstrecken oder auf dieses erstreckt werden. Ist das Grundstück mit Rechten belastet, welche den Rechten der Gläubiger im Range vorgehen, so darf die Feststellung erfolgen, wenn die vorgehenden Belastungen durch den Werth, den das Grundstück als Baustelle hat, offenbar gedeckt werden.

Die Vorschriften des Art. 5 Abs. 1 des Art. 6 und des Art, 7 Abs. 1 finden entsprechende Anwendung.

Abg. **Fuchs** regt an, die unlogischen Worte „soll ein abgebranntes Gebäude wieder aufgebaut werden" durch eine entsprechendere Fassung zu ersetzen.

Senatspräsident Dr. **von Jacubezky**: Die Fassung wurde gebraucht S. 523.
im Anschluß an das Brandversicherungsgesetz vom Jahre 1875. Die k. Versicherungskammer wünschte, daß man sich an die Fassung dieses Gesetzes anschließe, indem für den Fall des Wiederaufbaues abgebrannter Gebäude auf einem andern Grundstück ein besonderes Verfahren vorgeschrieben ist. Wenn es auch nicht streng logisch ist, zu sagen, ein abgebranntes Gebäude werde wieder aufgebaut, so ist es doch nicht gegen den Sprachgebrauch. Ich verweise auch auf den Art. 110 des Einführungsgesetzes zum Bürgerl. Gesetzbuch.

Abg. **Geiger**: Wir haben denselben Ausdruck gebraucht, als vor einigen Jahren der Art. 33 der Gemeindeordnung abgeändert wurde. Es handelte sich dabei um die Transferirung von Nutzungsrechten.

Art. 14 wird in der Fassung der Regierungsvorlage einstimmig angenommen.

Vorsitzender: Auf meine Anregung hin, ob es nicht zweckmäßig sei, von dem Vorbehalt des Art. 120 des Einführungsgesetzes zum Bürgerl. Gesetzbuch bezüglich der Entschädigung für Zwangsenteignung Gebrauch zu machen, hat die k. Staatsregierung folgenden **Art. 14a** vorgeschlagen:

„Der Anspruch auf die Entschädigung für die im öffentlichen Interesse erfolgende Entziehung, Beschädigung oder Benützung eines Grundstücks, Beschränkung des Eigenthums oder Entziehung oder Beschränkung eines Rechtes der im Art. 12 bezeichneten Art wird von den Rechten Dritter frei, wenn von dem im Art. 1 bezeichneten Gerichte festgestellt ist, daß die Befreiung für die Berechtigten unschädlich ist.

Die Befreiung des Anspruchs steht der Aufhebung eines Rechtes der im Art. 12 bezeichneten Art gleich."

Senatspräsident Dr. **von Jacubezky**: Wenn ein Grundstück, das mit Rechten belastet ist, im Wege der Zwangsenteignung veräußert wird, so gehen die Rechte auf die Entschädigungssumme über; diese tritt an die Stelle des Grundstücks.*) Dasselbe ist der Fall, wenn nicht ein ganzes Grundstück enteignet wird, sondern die Enteignung sich auf einen Theil des Grundstücks beschränkt. Es bleiben dann die Rechte an dem Restgrundstücke bestehen, in Ansehung des Trennstücks aber tritt an die Stelle desselben der Entschädigungsanspruch, er ist zu Gunsten der Berechtigten mit deren Rechten belastet.**) Das Rechtsverhältniß ist also im Wesentlichen dasselbe, wie in dem Fall, von dem Art. 12 spricht, nämlich, daß mit einem Grundstück ein Recht ver- S. 524.
bunden ist, z. B. eine Dienstbarkeit, und nun dieses abgetrennt werden soll. Wie der Art. 12 die Möglichkeit bietet, ein solches Recht auf Grund eines Unschädlichkeitszeugnisses abzutrennen, so soll hier die Möglichkeit geboten werden, auf Grund eines Unschädlichkeitszeugnisses den Anspruch von den Rechten zu befreien. Der Entwurf hat zunächst eine solche Vorschrift nicht aufgenommen, weil man sie für entbehrlich gehalten hat. Es muß aber zugegeben werden, daß Fälle vorkommen, in welchen die Möglichkeit, eine gerichtliche Aufforderung mit der Rechtsfolge des Ausschlusses der sich nicht Meldenden zu erlassen, wünschenswerth erscheint, wie ich schon neulich ausgeführt habe.

*) Artikel XI des Gesetzes v. 17. Nov. 1837, die Zwangsabtretung des Grundeigenthums ꝛc. betreffend.

**) Vergl. Henle, Kommentar zu dem Ges. v. 17. Nov. 1837 zu Art. XI Note 5.

S. 524. Die Fassung des Art. 14a schließt sich, wie schon erwähnt, an die Art. 52 und 109 des Einführungsgesetzes zum Bürgerl. Gesetzbuch an.

Abg. **Lerno**: In Unterfranken kommt es häufig vor, daß Nutzungsrechte und zwar auch sogenannte fliegende Rechte an Grundstücken bestehen, daß z. B. eine Privatperson ein solches Nutzungsrecht hat und dieses Recht veräußern und belasten kann. Ich möchte nun fragen, ob diese Rechtsverhältnisse im gegenwärtigen Entwurfe berücksichtigt sind.

Senatspräsident Dr. **von Jacubezky**: Ich glaube, daß dieser Gesetzentwurf nicht dazu geeignet ist, auf solche Rechte angewendet zu werden. Es handelt sich um eine persönliche Dienstbarkeit; es treffen dieselben Gründe zu, welche für uns bestimmend waren, in Art. 1 die Grunddienstbarkeiten nicht hereinzuziehen. Diese persönlichen Dienstbarkeiten, z. B. ein persönliches Weiderecht, unterscheiden sich von den Grunddienstbarkeiten nur dadurch, daß sie mit der Person untergehen*). Es gilt daher für dieselben alles das, was ich neulich von den Grunddienstbarkeiten gesagt habe, insbesondere, daß sie einer Veränderung eines Theiles der Fläche nicht im Wege stehen und deßhalb für den Erwerber des Trennstücks meistens ohne Bedeutung sind, sowie daß eine Regelung nur im Wege einer Ablösung denkbar wäre.

Art 14a wird hierauf einstimmig angenommen, jedoch mit Rücksicht auf Tit. X § 7 der Verfassungsurkunde nur provisorisch.

Vorsitzender: **Artikel 15** nach der Regierungsvorlage lautet:

Bis zu dem Zeitpunkte, in welchem das Grundbuch als angelegt anzusehen ist, ist für die Feststellung der Unschädlichkeit in den Landestheilen rechts des Rheins, unbeschadet der Vorschrift des Art. 11 Abs. 4, das Amtsgericht, bei welchem das Hypothekenbuch für das Grundstück geführt wird, in der Pfalz das Amtsgericht, in dessen Bezirke das Grundstück belegen ist, zuständig.

Soweit es nach Art. 4 Abs. 3, Art. 7 Abs. 2 und Art. 9 Abs. 1 Satz 2 auf Eintragungen im Grundbuch ankommt, treten in den Landestheilen rechts des Rheins an deren Stelle die entsprechenden Eintragungen im Hypothekenbuch. Der Eigenthümer ist nicht berechtigt, für den Betrag, zu welchem eine Hypothek durch Befriedigung des Gläubigers erloschen ist, an deren Stelle eine neue Hypothek zu begründen.

In der Pfalz gelten als eingetragene Rechte diejenigen, welche im Hypothekenregister eingetragen sind. Der Antragsteller hat einen Hypothekenauszug vorzulegen; die Ergänzung des Auszugs ist erforderlichen Falles durch das Amtsgericht zu veranlassen. Die Ausgleichung der Werthminderung durch ein anderes Grundstück findet nicht statt. Die Vorschriften des Art. 7 Abs. 2, des Art. 9 Abs. 1 Satz 2 und des Art. 14 bleiben außer Anwendung. —

Mit Rücksicht auf die bisherigen Beschlüsse muß es in Abs. 2 statt Art. 4 Abs. 3 heißen: „Art. 4c Abs. 3".

Abs. 3 hat nach der auf Anregung des Abg. Michel von der k. Staatsregierung vorgeschlagenen Abänderung folgende Fassung:

„In der Pfalz gelten als Hypotheken auch die Vorzugsrechte und als eingetragene Rechte diejenigen, welche im Hypothekenregister

* Vergl. die §§ 1061, 1090 Abs. 2 des B.G.B.

eingetragen sind. Der Antragsteller hat einen Hypothekenauszug S. 524.
vorzulegen; die Ergänzung des Auszugs ist erforderlichen Falles durch das Amtsgericht zu veranlassen. Die Ausgleichung der Werthminderung durch ein anderes Grundstück findet nicht statt. Die Vorschriften des Art. 7 Abs. 2, des Art. 9 Abs. 1 Satz 2 und des Art. 14 bleiben außer Anwendung."

Abg. **Michel**: Ich bin durch die Fassung des Abs. 3 vollständig befriedigt; was das Resolutionsrecht anlangt, so habe ich noch das Bedenken, ob nach der Löschung des Vorzugsrechtes das Auflösungsrecht noch fortbesteht oder als erloschen erklärt wird.

Senatspräsident Dr. **von Jacubezky**: Das Bedenken des Herrn Vorredners ist uns schon vor einiger Zeit mitgetheilt worden. Wir haben Gelegenheit gehabt, die Frage mit dem Herrn Präsidenten des Oberlandesgerichts Zweibrücken zu besprechen, und schlagen nun vor, zu Abs. 3 folgenden Zusatz aufzunehmen:

> Besteht wegen einer durch ein Vorzugsrecht gesicherten Forderung auch ein Auflösungsrecht, so erlischt in Ansehung des Trennstücks mit dessen Befreiung von dem Vorzugsrechte auch das Auflösungsrecht.

Die Sachlage ist diese: In der Pfalz haben gewisse Forderungen ein Vorzugsrecht, das heißt sie sind Kraft des Gesetzes mit bevorzugten Hypotheken ausgestattet. Diese Vorzugsrechte gehören auch nach diesem Gesetze zu den Hypotheken. Daneben gibt das Gesetz in gewissen Fällen dem Berechtigten zur größeren Sicherheit noch ein Auflösungsrecht, das heißt ein Rückfallsrecht wenn die Forderung nicht berichtigt wird. Wenn der Schuldner nicht zahlt, ist der Gläubiger nicht auf sein gesetzliches Vorzugsrecht beschränkt, das wie eine Hypothek wirkt, sondern er hat außerdem noch das Recht, zu verlangen, daß durch richterliches Urtheil der Veräußerungsvertrag mit rückwirkender Kraft aufgehoben wird, so daß er das Eigenthum frei von den Belastungen zurückerlangt, die in der Zwischenzeit auf das Grundstück gelegt worden sind. Dieses sogenannte Auflösungsrecht ist in Art. 2 des Gesetzes vom 26. April 1888 mit dem Vorzugsrechte auch in Bezug auf die Einschreibung in das Hypothekenbuch in gesetzliche Verbindung gebracht worden. Dort ist nämlich zuerst gesagt, daß das Vorzugsrecht innerhalb einer bestimmten Frist in das Hypothekenbuch eingeschrieben werden muß, um Dritten gegenüber wirksam zu sein, und dann bestimmt, daß dieses Auflösungsrecht seine Wirkung Dritten gegenüber nur behält, wenn das Vorzugsrecht nach Vorschrift des Art. 2
eingeschrieben ist. Die Einschreibung des Vorzugsrechtes ist ‖ also mittelbar S. 525.
eine Einschreibung des Auflösungsrechtes. Das Auflösungsrecht hat denselben Zweck wie das für dieselbe Forderung bestehende Vorzugsrecht und muß ebenso wie dieses von dem Unschädlichkeitszeugniß betroffen werden.

Art. 15 wird mit den von der Regierung vorgeschlagenen Modifikationen angenommen.

Artikel 16.

Die Vorschriften dieses Gesetzes finden keine Anwendung auf die Bodenzinse, für welche die Vorschriften des Artikel 15 des Gesetzes vom 28. April 1872 , die Grundentlastung betreffend, gelten.

Art. 16 wird ohne Diskussion einstimmig angenommen.

S. 525. **Artikel 17.**

Für die Entscheidung, einschließlich des Verfahrens, über Anträge auf Feststellung der Unschädlichkeit werden drei Zehntheile der Sätze des § 8 des Reichs-Gerichtskostengesetzes bis zum Meistbetrage von zwanzig Mark erhoben.

Erfolgt die Veräußerung oder die Aufhebung eines Rechtes unentgeltlich zu einem öffentlichen Zwecke, so kommt die im Absatz 1 bestimmte Gebühr nicht in Ansatz.

Für das Vertheilungsverfahren nach Artikel 9 gelten in Ansehung der Gebühren und Auslagen dieselben Vorschriften wie für das Vertheilungsverfahren im Falle der Zwangsenteignung.

Dieser Artikel wird ohne Diskussion einstimmig angenommen.

Ueberschrift und Einleitungsworte lauten:

Entwurf eines Gesetzes,

das Unschädlichkeitszeugniß betreffend.

Im Namen Seiner Majestät des Königs.

Seine Königliche Hoheit Prinz Luitpold, des Königreichs Bayern Verweser, haben nach Vernehmung des Staatsraths mit Beirath und Zustimmung der Kammer der Reichsräthe und der Kammer der Abgeordneten und in Ansehung der Artikel 11 bis 13 unter Beobachtung der in Tit. X § 7 der Verfassungsurkunde vorgeschriebenen Formen beschlossen und verordnen, was folgt: —

Vorsitzender: Ich bemerke, daß wir uns mit der Ueberschrift „Unschädlichkeitszeugniß" ausgesöhnt haben, weil wir nicht im Stande waren, etwas Besseres zu finden, und weil auch die andere von der Staatsregierung in Aussicht genommene Bezeichnung den Inhalt des Gesetzes nicht vollständig erkennen läßt.

Senatspräsident Dr. **von Jacubezky**: In den Einleitungsworten ist nach den Worten „Artikel 11 bis 13" zu setzen „14a".

Ueberschrift und Einleitungsworte werden mit dieser Einschaltung einstimmig angenommen.

Schriftführer Abg. Fuchs wird mit der Zusammenstellung der gefaßten Beschlüsse beauftragt.

von Walter,
Vorsitzender.

Fuchs,
Schriftführer.

V.
Protokoll

über die 7. Sitzung des besonderen (XVII.) Ausschusses der Kammer der Abgeordneten zur Berathung der Gesetzentwürfe, betreffend

a) die Vorbereitung der Anlegung des Grundbuchs in den Landestheilen rechts des Rheins,

b) das Unschädlichkeitszeugniß.

(Beilage Nr. 978 z. d. Verhandl. d. K. d. Abg. 1898 Bd. XV S. 527 bis 529.)

München, den 17. März 1898. S. 527.

Gegenwärtig:

a) Die Vertreter der k. Staatsregierung:
der k. Staatsminister der Justiz Dr. Freiherr von Leonrod, Excellenz,
der k. Senatspräsident am k. obersten Landesgerichte Dr. Ritter von Jacubezky,
der k. Ministerialrath und Kronanwalt Ritter von Schubart,
der k. Oberregierungsrath Henle;

ferner

b) die Ausschußmitglieder:
von Walter, Vorsitzender, Kraußold, Stellvertreter des Vorsitzenden, Fuchs, Schriftführer, Michel, Stellvertreter des Schriftführers, Aigner, Ganzleben, Joseph Geiger, Eusebius Hofmann, Joseph Huber, Lerno, Segitz, Wagner, Wieland (Lutz abwesend).

Der sub. lit. b genannte Gesetzentwurf, wie er aus den Ausschußberathungen hervorgegangen ist, wird von dem Schriftführer Abg. **Fuchs** verlesen:

Entwurf eines Gesetzes,

das Unschädlichkeitszeugniß betreffend.

Im Namen Seiner Majestät des Königs.

Seine Königliche Hoheit Prinz Luitpold, des Königreichs Bayern Verweser, haben nach Vernehmung des Staatsraths mit Beirath und Zustimmung der Kammer der Reichsräthe und der Kammer der Abgeordneten und in Ansehung der Artikel 11 bis 13, 14a unter Beobachtung der in Tit. X § 7 der Verfassungsurkunde vorgeschriebenen Formen beschlossen und verordnen, was folgt:

Artikel 1.

Wird eine Theilfläche eines Grundstücks, das mit Hypotheken, Grundschulden, Rentenschulden oder Reallasten belastet ist, veräußert, so wird das Trennstück ohne Einwilligung der Berechtigten von den Belastungen frei, wenn von dem Amtsgerichte, bei welchem das Grundbuch für das Grundstück geführt wird, festgestellt ist, daß die Veräußerung für die Berechtigten unschädlich ist.

S. 527.

Artikel 2.

Die Feststellung der Unschädlichkeit darf nur erfolgen, wenn die durch die Veräußerung des Trennstücks entstehende Minderung des Werthes des Grundstücks eine verhältnißmäßig geringe ist und durch Geld oder durch ein anderes Grundstück ausgeglichen wird. Erstreckt sich die Belastung auf andere Grundstücke, so gelten diese im Verhältnisse zu dem Trennstücke mit dem übrigen Theile des Grundstücks zusammen als ein Grundstück.

Wird das Trennstück zu einem öffentlichen Zwecke unentgeltlich abgetreten, so wird auf die Werthminderung die Wertherhöhung angerechnet, die sich aus der dem öffentlichen Zwecke dienenden Anlage ergibt. Einer Ausgleichung bedarf es nicht, soweit die Werthminderung durch die Wertherhöhung gedeckt wird.

Artikel 3.

Soweit die Ausgleichung der Werthminderung in Geld erfolgt, muß der erforderliche Betrag zur Vertheilung unter die Berechtigten bei der Hinterlegungsstelle des Gerichtsbezirkes hinterlegt werden. Die Hinterlegung hat mit der Bestimmung zu geschehen, daß zur Rücknahme die Ermächtigung des Amtsgerichts erforderlich ist.

Soweit die Ausgleichung durch ein anderes Grundstück erfolgt, müssen die Rechte der Berechtigten auf dieses erstreckt werden.

Im Falle der unentgeltlichen Abtretung zu einem öffentlichen Zwecke muß mit der Ausführung der den Werth des Grundstücks erhöhenden Anlage begonnen sein.

Artikel 4.

Die Ausgleichung ist nicht erforderlich, wenn die verhältnißmäßige Werthminderung den Betrag von fünfzig Mark nicht übersteigt.

Das Gleiche gilt, wenn die Berechtigten von dem Amtsgerichte aufgefordert worden sind, innerhalb einer Frist von einem Monat zu erklären, ob sie auf der Ausgleichung bestehen und nicht vor dem Ablauf der Frist erklärt haben, daß sie die Ausgleichung verlangen.

Artikel 4a.

Der Antrag des Eigenthümers auf Feststellung der Unschädlichkeit hat, wenn die Werthminderung ausgeglichen werden soll, zu enthalten:

1. die Bezeichnung des Grundstücks, sowie des Trennstücks nach Umfang und Beschaffenheit unter Vorlage des Messungsoperats mit Planskizze,
2. den Betrag der durch die beabsichtigte Abtrennung des Trennstücks eintretenden Werthverminderung des Grundstücks unter Vorlage etwaiger Belege,
3. die Erklärung, ob die Ausgleichung durch Geld oder durch ein anderes Grundstück erfolgen soll; in letzterem Falle ist dasselbe zu bezeichnen und seine Belastung anzugeben.

Im Falle der unentgeltlichen Abtretung zu einem öffentlichen Zwecke ist die im Artikel 2 Absatz 2 erwähnte Wertherhöhung unter Vorlage etwaiger Belege anzugeben und die im Artikel 3 Absatz 3 geforderte Voraussetzung glaubhaft zu machen.

Artikel 5. S. 527.

Das Amtsgericht hat nach Vornahme etwa nothwendiger Erhebungen über den Antrag Beschluß zu fassen.

Der Beschluß, durch welchen die Unschädlichkeit festgestellt wird (Unschädlichkeitszeugniß), hat, soweit die Ausgleichung der Werthminderung in Geld erfolgen soll, die Angabe des zu hinterlegenden Betrages, soweit sie durch ein Grundstück erfolgen soll, die Bezeichnung des Grundstücks und die An ‖ gabe S. 528. der Belastungen zu enthalten, welche den auf das Grundstück zu erstreckenden Rechten im Range vorgehen dürfen. Die Angabe von Grunddienstbarkeiten, die nach Artikel 187 des Einführungsgesetzes zum Bürgerlichen Gesetzbuch der Eintragung nicht bedürfen, ist nicht erforderlich.

Im Falle des Artikel 3 Absatz 3 ist anzugeben, daß mit der Ausführung der Anlage begonnen ist.

Artikel 5a.

Soll die Ausgleichung der Werthminderung nach Artikel 4 Absatz 2 unterbleiben, so hat der Antragsteller die gerichtliche Aufforderung der Betheiligten zu beantragen; der Antrag hat den Erfordernissen im Artikel 4a Absatz 1 Ziffer 1 und 2 und Absatz 2 zu entsprechen.

Die Aufforderung muß die Mittheilung, daß die Feststellung der Unschädlichkeit bevorsteht, die Angabe der Größe des Trennstücks und des Betrages der Werthminderung enthalten; als Rechtsnachtheil ist den Berechtigten anzudrohen, daß die Unschädlichkeit ihnen gegenüber ohne Ausgleichung der Werthminderung festgestellt werden würde.

Ist die Mittheilung an einen Berechtigten nicht thunlich, so ist die für ihn bestimmte Mittheilung an die Gerichtstafel anzuheften und einmal in das für die Bekanntmachungen des Amtsgerichts bestimmte Blatt einzurücken. Das Gleiche gilt, wenn ein Berechtigter gestorben und der Erbe dem Amtsgerichte nicht bekannt ist. Die Erklärungsfrist beginnt mit dem Ablauf eines Monats seit der Einrückung.

Berechtigte, die nicht im Grundbuch eingetragen sind, werden nur berücksichtigt, wenn ihre Rechte angemeldet und auf Verlangen des Amtsgerichts glaubhaft gemacht sind.

Artikel 5b.

Im Falle des Artikel 4 Absatz 2 sind in dem Unschädlichkeitszeugniß die Berechtigten zu bezeichnen, denen gegenüber die Ausgleichung der Werthminderung nicht erforderlich ist.

Artikel 6.

Die Feststellung der Unschädlichkeit kann nicht im Wege der Beschwerde angefochten werden.

Artikel 7.

Die Befreiung des Trennstücks tritt in den Fällen des Artikel 5 Absatz 2 nicht vor der Hinterlegung oder der Erstreckung der Rechte auf das andere Grundstück ein.

Im Falle des Artikel 4 Absatz 2 tritt die Befreiung ohne Ausgleichung der Werthminderung nur ein, wenn die Unschädlichkeit ohne Ausgleichung gegenüber allen Berechtigten festgestellt ist, welche zur Zeit der lastenfreien Abschreibung des Trennstücks im Grundbuch eingetragen sind.

S. 528.

Artikel 7a.

Das Unschädlichkeitszeugniß ersetzt die Bewilligung der Berechtigten zu der Löschung ihrer Rechte an dem Trennstück.

Wird das Trennstück von einer Hypothek, Grundschuld oder Rentenschuld befreit, so ist zur lastenfreien Abschreibung des Trennstücks die Vorlegung des Hypotheken-, Grundschuld- oder Rentenschuldbriefes und bei einer Hypothek für die Forderung aus einer Schuldverschreibung auf den Inhaber, aus einem Wechsel oder einem anderen Papiere, das durch Indossament übertragen werden kann, die Vorlegung der Urkunde nicht erforderlich.

Artikel 8.

Ist ein Geldbetrag zur Vertheilung unter die Berechtigten hinterlegt, so hat das Amtsgericht diesen die Hinterlegung mit der Aufforderung mitzutheilen, innerhalb einer Frist von einem Monate zu erklären, ob sie auf der Vertheilung des hinterlegten Betrages bestehen; als Rechtsnachtheil ist den Berechtigten anzudrohen, daß die Unterlassung der Erklärung als Verzicht auf die Rechte an dem hinterlegten Betrage angesehen werden würde. Die Vorschriften des Artikel 5a Absatz 3, 4 und des Artikel 7 Absatz 2 finden Anwendung.

Wird die Vertheilung nicht verlangt, so ist der Eigenthümer zur Rücknahme des hinterlegten Betrages zu ermächtigen.

Ist die im Artikel 4 Absatz 2 bestimmte Aufforderung erfolgt, die Unschädlichkeit aber vor dem Ablaufe der Erklärungsfrist festgestellt worden, so gilt der Ablauf der Erklärungsfrist als Verzicht auf die Rechte an dem hinterlegten Betrage, wenn nicht der Berechtigte vorher erklärt, daß er auf der Ausgleichung der Werthminderung bestehe.

Artikel 9.

Auf die Vertheilung des hinterlegten Betrages unter die Berechtigten finden die für die Vertheilung des Erlöses im Falle der Zwangsversteigerung von Grundstücken geltenden Vorschriften entsprechende Anwendung. Die Vertheilung ist erst zulässig, wenn die lastenfreie Abschreibung des Trennstücks im Grundbuch erfolgt ist.

Soweit der Eigenthümer eine Hypothek, eine Grundschuld oder eine Rentenschuld durch die Befriedigung des Gläubigers erwirbt, kann sie nicht zum Nachtheile der Rechte geltend gemacht werden, von welchen das Trennstück befreit worden ist.

Artikel 10.

Ist das Grundstück mit einem Vorkaufsrechte belastet, das sich nicht auf den Fall der ersten Veräußerung beschränkt, so finden auf die Befreiung des Trennstücks von dem Vorkaufsrechte die Vorschriften der Artikel 1 bis 7 entsprechende Anwendung. Die Ausgleichung der Werthminderung in Geld ist ausgeschlossen.

Erfolgt die Veräußerung des Trennstücks im Wege des Verkaufes, so darf die Unschädlichkeit erst festgestellt werden, wenn der Berechtigte von dem ihm für diesen Veräußerungsfall zustehenden Vorkaufsrechte keinen Gebrauch macht.

Artikel 11.

Bei Familienfideikommissen, landwirthschaftlichen Erbgütern, Lehen und allodifizirten Lehen finden die Vorschriften der Artikel 3, 4a, 5, 6 und des Artikel 7 Absatz 1 auf die Befreiung des Trennstücks von den Rechten der

Anwärter oder der Anerben entsprechende Anwendung. Der Veräußerung eines Trennstücks steht die Veräußerung eines einzelnen Grundstücks gleich. S. 528.

Zur Ausgleichung der Werthminderung kann auch die Forderung auf den Kaufpreis dienen, wenn das veräußerte Trennstück an erster Stelle hinter den zur Zeit der Veräußerung bestehenden Belastungen mit einer Hypothek für die Forderung belastet ist. Auf die Forderung oder den zu hinterlegenden Geldbetrag sind die von der Abtrennung betroffenen Rechte zu erstrecken.

Fideikommißschulden stehen den Hypotheken gleich.

Bei Familienfideikommissen ist zur Feststellung der Unschädlichkeit das Fideikommißgericht zuständig.

Artikel 12. S. 529.

Die Vorschriften der Artikel 1 bis 11 finden auf die Aufhebung eines dem jeweiligen Eigenthümer des Grundstücks an einem anderen Grundstücke zustehenden Rechtes entsprechende Anwendung.

Artikel 13.

Die Vorschriften der Artikel 1 bis 12 gelten auch für Verfügungen, die vor dem Inkrafttreten dieses Gesetzes erfolgt sind.

Artikel 14.

Soll ein abgebranntes Gebäude auf einem anderen Grundstücke wiederaufgebaut werden, so wird die Entschädigungssumme von den Rechten der Hypotheken-, Grundschuld- und Rentenschuldgläubiger ohne Einwilligung der Gläubiger frei, wenn von dem Amtsgerichte, bei welchem das Grundbuch für das belastete Grundstück geführt wird, festgestellt ist, daß der Wiederaufbau auf dem anderen Grundstücke für die Gläubiger unschädlich ist.

Die Feststellung der Unschädlichkeit darf nur erfolgen, wenn die Rechte der Gläubiger in der bestehenden Rangordnung sich auf das andere Grundstück erstrecken oder auf dieses erstreckt werden. Ist das Grundstück mit Rechten belastet, welche den Rechten der Gläubiger im Range vorgehen, so darf die Feststellung erfolgen, wenn die vorgehenden Belastungen durch den Werth, den das Grundstück als Baustelle hat, offenbar gedeckt werden.

Die Vorschriften des Artikel 4a Absatz 1, des Artikel 5 Absatz 1, 2, des Artikel 6 und des Artikel 7 Absatz 1 finden entsprechende Anwendung.

Artikel 14a.

Der Anspruch auf die Entschädigung für die im öffentlichen Interesse erfolgende Entziehung, Beschädigung oder Benützung eines Grundstücks, Beschränkung des Eigenthums oder Entziehung oder Beschränkung eines Rechtes der im Artikel 12 bezeichneten Art wird von den Rechten Dritter frei, wenn von dem im Artikel 1 bezeichneten Gerichte festgestellt ist, daß die Befreiung für die Berechtigten unschädlich ist.

Die Befreiung des Anspruchs steht der Aufhebung eines Rechtes der im Artikel 12 bezeichneten Art gleich.

Artikel 15.

Bis zu dem Zeitpunkte, in welchem das Grundbuch als angelegt anzusehen ist, ist für die Feststellung der Unschädlichkeit in den Landestheilen rechts des Rheins, unbeschadet der Vorschrift des Artikel 11 Absatz 4, das

S. 529. Amtsgericht, bei welchem das Hypothekenbuch für das Grundstück geführt wird, in der Pfalz das Amtsgericht, in dessen Bezirke das Grundstück belegen ist, zuständig.

Soweit es nach Art. 5a Absatz 4, Artikel 7 Absatz 2 und Artikel 9 Absatz 1 Satz 2 auf Eintragungen im Grundbuch ankommt, treten in den Landestheilen rechts des Rheins an deren Stelle die entsprechenden Eintragungen im Hypothekenbuch. Der Eigenthümer ist nicht berechtigt, für den Betrag, zu welchem eine Hypothek durch Befriedigung des Gläubigers erloschen ist, an deren Stelle eine neue Hypothek zu begründen.

In der Pfalz gelten als Hypotheken auch die Vorzugsrechte und als eingetragene Rechte diejenigen, welche im Hypothekenregister eingeschrieben sind. Der Antragsteller hat einen Hypothekenauszug vorzulegen; die Ergänzung des Auszugs ist erforderlichen Falles durch das Amtsgericht zu veranlassen. Die Ausgleichung der Werthminderung durch ein anderes Grundstück findet nicht statt. Die Vorschriften des Artikel 7 Absatz 2, des Artikel 9 Absatz 1 Satz 2 und des Artikel 14 bleiben außer Anwendung. Besteht wegen einer durch ein Vorzugsrecht gesicherten Forderung auch ein Auflösungsrecht, so erlischt in Ansehung des Trennstücks mit dessen Befreiung von dem Vorzugsrechte auch das Auflösungsrecht.

Artikel 16.

Die Vorschriften dieses Gesetzes finden keine Anwendung auf die Bodenzinse, für welche die Vorschriften des Artikel 15 des Gesetzes vom 28. April 1872, die Grundentlastung betreffend, gelten.

Artikel 17.

Für die Entscheidung, einschließlich des Verfahrens, über Anträge auf Feststellung der Unschädlichkeit werden drei Zehntheile der Sätze des § 8 des Reichs-Gerichtskostengesetzes bis zum Meistbetrage von zwanzig Mark erhoben.

Erfolgt die Veräußerung oder die Aufhebung eines Rechtes unentgeltlich zu einem öffentlichen Zwecke, so kommt die im Absatz 1 bestimmte Gebühr nicht in Ansatz.

Für das Vertheilungsverfahren nach Artikel 9 gelten in Ansehung der Gebühren und Auslagen dieselben Vorschriften wie für das Vertheilungsverfahren im Falle der Zwangsenteignung.

Erinnerung gegen diese Fassung des Gesetzentwurfes wird nicht erhoben; es wird jedoch beschlossen, den Text durch eine Kommission genau feststellen zu lassen, in welche die Ausschußmitglieder Fuchs, Joseph Geiger, Kraußold und von Walter gewählt werden.

Sodann werden die Art. 11, 12, 13 und 14a des Gesetzes unter Beobachtung der in Tit. X § 7 der Verfassungsurkunde vorgeschriebenen Formen einstimmig angenommen.

von Walter,
Vorsitzender.

Fuchs,
Schriftführer.

VI.

Protokoll

über die 8. Sitzung des besonderen (XVII.) Ausschusses der Kammer der Abgeordneten zur Berathung der Gesetzentwürfe, betreffend

a) die Vorbereitung der Anlegung des Grundbuchs in den Landestheilen rechts des Rheins,

b) das Unschädlichkeitszeugniß.

(Beilage Nr. 978 z. d. Verhandl. d. K. d. Abg. Bd. XV. S. 530 bis 532).

München, den 28. März 1898. S. 530.

Gegenwärtig:

a) Die Vertreter der k. Staatsregierung:

Der k. Staatsminister der Justiz Dr. Freiherr von Leonrod, Excellenz,
der k. Senatspräsident am k. obersten Landesgerichte Dr. Ritter von Jacubezky;

ferner

b) die Ausschußmitglieder:

von Walter, Vorsitzender, Kraußold, Stellvertreter des Vorsitzenden, Fuchs, Schriftführer, Michel, Stellvertreter des Schriftführers, Aigner, Ganzleben, Joseph Geiger, Segitz, Wagner (Eusebius Hofmann, Joseph Huber, Lerno, Lutz und Wieland abwesend).

Der sub lit. b genannte Gesetzentwurf in der Fassung, welche die Redaktionskommission vorschlägt, wird von dem Schriftführer Abg. **Fuchs** verlesen:

Entwurf eines Gesetzes,

das Unschädlichkeitszeugniß betreffend.

Im Namen Seiner Majestät des Königs.

Seine Königliche Hoheit Prinz Luitpold, des Königreichs Bayern Verweser, haben nach Vernehmung des Staatsraths mit Beirath und Zustimmung der Kammer der Reichsräthe und der Kammer der Abgeordneten und in Ansehung der Artikel 11 bis 13, 14a unter Beobachtung der in Tit. X § 7 der Verfassungsurkunde vorgeschriebenen Formen beschlossen und verordnen, was folgt:

Artikel 1.

Wird eine Theilfläche eines Grundstücks, das mit Hypotheken, Grundschulden, Rentenschulden oder Reallasten belastet ist, veräußert, so wird das Trennstück ohne Einwilligung der Berechtigten von den Belastungen frei, wenn von dem Amtsgerichte, bei welchem das Grundbuch für das Grundstück geführt wird, festgestellt ist, daß die Veräußerung für die Berechtigten unschädlich ist.

Artikel 2.

Die Feststellung der Unschädlichkeit darf nur erfolgen, wenn die durch die Veräußerung des Trennstücks entstehende Minderung des Werthes des Grundstücks im Verhältnisse zu dem Werthe des übrigen Theiles eine geringe

S. 530. ist, und ist davon abhängig zu machen, daß die Werthminderung in Geld oder durch ein anderes Grundstück ausgeglichen wird. Erstreckt sich die Belastung auf andere Grundstücke, so gelten diese im Verhältnisse zu dem Trennstücke mit dem übrigen Theile des Grundstücks zusammen als ein Grundstück.

Wird das Trennstück zu einem öffentlichen Zwecke unentgeltlich abgetreten, so wird auf die Werthminderung die Wertherhöhung angerechnet, die sich aus der dem öffentlichen Zwecke dienenden Anlage ergibt. Soweit die Werthminderung durch die Wertherhöhung gedeckt wird, ist eine Ausgleichung nicht erforderlich.

Die Ausgleichung der verhältnißmäßigen Werthminderung ist nicht erforderlich, wenn diese den Betrag von fünfzig Mark nicht übersteigt.

Artikel 3.

Soweit die Ausgleichung der Werthminderung in Geld erfolgt, muß der erforderliche Betrag zur Vertheilung unter die Berechtigten bei der Hinterlegungsstelle des Gerichtsbezirkes hinterlegt werden. Die Hinterlegung hat mit der Bestimmung zu geschehen, daß zur Rücknahme die Ermächtigung des Amtsgerichts erforderlich ist.

Soweit die Ausgleichung durch ein anderes Grundstück erfolgt, müssen die Rechte der Berechtigten auf dieses erstreckt werden.

Im Falle der unentgeltlichen Abtretung zu einem öffentlichen Zwecke muß mit der Ausführung der den Werth des Grundstücks erhöhenden Anlage begonnen sein.

Artikel 3a.

Zu dem Antrag auf Feststellung der Unschädlichkeit ist der Eigenthümer des Grundstücks berechtigt.

Der Antragsteller hat

1. das Grundstück zu bezeichnen und einen von der Messungsbehörde angefertigten Plan, in welchem das Trennstück ersichtlich gemacht ist, sowie den amtlichen Nachweis der Größe des Grundstücks und des Trennstücks vorzulegen;
2. den Betrag der durch die Veräußerung des Trennstücks entstehenden Werthminderung unter Vorlage der vorhandenen Belege anzugeben;
3. zu erklären, in welcher Weise die Werthminderung, soweit erforderlich, ausgeglichen werden soll, und im Falle der Ausgleichung durch ein anderes Grundstück dieses zu bezeichnen und dessen Belastung anzugeben.

Im Falle des Artikel 2 Absatz 2 ist die auf die Werthminderung anzurechnende Wertherhöhung unter Vorlage der vorhandenen Belege anzugeben und glaubhaft zu machen, daß mit der Ausführung der Anlage begonnen ist.

Artikel 4.

Fällt aus.

Artikel 5.

Das Amtsgericht hat nach Vornahme der erforderlichen Ermittelungen über den Antrag Beschluß zu fassen.

Der Beschluß, durch welchen die Unschädlichkeit festgestellt wird (Unschädlichkeitszeugniß), hat, soweit die Ausgleichung der Werthminderung in Geld erfolgen soll, die Angabe des zu hinterlegenden Betrages, soweit sie durch ein Grundstück erfolgen soll, die Bezeichnung des Grundstücks und die Angabe der Belastungen zu enthalten, welche den auf das Grundstück zu erstreckenden Rechten im Range || vorgehen dürfen. Die Angabe von Grunddienstbarkeiten, die nach Artikel 187 des Einführungsgesetzes zum Bürgerlichen Gesetzbuch der Eintragung nicht bedürfen, ist nicht erforderlich. S. 530. S. 531.

Im Falle des Artikel 3 Absatz 3 ist anzugeben, daß mit der Ausführung der Anlage begonnen ist.

Artikel 5a.

Das Unschädlichkeitszeugniß kann außer dem Falle des Artikel 2 Absatz 3 ohne Ausgleichung der Werthminderung ertheilt werden, wenn die Berechtigten von dem Amtsgericht aufgefordert worden sind, innerhalb einer Frist von einem Monate zu erklären, ob sie auf der Ausgleichung bestehen, und nicht vor dem Ablaufe der Frist erklärt haben, daß sie die Ausgleichung verlangen.

Berechtigte, die nicht im Grundbuch eingetragen sind, werden nur berücksichtigt, wenn sie Erben eines eingetragenen Berechtigten sind oder wenn ihre Rechte angemeldet und auf Verlangen des Amtsgerichts glaubhaft gemacht sind.

Artikel 5b.

Wird die gerichtliche Aufforderung der Berechtigten beantragt, so kann sich der Antragsteller die Erklärung darüber, in welcher Weise die Werthminderung ausgeglichen werden soll, vorbehalten, bis einer der Berechtigten die Ausgleichung verlangt hat.

Die Aufforderung muß die Mittheilung, daß die Feststellung der Unschädlichkeit bevorsteht, die Angabe der Größe des Trennstücks und des Betrages der Werthminderung enthalten; als Rechtsnachtheil ist den Berechtigten anzudrohen, daß die Unschädlichkeit ihnen gegenüber ohne Ausgleichung der Werthminderung festgestellt werden würde.

Ist die Mittheilung an einen Berechtigten nicht thunlich, so ist die an ihn zu richtende Aufforderung an die Gerichtstafel anzuheften und einmal in das für die Bekanntmachungen des Amtsgerichts bestimmte Blatt einzurücken. Das Gleiche gilt, wenn ein Berechtigter gestorben und der Erbe dem Amtsgerichte nicht bekannt ist. Die Erklärungsfrist beginnt mit dem Ablauf eines Monats seit der Einrückung.

In dem Unschädlichkeitszeugnisse sind die Berechtigten zu bezeichnen, denen gegenüber die Ausgleichung der Werthminderung nicht erforderlich ist.

Artikel 6.

Die Feststellung der Unschädlichkeit kann nicht im Wege der Beschwerde angefochten werden.

Artikel 7.

Das Unschädlichkeitszeugniß ersetzt die Bewilligung der Berechtigten zu der Löschung ihrer Rechte an dem Trennstücke.

Die Wirksamkeit des Unschädlichkeitszeugnisses tritt in den Fällen des Artikel 5 Absatz 2 nicht vor der Hinterlegung oder der Erstreckung der Rechte auf das andere Grundstück ein.

Im Falle des Artikel 5a ist das Unschädlichkeitszeugniß nur wirksam, wenn die Unschädlichkeit ohne Ausgleichung gegenüber allen Berechtigten festgestellt ist, welche zur Zeit der lastenfreien Abschreibung des Trennstücks im Grundbuch eingetragen sind.

S. 531. Artikel 7a.

Wird das Trennstück von einer Hypothek, Grundschuld oder Rentenschuld befreit, so ist zur lastenfreien Abschreibung des Trennstücks die Vorlegung des Hypotheken-, Grundschuld- oder Rentenschuldbriefes und bei einer Hypothek für die Forderung aus einer Schuldverschreibung auf den Inhaber, aus einem Wechsel oder einem anderen Papiere, das durch Indossament übertragen werden kann, die Vorlegung der Urkunde nicht erforderlich.

Artikel 8.

Ist ein Geldbetrag zur Vertheilung unter die Berechtigten hinterlegt, so hat das Amtsgericht diesen die Hinterlegung mit der Aufforderung mitzutheilen, innerhalb einer Frist von einem Monate zu erklären, ob sie auf der Vertheilung des hinterlegten Betrages bestehen; als Rechtsnachtheil ist den Berechtigten anzudrohen, daß die Unterlassung der Erklärung als Verzicht auf die Rechte an dem hinterlegten Betrage angesehen werden würde. Die Vorschriften des Artikel 5 Absatz 2, des Artikel 5b Absatz 3 und des Artikel 7 Absatz 3 finden Anwendung.

Wird die Vertheilung nicht verlangt, so ist der Eigenthümer zur Rücknahme des hinterlegten Betrages zu ermächtigen.

Ist die im Artikel 5a bestimmte Aufforderung erfolgt, die Unschädlichkeit aber vor dem Ablaufe der Erklärungsfrist festgestellt worden, so gilt der Ablauf der Erklärungsfrist als Verzicht auf die Rechte an dem hinterlegten Betrage, wenn nicht der Berechtigte vorher erklärt, daß er auf der Ausgleichung der Werthminderung bestehe.

Artikel 9.

Auf die Vertheilung des hinterlegten Betrages unter die Berechtigten finden die für die Vertheilung des Erlöses im Falle der Zwangsversteigerung von Grundstücken geltenden Vorschriften entsprechende Anwendung. Die Vertheilung ist erst zulässig, wenn die lastenfreie Abschreibung des Trennstücks im Grundbuch erfolgt ist.

Soweit der Eigenthümer eine Hypothek, eine Grundschuld oder eine Rentenschuld durch die Befriedigung des Gläubigers erwirbt, kann sie nicht zum Nachtheile der Rechte geltend gemacht werden, von welchen das Trennstück befreit worden ist.

Artikel 10.

Ist das Grundstück mit einem Vorkaufsrechte belastet, das sich nicht auf den Fall der ersten Veräußerung beschränkt, so finden auf die Befreiung des Trennstücks von dem Vorkaufsrechte die Vorschriften der Artikel 1 bis 7 entsprechende Anwendung. Die Ausgleichung der Werthminderung in Geld ist ausgeschlossen.

Erfolgt die Veräußerung des Trennstücks im Wege des Verkaufes, so darf die Unschädlichkeit erst festgestellt werden, wenn der Berechtigte von dem ihm für diesen Veräußerungsfall zustehenden Vorkaufsrechte keinen Gebrauch macht.

Artikel 11.

Bei Familienfideikommissen, landwirthschaftlichen Erbgütern, Lehen und allodifizirten Lehen finden die Vorschriften der Artikel 3 bis 5, 6 und des Artikel 7 Absatz 1, 2 auf die Befreiung des Trennstücks von den Rechten der Anwärter oder der Anerben entsprechende Anwendung. Der Veräußerung eines Trennstücks steht die Veräußerung eines einzelnen Grundstücks gleich.

Zur Ausgleichung der Werthminderung kann auch die Forderung auf den Kaufpreis dienen, wenn das veräußerte Trennstück an erster Stelle hinter den zur Zeit der Veräußerung bestehenden Belastungen mit einer Hypothek für die Forderung belastet ist. Auf die Forderung oder den zu hinterlegenden Geldbetrag sind die von der Abtrennung betroffenen Rechte zu erstrecken. S. 532.

Fideikommißschulden stehen den Hypotheken gleich.

Bei Familienfideikommissen ist zur Feststellung der Unschädlichkeit das Fideikommißgericht zuständig.

Artikel 12.

Die Vorschrifen der Artikel 1 bis 11 finden auf die Aufhebung eines dem jeweiligen Eigenthümer des Grundstücks an einem anderen Grundstücke zustehenden Rechtes entsprechende Anwendung.

Artikel 13.

Die Vorschriften der Artikel 1 bis 12 gelten auch für Verfügungen, die vor dem Inkrafttreten dieses Gesetzes erfolgt sind.

Artikel 14.

Soll ein abgebranntes Gebäude auf einem anderen Grundstücke wieder aufgebaut werden, so wird die Entschädigungssumme von den Rechten der Hypotheken-, Grundschuld- und Rentenschuldgläubiger ohne Einwilligung der Gläubiger frei, wenn von dem Amtsgerichte, bei welchem das Grundbuch für das belastete Grundstück geführt wird, festgestellt ist, daß der Wiederaufbau auf dem anderen Grundstücke für die Gläubiger unschädlich ist.

Die Feststellung der Unschädlichkeit darf nur erfolgen, wenn die Rechte der Gläubiger in der bestehenden Rangordnung sich auf das andere Grundstück erstrecken oder auf dieses erstreckt werden. Ist das Grundstück mit Rechten belastet, welche den Rechten der Gläubiger im Range vorgehen, so darf die Feststellung erfolgen, wenn die vorgehenden Belastungen durch den Werth, den das Grundstück als Baustelle hat, offenbar gedeckt werden.

Die Vorschriften des Artikel 4 Absatz 1, 2, des Artikel 5 Absatz 1, 2, des Artikel 6 und des Artikel 7 Absatz 1, 2 finden entsprechende Anwendung.

Artikel 14a.

Der Anspruch auf die Entschädigung für die im öffentlichen Interesse erfolgende Entziehung, Beschädigung oder Benützung eines Grundstücks, Beschränkung des Eigenthums oder Entziehung oder Beschränkung eines Rechtes der im Artikel 12 bezeichneten Art wird von den Rechten Dritter frei, wenn von dem im Artikel 1 bezeichneten Gerichte festgestellt ist, daß die Befreiung für die Berechtigten unschädlich ist.

Die Befreiung des Anspruchs steht der Aufhebung eines Rechtes der im Artikel 12 bezeichneten Art gleich.

Artikel 15.

Bis zu dem Zeitpunkt, in welchem das Grundbuch als angelegt anzusehen ist, ist für die Feststellung der Unschädlichkeit in den Landestheilen rechts des Rheins, unbeschadet der Vorschrift des Artikel 11 Absatz 4, das Amtsgericht, bei welchem das Hypothekenbuch für das Grundstück geführt wird, in der Pfalz das Amtsgericht, in dessen Bezirke das Grundstück belegen ist, zuständig.

S. 532. Soweit es nach Artikel 5a Absatz 2, Artikel 7 Absatz 3 und Artikel 9 Absatz 1 Satz 2 auf Eintragungen im Grundbuch ankommt, treten in den Landestheilen rechts des Rheins an deren Stelle die entsprechenden Eintragungen im Hypothekenbuch. Der Eigenthümer ist nicht berechtigt, für den Betrag, zu welchem eine Hypothek durch Befriedigung des Gläubigers erloschen ist, an deren Stelle eine neue Hypothek zu begründen.

In der Pfalz gelten als Hypotheken auch die Vorzugsrechte und als eingetragene Rechte diejenigen, welche im Hypothekenregister eingeschrieben sind. Der Antragsteller hat einen Hypothekenauszug vorzulegen; die Ergänzung des Auszugs ist erforderlichen Falles durch das Amtsgericht zu veranlassen. Die Ausgleichung der Werthminderung durch ein anderes Grundstück findet nicht statt. Die Vorschriften des Artikel 7 Absatz 3, des Artikel 9 Absatz 1 Satz 2 und des Artikel 14 bleiben außer Anwendung. Besteht wegen einer durch ein Vorzugsrecht gesicherten Forderung auch ein Auflösungsrecht, so erlischt in Ansehung des Trennstücks mit dessen Befreiung von dem Vorzugsrechte auch das Auflösungsrecht.

Artikel 16.

Die Vorschriften dieses Gesetzes finden keine Anwendung auf die Bodenzinse, für welche die Vorschriften des Artikel 15 des Gesetzes vom 28. April 1872, die Grundentlastung betreffend, gelten.

Artikel 17.

Für die Entscheidung, einschließlich des Verfahrens, über Anträge auf Feststellung der Unschädlichkeit werden drei Zehnteile der Sätze des § 8 des Reichs-Gerichtskostengesetzes bis zum Meistbetrage von zwanzig Mark erhoben.

Erfolgt die Veräußerung oder die Aufhebung eines Rechtes unentgeltlich zu einem öffentlichen Zwecke, so kommt die im Absatz 1 bestimmte Gebühr nicht in Ansatz.

Für das Vertheilungsverfahren nach Artikel 9 gelten in Ansehuug der Gebühren und Auslagen dieselben Vorschriften wie für das Vertheilungsverfahren im Falle der Zwangsenteignung.

Erinnerungen gegen die durch die Redaktionskommission vorgenommene Feststellung des Textes des Gesetzentwurfs werden nicht erhoben.

Damit ist die erste Lesung des Gesetzentwurfes beendet.

Für die zweite Lesung wird als Referent Vorsitzender von Walter, als Korreferent Abg. Wagner bestellt.

von Walter,
Vorsitzender.

Fuchs,
Schriftführer.

Anlage.

VII.

Zusammenstellung

des

Entwurfes eines Gesetzes, das Unschädlichkeitszeugniß betreffend, — Beil. 912 — mit den hierüber vom XVII. (besonderen) Ausschusse der Kammer der Abgeordneten in erster Lesung gefaßten Beschlüssen.

(Beilage Nr. 978 z. d. Verhandl. d. K. d. Abg. Bd. XV S. 533 bis 539.)

Regierungsvorlage.

Entwurf eines Gesetzes,

das Unschädlichkeitszeugniß betreffend.

Im Namen Seiner Majestät des Königs.

Seine Königliche Hoheit Prinz Luitpold, des Königreichs Bayern Verweser, haben nach Vernehmung des Staatsraths mit Beirath und Zustimmung der Kammer der Reichsräthe und der Kammer der Abgeordneten und in Ansehung der Artikel 11 bis 13 unter Beobachtung der in Tit. X § 7 der Verfassungsurkunde vorgeschriebenen Formen beschlossen und verordnen, was folgt:

Artikel 1.

Wird eine Theilfläche eines Grundstücks, das mit Hypotheken, Grundschulden, Rentenschulden oder Reallasten belastet ist, veräußert, so wird das Trennstück ohne Einwilligung der Berechtigten von den Belastungen frei, wenn von dem Amtsgerichte, bei welchem das Grundbuch für das Grundstück geführt wird, festgestellt ist, daß die Veräußerung für die Berechtigten unschädlich ist.

Artikel 2.

Die Feststellung der Unschädlichkeit darf nur erfolgen, wenn die durch die Veräußerung des Trennstücks entstehende Verringerung des Umfanges und

Beschlüsse erster Lesung. S. 533.

Entwurf eines Gesetzes,

das Unschädlichkeitszeugniß betreffend.

Im Namen Seiner Majestät des Königs.

Seine Königliche Hoheit Prinz Luitpold, des Königreichs Bayern Verweser, haben nach Vernehmung des Staatsraths mit Beirath und Zustimmung der Kammer der Reichsräthe und der Kammer der Abgeordneten und in Ansehung der Art. 11 bis 13, **14a** unter Beobachtung der in Tit. X § 7 der Verfassungsurkunde vorgeschriebenen Formen beschlossen und verordnen, was folgt:

Artikel 1.

Unverändert.

Artikel 2.

Die Feststellung der Unschädlichkeit darf nur erfolgen, wenn die durch die Veräußerung des Trennstücks entstehende Minderung des Werthes des Grund-

S. 533.

Regierungsvorlage.

des Werthes des Grundstücks im Verhältnisse zu dem Umfange und dem Werthe des übrigen Theiles des Grundstücks eine geringe ist und die Werthminderung in Geld oder durch ein anderes Grundstück ausgeglichen wird. Erstreckt sich die Belastung auf andere Grundstücke, so gelten diese im Verhältnisse zu dem Trennstücke mit dem übrigen Theile des Grundstücks zusammen als ein Grundstück.

Wird das Trennstück zu einem öffentlichen Zwecke unentgeltlich abgetreten, so wird auf die Werthminderung die Wertherhöhung angerechnet, die sich aus der dem öffentlichen Zwecke dienenden Anlage ergibt.

Die Ausgleichung ist nicht erforderlich, wenn die Werthminderung den Betrag von fünfzig Mark nicht übersteigt.

S. 534.

Artikel 3.

Soweit die Ausgleichung der Werthminderung in Geld erfolgt, muß der erforderliche Betrag zur Vertheilung unter die Berechtigten bei der Hinterlegungsstelle des Gerichtsbezirkes hinterlegt werden. Die Hinterlegung hat mit der Bestimmung zu geschehen, daß zur Rücknahme die Ermächtigung des Amtsgerichts erforderlich ist.

Soweit die Ausgleichung durch ein anderes Grundstück erfolgt, müssen die Rechte der Berechtigten auf dieses erstreckt werden.

Im Falle der unentgeltlichen Abtretung zu einem öffentlichen Zwecke muß mit der Ausführung der den Werth des Grundstücks erhöhenden Anlage begonnen sein.

Beschlüsse erster Lesung.

stücks im Verhältnisse zu dem Werthe des übrigen Theiles eine geringe ist, und ist davon abhängig zu machen, daß die Werthminderung in Geld oder durch ein anderes Grundstück ausgeglichen wird. Erstreckt sich die Belastung auf andere Grundstücke, so gelten diese im Verhältnisse zu dem Trennstücke mit dem übrigen Theile des Grundstücks zusammen als ein Grundstück.

Wird das Trennstück zu einem öffentlichen Zwecke unentgeltlich abgetreten, so wird auf die Werthminderung die Wertherhöhung angerechnet, die sich aus der dem öffentlichen Zwecke dienenden Anlage ergibt. Soweit die Werthminderung durch die Wertherhöhung gedeckt wird, ist eine Ausgleichung nicht erforderlich.

Die Ausgleichung der verhältnißmäßigen Werthminderung ist nicht erforderlich, wenn diese den Betrag von fünfzig Mark nicht übersteigt.

Artikel 3.

Unverändert.

Artikel 3a.

Zu dem Antrag auf Feststellung der Unschädlichkeit ist der

Regierungsvorlage.

Artikel 4.

Auf Antrag des Eigenthümers hat das Amtsgericht den Berechtigten die bevorstehende Feststellung der Unschädlichkeit mit der Aufforderung mitzutheilen, innerhalb einer Frist von einem Monate zu erklären, ob sie auf der Ausgleichung der Werthminderung bestehen. Die Mittheilung hat die Angabe der Größe des Trennstücks und des Betrages der Werthminderung zu enthalten; als Rechtsnachtheil ist den Berechtigten anzudrohen, daß die Un-

Beschlüsse erster Lesung. S. 534.

Eigenthümer des Grundstücks berechtigt.

Der Antragsteller hat

1. das Grundstück zu bezeichnen und einen von der Meßungsbehörde angefertigten Plan, in welchem das Trennstück ersichtlich gemacht ist, sowie den amtlichen Nachweis der Größe des Grundstücks und des Trennstücks vorzulegen;
2. den Betrag der durch die Veräußerung des Trennstücks entstehenden Werthminderung unter Vorlage der vorhandenen Belege anzugeben;
3. zu erklären, in welcher Weise die Werthminderung, soweit erforderlich, ausgeglichen werden soll, und im Falle der Ausgleichung durch ein anderes Grundstück dieses zu bezeichnen und dessen Belastung anzugeben.

Im Falle des Artikel 2 Absatz 2 ist die auf die Werthminderung anzurechnende Wertherhöhung unter Vorlage der vorhandenen Belege anzugeben und glaubhaft zu machen, daß mit der Ausführung der Anlage begonnen ist.

Artikel 4.

Fällt aus.

S. 534.

Regierungsvorlage.

schädlichkeit ihnen gegenüber ohne Ausgleichung der Werthminderung festgestellt werden würde.

Ist die Mittheilung an einen Berechtigten nicht thunlich, so ist die für ihn bestimmte Mittheilung an die Gerichtstafel anzuheften und einmal in das für die Bekanntmachungen des Amtsgerichts bestimmte Blatt einzurücken. Das Gleiche gilt, wenn ein Berechtigter gestorben und der Erbe dem Amtsgerichte nicht bekannt ist. Das Amtsgericht kann anordnen, daß die Veröffentlichung noch in einem
S. 535. anderen || Blatte erfolgen soll. Die Erklärungsfrist beginnt mit dem Ablauf eines Monats seit der Einrückung, im Falle mehrfacher Einrückung seit der letzten Einrückung.

Berechtigte, die nicht im Grundbuch eingetragen sind, werden nur berücksichtigt, wenn ihre Rechte angemeldet und auf Verlangen des Amtsgerichts glaubhaft gemacht sind.

Artikel 5.

Die Feststellung der Unschädlichkeit hat, soweit die Ausgleichung der Werthminderung in Geld erfolgen soll, die Angabe des zu hinterlegenden Betrages, soweit sie durch ein Grundstück erfolgen soll, die Bezeichnung des Grundstücks und die Angabe der Belastungen zu enthalten, welche den auf das Grundstück zu erstreckenden Rechten im Range vorgehen dürfen. Die Angabe von Grunddienstbarkeiten, die nach Artikel 187 des Einführungsgesetzes zum Bürgerlichen Gesetzbuch der Eintragung nicht bedürfen, ist nicht erforderlich.

Beschlüsse erster Lesung.

Artikel 5.

Das Amtsgericht hat nach Vornahme der erforderlichen Ermittelungen über den Antrag Beschluß zu fassen.

Der Beschluß, durch welchen die Unschädlichkeit festgestellt wird (Unschädlichkeitszeugniß), hat, soweit die Ausgleichung der Werthminderung in Geld erfolgen soll, die Angabe des zu hinterlegenden Betrages, soweit sie durch ein Grundstück erfolgen soll, die Bezeichnung des Grundstücks und die Angabe der Belastungen zu enthalten, welche den auf das Grundstück zu erstreckenden Rechten im Range vorgehen dürfen. Die Angabe von Grunddienstbarkeiten, die nach Artikel 187 des Einführungsgesetzes zum Bürgerlichen Gesetzbuch der Eintragung nicht bedürfen, ist nicht erforderlich.

Regierungsvorlage.

Im Falle des Artikel 3 Absatz 3 ist anzugeben, daß mit der Ausführung der Anlage begonnen ist.

Im Falle des Artikel 4 sind die Berechtigten zu bezeichnen, denen gegenüber die Ausgleichung der Werthminderung nach Artikel 4 nicht erforderlich ist.

Beschlüsse erster Lesung. S. 535.

Abs. 2 (nun 3) unverändert.

Abs. 3 fällt aus.

Artikel 5a.

Das Unschädlichkeitszeugniß kann außer dem Falle des Artikel 2 Absatz 3 ohne Ausgleichung der Werthminderung ertheilt werden, wenn die Berechtigten von dem Amtsgericht aufgefordert worden sind, innerhalb einer Frist von einem Monate zu erklären, ob sie auf der Ausgleichung bestehen, und nicht vor dem Ablaufe der Frist erklärt haben, daß sie die Ausgleichung verlangen.

Berechtigte, die nicht im Grundbuch eingetragen sind, werden nur berücksichtigt, wenn sie Erben eines eingetragenen Berechtigten sind oder wenn ihre Rechte angemeldet und auf Verlangen des Amtsgerichts glaubhaft gemacht sind.

Artikel 5b.

Wird die gerichtliche Aufforderung der Berechtigten beantragt, so kann sich der Antragsteller die Erklärung darüber, in welcher Weise die Werthminderung ausgeglichen werden soll, vorbehalten, bis einer der Berechtigten die Ausgleichung verlangt hat.

Die Aufforderung muß die Mittheilung, daß die Feststellung der Unschädlichkeit bevorsteht, die Angabe der Größe des Trennstücks und des Betrages der Werthminderung enthalten; als Rechtsnachtheil ist den Berechtig-

S. 535

Regierungsvorlage.

S. 536.

Artikel 6.

Die Feststellung der Unschädlichkeit kann nicht im Wege der Beschwerde angefochten werden.

Artikel 7.

Die Befreiung des Trennstücks tritt in den Fällen des Artikel 5 Absatz 1 nicht vor der Hinterlegung oder der Erstreckung der Rechte auf das andere Grundstück ein.

Im Falle des Artikel 4 tritt die Befreiung ohne Ausgleichung der Werthminderung nur ein, wenn die Unschädlichkeit ohne Ausgleichung gegenüber allen Berechtigten festgestellt ist, welche zur Zeit der lastenfreien Abschreibung des Trennstücks im Grundbuch eingetragen sind.

Beschlüsse erster Lesung.

ten anzudrohen, daß die Unschädlichkeit ihnen gegen||über ohne Ausgleichung der Werthminderung festgestellt werden würde.

Ist die Mittheilung an einen Berechtigten nicht thunlich, so ist die an ihn zu richtende Aufforderung an die Gerichtstafel anzuheften und einmal in das für die Bekanntmachungen des Amtsgerichts bestimmte Blatt einzurücken. Das Gleiche gilt, wenn ein Berechtigter gestorben und der Erbe dem Amtsgerichte nicht bekannt ist. Die Erklärungsfrist beginnt mit dem Ablauf eines Monats seit der Einrückung.

In dem Unschädlichkeitszeugnisse sind die Berechtigten zu bezeichnen, denen gegenüber die Ausgleichung der Werthminderung nicht erforderlich ist.

Artikel 6.

Unverändert.

Artikel 7.

Das Unschädlichkeitszeugniß ersetzt die Bewilligung der Berechtigten zu der Löschung ihrer Rechte an dem Trennstück.

Die Wirksamkeit des Unschädlichkeitszeugnisses tritt in den Fällen des Artikel 5 Absatz 2 nicht vor der Hinterlegung oder der Erstreckung der Rechte auf das andere Grundstück ein.

Im Falle des Artikel 5a ist das Unschädlichkeitszeugniß nur wirksam, wenn die Unschädlichkeit ohne Ausgleichung gegenüber allen Berechtigten festgestellt ist, welche zur Zeit der lastenfreien Abschreibung des Trennstücks im Grundbuch eingetragen sind.

Regierungsvorlage.

Wird das Trennstück von einer Hypothek, Grundschuld oder Rentenschuld befreit, so ist zur lastenfreien Abschreibung des Trennstücks die Vorlegung des Hypotheken-, Grundschuld- oder Rentenschuldbriefes nicht erforderlich.

Artikel 8.

Ist ein Geldbetrag zur Vertheilung unter die Berechtigten hinterlegt, so hat das Amtsgericht diesen die Hinterlegung mit der Aufforderung mitzutheilen, innerhalb einer Frist von einem Monate zu erklären, ob sie auf der Vertheilung des hinterlegten Betrages bestehen; als Rechtsnachtheil ist den Berechtigten anzudrohen, daß die Unterlassung der Erklärung als Verzicht auf die Rechte an dem hinterlegten Betrage angesehen werden würde. Die Vorschriften des Artikel 4 Absatz 2, 3 und des Arikel 7 Absatz 2 finden Anwendung.

Wird die Vertheilung uicht verlangt, so ist der Eigenthümer zur Erhebung des hinterlegten Betrages zu ermächtigen.

Ist die im Artikel 4 bestimmte Mittheilung erfolgt, die Unschädlichkeit aber vor dem Ablaufe der Erklärungsfrist festgestellt worden, so gilt der Ablauf der Erklärungsfrist als Verzicht auf die Rechte an dem hinterlegten Betrage, wenn nicht der Berechtigte vorher erklärt, daß er auf der Ausgleichung der Werthminderung bestehe.

Beschlüsse erster Lesung. S. 536.

Artikel 7a.

Wird das Trennstück von einer Hypothek, Grundschuld oder Rentenschuld befreit, so ist zur lastenfreien Abschreibung des Trennstücks die Vorlegung des Hypotheken-, Grundschuld- oder Rentenschuldbriefes **und bei einer Hypothek für die Forderung aus einer Schuldverschreibung auf den Inhaber, aus einem Wechsel oder einem anderen Papiere, das durch Indossament übertragen werden kann, die Vorlegung der Urkunde** nicht erforderlich.

Artikel 8.

Ist ein Geldbetrag zur Vertheilung unter die Berechtigten hinterlegt, so hat das Amtsgericht diesen die Hinterlegung mit der Aufforderung mitzutheilen, innerhalb einer Frist von einem Monate zu erklären, ob sie auf der Vertheilung des hinterlegten Betrages bestehen; als Rechtsnachtheil ist den Berechtigten anzudrohen, daß die Unterlassung der Erklärung als Verzicht auf die Rechte an dem hinterlegten Betrage angesehen werden würde. Die Vorschriften des Artikel 5 Absatz 2*), **des Artikel 5b** Absatz 3 und des Artikel 7 Absatz 3 finden Anwendung.

Wird die Vertheilung nicht verlangt, so ist der Eigenthümer zur **Rücknahme** des hinterlegten Betrages zu ermächtigen.

Ist die im Artikel **5a** bestimmte **Aufforderung** erfolgt, die Unschädlichkeit aber vor dem Ablaufe der Erklärungsfrist festgestellt worden, so gilt der Ablauf der Erklärungsfrist als Verzicht auf die Rechte an dem hinterlegten Betrage, wenn nicht der Berechtigte vorher erklärt, daß er auf der Ausgleichung der Werthminderung bestehe. S. 537.

*) Dieß muß wohl Artikel 5a Absatz 2 heißen.

S. 537.

Regierungsvorlage.	Beschlüsse erster Lesung.
Artikel 9.	Artikel 9.
Die Vertheilung des hinterlegten Betrages unter die Berechtigten erfolgt nach den für die Vertheilung des Erlöses im Falle der Zwangsversteigerung geltenden Vorschriften. Die Vertheilung ist erst zulässig, wenn die lastenfreie Abschreibung des Trennstücks im Grundbuch erfolgt ist.	Auf die Vertheilung des hinterlegten Betrages unter die Berechtigten finden die für die Vertheilung des Erlöses im Falle der Zwangsversteigerung von Grundstücken geltenden Vorschriften entsprechende Anwendung. Die Vertheilung ist erst zulässig, wenn die lastenfreie Abschreibung des Trennstücks im Grundbuch erfolgt ist.
Soweit der Eigenthümer eine Hypothek, eine Grundschuld oder eine Rentenschuld durch die Befriedigung des Gläubigers erwirbt, kann sie nicht zum Nachtheile der Rechte geltend gemacht werden, von welchem das Trennstück befreit worden ist.	Abs. 2 unverändert.
Artikel 10.	Artikel 10.
Ist das Grundstück mit einem Vorkaufsrechte belastet, das sich nicht auf den Fall der ersten Veräußerung beschränkt, so finden auf die Befreiung des Trennstücks von dem Vorkaufsrechte die Vorschriften der Artikel 1 bis 6 und des Artikel 7 Absatz 1, 2 entsprechende Anwendung. Die Ausgleichung der Werthminderung in Geld ist ausgeschlossen.	Ist das Grundstück mit einem Vorkaufsrechte belastet, das sich nicht auf den Fall der ersten Veräußerung beschränkt, so finden auf die Befreiung des Trennstücks von dem Vorkaufsrechte die Vorschriften der Artikel 1 bis 7 entsprechende Anwendung. Die Ausgleichung der Werthminderung in Geld ist ausgeschlossen.
Erfolgt die Veräußerung des Trennstücks im Wege des Verkaufes, so darf die Unschädlichkeit erst festgestellt werden, wenn der Berechtigte von dem ihm für diesen Veräußerungsfall zustehenden Vorkaufsrechte keinen Gebrauch macht.	Abs. 2 unverändert.
Artikel 11.	Artikel 11.
Bei Familienfideikommissen, landwirthschaftlichen Erbgütern, Lehen und allodifizirten Lehen finden die Vorschriften der Artikel 3, 5, 6 und des Artikel 7 Absatz 1 auf die Befreiung des Trennstücks von den Rechten der Anwärter oder der Anerben entsprechende Anwendung. Der Veräußerung eines Trennstücks steht die	Bei Familienfideikommissen, landwirthschaftlichen Erbgütern, Lehen und allodifizirten Lehen finden die Vorschriften der Artikel 3 bis 5, 6 und des Artikel 7 Absatz 1, 2 auf die Befreiung des Trennstücks von den Rechten der Anwärter oder der Anerben entsprechende Anwendung. Der Veräußerung eines Trennstücks steht die

Regierungsvorlage.

Veräußerung eines einzelnen Grundstücks gleich.

Zur Ausgleichung der Werthminderung kann auch die Forderung auf den Kaufpreis dienen, wenn das veräußerte Trennstück an erster Stelle hinter den zur Zeit der Veräußerung bestehenden Belastungen mit einer Hypothek für die Forderung belastet ist. Die Forderung sowie der zu hinterlegende Geldbetrag sind den Rechten der Berechtigten zu unterwerfen.

Fideikommißschulden stehen den Hypotheken gleich.

Bei Familienfideikommissen ist zur Feststellung der Unschädlichkeit das Fideikommißgericht zuständig.

Artikel 12.

Die Vorschriften der Artikel 1 bis 11 finden auf die Aufhebung eines dem jeweiligen Eigenthümer des Grundstücks an einem anderen Grundstücke zustehenden Rechtes entsprechende Anwendung.

Artikel 13.

Die Vorschriften der Artikel 1 bis 12 gelten auch für Verfügungen, die vor dem Inkrafttreten dieses Gesetzes erfolgt sind.

Artikel 14.

Soll ein abgebranntes Gebäude auf einem anderen Grundstücke wieder aufgebaut werden, so wird die Entschädigungssumme von den Rechten der Hypotheken-, Grundschuld- und Rentenschuldgläubiger ohne Einwilligung der Gläubiger frei, wenn von dem Amtsgerichte, bei welchem das Grundbuch für das belastete Grundstück geführt wird, festgestellt ist, daß der Wiederaufbau auf dem anderen Grundstücke für die Gläubiger unschädlich ist.

Beschlüsse erster Lesung. S. 537.

Veräußerung eines einzelnen Grundstücks gleich.

Zur Ausgleichung der Werthminderung kann auch die Forderung auf den Kaufpreis dienen, wenn das veräußerte Trennstück an erster Stelle hinter den zur Zeit der Veräußerung bestehenden Belastungen mit einer Hypothek für die Forderung belastet ist. Auf die Forderung oder den zu hinterlegenden Geldbetrag sind die von der Abtrennung betroffenen Rechte zu erstrecken.

Abs. 3 unverändert.

Abs. 4 unverändert.

Artikel 12.

Unverändert.

Artikel 13. S. 538.

Unverändert.

Artikel 14.

Abs. 1 unverändert.

S. 538.

Regierungsvorlage.

Die Feststellung der Unschädlichkeit darf nur erfolgen, wenn die Rechte der Gläubiger in der bestehenden Rangordnung sich auf das andere Grundstück erstrecken oder auf dieses erstreckt werden. Ist das Grundstück mit Rechten belastet, welche den Rechten der Gläubiger im Range vorgehen, so darf die Feststellung erfolgen, wenn die vorgehenden Belastungen durch den Werth, den das Grundstück als Baustelle hat, offenbar gedeckt werden.

Die Vorschriften des Artikel 5 Absatz 1, des Artikel 6 und des Artikel 7 Absatz 1 finden entsprechende Anwendung.

Artikel 15.

Bis zu dem Zeitpunkte, in welchem das Grundbuch als angelegt anzusehen ist, ist für die Feststellung der Unschädlichkeit in den Landestheilen rechts des Rheins, unbeschadet der Vorschrift des Artikel 11 Absatz 4, das Amtsgericht, bei welchem das Hypothekenbuch für das Grundstück geführt wird, in der Pfalz das Amtsgericht, in dessen

Beschlüsse erster Lesung.

Abs. 2 unverändert.

Die Vorschriften des Artikel 4 Absatz 1, 2, des Artikel 5 Absatz 1, 2, des Artikel 6 und des Artikel 7 Absatz 1, 2 finden entsprechende Anwendung.

Artikel 14a.

Der Anspruch auf die Entschädigung für die im öffentlichen Interesse erfolgende Entziehung, Beschädigung oder Benützung eines Grundstücks, Beschränkung des Eigenthums oder Entziehung oder Beschränkung eines Rechtes der im Artikel 12 bezeichneten Art wird von den Rechten Dritter frei, wenn von dem im Artikel 1 bezeichneten Gerichte festgestellt ist, daß die Befreiung für die Berechtigten unschädlich ist.

Die Befreiung des Anspruchs steht der Aufhebung eines Rechtes der im Artikel 12 bezeichneten Art gleich.

Artikel 15.

Abs. 1 unverändert.

Regierungsvorlage.

Bezirke das Grundstück belegen ist, zuständig.

Soweit es nach Artikel 4 Absatz 3, Artikel 7 Absatz 2 und Artikel 9 Absatz 1 Satz 2 auf Eintragungen im Grundbuch ankommt, treten in den Landestheilen rechts des Rheins an deren Stelle die entsprechenden Eintragungen im Hypothekenbuch. Der Eigenthümer ist nicht berechtigt, für den Betrag, zu welchem eine Hypothek durch Befriedigung des Gläubigers erloschen ist, an deren Stelle eine neue Hypothek zu begründen.

In der Pfalz gelten als eingetragene Rechte diejenigen, welche im Hypothekenregister eingetragen sind. Der Antragsteller hat einen Hypothekenauszug vorzulegen; || die Ergänzung des Auszugs ist erforderlichen Falles durch das Amtsgericht zu veranlassen. Die Ausgleichung der Werthminderung durch ein anderes Grundstück findet nicht statt. Die Vorschriften des Artikel 7 Absatz 2, des Artikel 9 Absatz 1 Satz 2 und des Artikel 14 bleiben außer Anwendung.

Beschlüsse erster Lesung.

S. 538.

—

Soweit es nach Artikel 5a Absatz 2, Artikel 7 Absatz 3 und Artikel 9 Absatz 1 Satz 2 auf Eintragungen im Grundbuch ankommt, treten in den Landestheilen rechts des Rheins an deren Stelle die entsprechenden Eintragungen im Hypothekenbuch. Der Eigenthümer ist nicht berechtigt, für den Betrag, zu welchem eine Hypothek durch Befriedigung des Gläubigers erloschen ist, an deren Stelle eine neue Hypothek zu begründen.

In der Pfalz gelten als Hypotheken auch die Vorzugsrechte und als eingetragene Rechte diejenigen, welche im Hypothekenregister eingeschrieben sind. Der || Antragsteller S. 539.
hat einen Hypothekenauszug vorzulegen; die Ergänzung des Auszugs ist erforderlichen Falles durch das Amtsgericht zu veranlassen. Die Ausgleichung der Werthminderung durch ein anderes Grundstück findet nicht statt. Die Vorschriften des Artikel 7 Absatz 3, des Artikel 9 Absatz 1 Satz 2 und des Artikel 14 bleiben außer Anwendung. Besteht wegen einer durch ein Vorzugsrecht gesicherten Forderung auch ein Auflösungsrecht, so erlischt in Ansehung des Trennstücks mit dessen Befreiung von dem Vorzugsrechte auch das Auflösungsrecht.

Artikel 16. (Regierungsvorlage)

Die Vorschriften dieses Gesetzes finden keine Anwendung auf die Bodenzinse, für welche die Vorschriften des Artikel 15 des Gesetzes vom 28. April 1872, die Grundentlastung betreffend, gelten.

Artikel 16. (Beschlüsse erster Lesung)

Unverändert.

S. 539.

Regierungsvorlage.

Artikel 17.

Für die Entscheidung, einschließlich des Verfahrens, über Anträge auf Feststellung der Unschädlichkeit werden drei Zehntheile der Sätze des § 8 des Reichs-Gerichtskostengesetzes bis zum Meistbetrage von zwanzig Mark erhoben.

Erfolgt die Veräußerung oder die Aufhebung eines Rechtes unentgeltlich zu einem öffentlichen Zwecke, so kommt die im Absatz 1 bestimmte Gebühr nicht in Ansatz.

Für das Vertheilungsverfahren nach Artikel 9 gelten in Ansehung der Gebühren und Auslagen dieselben Vorschriften wie für das Vertheilungsverfahren im Falle der Zwangsenteignung.

Beschlüsse erster Lesung.

Artikel 17.

Unverändert.

VIII.

Protokoll

über die 10. Sitzung*) des besonderen (XVII.) Ausschusses der Kammer der Abgeordneten zur Berathung der Gesetzentwürfe, betreffend

a) die Vorbereitung der Anlegung des Grundbuchs in den Landestheilen rechts des Rheins,

b) das Unschädlichkeitszeugniß.

(Beilage Nr. 1033 z. d. Verhandl. d. K. d. Abg. 1898 Bd. XVI S. 133 bis 139.)

München, den 2. Mai 1898. S. 133.

Gegenwärtig:

a) Die Vertreter der k. Staatsregierung:

der k. Senatspräsident am k. obersten Landesgerichte Dr. Ritter von Jacubezky, der k. Oberregierungsrath Henle;

ferner

b) die Ausschußmitglieder:

von Walter, Vorsitzender, Kraußold, Stellvertreter des Vorsitzenden, Fuchs, Schriftführer, Michel, Stellvertreter des Schriftführers, Aigner, Ganzleben, Joseph Geiger, Joseph Huber, Lerno, Segitz (Eusebius Hofmann entschuldigt, Lutz und Wieland abwesend).

Tagesordnung:

Zweite Berathung des Gesetzentwurfs, das Unschädlichkeitszeugniß betreffend.**)

Den Vorsitz übernimmt der stellvertretende Vorsitzende Abg. **Kraußold.**

Generaldiskussion.

Referent Abg. **von Walter:** Ich darf wohl auf meinen Bericht***) verweisen: es wird genügen, wenn wir die nothwendig werdenden Berichtigungen vornehmen, die der allgemeine Theil des Berichts erfordert.

Spezialdiskussion.

Artikel 1†) wird auf Antrag des Referenten nach dem Beschlusse der ersten Lesung unverändert angenommen.

---

*) In der 9. Sitzung beschäftigte sich der Ausschuß mit dem Entwurf eines Gesetzes, betreffend die Vorbereitung der Anlegung des Grundbuchs in den Landestheilen rechts des Rheins (s. I. Abth. S. 73 bis 77). In der 8. Sitzung war zum Schlusse für die 2. Lesung des Gesetzentwufs, betreffend das Unschädlichkeitszeugniß, als Referent der Vorsitzende von Walter, als Korreferent der Abgeordnete Wagner bestellt worden; am Ende der 9. Sitzung (s. Abth. I Nr. IV S. 77) wurde jedoch einstimmig beschlossen, für die 2. Lesung einen Korreferenten nicht aufzustellen.

**) Für die zweite Berathung fertigte der Referent von Walter einen Bericht, der zwar gedruckt, aber nicht veröffentlicht ist. Der Abdruck dieses Berichts kann hier unterlassen werden, weil sein Inhalt nebst den erforderlichen Berichtigungen in dem hier unter Nr. 6 S. 137 ff. abgedruckten Berichte des gesammten Ausschusses im Wesentlichen wiederkehrt, sofern nicht durch die 2. Lesung Aenderungen bedingt waren.

***) Vergl. oben Anm. **.

†) Vergl. oben S. 103.

S. 133. Artikel 2.*) Referent beantragt die Annahme des Artikels nach den Beschlüssen der ersten Lesung.

Senatspräsident Dr. **von Jacubezky**: Die Absätze 2 und 3 dieses Artikels**) enthalten die einzigen Beschlüsse erster Lesung, die von der k. Staatsregierung nicht ohne Weiteres angenommen werden können und bezüglich deren Ihnen der Vorschlag gemacht wird, die Beschlüsse abzuändern. Ich spreche zunächst von dem zweiten Satze des Abs. 2. Dieser Absatz lautet im ersten Satz:

> „Wird das Trennstück zu einem öffentlichen Zwecke unentgeltlich abgetreten, so wird auf die Werthminderung die Wertherhöhung angerechnet, die sich aus der dem öffentlichen Zwecke dienenden Anlage ergibt,"

und nun ist als zweiter Satz neu hinzugefügt:

> „Soweit die Werthminderung durch die Wertherhöhung gedeckt wird, ist eine Ausgleichung nicht erforderlich."

Ich glaube, daß dieser Zusatz einmal überflüssig und dann, statt die Sache zu verdeutlichen, die Gefahr eines Mißverständnisses nahe legt. Was zunächst die Ueberflüssigkeit betrifft, so darf ich wohl sagen, der Ausdruck „anrechnen" ist dem Publikum und insbesondere den Richtern, die das Gesetz anzuwenden haben, wohl verständlich, so daß es einer Wiederholung zur Erläuterung des Ausdrucks nicht bedarf. Ich möchte Sie darauf aufmerksam machen, daß das Bürgerl. Gesetzbuch in einer großen Anzahl von Paragraphen von einer „Anrechnung" spricht und nirgends es für nothwendig erachtet, eine Erläuterung dieses Ausdrucks zu geben: in den §§ 324, 337, 615, 616, 617, 1500, 1501, 2315, 2327 wird überall gesagt, daß Jemand etwas sich „anrechnen zu lassen habe"; diesen Ausdruck versteht Jedermann, es soll eben damit gesagt werden, daß etwas subtrahirt werden soll. Die Gefahr eines Mißverständnisses ergibt sich aus dem Folgenden. Der erste Satz hat zwei Richtungen: es wird auf die Werthminderung die Wertherhöhung angerechnet, welche durch die Anlage entsteht, nicht blos wenn es sich darum handelt, zu bestimmen, welche Ausgleichung gewährt werden muß, und davon allein spricht der Zusatz, sondern auch schon bei der ersten Frage, ob die Werthminderung eine verhältnißmäßig geringe oder eine verhältnißmäßig große ist. Auch dafür gilt der Satz, daß nicht einfach der Werth des Trennstücks abgezogen wird, sondern man muß sich fragen, welche Differenz entsteht, und bei der Berechnung der Differenz muß auf die Wertherhöhung, welche dem Restgrundstück durch die öffentliche Anlage zugeht, Rücksicht genommen werden. Wenn Sie den zweiten Satz hier stehen lassen, so liegt es nahe, anzunehmen, daß mit ihm der erste Satz erläutert werden soll, daß gesagt werden soll, er hat keine weitere Bedeutung als diese. Lassen Sie diesen Satz weg, so ist ganz klar, daß die Wertherhöhung in jedem Falle angerechnet werden soll, wo die Werthminderung in Frage steht. Ich glaube, daß Ihre Absicht, eine Verdeutlichung herbeizuführen, nicht erreicht wird, daß Sie das Verständniß nicht fördern, sondern eher zu einem Mißverständniß Anlaß geben.

---

*) Vergl. oben S. 103, 104.
**) Vergl. hierzu oben S. 55–63, 98, 104, 110; unten S. 154 ff.

Referent **von Walter:** Das Hauptbedenken, welches von Seiten des S. 133.
Herrn Ministerialkommissärs gegen diesen Satz geltend gemacht wird, liegt darin, daß es den Schein erwecken könnte, als sollte die Wertherhöhung nur insoweit in Frage kommen, als sie eine verhältnißmäßig geringe ist. In letzterer Beziehung glaube ich, daß die Anwendung des Satzes nicht in Frage kommen kann; denn wenn die Werthminderung keine verhältnißmäßig geringe ist, dann kommt die Ausstellung des Unschädlichkeitszeugnisses gar nicht in Frage.

Senatspräsident Dr. **von Jacubezky:** Wenn die Frage zu beantworten ist, ob eine verhältnißmäßig geringe Werthminderung vorliegt, so soll nach dem Sinne des Abs. 2 auf die Werthminderung, die zunächst dadurch eintritt, daß das Trennstück wegkommt, die Wertherhöhung angerechnet werden, welche dem Restgrundstück aus der öffentlichen Anlage zugeht. Nehmen wir also den Fall, daß dadurch, daß das Trennstück wegkommt, eine Werthminderung von 1000 M. bewirkt wird, das ganze Grundstück aber nur 4000 M. werth ist, so würde es sich um eine sehr bedeutende Werthminderung handeln, bei der das Zeugniß nicht ertheilt werden könnte. Hat nun aber die öffentliche Straße, welche mittelst des Trennstücks hergestellt werden soll, für das Restgrundstück einen Werth von 700 M., so handelt es sich nur noch um 300 M., und das ist eine verhältnißmäßig geringe Werthminderung. Es wird immer bei der Frage: wie groß ist die Werthminderung? berücksichtigt nicht blos, was geht ab, sondern auch, ‖ was geht durch die öffentliche Anlage an Werth wieder zu, S. 134.
und wenn diese Differenz gegenüber dem Werthe des Restgrundstücks eine verhältnißmäßig geringe ist, etwa nur 1/10 oder 1/12 des Ganzen ausmacht, so kann das Unschädlichkeitszeugniß ertheilt werden, während es nicht ertheilt werden könnte, wenn lediglich der Abgang des Trennstücks in Betracht käme. Diese Bedeutung des ersten Satzes wird durch die Hinzufügung des zweiten verdunkelt, der zweite scheint zu sagen, auf die Wertherhöhung, welche dem Restgrundstück durch die öffentliche Anlage zugeht, wird nur bei der Bestimmung der Ausgleichung Rücksicht genommen.

Abg. **Geiger:** Wenn wir die Auffassung des Herrn Ministerialkommissärs theilen, daß schon bei der Frage, ob eine verhältnißmäßig geringe Werthminderung vorhanden ist, die durch die öffentliche Anlage entstehende Wertherhöhung in Berücksichtigung zu ziehen sei, dann können wir diese Wertherhöhung doch nicht mehr bei der Werthausgleichung berücksichtigen.

Senatspräsident Dr. **von Jacubezky:** Auf die durch Anrechnung der Wertherhöhung ermittelte Werthminderung des Grundstücks kann natürlich die Wertherhöhung nicht noch einmal bei der Frage, wie groß die Ausgleichung sein muß, angerechnet werden.

Abg. **Geiger:** Mir ist es bedenklich, ob wir uns auf einen Standpunkt stellen sollen, den wir bisher nicht eingenommen haben. Bisher haben wir bei der Frage, um wie viel das Grundstück selbst durch Abtrennung vermindert wird, die Wertherhöhung gar nicht in Betracht gezogen. Ist die Werthminderung in concreto festgestellt, und diese Werthminderung eine solche, daß das Unschädlichkeitszeugniß ertheilt werden kann, dann soll bei der Abgleichung die dann erst zu berücksichtigende Wertherhöhung in Anrechnung gebracht werden.

Senatspräsident Dr. **von Jacubezky:** Die von mir dargelegte Auffassung ergibt sich schon aus den Motiven. Ich glaube, der Gedanke der

S. 134. Vorschrift muß der sein: Weil in diesem Falle die Berechtigten in Wirklichkeit keinen oder nur geringen Schaden erleiden, kann das Unschädlichkeitszeugniß ertheilt werden. Wenn Sie nur die Anrechnung auf die Ausgleichung wollten, so hätten Sie den ersten Satz streichen müssen: aber dieser ist bei der ersten Lesung nicht beanstandet worden, und der zweite Satz wurde in der Meinung hinzugefügt, es handle sich nur um eine Verdeutlichung. Jetzt hat sich herausgestellt, daß es keine Verdeutlichung ist.

Abg. **Geiger:** Müßten wir nicht auch dann, wenn ein Umtausch beziehungsweise Austausch stattfindet, wenn statt des abgetrennten Grundstücks sofort ein anderes angeboten wird, die Sache ebenso machen und sagen, wir haben von Haus aus schon das Angebot des Umtausches mit einem anderen Grundstück? Zeigt sich also, daß die Werthminderung eine nur unbedeutende ist, so wird das Unschädlichkeitszeugniß mit Rücksicht auf den sofortigen Austausch ertheilt werden können, während es außerdem nicht ertheilt werden könnte.

Senatspräsident Dr. **von Jacubezky:** Ich glaube, daß diese Konsequenz nicht zutrifft. Bei Surrogirung eines Grundstücks handelt es sich lediglich um Ausgleichung der Werthminderung. Es ist gleichgiltig, ob diese durch Surrogirung eines Grundstücks oder durch eine Vergütung in Geld erfolgt. Wir wollen aber durch eine Sondervorschrift die unentgeltliche Abtretung von verhältnißmäßig kleinen Trennstücken zu öffentlichen Zwecken erleichtern. Wenn wir uns auf den Standpunkt stellen, daß diese Abtretung zu öffentlichen Zwecken einer Förderung von Seite des Gesetzes würdig ist, dann müssen wir den Abs. 2 im Sinne des Entwurfs beibehalten, sonst verfehlen wir einen großen Theil des Zweckes. Man würde es kaum verstehen, wenn wir sagen wollten, die Werthterhöhung wird auf die Ausgleichung angerechnet, aber bei der Frage, ob eine erhebliche oder nur eine geringfügige Werthminderung vorliegt, bleibt sie außer Betracht. Ich sehe nicht ein, warum die Werthterhöhung blos nach einer Richtung hin in Betracht gezogen werden soll.

Stellvertretender Vorsitzender **Kraußold:** Ich gestehe, daß ich nicht daran gedacht habe, daß schon bei der Werthminderung die eventuelle Wertherhöhung berücksichtigt werden soll, verkenne aber durchaus nicht, daß für die Beurtheilung der Werthminderung die Wertherhöhung von großem Belang erscheint: ich glaube jedoch nicht, daß man dieß aus dem Gesetz herauslesen kann, und fürchte, daß man sagt: Ich muß zuerst die Werthminderung und dann nach Abs. 2 die Wertherhöhung feststellen.

Senatspräsident Dr. **von Jacubezky:** Wenn man den ersten und den zweiten Absatz im Zusammenhang liest, so kann man kaum in Zweifel sein, daß der zweite Absatz Satz 1 diese weitergehende Bedeutung hat. Denn offenbar ist im Abs. 2 unter „Werthminderung" dasselbe gemeint, wie im Abs. 1. Hier heißt es aber, daß diese erstens geringfügig sein und zweitens ausgeglichen werden muß. Wenn die Wertherhöhung schlechthin auf die Werthminderung angerechnet werden soll, so kommt sie schon bei der Frage, ob die Werthminderung die Eigenschaft einer geringfügigen hat, in Betracht. Eine Verdeutlichung scheint mir nicht nothwendig zu sein.

Referent: Wir haben uns bei der Stellung unseres Modifikationsantrags meines Erinnerns nichts Anderes gedacht, als die Staatsregierung jetzt feststellt.

Unser Antrag ist zu Artikel 4 gestellt worden. Durch die Redaktionskommission ist der Satz dem Artikel 2 angefügt worden und da tritt sein tautologischer Charakter hervor. Der Satz ist insofern überflüssig, als durch das Wort „Anrechnung" Alles gedeckt ist, was getroffen werden will. Auf der anderen Seite muß ich als richtig anerkennen, daß man den Satz nur auf die Frage beschränkt hat, ob Ausgleichung erforderlich ist, nicht aber, ob die Werthminderung durch die Werthherhöhung eine geringe wird. Ich bin also damit einverstanden, daß der zweite Satz des 2. Absatzes wieder gestrichen wird. S. 134.

Abg. **Geiger:** Ich habe die Sache so aufgefaßt, daß die Werthherhöhung ebenso wie die Surrogirung erst bei der Frage der Ausgleichung in Betracht kommt. Der Gedanke, den der Herr Ministerialkommissär ausgesprochen, ist für mich ein neuer; er sollte aber dann im Abs. 1 zum Ausdruck kommen, bei der Frage, ob die Werthminderung verhältnißmäßig gering ist.

Referent: Das ist nicht der Fall. Im Artikel 2 Abs. 1 ist ausgesprochen, daß das Unschädlichkeitszeugniß ertheilt werden kann, wenn die Werthminderung eine verhältnißmäßig geringe ist. Abs. 2 enthält nun eine Bestimmung für für den Fall, wenn ein Grundstücktheil zum öffentlichen Zwecke abgetreten wird. Da ist es nun möglich, daß ‖ die Werthminderung eigentlich eine erhebliche ist und deßhalb soll die Werthherhöhung auf die Werthminderung angerechnet werden; wenn sich dann ergibt, daß die Werthminderung gleichwohl eine verhältnißmäßig geringe ist, kann das Zeugniß ertheilt werden. S. 135.

Oberregierungsrath **Henle:** Abs. 1 behandelt den allgemeinen Fall, der für jedes Unschädlichkeitszeugniß zutrifft. Abs. 2 Satz 1 bringt eine Sonderbestimmung zum ersten Erforderniß eines jeden Unschädlichkeitszeugnisses, es soll nämlich, wenn an und für sich eine verhältnißmäßig geringe Werthminderung nicht vorliegt, eine solche gleichwohl dann anzunehmen sein, wenn sie bei Abtretung zu öffentlichem Zweck durch die Anrechnung der Werthherhöhung gewonnen wird.

Senatspräsident Dr. **von Jacubezky:** Die Anrechnung kann selbstverständlich nur einmal stattfinden; wenn die Werthherhöhung schon zu dem Zweck verbraucht ist, um festzustellen, daß die Werthminderung eine verhältnißmäßig geringe ist, so kann sie nicht mehr bei der Ausgleichung angerechnet werden, dagegen kann dieß geschehen, wenn von vornherein klar ist, daß auch ohne Rücksicht auf die Werthherhöhung die Werthminderung verhältnißmäßig gering ist.

Stellvertretender Vorsitzender **Kraußold:** Ich glaube, daß durch die gegebenen Erklärungen die Sache jetzt so klar gestellt ist, daß ein Zweifel nicht mehr möglich ist. Nur die Frage möchte ich mir noch erlauben, wie es zu handhaben ist, wenn die Werthherhöhung noch größer sich darstellt, als die Werthminderung.

Senatspräsident Dr. **von Jacubezky:** Wenn die Differenz gleich Null ist, so kommt eine Ausgleichung überhaupt nicht in Frage.

Abg. **Michel:** Mir will es scheinen, als ob man vielleicht durch die Einschaltung des Wortes „dagegen" Klarheit schaffen könnte.

S. 135. Senatspräsident Dr. **von Jacubezky:** Es liegt hier nicht eine Ausnahme im eigentlichen Sinne vor, sondern eine Sondervorschrift für einen besonderen Fall. Im ersten Absatz wird die Regel ausgesprochen, und diese Regel erleidet nach Abs. 2 in einem besonderen Falle eine Modifikation.

Abg. **Michel:** Ich bin zu dieser Anregung nur um deswillen gekommen, weil im Abs. 1 von der entgeltlichen und im Abs. 2 von der unentgeltlichen Abtretung die Rede war, sehe aber jetzt davon ab.

Sodann wird auf Antrag des Referenten einstimmig beschlossen,

im Artikel 2 Abs. 2 den Satz: „Soweit die Werthminderung durch die Wertherhöhung gedeckt wird, ist eine Ausgleichung nicht erforderlich“ zu streichen.

Senatspräsident Dr. **von Jacubezky:** Im dritten Absatz haben die Herren das Wort „verhältnißmäßige“ eingeschaltet. Ich muß wiederholen, was ich schon in der ersten Lesung bemerkt habe, daß dieses Wort das, was es sagen soll, eigentlich nicht sagt. Denn gesagt soll werden „verhältnißmäßig geringe“. Sie sagen aber nur „verhältnißmäßige“; verhältnißmäßig ist die Werthminderung aber immer, d. h. sie steht in einem Verhältnisse, sei es nun zum Werthe des Ganzen, oder des Trennstücks, oder des Restgrundstücks, und es liegt am nächsten, an das Verhältniß zu dem Werthe des Trennstücks zu denken, dem sie in der Regel gleich sein wird. Der Ausdruck ist also von vornherein redaktionell kein glücklicher. Aber er ist nach meinem Dafürhalten auch deßhalb nicht zu billigen, weil er einem Mißverständnisse Raum gibt. Nach dem Berichte Seite 19*) ist die Einschaltung für nothwendig erachtet worden, „weil die Werthminderung bis zu 50 M. nicht absolut und unter allen Umständen, sondern nur dann von der Verpflichtung zur Ausgleichung entbinden soll, wenn diese Werthminderung als eine verhältnißmäßig geringe erscheine“, und dann wird im Wesentlichen übereinstimmend auf Seite 21 oben gesagt, daß die Einschaltung nothwendig sei, „um den Richter daran zu erinnern, daß auch dann, wenn die Werthminderung den Betrag von 50 M. nicht übersteige, diese Werthminderung eine verhältnißmäßig geringe im Sinne des Abs. 1 sein müsse, da er sonst zu der Auslegung gelangen könnte, daß die Bestimmung des Abs. 3 eine absolute und eine Ausgleichung nicht geboten sei, auch wenn die Werthminderung bis zu 50 M. keine verhältnißmäßig geringe wäre.“ Wenn es sich darum handelte, daß die Ausgleichung geboten ist, falls eine 50 M. nicht übersteigende Werthminderung eine verhältnißmäßig große ist, dann hätten Sie Recht; aber das ist nicht der Fall. Sondern wenn die Werthminderung eine verhältnißmäßig große ist, wird auch nicht ausgeglichen, in diesem Falle darf ja das Zeugniß von vornherein nicht ertheilt werden. Also der Fall, auf den Sie den Richter besonders aufmerksam machen wollen, daß nämlich die Ausgleichung einer Werthminderung unter 50 M. deßhalb nothwendig wird, weil diese Werthminderung eine verhältnißmäßig große ist, kann gar nicht vorkommen, er ist nach den Vorschriften des Gesetzes von vornherein ausgeschlossen. Wenn der Gesetzgeber aber eine Vorschrift mit Rücksicht auf einen besonderen Fall gibt, so muß man doch annehmen, daß dieser Fall nach dem Willen des Gesetzgebers möglich ist. Für Unmögliches kann man doch nicht eine besondere Vorschrift geben wollen.

*) Vergl. unten S. 154 bis 157.

Durch die Einschaltung des Wortes „verhältnißmäßige“ erwecken Sie den S. 135.
Anschein, als solle unter Umständen auch eine verhältnißmäßig große Werthminderung zur Ausgleichung gebracht werden, was niemals zu geschehen hat. Aus diesem Grunde würde die Redaktion gewinnen, wenn Sie auf das Wort verzichten wollten. Wenn Sie es weglassen, wird kein Mißverständniß entstehen, wenn Sie es aber stehen lassen, könnte man glauben, unter Umständen müsse eine verhältnißmäßig große Werthminderung zur Ausgleichung gebracht werden. Das kann aber nach den Vorschriften des Gesetzes gar nicht vorkommen.

Abg. **Geiger:** Ich bin noch nicht bekehrt worden. Durch die Bestimmung, daß, wenn es sich nur um einen Betrag von 50 M. handelt, eine Ausgleichung nicht nothwendig sei, muß Jeder, der das Gesetz liest, auf den Gedanken kommen: Also wenn es sich nur um 50 M. handelt, brauche ich mich nicht darum zu kümmern, wie das Verhältniß des Trennstücks zu dem Ganzen ist; denn mit dem Betrag von 50 M. sagt der Gesetzgeber: Minima non curat praetor. Wir wollen zum Ausdruck bringen, daß es auch dann, wenn es sich nur um 50 M. handelt, fraglich ist, ob das Unschädlichkeitszeugniß ertheilt werden kann, wenn dieser Betrag eine verhältnißmäßig große Werthminderung im Verhältnisse zum Ganzen ist. Der Herr Ministerialkommissär sagt allerdings, das müßte ja schon von Haus aus geprüft werden, ob 50 M. eine derartige Werthminderung ist, bei der das Zeugniß nicht ertheilt werden kann; allein ich glaube, daß wir Denjenigen, der das Gesetz anzuwenden hat, irre
führen, wenn wir sagen, bei einer Werthminderung von 50 M. braucht es S. 136.
überhaupt nichts weiter.

Senatspräsident Dr. **von Jacubezky:** Wenn der Satz so lautete, wie der Herr Vorredner meint, dann wäre allerdings eine Verdeutlichung im angeführten Sinne nothwendig. Das ist aber nicht der Wortlaut des Gesetzes. Es heißt nicht: „Eine Werthminderung kommt nicht in Betracht, wenn sie den Betrag von 50 M. nicht übersteigt“, sondern es heißt „die Ausgleichung der Werthminderung ist nicht erforderlich, wenn diese den Betrag von 50 M. nicht übersteigt“. Es wird also gesagt: Es ist eine Werthminderung vorhanden und diese Werthminderung kommt auch in Betracht und nur die Ausgleichung dieser Werthminderung ist nicht erforderlich. Wenn das Gesetz von vornherein nur von der Ausgleichung spricht, kann es natürlich nur die Fälle in Berücksichtigung ziehen, in denen die Ausgleichung denkbar ist. Die Ausgleichung ist aber denkbar nur, wenn die Werthminderung eine verhältnißmäßig geringe ist. Von diesem ersten Erforderniß wird keine Ausnahme zugelassen und ich glaube, daß die redaktionelle Aenderung, die wir im ersten Absatz vorgenommen haben, das Verständniß gerade in dieser Beziehung fördert. Wir haben scharf die zwei Erfordernisse hervorgehoben:

1. verhältnißmäßig geringe Minderung,
2. Ausgleichung dieser verhältnißmäßig geringen Minderung.

Wenn dann im dritten Absatz nur von der Ausgleichung gesprochen wird, so ist klar, daß nur für das zweite Erforderniß, von dem allein gesprochen wird, eine Ausnahme gegeben werden soll, nicht auch für das erste Erforderniß, von dem hier gar nicht die Rede ist. Das tritt noch schärfer hervor durch den inzwischen stehenden zweiten Absatz. Dieser bezieht sich auf beide Erfordernisse, deßhalb ist die Fassung des zweiten Absatzes eine andere

S. 136. als die des dritten. Die Fassung des zweiten Absatzes lautet: „Auf die Werthminderung wird die Wertherhöhung angerechnet." Die Werthminderung wird hier in jeder Beziehung betroffen, sowohl bezüglich der Frage der Geringfügigkeit wie auch bezüglich der Frage der Ausgleichung. Im dritten Absatz wird im Gegensatz hiezu nicht von der Werthminderung als solcher gesprochen, sondern nur von der Ausgleichung. Eben deßhalb darf man aber nicht auch die andere Frage hereinziehen. Sie ist dadurch, daß nur von der Ausgleichung gesprochen wird, von vornherein ausgeschieden. Die Fassung des Entwurfs legt auch nicht die Gefahr eines Mißverständnisses nahe. Es steht nur da „die Ausgleichung ist nicht erforderlich" und von dem ersten Erfordernisse, dem der Geringfügigkeit der Werthminderung, ist keine Ausnahme gemacht. Der zweite Absatz hat eine weitergehende Fassung als der dritte. In dieser Beschränkung des dritten Absatzes tritt ganz deutlich hervor, daß, während der zweite Absatz sich auf beide Erfordernisse bezieht, der dritte sich nur auf das zweite Erforderniß beziehen soll. Der Zusatz „verhältnißmäßige" scheint mir also nicht nur nicht nothwendig zu sein, sondern das Verständniß des Ganzen sogar zu erschweren.

Abg. **Lerno:** Ich kann mich den Gründen des Herrn Ministerialkommissärs nicht verschließen, möchte aber doch bemerken, daß der Richter, der das Gesetz in der Praxis anzuwenden hat, die Verhandlungen im Justizausschusse nicht so genau kennt und die Gefahr eines Mißverständnisses, wie sie Abg. Geiger dargelegt hat, sehr nahe liegt.

Ich meine, wir könnten aus dem Dilemma hinauskommen, wenn wir Abs. 3 der Regierungsvorlage ganz streichen würden. Wenn es Jemandem darum zu thun ist, daß von seinem Grundstück ein kleines Stück wegkommt und ein anderes angefügt wird, so wird es ihm nicht so schwer fallen, einen Betrag von 50 M. zu erlegen.

Senatspräsident Dr. **von Jacubezky:** Ich glaube nicht, daß dieß eine Verbesserung wäre. Der Herr Abg. Geiger hat bei der ersten Lesung mit Recht hervorgehoben, daß es nicht zweckmäßig ist, wenn so kleine Beträge zur Ausgleichung gebracht werden müssen, es müßte dann unter Umständen ein Aufgebotsverfahren stattfinden, welches vielleicht mehr kosten würde, als die ganze Ausgleichung werth ist. Wir haben diese Bestimmung aus den Gesetzen anderer Staaten entnommen, wo sie sich in der Praxis bewährt hat. Mit der Streichung der Bestimmung würde man den Grundbesitzern keinen Gefallen erweisen.

Abg. **Geiger:** Den Absatz können wir nicht entbehren; wir zeigen dadurch an, daß, wenn es sich um 50 M. handelt, kein weiteres Verfahren stattfinden soll. An dem Wort „verhältnißmäßig" muß ich festhalten, weil ich der Ueberzeugung bin, daß das Mißverständniß, von dem der Herr Ministerialkommissär sagt, daß es nicht besteht, gleichwohl bestehen wird. Ich mache wiederholt darauf aufmerksam, daß der Richter, dem die Anwendung des Gesetzes in erster Reihe obliegt, einen Kommentar braucht, um das Gesetz in dem Sinne aufzufassen, wie es der Herr Ministerialkommissär erläutert hat. Es sind die neuen Gesetze so abgefaßt, daß wir jedem Gesetz einen Kommentar beifügen sollten, wie es aufzufassen ist. Das war in unseren früheren bayerischen Gesetzen nicht der Fall; jetzt kommt man erst nach eingehendem Studium darauf, daß es sich nicht um die Frage der Werthminderung, sondern um die

der Ausgleichung handelt. Diese feinen Unterschiede, die vom Herrn Ministerial- S. 136.
kommissär richtig getroffen worden sind, sollten doch im Gesetz deutlicher zum Ausdruck kommen. Ich bedaure, daß wir ein Gesetz machen, welches nur nach gehörigem Studium von Denjenigen vollständig verstanden wird, welche die Ehre gehabt haben, in der Kommission zu sitzen.

Senatspräsident Dr. **von Jacubezky:** Ich glaube nicht, daß die Sätze so schwer zu verstehen sind, wie der Herr Vorredner ausgeführt hat, namentlich wenn — was der Gesetzgeber verlangen muß — Derjenige, der das Gesetz anwenden will oder als Partei davon betroffen wird, sich die Mühe nimmt — ich will nicht sagen das ganze Gesetz —, aber doch den ganzen Artikel zu lesen. Das Gesetz ist nicht ganz willkürlich in Artikel abgetheilt, sondern jeder Artikel behandelt im Zusammenhang eine gewisse Materie. Man kann also nicht die einzelnen Absätze eines Artikels von den übrigen Absätzen ohne Weiteres lostrennen. Bekanntlich steht schon im corpus juris der Grundsatz: Incivile est nisi tota lege perspecta una aliqua particula ejus proposita judicare vel respondere. Ich verstehe unter der tota lex wenigstens den einen Artikel. Wenn der Richter den ganzen Artikel liest, so wird ihm sofort der Unterschied in der Fassung zwischen dem zweiten und dem dritten Absatz auffallen. Im zweiten Absatz wird von Werthminderung schlechthin gesprochen, während der dritte Absatz anfängt: „eine Ausgleichung ist nicht erforderlich“. Wenn der Gesetzgeber im zweiten Absatz von der Werthminderung schlechthin spricht, im dritten dagegen ‖ von der Ausgleichung, so muß S. 137.
der Richter doch annehmen, daß er in beiden Absätzen nicht ganz dasselbe gemeint hat. Unter Ausgleichung kann nur das verstanden werden, was im ersten Absatz als Ausgleichung bezeichnet ist. Ich meine, wenn man diese Sätze im Zusammenhang liest, wird man kaum sagen dürfen, hier liege einer der Fälle vor, wo die Gesetzgebung gar zu sparsam mit den Worten ist. Man kann die Gesetze nicht so schreiben, daß es genügt, sie ohne Aufmerksamkeit, gleichsam mit halbem Auge, zu lesen.

Stellvertretender Vorsitzender **Kraußold:** Ich muß gestehen, daß mir auch Bedenken über das Wort „verhältnißmäßig“ gekommen sind. Nach dem Artikel 2 sind es zwei Momente, die der Richter zu beachten hat: er hat sich zuerst zu fragen, ob die Werthminderung wirklich eine geringe ist; hat er dieß erledigt, dann kommt erst die Ausgleichung in Frage.

Referent: Ich habe doch das Gefühl, daß wir der Sache zu viel Bedeutung beilegen. Es ist richtig, daß, wenn wir den ersten und zweiten Absatz des Artikel 2 genau gelesen haben, wir bei Abs. 3 ohnedieß darauf kommen müssen, daß die Werthminderung nur eine verhältnißmäßig geringe sein darf: anderseits ist aber doch das Bedenken gerechtfertigt, daß eine Zurückverweisung auf Abs. 1 am Platze ist, um bei der Fassung des Abs. 2 darauf aufmerksam zu machen, daß nur das Verhältniß bei der Werthminderung in Betracht kommen kann. Ein Mißverständniß kann doch nicht entstehen. Ich wäre dafür, daß wir das Wort „verhältnißmäßig“ stehen lassen. Schaden kann es nichts; ob es gerade viel nützen wird, will ich dahin gestellt sein lassen.

Abg. **Geiger:** Auch ich lege nicht so viel Werth darauf: ich habe nur Bedenken wegen der Anwendung des Gesetzes. In der Praxis wird man sagen: Wenn bei 50 M. nicht einmal eine Ausgleichung nöthig ist, dann braucht

S. 137. es auch keine Prüfung mehr, wie das Verhältniß des Trennstücks zum Restgrundstück ist: dann ist die Ausstellung des Unschädlichkeitszeugnisses von vornherein gestattet. Ich für meine Person bin der Anschauung, daß man das Wort „verhältnißmäßig" stehen lassen soll. Der Richter wird darauf aufmerksam gemacht, daß er das Verhältniß noch in's Auge fassen muß.

Abs. 3 des Artikel 2 wurde hierauf mit allen gegen drei Stimmen in folgender Fassung angenommen:

„Die Ausgleichung der verhältnißmäßigen Werthminderung ist nicht erforderlich, wenn diese den Betrag von fünfzig Mark nicht übersteigt."

Hierauf wurde Artikel 2 nach den Beschlüssen erster Lesung einstimmig angenommen.

Desgleichen wurden auf Antrag des Referenten die Artikel 3 und 3a*) nach den Beschlüssen erster Lesung ohne Diskussion unverändert angenommen.

Artikel 5, 5a und b.**)

Referent: Bei Abfassung meines Berichts ist mir das Bedenken gekommen, ob Artikel 5a am rechten Platz ist: ich habe diesem Bedenken auf Seite 33 des Berichts Ausdruck gegeben.***) Von Seite der Staatsregierung wurde dagegen geltend gemacht, daß Artikel 5a, der einen materiellen Grundsatz enthalte, dem Artikel 5b voranzugehen habe. Abs. 1 müsse dem Artikel 5b nothwendig vorangehen, da man nicht bestimmen könne, was geschehen solle, wenn die gerichtliche Aufforderung der Berechtigten beantragt werde, bevor gesagt wird, daß eine solche gerichtliche Aufforderung zulässig sei und welchen Inhalt und Wirkung sie habe. Abs. 2 des Artikel 5a gelte ebenso wie Abs. 1 nur für den Fall, daß die Werthausgleichung unterbleiben soll: er betreffe die Fälle, in denen das Recht (die Hypothek) eingetragen, der jetzige Berechtigte aber nicht eingetragen sei. Bei der Briefhypothek würden solche Fälle sehr häufig sein. Werde die Werthminderung ausgeglichen, so sei es gleichgiltig, ob die jetzigen Berechtigten eingetragen seien oder nicht. Wem das eingetragene Recht zustehe, komme erst in Frage, wenn es sich darum handle, ob ein Vertheilungsverfahren stattfinden soll. Für diesen Fall aber sei im Artikel 8 Abs. 1 Satz 2 auf Artikel 5a Abs. 2 verwiesen (in der Beilage 978 heißt es in Folge eines Druckfehlers Artikel 5 Abs. 2). Der Abs. 2 ergänze den Abs. 1 des Artikels 5a, indem er sage, wer die Berechtigten seien, von denen Abs. 2 spreche: er sei daher von diesem nicht zu trennen. Ich muß die Berechtigung dieser Erinnerung zugestehen und verfolge die Frage nicht mehr, ob der Artikel 5a am richtigen Platze ist, sondern beantrage die unveränderte Annahme der Artikel 5 und 5a.

Was den Artikel 5b betrifft, so bin ich in meinem Bericht von der Ansicht ausgegangen, daß die Erklärungsfrist von einem Monat zu lange sei, und habe deßhalb behufs Beschleunigung des Verfahrens eine Kürzung dieser Frist von zwei Wochen vorgeschlagen.

Senatspräsident Dr. **von Jacubezky:** Ich bin ermächtigt, zu erklären, daß die Staatsregierung mit dieser Aenderung einverstanden ist. Dieselbe

*) Vergl. oben S. 104.
**) Vergl. oben S. 104, 105.
***) Vergl. hierzu unten S. 169.

Vorschrift findet sich auch im Landeskulturrentengesetz vom 21. April 1884 S. 137.
Artikel 12 Ziff. 3, dann im Flurbereinigungsgesetz vom 29. Mai 1886 Artikel 20 Abs. 4 und Artikel 26 Abs. 3. Die Fälle, die in diesen Gesetzen behandelt sind, haben Verwandtschaft mit dem Fall der Ausstellung des Unschädlichkeitszeugnisses. Es ist deßhalb gerechtfertigt, die kürzere Frist, die in diesen Gesetzen bestimmt ist, auch hier in Anwendung zu bringen.

Abg. **Michel**: Ich halte mich für verpflichtet, um Mißverständnissen vorzubeugen, zu erklären, daß von meiner Seite absolut keine Bedenken darüber erhoben worden sind, in welcher Weise überhaupt Zustellungen zu erfolgen haben: mir waren die bezüglichen Bestimmungen bekannt. Meine Bedenken haben sich vielmehr dagegen gerichtet, ob die Mittheilungen, von denen das Gesetz spricht, überhaupt zugestellt werden müssen. Die Novelle vom 26. April 1888 hat es ausdrücklich für nothwendig erachtet, Bestimmung darüber zu treffen, in welcher Weise Modifikationen zu erfolgen haben. Es findet sich eine Bestimmung darüber, welche normirt, daß dann, wenn eine Vormundschaft eintritt, den betreffenden neuen Vormündern Mittheilung zu machen ist, wenn sie beim Familienrath nicht gegenwärtig sind. Der Vormundschaftsrichter ist verpflichtet, diese Mittheilung zustellen zu lassen. Ich war der Ansicht, daß die Mittheilungen, welche auf Grund des Unschädlichkeitszeugnisses zu erfolgen haben, ebenfalls zuzustellen sind. Die Formen, in welchen das zu geschehen hat, sind gegeben. Ich wollte keine Aenderung am Zustellungswesen überhaupt herbeiführen, sondern nur eine bestimmte Norm im Gesetze dafür haben, in welcher Weise in der Pfalz diese Mittheilungen zu erfolgen haben.

Referent: Ich bemerke, daß der Passus meines Berichts auf Seite 34, auf welchen die Ausführungen meines Herrn Vorredners sich augenscheinlich beziehen, nunmehr gestrichen ist.

Hierauf werden die Artikel 5, 5a und 5b und zwar letzterer mit der S. 138.
vom Referenten beantragten Modifikation einstimmig angenommen, wonach die Erklärungsfrist mit dem Ablauf von zwei Wochen seit der Einrückung beginnt. Desgleichen wurden die Artikel 6, 7 und 7a*) den Anträgen des Referenten entsprechend, nach den Beschlüssen erster Lesung unverändert angenommen, desgleichen auch Artikel 8, wobei in Abs. 1 die Allegation des „Artikel 5 Abs. 2" abgeändert wurde in „Artikel 5a Abs. 2".**)

Referent trägt sodann seine zu Artikel 9***) in dem Berichte (Seite 38 und 39†) gemachten Ausführungen vor.

Senatspräsident Dr. **von Jacubezky:** Ich bin mit der vom Herrn Referenten vorgeschlagenen Aenderung einverstanden. Ich habe selbst in erster Lesung darauf aufmerksam gemacht, wie nahe verwandt der Fall der Ertheilung des Unschädlichkeitszeugnisses mit einer Zwangsenteignung ist, und ich glaube, es entspricht dem Wesen der Sache besser, wenn wir volle Uebereinstimmung herstellen, wenn wir den zur Vertheilung unter die Berechtigten hinterlegten Betrag dem bei der Zwangsversteigerung erzielten Erlöse gleichstellen und die

---

*) Vergl. oben S. 105, 106.
**) Vergl. oben S. 106 und 115 Anm. *.
***) Vergl. oben S. 106.
†) Vergl. unten S. 173 bis 175.

S. 138. Befriedigung aus dem hinterlegten Betrage als Befriedigung aus dem Grundstück im Sinne des § 1181 des Bürgerl. Gesetzbuchs*) behandeln. Das wird durch die vorgeschlagene Aenderung des Herrn Referenten erreicht.

Es wird hierauf der Artikel 9 mit der vom Referenten vorgeschlagenen Abänderung einstimmig angenommen: derselbe lautet nunmehr:

Abs. 1. Der zu vertheilende Betrag tritt für die Berechtigten an die Stelle des Trennstücks.

Abs. 2. Auf die Vertheilung des hinterlegten Betrages unter die Berechtigten finden d e für die Vertheilung des Erlöses im Falle der Zwangsversteigerung von Grundstücken geltenden Vorschriften entsprechende Anwendung. Die Vertheilung ist erst zulässig, wenn die lastenfreie Abschreibung des Trennstücks im Grundbuch erfolgt ist.

Artikel 10**) wird auf Antrag des Referenten in der Fassung nach dem Beschlusse erster Lesung einstimmig angenommen.

Artikel 11.***)

Referent: Nach den Motiven†) soll die Gleichstellung eines einzelnen Grundstücks mit einer Theilfläche eines solchen nur den Anwärtern und Anerben gegenüber gelten: um dieß deutlich zum Ausdruck zu bringen, bin ich zu dem auf Seite 43 meines Berichts††) enthaltenen Antrag gekommen:

a) Artikel 11 Abs. 1 zu fassen, wie folgt:

„Bei Familienfideikommissen, landwirthschaftlichen Erbgütern, Lehen und allodifizirten Lehen finden die Vorschriften der Artikel 3 bis 5, 6 und des Artikel 7 Abs. 1, 2 entsprechende Anwendung. Der Veräußerung eines Trennstücks steht gegenüber den Rechten der Anwärter und Anerben die Veräußerung eines einzelnen Grundstücks gleich“;

b) die Absätze 2 bis 4 in der in erster Lesung beschlossenen Fassung anzunehmen.

Dagegen ist Seitens der k. Staatsregierung Folgendes geltend gemacht worden: Die Absicht des Entwurfs sei gewesen, daß die Absätze 1 und 2 des Artikel 11 nur für die Anwärter und Anerben gelten sollten. Insbesondere gehe es nicht an, die Hypothekgläubiger bei Lehen und landwirthschaftlichen Erbgütern auf die Kaufpreisforderung zu verweisen. Die Sachlage sei bei ihnen in dieser Beziehung dieselbe, wie bei den übrigen Hypothekgläubigern: ihre Rechte könnten nicht wohl auf die Forderung erstreckt, und auf keinen Fall dürften sie genöthigt werden, sich mit einem Pfandrecht auf die Kaufpreisforderung zu begnügen. Der Ausschuß habe aber mit Zustimmung der k. Staatsregierung angenommen, daß der Abs. 2 auch für die Fideikommißgläubiger gelten müsse. Bei diesen sei die Surrogirung des Kaufpreises thunlich, weil ihre Rechte auf das ganze Fideikommißvermögen sich erstrecken. Diese Erweiterung des Geltungsbereichs des Abs. 2 lege es nahe, auf den Abs. 1 zu erstrecken, um so mehr, als dieser auch für die Hypothekgläubiger

*) § 1181 Abs. 1 B.G.B. lautet: „Wird der Gläubiger aus dem Grundstücke befriedigt, so erlischt die Hypothek.“

**) Vergl. oben S. 106.

***) Vergl. oben S. 106, 107.

†) Vergl. oben S. 16.

††) Vergl. unten S. 179.

passe. Dann müsse aber in Abs. 2 klargestellt werden, daß er nicht für die S. 138.
Hypothekgläubiger gelte. Um diesen Gedanken klar zum Ausdruck zu bringen, empfehle sich folgende Fassung:

Abs. 1. Bei Familienfideikommissen, landwirthschaftlichen Erbgütern, Lehen und allodifizirten Lehen finden die Vorschriften der Artikel 3 bis 5, 6 und des Artikel 7 Abs. 1, 2 auf die Befreiung des Trennstücks von den Rechten der Anwärter oder der Anerben entsprechende Anwendung. Fideikommißschulden stehen den Hypotheken gleich.

Abs. 2. Für die Veräußerung eines einzelnen Grundstücks gilt das Gleiche, wie für die Veräußerung eines Trennstücks.

Abs. 3. Zur Ausgleichung der Werthminderung kann gegenüber den Anwärtern oder den Anerben und den Fideikommißgläubigern auch die Forderung auf den Kaufpreis dienen, wenn das veräußerte Trennstück an erster Stelle hinter den zur Zeit der Veräußerung bestehenden Belastungen mit einer Hypothek für die Forderung belastet ist. Auf die Forderung oder den zu hinterlegenden Geldbetrag sind die von der Abtrennung betroffenen Rechte zu erstrecken.

Abs. 4. Bei Familienfideikommissen ist zur Feststellung der Unschädlichkeit das Fideikommißgericht zuständig.

Durch diese Abänderung wird festgestellt:

1. daß im Allgemeinen die Zulässigkeit des Unschädlichkeitszeugnisses nur gegenüber den Anwärtern und den Anerben festgestellt wird:
2. daß bei den Familienfideikommissen diese Zulässigkeit auch auf die Fideikommißgläubiger ausgedehnt wird:
3. daß ausgeschlossen wird, daß das Unschädlichkeitszeugniß auch ertheilt werden kann, wenn bei Lehen, allodifizirten Lehen und landwirthschaftlichen Erbgütern Hypothekgläubiger in Frage kommen.

Senatspräsident Dr. **von Jacubezky:** Im Abs. 1 handelt es sich nicht darum, die Ertheilung des Unschädlichkeitszeugnisses gegenüber Hypothekgläubigern auszuschließen, für diese gelten vielmehr die Vorschriften der vorhergehenden Artikel. Wir brauchen nur noch die Erstreckung auf andere Berechtigte, die nicht Hypothekgläubiger oder ihnen nach Artikel 1 gleich gestellte Berechtigte sind, das sind die Anwärter, Anerben und Fideikommißgläubiger. Die letzteren müssen ausdrücklich genannt werden, weil Fideikommißschulden nicht Hypotheken im technischen Sinne des Wortes sind.

Im zweiten Absatz wird ausgesprochen, daß hier, wo ein rechtlicher S. 139.
Verband besteht, auch ganze Grundstücke veräußert werden können unter denselben Voraussetzungen, unter welchen nach den allgemeinen Vorschriften Trennstücke frei veräußert werden können. Gegenüber dem Fideikommiß und dem Lehen, das aus einer Anzahl von Grundstücken besteht, ist das einzelne Grundstück, wenn es veräußert wird, nur ein Trennstück und deßhalb soll dieser Satz allgemein auch den Hypothekgläubigern gegenüber gelten.

Im dritten Absatz wird hervorgehoben, daß diese Sondervorschrift wegen der Surrogirung der Kaufpreisforderung nur Anwendung findet gegenüber den Anwärtern, Anerben und Fideikommißgläubigern. Die Letzteren sind nämlich in einer anderen Lage, als die Hypothekgläubiger eines Lehens oder landwirthschaftlichen Erbgutes, weil ihnen das gesammte zum Familienfideikommiß gehörige Vermögen haftet. Mit Rücksicht darauf ist es möglich, den dritten

S. 139. Absatz auf die Familienfideikommißgläubiger zu erstrecken. Dagegen geht es nicht an, den dritten Absatz auch für die Hypothekgläubiger bei Lehen und landwirthschaftlichen Erbgütern gelten zu lassen. Es handelt sich also darum, daß der dritte Absatz in dem Sinne, in dem er in der ersten Lesung angenommen worden ist, redaktionell klar gestellt wird, und daß die Erweiterung, welche zum dritten Absatz beschlossen worden ist, in entsprechender Weise auch im zweiten Absatz vorgenommen wird.

Sodann wird auf Antrag des Referenten Artikel 11 in der von der Regierung neu vorgeschlagenen Fassung einstimmig angenommen.

Artikel 12 und Artikel 13*) werden auf Antrag des Referenten in der Fassung nach den Beschlüssen erster Lesung einstimmig angenommen.

Artikel 14**) wird auf Antrag des Referenten nach Abänderung des Allegats im dritten Absatz „Die Vorschriften des Artikel 4 Abs. 1,2" in „Die Vorschriften des Artikel 3a Abs. 1,2" einstimmig angenommen.

Artikel 14a***) wird auf Antrag des Referenten unter Einschaltung der Worte „der Theilfläche eines solchen oder eines Zubehörstücks" nach den Worten im ersten Absatz: „ . . . oder Benützung eines Grundstücks", nachdem die k. Staatsregierung zu dieser Einschaltung ihre Zustimmung erklärt hat, einstimmig angenommen.

Artikel 15.†)

Auf Antrag des Referenten und unter Zustimmung der k. Staatsregierung wird im Abs. 2 dieses Artikels der zweite Satz: „Der Eigenthümer ist nicht berechtigt, für den Betrag, zu welchem eine Hypothek durch Befriedigung des Gläubigers erloschen ist, an deren Stelle eine neue Hypothek zu begründen" mit Rücksicht auf den zum Artikel 9 gefaßten Beschluß einstimmig gestrichen, der Artikel im Uebrigen in der Fassung nach den Beschlüssen erster Lesung einstimmig angenommen.††)

Artikel 16 und 17, sowie Ueberschrift und Einleitungsworte des Gesetzentwurfs werden auf Antrag des Referenten in der Fassung nach den Beschlüssen erster Lesung einstimmig angenommen.

Kraußold,
Vorsitzender.

Fuchs,
Schriftführer.

Berichtigung zu Beil. 978.

Seite 527 Spalte 1 Zeile 9 von oben ist statt „17. März" zu lesen **„22. März"**.†††)

---

*) Vergl. oben S. 107.
**) Vergl. oben S. 107.
***) Vergl. oben S. 107, 108.
†) Vergl. oben S. 108.
††) Vergl. oben S. 108.
†††) Vergl. oben S. 97 Zeile 9 von oben.

IX.

Protokoll

über die 11. Sitzung des besonderen (XVII.) Ausschusses der Kammer der Abgeordneten zur Berathung der Gesetzentwürfe, betreffend

a) die Vorbereitung der Anlegung des Grundbuchs in den Landestheilen rechts des Rheins,

b) das Unschädlichkeitszeugniß.

(Beilage Nr. 1033 z. d. Verhandl. d. K. d. Abg. 1898 Bd. XVI S. 140.)

München, den 3. Mai 1898. S. 140.

Gegenwärtig:

die Ausschußmitglieder:

von Walter, Vorsitzender, Kraußold, Stellvertreter des Vorsitzenden, Fuchs, Schriftführer, Michel, Stellvertreter des Schriftführers, Aigner, Dr. Casselmann, Ganzleben, Joseph Huber, Lerno, Segitz und Wieland (Joseph Geiger, Eusebius Hofmann und Lutz abwesend).

Tagesordnung:

Zweite Berathung des Gesetzentwurfs, das Unschädlichkeitszeugniß betreffend.

Vorsitzender: Es ist heute lediglich über das Gesetz in der Fassung abzustimmen, die es in zweiter Lesung erhalten hat. Dabei bemerke ich, daß über die Artikel 11, 12, 13, 14 und 14a nach der Vorschrift des Tit. X § 7 der Verfassungsurkunde abzustimmen ist, und konstatire, daß die erforderliche Anzahl von drei Viertheilen der Ausschußmitglieder vorhanden ist.

Sodann wurden die einzelnen Artikel und hierauf der ganze Gesetzentwurf nach den Beschlüssen zweiter Lesung in namentlicher Abstimmung einstimmig angenommen.

von Walter,
Vorsitzender.

Fuchs,
Schriftführer.

X.

Beschlüsse der zweiten Lesung

über den Gesetzentwurf, das Unschädlichkeitszeugniß betreffend.*)

(Beilage Nr. 1033 z. d. Verhandl. d. K. d. Abg. 1898 Bd. XVI S. 140.)

Artikel 1 unverändert.

Artikel 2: Der Satz: „Soweit die Werthminderung durch die Wertherhöhung gedeckt wird, ist eine Ausgleichung nicht erforderlich" im Abs. 2 wird gestrichen.

Artikel 3 und 3a unverändert.

Artikel 5 und 5a unverändert.

---

*) Die Beschlüsse der ersten Lesung s. oben S. 109 bis 120.

S. 140. Artikel 5b unverändert mit der Modifikation, daß Abs. 3 letzter Satz zu lauten hat: „Die Erklärungsfrist beginnt mit dem Ablauf von zwei Wochen seit der Einrückung."

Artikel 6, 7 und 7a unverändert.

Artikel 8 unverändert mit Ausnahme des Allegats im ersten Satz „Artikel 5a Abs. 2" statt Artikel 5 Abs. 2.

Artikel 9: Unter Streichung des bisherigen zweiten Absatzes in folgender Fassung angenommen:

Abs. 1: „Der zu vertheilende Betrag tritt für die Berechtigten an die Stelle des Trennstücks."

Abs. 2: „Auf die Vertheilung des hinterlegten Betrages rc. rc." (bisheriger Abs. 1).

Artikel 10 unverändert.

Artikel 11: In folgender Fassung angenommen:

Abs. 1. Bei Familienfideikommissen, landwirthschaftlichen Erbgütern, Lehen und allodifizirten Lehen finden die Vorschriften der Artikel 3 bis 5, 6 und des Artikel 7 Abs. 1, 2 auf die Befreiung des Trennstücks von den Rechten der Anwärter oder der Anerben entsprechende Anwendung. Fideikommißschulden stehen den Hypotheken gleich.

Abs. 2. Für die Veräußerung eines einzelnen Grundstücks gilt das Gleiche, wie für die Veräußerung eines Trennstücks.

Abs. 3. Zur Ausgleichung der Werthminderung kann gegenüber den Anwärtern oder den Anerben und den Fideikommißgläubigern auch die Forderung auf den Kaufpreis dienen, wenn das veräußerte Trennstück an erster Stelle hinter den zur Zeit der Veräußerung bestehenden Belastungen mit einer Hypothek für die Forderung belastet ist. Auf die Forderung oder den zu hinterlegenden Geldbetrag sind die von der Abtrennung betroffenen Rechte zu erstrecken.

Abs. 4. Bei Familienfideikommissen ist zur Feststellung der Unschädlichkeit das Fideikommißgericht zuständig.

Artikel 12 und 13 unverändert.

Artikel 14: Nach Aenderung des Allegats im Abs. 3: „Die Vorschriften des Artikel 4 Abs. 1, 2" in „Die Vorschriften des Artikel 3a Abs. 1, 2" unverändert angenommen.

Artikel 14a: Nach Einschaltung der Worte im Abs. 1: „der Theilfläche eines solchen oder eines Zubehörstücks" nach den Worten: „. . . oder Benutzung eines Grundstücks" unverändert angenommen.

Artikel 15: Nach Streichung des zweiten Satzes im Abs. 2: „Der Eigenthümer ist nicht berechtigt, für den Betrag, zu welchem eine Hypothek durch Befriedigung des Gläubigers erloschen ist, an deren Stelle eine neue Hypothek zu begründen" unverändert angenommen.

Artikel 16 und 17, sowie Ueberschrift und Einleitungsworte des Gesetzentwurfs unverändert.

6.

Bericht

des XVII. (besonderen) Ausschusses der Kammer der Abgeordneten über den Entwurf eines Gesetzes, das Unschädlichkeitszeugniß betreffend.

(Beil. 912.)

(Beilage Nr. 1018 z. d. Verhandl. d. K. d. Abg. 1898 Bd. XVI S. 37 bis 62.*)

München, den 3. Mai 1898. S. 37.

Allgemeiner Theil.

Das Eigenthumsrecht ist das Recht der Herrschaft über eine körperliche Sache, welches seiner Bestimmung nach die freie Verfügung über dieselbe gewährt, welche nach der Natur und dem Rechte möglich ist. Dieser allgemein geltende Begriff des Eigenthums ist auch in § 903 des Bürgerl. Gesetzbuchs übergegangen, indem daselbst bestimmt ist: „Der Eigenthümer einer Sache kann, soweit nicht das Gesetz oder Rechte Dritter entgegenstehen, mit der Sache nach Belieben verfahren und Andere von jeder Einwirkung ausschließen.“ Der Eigenthümer ist nicht befugt, über sein Grundstück Verfügungen zu treffen, welche die Wirksamkeit der auf demselben lastenden Rechte Dritter beeinträchtigen. Jede Verfügung über das Grundstück, welche die darauf lastenden Rechte Dritter berührt, erfordert die Zustimmung der Berechtigten. Diese allgemein geltenden Rechtssätze haben auch in den §§ 875, 876, 877 des Bürgerl. Gesetzbuchs Ausdruck gefunden, welche bestimmen:

> § 875. Zur Aufhebung eines Rechtes an einem Grundstück ist, soweit nicht das Gesetz ein Anderes vorschreibt, die Erklärung des Berechtigten, daß er das Recht aufgebe, und die Löschung des Rechtes im Grundbuch erforderlich.
>
> § 876. Ist ein Recht an einem Grundstücke mit dem Rechte eines Dritten belastet, so ist zur Aufhebung des belasteten Rechtes die Zustimmung des Dritten erforderlich. Steht das aufzuhebende Recht dem jeweiligen Eigenthümer eines anderen Grundstücks zu, so ist, wenn dieses Grundstück mit dem Rechte eines Dritten belastet ist, die Zustimmung des Dritten erforderlich, es sei denn, daß dessen Recht durch die Aufhebung nicht berührt wird.
>
> § 877. Die Vorschriften der §§ 873, 874, 876 finden auch auf Aenderungen des Inhalts eines Rechtes an einem Grundstück Anwendung.

Diese Bestimmungen bedingen, daß, weil das belastete Recht, soweit nicht seine Natur etwas Anderes mit sich bringt, sich auf das ganze Grundstück erstreckt, Verfügungen über einzelne Flächentheile belasteter Grundstücke

*) Obwohl der Bericht auch die Ergebnisse der 2. Ausschußberathung (s. diese oben S. 121 bis 136) enthält, steht er in der Beilagensammlung als Beilage Nr. 1018 vor dem Protokolle der 2. Lesung als Beilage Nr. 1033!

S. 37. nur unbeschadet der Rechte Dritter möglich sind. Das Gleiche gilt, wenn der Eigenthümer eines Grundstücks über ein mit diesem verbundenes Recht an einem andern Grundstück verfügt, soweit hiedurch die Rechte Dritter, die auf seinem Grundstück lasten, betroffen werden. Folge davon ist, daß entweder die Rechte Dritter auf den abgetrennten Flächen oder Rechten ruhen bleiben oder daß dieselben die lastenfreie Abschreibung bewilligen müssen.

In Ansehung der auf einem Grundstücke oder auf mehreren Grundstücken lastenden Hypotheken hat § 1132 des Bürgerl. Gesetzbuchs in der Weise Vorsorge getroffen, daß bei Abtrennung einer größeren Grundstückfläche oder eines oder mehrerer Grundstücke die Hypothek als Gesammthypothek auf die einzelnen Theile übergeht. Dieser Weg ist jedoch nicht auch bei allen anderen Belastungen und insbesondere dann nicht gangbar, wenn nur eine geringfügige Fläche abgetrennt werden soll, weil die Erwerber der Theilflächen sich durch die von ihnen zu übernehmende Gesammthaftung vielfach werden abschrecken lassen. Auf der anderen Seite wird die Zustimmung der Berechtigten zur lastenfreien Abtrennung von Theilflächen in vielen Fällen gar nicht zu erlangen sein und jedenfalls dem Eigenthümer viele Kosten und Schwierigkeiten bereiten.

Für solche Fälle erfordert es das Recht des Eigenthümers und das Interesse der Landeskultur, die abzutrennenden Flächen (Trennstücke) von der Mithaftung für die Belastungen des Grundstücks, von dem sie abgetrennt werden sollen (Stammgrundstück), zu befreien, ohne daß hiezu die Zustimmung der dinglich Berechtigten gefordert wird.

Wie in den Motiven zum vorliegenden Gesetzentwurf hervorgehoben wird, ist auch schon bisher die bayerische Gesetzgebung vielfach veranlaßt gewesen, dem bezüglichen Bedürfnisse Rechnung zu tragen.

Schon § 37 des Hypothekengesetzes vom 1. Juni 1822 enthält die Bestimmung, daß bei einem Tausche von Grundstücken, bei welchen es sich blos um Berichtigung streitiger Grenzen oder eine Gemeinheitstheilung mit der Wirkung handelt, daß die auf dem ausgetauschten Grundstück haftenden Hypotheken auf das eingetauschte übergehen sollen, das Gericht (Prozeßgericht) die verweigerte Einwilligung der Hypothekgläubiger zu suppliren hat, wenn die Sicherheit derselben nicht gefährdet ist.

In einer Reihe von Gesetzen ist ausgesprochen, daß zur Fixirung, Umwandlung und Ablösung von Grunddienstbarkeiten und Reallasten, die mit dem Eigenthum an einem Grundstück verbunden sind, die Zustimmung dritter Personen, denen Rechte an dem herrschenden Grundstück zustehen, nicht erforderlich ist.

So hat zunächst das Gesetz über die Aufhebung der standes- und gutsherrlichen Gerichtsbarkeit, dann die Aufhebung, Fixirung und Ablösung von Grundlasten vom 4. Juni 1848 in Art. 7 verordnet, daß die im Eigenthum der Privaten, der Stiftungen und Kommunen befindlichen Grundlasten sofort zu fixiren sind und auf Verlangen der Berechtigten an die zu gründende Ablösungskasse des Staates überzugehen haben. Hinsichtlich der Stiftungen und Kommunen wurde sogar die Kuratelgenehmigung als gegeben erachtet, wenn die gesetzlich bestehenden Verwaltungen derselben sich für das Eine oder Andere erklären. Nach Art. 10 bis 16 waren die Fixationsverhandlungen
S. 38. für alle ‖ Arten von Zehenten, für Laudemien, Leibrecht und Neustift nur zwischen den Berechtigten und Verpflichteten ohne Beiziehung berechtigter dritter Personen zu pflegen; ebenso wurden nach Art. 31 bis 34 die Ablösungsverhandlungen ohne Zuziehung dritter berechtigter Personen durchgeführt. Dauernde

Lasten, welche auf den Grundrenten ruhten, wurden zu Kapital angeschlagen S. 38.
und zwar, wenn sie in Jahresrenten bestanden, im zwanzigfachen Betrage derselben, und waren durch Erlegung des Kapitalbetrages im Baaren oder in Ablösungsschuldbriefen ablösbar. Die Rechte derjenigen, zu deren Gunsten solche Lasten aufgelegt waren, desgleichen die Rechte der Mitbetheiligten oder Hypothekgläubiger gingen auf die Ablösungskapitalien über. Die Berechtigten konnten zu ihrer Sicherheit nur verlangen, daß die eingehenden Ablösungssummen oder Ablösungsschuldbriefe insoweit in gerichtliche Verwahrung genommen wurden, als es durch den Inhalt ihrer Berechtigung gerechtfertigt war. Fideikommißbesitzer genügten durch diese Hinterlegung allen staats- und privatrechtlichen Bestimmungen der Verfassungsurkunde.

Durch Art. 10, 11, 12, 13 und 14 des Grundentlastungsgesetzes vom 28. April 1872 wurde in gleicher Weise die Kündigung und Heimzahlung der nicht an die Ablösungkasse überwiesenen Renten, Handlohnsäquivalente und sonstigen Grundabgaben, gleichviel ob sie durch das Gesetz selbst geregelt war, oder den Berechtigten oder Verpflichteten anheim gestellt blieb, von einer Zustimmung der berechtigten Dritten nicht abhängig gemacht und Art. 15 dieses Gesetzes bestimmte, daß, wenn ein in seiner Gesammtheit mit einer Grundabgabe belasteter Grundbesitz getheilt wird, mit dem Eintritte des Besitzwechsels die Belastung auf die einzelnen Parzellen nach der Steuerverhältnißzahl zu vertheilen ist.

Nach Art. 29 des Forstgesetzes von 28. März 1852 in der Fassung der Bekanntmachung vom 4. Juli 1896 kann die Umwandlung einer Forstberechtigung in eine bestimmte jährliche Geldleistung durch freie Uebereinkunft der Betheiligten stattfinden und die Geldleistung von dem Verpflichteten mit dem fünfundzwanzigfachen Betrage abgelöst werden. Diese Ablösung ist nach Art. 30 im Wege der Uebereinkunft beider Theile statthaft. Nach Art. 31 können Natural-, Holz- oder Waldfrohnen, welche die Eigenschaft von Gegenleistungen für forstrechtliche, noch bestehende oder bereits durch Entschädigung abgelöste Nutzungen an sich tragen, durch Uebereinkunft oder auf Anrufen durch die Forstpolizeibehörde in bestimmte jährliche Geldabgaben umgewandelt und letztere von den Verpflichteten mit dem fünfundzwanzigfachen Betrage abgelöst werden, und ist somit auch hier die Zustimmung der Hypothekgläubiger oder sonstiger Berechtigter nicht erforderlich.

Nach Art. 6 und 45 des Gesetzes über die Ausübung und Ablösung des Weiderechts auf fremden Grund und Boden vom 28. Mai 1852 kann die Ablösung von ein- und gegenseitigen Weidedienstbarkeiten für den ganzen Umfang eines zusammenhängenden Weidebezirks von der Mehrheit der Verpflichteten beantragt und zwangsweise durchgeführt werden, und nach Art. 28 und 29 ist die Ablösung von Weiderechten, soweit sie Bestandtheil eines Lehens oder Fideikommisses oder mit Hypotheken belastet sind, von der Zustimmung der Lehensherren, der Agnaten und Mitbelasteten oder Anwärter und der Hypothekgläubiger oder Fideikommißgläubiger nicht abhängig und bleiben nur die Verhältnisse bezüglich der an die Stelle des Weiderechts tretenden Ablösungssumme beziehungsweise der Jahresabgabe unverändert.

Nach Art. 13 und 14 des Gesetzes vom 27. Februar 1868 über die Ablösbarkeit der auf Grund und Boden haftenden oder mit einer Gewerbsrealität verbundenen Ehehaftsrechte gehen die Rechte der Hypothekgläubiger oder anderer Personen, zu deren Gunsten dauernde Lasten auf den Ehehaftsreichnissen ruhen, bei der Ablösung einer Ehehaftsgerechtigkeit, zu der ihre Zustimmung nicht erforderlich ist, auf die Ablösungssumme über.

S. 38. In § 65 des Edikts über die Familienfideikommisse (VII. Verfassungsbeilage) ist bestimmt, daß zu einem Familienfideikommiß gehörige Grundstücke mit Einwilligung des Gerichts ohne Zustimmung der Anwärter und des Fideikommißvertreters veräußert werden können, wenn die Gläubiger wegen Fideikommißschulden I. Klasse auf Zahlung dringen und nach Vernehmung der Anwärter sich bezeigt, daß sie auf andere Weise nicht befriedigt werden können. Nach § 67 können die zum Fideikommiß gehörigen grundherrlichen Rechte durch gemeinsames Einverständnis des Grundherrn und Grundholden abgelöst werden. Kaufpreise und Ablösungskapitalien müssen jedoch auch dann, wenn die Veräußerung nach § 66 mit Zustimmung der Agnaten und des Fideikommißvertreters unter den daselbst angegebenen Voraussetzungen erfolgt, gemäß § 68 zum Besten des Fideikommisses, besonders zum Ankauf fruchtbringender Realitäten, verwendet und, bis es geschehen kann, gegen hypothekarische Sicherheit verzinslich angelegt werden.

Nach Art. 4 des Gesetzes über die Ablösung des Lehenverbands vom 4. Juni 1848 ist zur Allodifikation des Lehens eine Zustimmung der Agnaten und Mitbelehnten oder Anwärter nicht nothwendig. Dagegen bleibt es den Betheiligten überlassen, sich über ihre gegenseitigen Berechtigungen durch freies Uebereinkommen zu verständigen. Findet ein solches Einverständniß nicht statt, so steht den Erbfolgeberechtigten das Recht zu, zur Sicherung ihrer Ansprüche deren Vormerkung unter Bezug auf bestehende Dispositionen oder Familienverträge bei den Hypothekenämtern und in eine bei den Appellationsgerichten zu eröffnende Matrikel, analog mit den Bestimmungen des § 106 Tit. VII der VII. Verfassungsbeilage zu verlangen, und zwar innerhalb eines Präklusivtermins von zwei Jahren vom Tage der Publikation des Gesetzes anfangend.

Nach Art. 6 des Gesetzes über die landwirthschaftlichen Erbgüter vom 27. Februar 1855 kann die Zustimmung der Anerben zu den nicht ohnehin schon nach Abs. 1 Ziff. 1 und 2 gesetzlich zulässigen Verpfändungen, zur theilweisen Veräußerung der Substanz des Erbguts, zur Beschwerung desselben mit ständigen Lasten, zum Austausche von Grundstücken oder zur Hingabe von solchen im Vergleichswege oder an Zahlungsstatt von dem Gerichte ergänzt werden, wenn das in Frage stehende Rechtsgeschäft zur Erhaltung des Erbguts nothwendig oder mit überwiegenden Gründen nützlich und im Interesse der Anerben befunden wird.

Endlich ist auch in dem Gesetze über die Flurbereinigung vom 29. Mai 1886 für den Austausch der in die Flurbereinigung einbezogenen Grundstücke die Zustimmung der dinglich berechtigten dritten Personen für nicht erforderlich erklärt. Nach Art. 8, 26, 27 hat zwar eine Einvernahme der Hypothekgläubiger und sonstigen drittberechtigten Personen zu erfolgen, denselben steht aber nur ein Erinnerungsrecht, ein Widerspruchsrecht jedoch nur insoweit zu, als der eingetauschte Grundbesitz, auf welchen ihre Ansprüche kraft des Gesetzes übergehen, nicht mindestens den gleichen Werth hat als der ausgetauschte. Behufs Austragung der erhobenen Widersprüche wird nach Art. 28 ein Schiedsgericht
S. 39 bestellt, welches die Ablehnung der Unternehmung aussprechen kann, außerdem aber über die Genehmigung derselben Beschluß zu fassen hat. (Art. 34.) Bei den im Fideikommißverbande stehenden Grundstücken haben die Oberlandesgerichte nach Art. 9, ohne daß die Genehmigung der Anwärter erforderlich ist, die Genehmigung der Veränderung zu ertheilen, wenn durch Vorlage eines Zeugnisses der Flurbereinigungskommission die günstigere Gestaltung der Bewirthschaftungsverhältnisse nachgewiesen und außerdem dargethan wird, daß

der eingetauschte oder veränderte Grundbesitz einen mindestens gleich großen Werth wie der dermalige hat. S. 39.

Den vorstehenden Ausführungen zufolge hat auch das bayerische Recht, obwohl das Hypothekengesetz in §§ 39 und 40 grundsätzlich zu jeder Aenderung des Hypothekgegenstandes durch Vertauschung, Zertrümmerung oder Abtrennung einer Grundfläche die Zustimmung der Hypothekgläubiger erforderte, für bestimmte Fälle anerkannt, daß solche Aenderungen ohne Einwilligung der Hypothekgläubiger und der sonstigen Berechtigten statthaft sind, wenn entweder ein Aequivalent (Ablösungskapitalien, Kaufschillinge und dergl.) geboten ist, oder wenn die betroffenen Rechte anderweitig sicher gestellt werden, oder wenn durch die Aenderung eine Schädigung der betroffenen Rechte nicht eintritt. Der vorliegende Gesetzentwurf beabsichtigt nun, dieses Prinzip auf Abtrennungen geringfügiger Art auszudehnen und dem oben erörterten Bedürfnisse dadurch zu genügen, daß die lastenfreie Abtrennung ohne Zustimmung der Betheiligten als zulässig erklärt werden soll, wenn dieselbe für ihre Rechte unschädlich ist, sei es, daß sie an und für sich eine Benachtheiligung nicht bedingt, oder daß eine Ausgleichung stattfindet.

Die preußische Gesetzgebung hat diesen Weg schon früher beschritten. In dem fünf Artikel enthaltenden Gesetze vom 3. März 1850, betreffend den erleichterten Abverkauf kleiner Grundstücke (Gesetzsammlung der k. preußischen Staaten 1850 S. 145), ist in § 1 bestimmt, daß jeder Grundeigenthümer, sowie jeder Lehens- und Fideikommißbesitzer befugt ist, einzelne Gutsparzellen gegen Auflegung fester, nach den Vorschriften der Ablösungsordnung ablösbarer Geldabgaben oder gegen Feststellung eines Kaufgeldes auch ohne Einwilligung der Lehens- und Fideikommißberechtigten, Hypothek- und Realgläubiger zu veräußern, sofern bei landwirthschaftlich beliehenen Gütern die Kreditdirektion, bei anderen die Auseinandersetzungsbehörde bescheinigt, daß die Abveräußerung den gedachten Interessenten unschädlich sei. Ein solches Unschädlichkeitszeugniß darf (§ 2) nur ertheilt werden, wenn das Trennstück im Verhältniß zu dem Hauptgute von geringem Werth und Umfang ist, und wenn die auferlegte Geldabgabe oder das verabredete Kaufgeld den Ertrag oder den Werth des Trennstücks erreicht. Für den erleichterten Austausch einzelner Parzellen von Grundstücken traf das Gesetz vom 27. Juni 1860 (Sammlung S. 384) unter Aufhebung eines schon bestandenen Gesetzes vom 13. April 1841 ähnliche Bestimmungen, indem es die Ertheilung des Unschädlichkeitszeugnisses nur zuließ, wenn die abzutretende Parzelle im Verhältniß zu dem Gute, von welchem sie abgetreten werden soll, von geringem Werth und Umfang ist und das letztere durch den Tausch an Werth nicht verliert (§ 2), und wenn die Ausgleichung eines etwaigen Werthunterschieds durch Kapitalzahlung geleistet wird. (§ 4).

Diese beiden Gesetze wurden durch Gesetz vom 12. April 1885 (Sammlung S. 115) in dem Regierungsbezirk Kassel, ausschließlich der vormals Großherzoglich Hessischen Gebietstheile, und in den Hohenzollern'schen Landen, durch § 76 des Gesetzes über das Grundbuchwesen und die Zwangsvollstreckung in das unbewegliche Vermögen im Geltungsbereich des Rheinischen Rechts vom 12. April 1888 (Sammlung S. 52) in diesem Geltungsbereich und durch § 4 des Gesetzes, betreffend das Grundbuchwesen und die Zwangsvollstreckung in das unbewegliche Vermögen in dem Gebiet der vormals freien Stadt Frankfurt sowie der vormals Großherzoglich Hessischen und Landgräflich Hessischen Gebietstheile der Provinz Hessen-Nassau, vom 19. August 1895 (Sammlung S. 481) auch in diesen genannten Gebietstheilen eingeführt.

S. 39. Für Hannover wurde ein Gesetz vom 25. April 1889, betreffend die Erleichterung der Abveräußerung einzelner Theile von Grundstücken (Sammlung S. 65), und für Waldeck-Pyrmont ein Gesetz vom 14. Dezember 1896 gleichen Betreffs (Sammlung S. 263) erlassen.

Endlich wurde durch Gesetz vom 6. Juli 1890 für den Geltungsbereich der Gesetze vom 3. März 1850 und 25. März 1889 die Zulässigkeit der Ertheilung des Unschädlichkeitszeugnisses auch für unentgeltliche Veräußerungen zu öffentlichen Zwecken festgesetzt (Sammlung S. 226), wenn das abzutretende Trennstück im Verhältniß zum Hauptgute von geringem Werth und Umfang ist, die durch die öffentliche Anlage herbeigeführte Wertherhöhung des Hauptgutes den Werth des Trennstücks erreicht und bescheinigt wird, daß mit der Ausführung der öffentlichen Anlage begonnen ist.

Nach Art. 120 Abs. 1 des Einführungsgesetzes zum Bürgerl. Gesetzbuch, der von der Unschädlichkeitsfeststellung handelt, bleiben unberührt die landesgesetzlichen Vorschriften, nach welchen im Falle der Veräußerung eines Theiles eines Grundstücks dieser Theil von den Belastungen des Grundstücks befreit wird, wenn von der zuständigen Behörde festgestellt wird, daß die Rechtsänderung für die Berechtigten unschädlich ist. Ebenso bleiben nach Abs. 2 unberührt die landesgesetzlichen Vorschriften, nach welchen unter der gleichen Voraussetzung:

1. im Falle der Theilung eines mit einer Reallast belasteten Grundstücks die Reallast auf die einzelnen Theile des Grundstücks vertheilt wird;
2. im Falle der Aufhebung eines dem jeweiligen Eigenthümer eines Grundstücks an einem anderen Grundstücke zustehenden Rechts die Zustimmung derjenigen nicht erforderlich ist, zu deren Gunsten das Grundstück des Berechtigten belastet ist;
3. in den Fällen des § 1128 des Bürgerl. Gesetzbuchs und des Art. 52 des Einführungsgesetzes der dem Eigenthümer zustehende Entschädigungsanspruch von dem einem Dritten zustehenden Rechte befreit wird.

Von den angezogenen Bestimmungen lautet § 1128 des Bürgerl. Gesetzbuchs:

Ist ein Gebäude versichert, so kann der Versicherer die Versicherungssumme mit Wirkung gegen den Hypothekengläubiger an den Versicherten erst zahlen, wenn er oder der Versicherte den Eintritt des Schadens dem Hypothekengläubiger angezeigt hat und seit dem Empfange der Anzeige ein Monat verstrichen ist. Der Hypothekengläubiger kann bis zum Ablaufe der Frist dem Versicherer gegenüber der Zahlung widersprechen. Die Anzeige darf unterbleiben, wenn sie unthunlich ist: in diesem Falle wird der Monat von dem Zeitpunkt an berechnet, in welchem die Versicherungssumme fällig wird.

S. 40 Im Uebrigen finden die für eine verpfändete Forderung geltenden Vorschriften Anwendung: der Versicherer kann sich jedoch nicht darauf berufen, daß er eine aus dem Grundbuch ersichtliche Hypothek nicht gekannt habe.

Der Art. 52 des Einführungsgesetzes lautet:

Ist auf Grund eines Reichsgesetzes dem Eigenthümer einer Sache wegen der im öffentlichen Interesse erfolgenden Entziehung, Beschädigung oder Benutzung der Sache oder wegen Beschränkung des Eigenthums eine Entschädigung zu gewähren und steht einem Dritten ein Recht an der Sache zu, für welches nicht eine besondere Entschädigung gewährt wird, so hat der Dritte, soweit sein Recht beeinträchtigt wird, an dem Entschädigungsanspruche dieselben Rechte, die ihm im Falle des Erlöschens seines Rechtes durch Zwangsversteigerung an dem Erlöse zustehen. S. 40.

Nach dem Gesetzentwurfe soll von dem Vorbehalte des Art. 120 mit zwei Ausnahmen Gebrauch gemacht und demnach das Unschädlichkeitszeugniß auch in Bayern eingeführt werden. Das Bedürfniß dafür wurde von dem Bayerischen Landwirthschaftsrathe einstimmig anerkannt und kann auch an sich nicht in Abrede gestellt werden, da das Unschädlichkeitszeugniß eine nothwendige Ergänzung der Grundbucheinrichtung bildet, welche die Befreiung eines Trennstücks von den Belastungen des Stammgrundstücks dadurch erschwert, daß die Löschung eines eingetragenen Rechts den in bestimmter Form zu führenden Nachweis der Bewilligung des Berechtigten voraussetzt und die eingetragenen Rechte nicht durch Verjährung erlöschen.

Bezüglich des Nachweises bestimmt nämlich § 29 der Grundbuchordnung:

„Eine Eintragung" — also auch die Eintragung einer Löschung — „soll nur erfolgen, wenn die Eintragungsbewilligung oder die sonstigen zu der Eintragung erforderlichen Erklärungen vor dem Grundbuchamte zu Protokoll gegeben oder durch öffentliche oder öffentlich beglaubigte Urkunden nachgewiesen werden. Andere Voraussetzungen der Eintragung bedürfen, soweit sie nicht beim Grundbuchamt offenkundig sind, des Nachweises durch öffentliche Urkunden."

Nur in zwei Fällen soll nach dem Entwurfe von dem Vorbehalte des Art. 120 kein Gebrauch gemacht werden, weil sich hiefür in Bayern ein Bedürfniß nicht herausgestellt hat, einmal von der Befugniß, im Falle der Theilung eines mit einer Reallast belasteten Grundstücks die Reallast auf die einzelnen Theile des Grundstücks zu vertheilen, und dann von der Befugniß, im Falle der Zwangsenteignung auf Grund Reichsrechts und, soferne die Vorschrift des Art. 52 gemäß Art. 67, 109 des Einführungsgesetzes materiell auch für das landesrechtliche Enteignungsrecht gilt, auch im Falle der Enteignung auf Grund Landesrechts den dem Eigenthümer zustehenden Entschädigungsanspruch von dem einem Dritten an dem Anspruche zustehenden Rechte zu befreien. Der Art. 52 ist auf das landesrechtliche Enteignungsrecht als anwendbar erklärt: durch Art. 67 auf die wegen Beschädigung eines Grundstücks durch Bergbau zu gewährende Entschädigung und durch Art. 109 auf die für die im öffentlichen Interesse erfolgende Entziehung, Beschädigung oder Benutzung einer Sache, Beschränkung des Eigenthums und Entziehung oder Beschränkung von Rechten zu gewährende Entschädigung.

Nach Art. 113 des Einführungsgesetzes bleiben die landesgesetzlichen Bestimmungen über die Zusammenlegung von Grundstücken, über die Gemeinheitstheilung, die Regulirung der Wege, die Ordnung der gutsherrlich-bäuerlichen Verhältnisse, sowie über die Ablösung, Umwandlung und Einschränkung von Dienstbarkeiten und Reallasten, und nach Art. 115 die landesgesetzlichen Vorschriften, welche die Belastung eines Grundstücks mit gewissen Grunddienstbarkeiten oder beschränkten persönlichen Dienstbarkeiten oder mit Reallasten untersagen oder beschränken, sowie die landesgesetzlichen Vorschriften, welche den Inhalt und das Maß solcher Rechte näher bestimmen, — also insbesondere die Ablösungsgesetze und das Flurbereinigungsgesetz vom 29. Mai 1886 —, endlich

S. 40. nach Art. 184 Rechte, mit denen eine Sache oder ein Recht zur Zeit des Inkrafttretens des Bürgerl. Gesetzbuchs belastet ist, unberührt. Nach allen diesen Richtungen ist deßhalb das Unschädlichkeitszeugniß nicht erforderlich.

Die über das Unschädlichkeitszeugniß erforderlichen Vorschriften sind aus dem Grunde nicht in das Ausführungsgesetz zum Bürgerl. Gesetzbuch aufgenommen, sondern zum Gegenstande eines besonderen Gesetzentwurfs gemacht worden, weil das Unschädlichkeitszeugniß nach Art. 13 des Entwurfs sofort und mit rückwirkender Kraft eingeführt werden soll, da dasselbe die Anlegung des Grundbuchs wesentlich erleichtert.

Für den Entwurf dienten in materieller Beziehung die preußischen Gesetze als Vorbild, nur sind in dieselben auch weitere Bestimmungen aufgenommen worden, welche theils durch die in Bayern bestehenden besonderen Verhältnisse, theils durch das Bürgerl. Gesetzbuch und das Einführungsgesetz veranlaßt sind. Aehnlich verhält es sich bezüglich der formellen Vorschriften über das Verfahren.

Der Entwurf trifft:

in den Art. 1 bis 9 die materiell rechtlichen Vorschriften und die formellen Bestimmungen über das Verfahren für den Fall der Abtrennung einer Theilfläche eines Grundstücks;

in Art. 10 die Vorschriften für den Fall, daß das Trennstück mit einem Vorkaufsrechte belastet ist;

in Art. 11 die Vorschriften, wenn das Trennstück Bestandtheil eines Familienfideikommisses, Lehens- oder landwirthschaftlichen Erbguts ist;

in Art. 12 die Vorschrift, daß der Abtrennung eines Grundstücktheils die Aufhebung eines dem jeweiligen Eigenthümer eines Grundstücks an einem anderen Grundstücke zustehenden Rechts gleich zu halten ist;

in Art. 13 die Bestimmung der rückwirkenden Kraft;

in Art. 14 die Vorschriften, wenn ein abgebranntes Gebäude auf einem anderen Grundstücke wieder aufgebaut werden soll;

in Art. 15 die überleitenden Bestimmungen;

in Art. 16 die Ausschließung der Anwendbarkeit des Gesetzes auf die Bodenzinse des Staates und der Ablösungskasse, endlich

in Art. 17 die Bestimmungen über die Kosten des Verfahrens.

Der Ausschuß trat am 14. März l. Js. in die Berathung des Entwurfs ein und führte in der ersten Sitzung die Generaldiskussion zu Ende. Aus dem bezüglichen Protokolle (Beil. 970*) ist Folgendes hervorzuheben:

1. alle Redner, die sich an der Diskussion betheiligten, stellten sich dem Entwurfe im Allgemeinen sympathisch gegenüber;

S. 41. 2. Ein Ausschußmitglied aus der Pfalz machte folgende Bedenken geltend:

a) In der Pfalz gebe es nicht blos Hypotheken, sondern auch Privilegien oder Vorzugsrechte, welche nach Art. 2095 des Code civil einer Forderung die Eigenart verleihen, daß kraft Gesetzes diese Forderung allen anderen Forderungen, selbst den Hypothekenforderungen, vorgezogen werden muß. Da nicht allgemein die Privilegien zu den Hypotheken gezählt würden, sei zu besorgen, daß bei Anwendung des gegenwärtigen Gesetzes sich Schwierigkeiten dahin ergeben würden, ob unter den Hypotheken auch diese Privilegien inbegriffen seien.

---

*) Vergl. oben S. 24 ff.

b) In der Pfalz gebe es keine besonderen Bestimmungen über die Beweismittel, die für das Verfahren wegen Ausstellung des Unschädlichkeitszeugnisses anwendbar wären, und es existire auch keine Bestimmung, wonach die Beweismittel der Reichscivilprozeßordnung in der nichtstreitigen Rechtspflege Geltung hätten. Der von dem Reichstage jetzt angenommene Gesetzentwurf über die Angelegenheiten der freiwilligen Gerichtsbarkeit enthalte in § 14 allerdings Bestimmungen darüber, daß für diejenigen Rechtsangelegenheiten, welche in die freiwillige Gerichtsbarkeit einschlagen, die Bestimmungen der Civilprozeßordnung über Zeugen, Sachverständige und Eid Anwendung zu finden haben. Es dürfte deßhalb zweckmäßig sein, wenigstens für die Zeit bis zum 1. Januar 1900 eine Bestimmung in den Gesetzentwurf aufzunehmen, wie es bei etwa nöthigen Beweiserhebungen zu halten sei. S. 41.

c) Nach Art. 2158 und 2160 des Code civil könne der Hypothekenbewahrer in der Pfalz nur dann eine Löschung vornehmen, wenn entweder eine Einwilligung vorliege oder ein richterliches Erkenntniß, welches die Löschung anordne. Der pfälzische Hypothekenbewahrer werde nun auf Grund des Unschädlichkeitszeugnisses keine Löschung vornehmen, wenn in demselben nicht zugleich ausgesprochen sei, daß die Löschung bewilligt werde.

Diesen Bedenken zu a und b gegenüber stellte die k. Staatsregierung die Anträge:

ad a. Es sei Art. 15 Abs. 3 Satz 1 des Entwurfs, wie folgt, zu fassen:

In der Pfalz gelten als Hypotheken auch die Vorzugsrechte und als eingetragene Rechte diejenigen, welche im Hypothekenregister eingeschrieben sind.

ad c. Es sei folgender in allen Landestheilen geltender Art. 7a einzuschalten:

Das Unschädlichkeitszeugniß ersetzt die Bewilligung der Berechtigten zur Löschung ihrer Rechte an dem Trennstücke.

Was das Bedenken **zu b** anbelangt, so erklärte der Vertreter der k. Staatsregierung Folgendes:

Die Ertheilung des Unschädlichkeitszeugnisses sei eine Angelegenheit der nichtstreitigen Gerichtsbarkeit und es hätten deßhalb darauf, soweit der Entwurf nicht besondere Vorschriften enthalte, die allgemeinen Vorschriften über das Verfahren in den Angelegenheiten der nichtstreitigen Gerichtsbarkeit Anwendung zu finden. Für die Zeit bis zum Inkrafttreten des Bürgerl. Gesetzbuchs verbleibe es bei den jetzt geltenden Normen. Diese beruhten allerdings zum großen Theil nur auf der Praxis der Gerichte; allein man könne für die Ertheilung des Unschädlichkeitszeugnisses allein nicht ein Gesetz über das Verfahren machen. Wie es in den Angelegenheiten der nichtstreitigen Rechtspflege bisher trotz des Mangels ausdrücklicher gesetzlicher Vorschriften gehalten worden sei, so werde es auch für die Zukunft in der kurzen Zeit der Fall sein. Für das Ausführungsgesetz zum Bürgerl. Gesetzbuch sei eine Vorschrift in Aussicht genommen, wonach die allgemeinen Vorschriften des Entwurfs eines Reichsgesetzes über die Angelegenheiten der nichtstreitigen Gerichtsbarkeit auch auf diejenigen Angelegenheiten dieser Art Anwendung zu finden haben, welche den Gerichten durch die Landesgesetzgebung zugewiesen sind, da die Landesgesetzgebung für diese Angelegenheiten, zu denen auch die Ertheilung des Unschädlichkeits-

S. 41. zeugnisses gehöre, freie Hand habe. Es blieben noch verschiedene Angelegenheiten übrig und für diese würden die allgemeinen Vorschriften, natürlich mit den erforderlichen Vorbehalten, für anwendbar erklärt werden und dann würde auch § 14 auf die Beweiserhebungen Anwendung finden. In der Regel werde bei der Ertheilung des Unschädlichkeitszeugnisses höchstens die Vernehmung eines Sachverständigen in Frage kommen.

Nach dieser Erklärung wurde das Bedenken **zu b** nicht weiter aufrecht erhalten.

3. Eine weitere Anregung betraf die bereits oben hervorgehobenen beiden Vorbehalte des Art. 120, von denen im Entwurf nicht Gebrauch gemacht wurde. Es wurde hervorgehoben, daß es doch nicht so klar sei, daß man für die Zwangsenteignung eine landesgesetzliche Bestimmung betreffs des Unschädlichkeitszeugnisses entbehren könne. Insbesondere wurde aber geltend gemacht, daß bei der großen Zahl der noch bestehenden Reallasten Bestimmungen über die Theilbarkeit derselben im Falle der Theilung der damit belasteten Grundstücke sehr wünschenswerth wären, da sonst die Solidarhaft für die Reallast auf allen Theilen der Grundstücke fortbestehe, was zu großen Härten für die Erwerber und zu großen Mißhelligkeiten und Nachtheilen für die Berechtigten führen könne. Eine bezügliche Bestimmung sei allerdings im gegenwärtigen Gesetze nicht, wohl aber im seinerzeitigen Ausführungsgesetze unterzubringen. Diese Anregung wurde von mehreren Ausschußmitgliedern namentlich auch durch den Hinweis auf die noch bestehenden Ehehaftgerechtigkeiten unterstützt. Der Vertreter der k. Staatsregierung erklärte zunächst bezüglich der Frage, ob nicht das Unschädlichkeitszeugniß unter gewissen Umständen auch ertheilt werden soll, wenn es sich um die Auszahlung einer Entschädigung wegen Zwangsenteignung handle, daß zwar der k. Staatsregierung Anregungen wegen der Nothwendigkeit einer solchen Bestimmung nicht zugekommen seien, daß es aber allerdings Fälle geben könne, in welchen das Fehlen der Möglichkeit, ein Unschädlichkeitszeugniß zu ertheilen, zu Schwierigkeiten führen würde. Die k. Staatsregierung habe deßhalb die Fassung einer bezüglichen Bestimmung vorbereitet. Dieselbe vermeide den Ausdruck „Zwangsenteignung“, gebrauche die Umschreibung der Art. 52 und 109 des Einführungsgesetzes und laute:

> Der Anspruch auf die Entschädigung für die im öffentlichen Interesse erfolgende Entziehung, Beschädigung oder Benützung eines Grundstücks, Beschränkung des Eigenthums oder Entziehung oder Beschränkung
> S. 42. eines Rechtes der im Art. 12 bezeich‖neten Art wird von den Rechten Dritter frei, wenn von dem im Art. 1 bezeichneten Gerichte festgestellt ist, daß die Befreiung für die Berechtigten unschädlich ist.
>
> Die Befreiung des Anspruchs steht der Aufhebung eines Rechtes der im Art. 12 bezeichneten Art gleich.

Die andere Anregung sei hier nicht weiter zu verfolgen. Bezügliche Bestimmungen setzten eine genaue Kenntniß aller Arten von Reallasten voraus; prinzipiell würden bestehende Reallasten sowohl nach dem jetzigen Recht, als nach dem Bürgerl. Gesetzbuch auf den einzelnen Theilstücken als dingliche Last fortbestehen. Die Sache wurde nicht weiter verfolgt.

4. Ein Ausschußmitglied vermißte in dem Entwurfe eine Bestimmung über das Ewiggeld, was wohl davon herrühre, daß das Ewiggeld unter die Reallasten zu subsumiren sei. Außerdem seien aber auch die Grunddienstbarkeiten nicht in das Gesetz einbezogen worden. Der Hinweis in den Motiven

auf § 1026 des Bürgerl. Gesetzbuchs betreffe nur einen einzelnen Fall. Es seien aber auch andere Fälle denkbar, in welchen es wünschenswerth wäre, auch für Grunddienstbarkeiten, die nicht unter § 1026 fallen, die Ertheilung eines Unschädlichkeitszeugnisses zuzulassen, wenn beispielsweise derjenige Theil, der abgetrennt werden soll, von der Dienstbarkeit betroffen werde, aber die Ausgleichung mit einem anderen Grundstücke möglich wäre, auf welches die Dienstbarkeit ohne Beschädigung des Berechtigten übertragen werden könnte. Der Vertreter der k. Staatsregierung bemerkte dagegen, daß der Entwurf besondere Bestimmungen für die Grunddienstbarkeiten mit Rücksicht auf § 1026 des Bürgerl. Gesetzbuchs nicht für erforderlich erachte. (Dieser § 1026 lautet: „Wird das belastete Grundstück getheilt, so werden, wenn die Ausübung der Grunddienstbarkeit auf einen bestimmten Theil des belasteten Grundstücks beschränkt ist, die Theile, welche außerhalb des Bereichs der Ausübung liegen, von der Dienstbarkeit frei.") Allein § 1026 erhalte eine gewisse Ergänzung durch § 1023, welcher besage: „Beschränkt sich die jeweilige Ausübung einer Grunddienstbarkeit auf einen Theil des belasteten Grundstücks, so kann der Eigenthümer die Verlegung der Ausübung auf eine andere, für den Berechtigten ebenso geeignete Stelle verlangen, wenn die Ausübung an der bisherigen Stelle für ihn besonders beschwerlich ist; die Kosten der Verlegung hat er zu tragen und vorzuschießen. Dieß gilt auch dann, wenn der Theil des Grundstücks, auf den sich die Ausübung beschränkt, durch Rechtsgeschäft bestimmt ist. Das Recht auf die Verlegung kann nicht durch Rechtsgeschäft ausgeschlossen oder beschränkt werden." Wenn diese beiden Paragraphen zusammengefaßt würden, könne man annehmen, daß in allen Fällen, in denen das Unschädlichkeitszeugniß ertheilt werden könnte, der Zweck auch ohne ein solches erreicht werde. S. 42.

5. Beanstandet wurde auch die Bestimmung des Art. 2 Abs. 3 des Entwurfs. Hienach sei eine Ausgleichung nicht erforderlich, wenn die Werthminderung den Betrag von 50 M. nicht übersteige. Es sei schwer abzusehen, wie sich diese Bestimmung in Gegenden mit parzellirtem Grundbesitz ausführen lasse. Da könne es vorkommen, daß von einem Grundstück, welches selbst kaum 50 M. werth sei, ein Theil abgetrennt werden soll. Daß hier nicht ausgeglichen werden solle, sei mißlich. Die Abtrennung einer kleinen Parzelle von einem solchen Grundstück könne, ohne daß ein Expropriationsrecht gegeben sei, im öffentlichen Interesse gelegen sein. Wenn man hier die Abtrennung ganz ausschließe, könne das für die Betheiligten zu sehr schwer empfindlichen Zuständen führen. Der Vertreter der k. Staatsregierung führte dagegen aus, daß Abs. 3 nur von einer Ausgleichung spreche, die nach Abs. 1 zu leisten sei. Hienach dürfe die Feststellung der Unschädlichkeit nur erfolgen, wenn die Flächen- und Werthminderung eine verhältnißmäßig geringe sei. Das Verfahren dürfte nicht in Fällen eingeführt werden, in welchen den Berechtigten die Hälfte eines ohnehin nicht sehr großen Grundstücks entzogen werden solle. Wenn auf einer 120 M. werthenden Parzelle eine Hypothek laste, so sei die Abtrennung eines Stückes im Werthe von 50 M. schon sehr beträchtlich. Man müsse sich bei dem bescheiden, was der Entwurf wolle. Auf den Fall der Abtrennung eines ganzen Grundstücks könne das Unschädlichkeitszeugniß nicht erstreckt werden, weil der Vorbehalt des Art. 120 des Einführungsgesetzes so weit nicht reiche und weil das auch bei der Konstruktion der Gesammthypothek nach dem Bürgerl. Gesetzbuch nicht gut anginge. Bei der Feststellung der Grenze auf 50 M. habe man sich an andere Gesetze angeschlossen; viel höher werde man nicht gehen können, und wenn man die Grenze heruntersetzen würde, wäre die Vorschrift bedeutungslos.

S. 42. 6. Es wurde hervorgehoben, daß Art. 2 Abs. 2 nicht klar genug erscheine, wo es heiße: „Wird das Trennstück zu einem öffentlichen Zwecke unentgeltlich abgetreten, so wird auf die Werthminderung die Wertherhöhung angerechnet, die sich aus der dem öffentlichen Zwecke dienenden Anlage ergibt."

Da werde es nothwendig sein, Erhebungen zu pflegen, weil es sich um werthvollere Grundstücke handeln könne. Der Vertreter der k. Staatsregierung bemerkte, daß es sich bei dem öffentlichen Zwecke immer um eine Anlage handle, zu welchem das abzutrennende Grundstück hergerichtet werden müsse. Wenn aus der Anlage, zu deren Gunsten die Abtrennung erfolge, sich ein die Werthänderung aufwiegender Vortheil für den Rest des Grundstücks ergebe — der Hauptfall sei der des öffentlichen Wegs —, dann sei den Gläubigern nichts entzogen. Wenn z. B. das Trennstück 100 M. werth sei und das restige Grundstück dadurch, daß es unmittelbar an die Straße zu liegen komme, 150 M. mehr werth werde, dann sei nichts auszugleichen. Möglicherweise werde durch die Wertherhöhung nur ein Theil der Werthminderung ersetzt, dann müsse der Ueberschuß ausgeglichen werden.

7. Für bedenklich wurde auch die Bestimmung in Art. 9 des Entwurfs über die Vertheilung der Ausgleichungssumme gehalten. Es werde auf die Vertheilung des Erlöses bei der Zwangsversteigerung hingewiesen. Solange das Bürgerl. Gesetzbuch und die Reichssubhastationsordnung nicht Geltung hätten, sei die bayerische Subhastationsordnung anzuwenden. Wie solle es aber gehalten werden, so lange die letztere zu Grunde zu legen sei? Sei, wenn der Vertheilungsbetrag von vielleicht 1,000 M. an den ersten Hypothekgläubiger ausgeantwortet werde, den Rechten der späteren Hypothekgläubiger, die eigentlich durch die Abtrennung am meisten betroffen werden, genügend Rechnung getragen? Die erste Hypothek möge vielleicht in ihrer Höhe mit der Ausgleichungssumme zusammenfallen. Der betreffende Gläubiger wolle aber keine Bezahlung und habe vielmehr ein Interesse daran, daß seine vollständig sichere Hypothek liegen bleibe. Er könne von dem Verzichte auf die Ausgleichungssumme Gebrauch machen, möglicherweise thue er dieß
S. 43. nicht, weil er die || Verhältnisse nicht genau kenne und keinen Rechtsanwalt habe. Da bekomme er eines Tages die Ausgleichungssumme als Zahlung. Es sei zu befürchten, daß, wenn man das Gesetz nicht ändere, jeder Betheiligte einen Rechtsanwalt haben müsse. Nach der bayerischen Subhastationsordnung würden die in das geringste Gebot fallenden Hypotheken übernommen. Solle dieß in Zukunft auch bei der Vertheilung der Ausgleichungssumme der Fall sein? Es ergäben sich Schwierigkeiten, die durch den Text und die Motive des Gesetzes nicht genügend gelöst werden könnten. Der Vertreter der k. Staatsregierung erwiderte darauf, daß es kein anderes für diesen Zweck brauchbares Verfahren als das im Zwangsversteigerungsverfahren für die Vertheilung des Erlöses geltende gebe. Auch in dem nahe verwandten Falle der Zwangsenteignung finde nach Art. 53, 109 des Einführungsgesetzes ebenfalls dieses Vertheilungsverfahren statt. Bei dem Unschädlichkeitszeugniß handle es sich um eine Zwangsenteignung im weiteren Sinne, da sich die Berechtigten gefallen lassen müßten, daß ihren Rechten das Objekt, das damit belastet sei, theilweise gegen Geld entzogen werde. Es hätten jedoch nur die Vorschriften über das Vertheilungsverfahren, nicht die über das Versteigerungsverfahren, entsprechende Anwendung zu finden. Das nur für die Ertheilung des Zuschlags maßgebende Mindestgebot könne nicht in Frage kommen, der Ertheilung des Zuschlags entspreche hier die Ertheilung des Unschädlichkeitszeugnisses. Dieses werde aber ohne Rücksicht auf die Berechtigten ertheilt, weil der volle

Werth ersetzt und dasjenige, was weggenommen werde, wenn auch in anderer Form, wieder gegeben werden müsse. Sehr häufig werde für die Berechtigten kein Interesse bestehen, die Geldausgleichung wirklich zu bekommen, sondern sie würden wohl regelmäßig, ehe sie sich von ihrer Hypothek einen kleinen Betrag zurückzahlen ließen, lieber sich eine geringe Abminderung des Grundstücks gefallen lassen. In den meisten Fällen werde die Vertheilung nicht verlangt werden, und dann sei nach Art. 8 Abs. 2 des Entwurfs der Eigenthümer zur Erhebung des hinterlegten Geldbetrags zu ermächtigen. Allein möglich sei auch, daß die Vertheilung verlangt werde, und für diesen Fall müsse bestimmt werden, wie zu verfahren sei. Deßhalb sei Art. 9 nicht zu entbehren. S. 43.

8. Weiter wurde geltend gemacht, daß es nicht nothwendig sein dürfte, für die Vorkaufsrechte die in Art. 10 vorgesehene Bestimmung neben dem Art. 12 in das Gesetz aufzunehmen. Letzterer handle von den Reallasten und zwar nur von diesen, da auf die zur Zeit nicht im Hypothekenbuch eingetragenen Grunddienstbarkeiten keine Rücksicht genommen werden solle. Das Vorkaufsrecht bedürfe kaum einer besonderen Sicherung. Die Motive gingen mit Recht von der Anschauung aus, daß dieß nicht nothwendig sei, wo es sich um ein einmaliges Vorkaufsrecht handle, weil der Vorkaufsberechtigte, wenn Flächen des mit seinem Rechte belasteten Grundstücks wegverkauft werden wollten, sein Recht geltend machen müsse, widrigenfalls sein Verzicht auf dasselbe angenommen werde. Der Art. 10 solle nur für die Fälle gelten, wo das Vorkaufsrecht auf längere Zeit oder auf mehrere Veräußerungsfälle sich erstrecke. Nun gebe es nur zwei Arten von Vorkaufsrechten, ein gesetzliches, welches nach dem Bürgerl. Gesetzbuch bei der Erbengemeinschaft bestehe, und das vertragsmäßige. Das gesetzliche beschränke sich ohnehin auf den ersten Veräußerungsfall; daß aber ein vertragsmäßiges sich auf eine unbestimmte Zahl von Veräußerungen erstrecke, sei kaum denkbar, deßhalb dürfte Art. 10 entbehrlich und lediglich in Art. 12 eine Bestimmung für die Reallasten und gegebenen Falls auch für die Grunddienstbarkeiten erforderlich sein. Der Vertreter der k. Staatsregierung entgegnete darauf: Das Vorkaufsrecht könne auch für mehrere oder alle Veräußerungsfälle stipulirt werden. In dieser Ausdehnung sei es eingeführt worden hauptsächlich mit Rücksicht auf die Bestrebungen, eine seßhafte ländliche Arbeiterbevölkerung zu schaffen, damit der Gutsherr, der die Leute ansiedelt, es in einem gewissen Maße noch in der Hand habe, die Veräußerung an Personen zu verhindern, die ganz anderen Kreisen angehören und nicht geneigt sind, zu ihm in dasselbe Verhältniß zu treten, wie diejenigen, die er angesiedelt habe. Es sei aber auch möglich, daß eine Stadtgemeinde Anlaß habe, sich das Vorkaufsrecht auf eine längere Reihe von Jahren und von Veräußerungsfällen zu sichern. Möglicherweise bestehe beim ersten Verkaufe gar kein Interesse, das Vorkaufsrecht auszuüben, und trete ein solches erst später ein. Das Bürgerl. Gesetzbuch gebe diese Möglichkeit und es müsse deßhalb damit gerechnet werden, daß in Zukunft von dieser Befugniß Gebrauch gemacht werde. Jedenfalls schade es nicht, wenn man die nach dem Bürgerl. Gesetzbuch möglichen Rechte berücksichtige. Der Art. 12 handle nicht von den Rechten, welche auf dem Grundstück ruhen und von denen das Trennstück frei werden soll, sondern er bestimme, daß der Abtrennung einer Theilfläche von dem Grundstück der Fall gleichgestellt wird, wenn die Grundfläche zwar unverändert bleibe, wenn aber ein Recht aufgehoben werden solle, das mit dem Grundstück in der Art verbunden ist, daß der Eigenthümer des Grundstücks der Berechtigte ist. Ein solches Recht könne eine Grunddienstbarkeit, eine Reallast, ein Vor=

S. 43. kaufsrecht sein. Die Vorschriften, die für Abtrennung von Theilen eines Grundstücks gelten, müßten auch für die Abtrennung eines solchen Rechts gelten, weil es wirthschaftlich dieselbe Bedeutung habe. Ein solches Recht mache das Grundstück, dessen jeweiliger Eigenthümer der Berechtigte sei, werthvoller und diese Werthsteigerung komme Denjenigen zu gute, die ein Recht auf den Werth des Grundstücks haben, also den Hypothekgläubigern u. s. w. Auch dieser Mehrwerth dürfe ihnen nicht ohne Weiteres entzogen werden. Nach den Vorschriften des Bürgerl. Gesetzbuchs könne ein solches Recht nur mit Zustimmung Derjenigen aufgehoben werden, denen das herrschende Grundstück hafte, und deßhalb solle das Unschädlichkeitszeugniß in gleicher Weise für die Aufhebung eines solchen Rechts ertheilt werden können, wie für die Abtrennung eines Grundstücktheils.

9. Hervorgehoben wurde, daß Art. 11 sich nur auf die unter die VII. Verfassungsbeilage fallenden Fideikommisse beziehe, während es auch solche gebe, welche unter die IV. Verfassungsbeilage fielen. Die Frage der Anwärter werde auch für die letzteren in Berücksichtigung zu ziehen sein. Es dürfte festzustellen sein, wie sich die k. Staatsregierung den Art. 11 in Bezug auf diese Fideikommisse denke. Der Vertreter der k. Staatsregierung erklärte, der Entwurf verstehe unter den Familienfideikommissen nur diejenigen, welche nach der VII. Verfassungsbeilage zu beurtheilen sind. Bei den Fideikommissen der IV. Verfassungsbeilage handle es sich um die Hausverfassungen der standesherrlichen Familien, in die man nicht eingreifen könne, zumal auch ein Bedürfniß dazu nicht vorliege.

10. Bemängelt wurde, daß sich das Verfahren des Entwurfs nur zwischen dem Gerichte und dem Eigenthümer abwickeln und den Berechtigten weder ein Beschwerde- noch ein Erinnerungsrecht eingeräumt werden solle. Dieß lege
S. 44. die Gefahr einer Kollussion zwischen dem Eigenthümer und dem Erwerber des Trennstücks, sowie eine Gefahr der Schädigung der Berechtigten nahe, nehme sich gewaltthätig aus, und es werde für den Kredit nur wohlthätig wirken, wenn man den Berechtigten das Recht der Erinnerung und der Beschwerde gewähre. Diese Bemängelung wurde sowohl aus der Mitte des Ausschusses, als auch von dem Vertreter der k. Staatsregierung bekämpft; letzterer führte aus: Diese Bemängelung beruhe auf einer unrichtigen Auffassung des Entwurfs. Alle Gesetze, durch welche bisher in den deutschen Staaten das Unschädlichkeitszeugniß eingeführt worden sei, hätten von einem Gehör der Betheiligten abgesehen. Die Einrichtung sei bestimmt einmal für den Fall, daß ein Betheiligter ohne ernsten Grund, aus übertriebener Aengstlichkeit, vielleicht auch aus bösem Willen, nicht zu bewegen ist, die Einwilligung zu ertheilen, obwohl er sie offenbar ohne Schaden ertheilen könnte, und dann für den häufigeren Fall, daß man den betreffenden Betheiligten nicht finden kann. Im ersten Falle komme ein Widerspruch, über den man sich doch hinwegsetzen wolle, und habe die Einvernahme keinen Zweck. Im anderen Falle müsse man eine Ausschreibung im Amtsblatte erlassen und müßte, wenn dieselbe irgend eine Bedeutung haben sollte, bestimmen, daß die Aufforderung erst nach Ablauf einer gewissen Frist wirksam werde. So sei es in der Civilprozeßordnung und in den Landesgesetzen, welche eine solche Aufforderung zuließen, überall gehalten. Daraus entstehe eine große Verzögerung, die den Zweck der Einrichtung wesentlich beeinträchtige, und in den meisten Fällen erfahre der Aufgeforderte doch nichts von der bevorstehenden Aenderung seines Rechts. Wenn man überhaupt den Zweck des Gesetzes erreichen wolle, müsse man auf das Gehör der Betheiligten verzichten. Eine Kollussionsgefahr bestehe nicht, da der Richter

zu prüfen habe, ob die Voraussetzungen des Art. 2 gegeben sind, und da er dabei in allen Fällen, in denen die Sache nicht ganz klar ist, schon wegen seiner eigenen Haftung Sachverständige beiziehen werde. Wo die Sache schon ganz klar liege, sei auch das nicht geboten. Noch schlimmer wäre es für den Zweck, wenn den Betheiligten ein Beschwerderecht eingeräumt würde. Die Beschwerde müßte aufschiebende Wirkung haben. Denn die bereits eingetretene Aenderung könnte im Wege der Beschwerde nicht mehr rückgängig gemacht werden. Durch die aufschiebende Wirkung würde eine dem Zwecke des Gesetzes widersprechende Verzögerung herbeigeführt werden. Das Beschwerderecht sei entbehrlich, da die Gewissenhaftigkeit und eigene Haftung der Richter Gewähr dafür böten, daß das Unschädlichkeitszeugniß nicht leichtsinnig ertheilt werde. S. 44.

11. Endlich wurde von vielen Seiten die Ueberschrift des Gesetzes „Unschädlichkeitszeugniß betreffend", die schwer verständliche Diktion und der Mangel präziser Vorschriften über das einzuhaltende Verfahren und endlich auch die Langwierigkeit und Kostspieligkeit desselben bemängelt, und von einer Seite wurden auch die auf Seite 450 der Beilage 970 enthaltenden Abänderungsanträge*) angekündigt. Da aber in dieser Beziehung durch die Beschlüsse, die in der Spezialberathung gefaßt wurden, die bezüglichen Erörterungen gegenstandslos geworden sind, so dürfte es genügen, lediglich auf das Protokoll zu verweisen.

Als Resultat der Generaldiskussion wurden folgende Sätze festgestellt, die in dem Gesetze klaren Ausdruck zu finden haben:

1. Wenn der Antragsteller sich zur Ausgleichung der Werthminderung, sei es durch Geld oder ein anderes Grundstück, herbeiläßt, kann sofort die Ausstellung des Unschädlichkeitszeugnisses ohne Einvernahme der Berechtigten erfolgen.
2. Wenn er das nicht thut, so wird auf seinen Antrag die Aufforderung nach Art. 4 erlassen und dann abgewartet, was die Berechtigten in Folge dieser Aufforderung thun.
3. Wenn der Eigenthümer nachträglich Ausgleichung durch Geld oder ein Grundstück anbietet, sei es aus eigenem Antriebe oder auf Grund der Erklärungen der Berechtigten, so kann ihm das Unschädlichkeitszeugniß nach Art. 7 ertheilt werden. Das Zeugniß hat dann, wenn es sich um Ausgleichung durch Geld handelt, seine Wirkung, auch wenn die Frist des Art. 4 noch nicht abgelaufen ist; wenn innerhalb der Frist Einwendungen nicht erhoben worden sind, dann wird Verzicht auf die Ausgleichung und auf die Vertheilung des hinterlegten Geldbetrags angenommen.

Bis zum Beginne der Spezialberathung wurden sowohl Seitens der k. Staatsregierung, als Seitens der Ausschußmitglieder von Walter, Fuchs, Joseph Geiger und Lerno Modifikationsanträge vorbereitet, durch die den obigen Feststellungen Rechnung getragen wurde.

Der Kürze halber wird es zweckmäßig sein, im besonderen Theile des Berichts die Anträge der k. Staatsregierung mit I, die der Abgeordneten von Walter und Genossen aber mit II zu bezeichnen.

Die Spezialdiskussion begann in der Ausschußsitzung vom 17. März l. Js. und wurde in der folgenden Sitzung vom 18. März beendet. Die Protokolle sind in der Beilage 977**) enthalten.

---

*) Muß wohl S. 443 heißen. Vergl. oben S. 32, 33.

**) Vergl. oben S. 52 ff.

Besonderer Theil.

S. 44. Ueberschrift und Einleitungsworte wurden zurückgestellt.

Artikel 1

läßt die Ertheilung des Unschädlichkeitszeugnisses und somit die lastenfreie Abschreibung des Trennstücks im Falle der Veräußerung der Theilfläche eines Grundstücks trotz der Belastung des letzteren mit Hypotheken, Grundschulden, Rentenschulden oder Reallasten zu, wenn festgestellt ist, daß die Veräußerung für die Berechtigten unschädlich ist. Zuständig zur Feststellung der Unschädlichkeit und zur Ertheilung des Zeugnisses ist — abgesehen von der Uebergangsbestimmung in Art. 15 — das Amtsgericht, bei welchem das Grundbuch für das Grundstück geführt wird.

Zu diesem Artikel wurde von der k. Staatsregierung folgender Abs. 2 beantragt:

> Der Antragsteller hat einen von der Messungsbehörde angefertigten Plan des Grundstücks, in welchem die zu befreiende Theilfläche ersichtlich gemacht ist, und die amtliche Angabe der Größe des Grundstücks und der Theilfläche vorzulegen.

Dieser Antrag wurde bis zur Berathung der Art. 4 und 5 zurückgestellt.

S. 45. Die bereits in der Generaldiskussion gemachte Anregung, den Art. 1 auch auf die Grunddienstbarkeiten zu erstrecken, wurde wiederholt mit der Begründung, daß bei verschiedenen Grunddienstbarkeiten, wie bei den Forstrechten, soweit sie nicht Reallasten sind, bei Weiderechten, bei den Berechtigungen, Steine, Lehm ꝛc. ꝛc. auf fremden Grundstücken zu graben, es vorkommen könne, daß ein bestimmtes Stück abgetrennt werde, welches für das Recht des Berechtigten sehr wenig von Belang wäre; für solche Fälle wäre eine Ausdehnung des Gesetzes wünschenswerth. Der Vertreter der k. Staatsregierung verhielt sich dieser Anregung gegenüber wieder ablehnend und machte geltend, daß von den für die gegentheilige Ansicht in Bezug genommenen Dienstbarkeiten ohnehin manche von der Beschaffenheit seien, daß, wenn mit einem Theile der belasteten Fläche eine Veränderung vor sich gehe, derselbe frei werde, weil die Dienstbarkeiten kein Recht gewähren, eine Flächenveränderung zu verhindern. Dieß gelte bei den Fahrtrechten, den Forstrechten, soweit sie nicht Reallasten sind, und den Weidegerechtigkeiten. Das Beispiel von dem Steinbruche zeige insbesondere, daß es sich nicht um Rechte handle, wie sie Art. 1 treffen wolle. Die hier gemeinten Rechte seien solche, welche das Grundstück in seiner Eigenschaft als Werthobjekt ergreifen, indem der Werth des Grundstücks den Berechtigten hafte. Weiter komme in Betracht, daß es, wenn man von einem Steinbruch ein Stück wegnehme, mit der Werthausgleichung seine Schwierigkeit habe. Man müßte dem Berechtigten das Recht abkaufen, das wäre aber Zwangsenteignung und die Zulassung einer solchen sei nicht nöthig. Ein Bedürfniß für besondere Vorschriften trete nur bei den Hypotheken und den ihnen gleichstehenden Rechten hervor, weil diese bei der Theilung des belasteten Grundstücks sich vervielfältigten und jeder Theil für das Ganze hafte. Durch die Ausdehnung auf Grunddienstbarkeiten würde man in eine Kasuistik gerathen; man müßte die wichtigeren Arten der Grunddienstbarkeiten durchgehen und bei jeder fragen, in welcher Weise Ersatz geschaffen werden solle. Für Steinbrüche, Lehmgruben ꝛc. müßten besondere Vorschriften aufgestellt werden. Die Möglichkeit hiezu wäre gegeben, aber ein Bedürfniß bestehe nicht: der Verkehr habe ein solches nicht erkennen lassen. S. 45.

Ein Antrag, auch die Grunddienstbarkeiten wie die Hypotheken, Grundschulden, Rentenschulden und Reallasten in den Art. 1 aufzunehmen, wurde nicht gestellt.

Referent ist schon aus den von der k. Staatsregierung geltend gemachten Gründen der Meinung, daß in der That ein Bedürfniß nicht bestehe, das Gesetz auf die Grunddienstbarkeiten auszudehnen. Dazu kommt aber noch, daß bei den Grunddienstbarkeiten der Berechtigte regelmäßig nach Namen, Stand und Wohnort bekannt ist, daß ihm gegenüber eine Einigung über die ihm für die abzutrennende Theilfläche zu leistende Entschädigung, wenn eine solche überhaupt rechtlich in Frage kommt, nicht besonders schwierig sein wird und daß somit die für die übrigen Berechtigungen bestehenden Gründe, welche die Ertheilung des Unschädlichkeitszeugnisses rechtfertigen, nämlich böser Wille oder Unkenntniß, Unbekanntheit der Berechtigten und ihres Aufenthalts, überhaupt nicht in Frage kommen können. Zudem würden die Grunddienstbarkeiten, da nach Art. 187 des Einführungsgesetzes diejenigen Grunddienstbarkeiten, die zur Zeit des Inkrafttretens des Grundbuchrechts schon bestehen, zur Erhaltung ihrer Wirksamkeit gegenüber dem öffentlichen Glauben des Grundbuchs der Eintragung nicht bedürfen, dem Amtsgerichte regelmäßig nicht bekannt sein und müßte deßhalb, wenn auf sie Rücksicht genommen werden wollte, vor Ertheilung des Unschädlichkeitszeugnisses noch ein besonderes Ermittlungsverfahren durchgeführt werden, wodurch die Ertheilung des Zeugnisses in erheblicher Weise verzögert und vertheuert werden würde.

Die Anregung auf Ausdehnung des Gesetzes auf die Grunddienstbarkeiten wurde hienach nicht weiter aufrecht erhalten und fand das dem Art. 1 zu Grunde liegende Prinzip auch sonst keine weitere Beanstandung; insbesondere wurde gegen die Zuständigkeit der Amtsgerichte und dagegen nichts erinnert, daß, wenn auszutauschende Grundstücke in mehreren Grundbuchbezirken liegen, jedes Amtsgericht für die in seinem Bezirke belegenen das Zeugniß zu ertheilen hat.

Auf die Anfrage eines Ausschußmitgliedes, wie es mit dem Muthrechte stehe, erwiderte der Vertreter der k. Staatsregierung, daß dieses auf dem Berggesetze beruhe, keine Belastung des Grundstücks bilde und eine Befreiung des letzteren von demselben nicht möglich sei. Das Muthen setze das Schürfen voraus und dem Schürfen seien nach dem Berggesetz gewisse Grundstücke, wie Haus- und Gartenstücke, nicht unterworfen. Diese Vorschriften des Berggesetzes kämen hier nicht in Frage, dabei handle es sich um eine selbstständige Beschränkung des Eigenthums, von der man es nicht durch ein Unschädlichkeitszeugniß frei machen könne.

Der Art. 1 des Regierungsentwurfs wurde in beiden Lesungen einstimmig angenommen.

Antrag: Unveränderte Annahme.

Artikel 2

enthält eine Reihe von grundlegenden Bestimmungen. Zunächst wird festgestellt, daß von der Ertheilung eines Unschädlichkeitszeugnisses nur dann die Rede sein kann, wenn die Abtrennung eine geringfügige ist und in Geld oder durch ein anderes Grundstück ausgeglichen wird. Die Geringfügigkeit soll sich nach dem Verhältnisse des Umfangs und Werths des Trennstücks zu dem Umfange

S. 45. und Werthe des übrigen Theiles des Grundstücks bemessen. Wenn sich die Belastung auch auf andere Grundstücke erstreckt, so gelten diese im Verhältnisse zu dem Trennstücke mit dem übrigen Theile des Grundstücks als ein einziges Grundstück.

Sodann wird für den Fall der unentgeltlichen — also nicht auch der entgeltlichen — Abtretung des Trennstücks zu einem öffentlichen Zweck bestimmt, daß auf die Werthminderung die Werthserhöhung angerechnet werden soll, die sich aus der dem öffentlichen Zwecke dienenden Anlage ergibt.

Endlich wird von einer Ausgleichung abgesehen, wenn die Werthminderung den Betrag von 50 M. nicht übersteigt.

Zu diesem Artikel lagen zwei Abänderungsanträge vor, ein solcher der k. Staatsregierung und ein solcher der Abgeordneten von Walter und Genossen. Nach dem ersteren sollen in Abs. 1 Satz 1 am Schlusse vor den Worten „die Werthminderung in Geld oder durch ein anderes Grundstück ausgeglichen wird", die Worte „abgesehen von den Fällen des Artikel 4" eingeschaltet werden. Weiter soll der Abs. 3 des Entwurfs hier gestrichen und als Abs. 3 neu angereiht werden die Bestimmung:

„Das Amtsgericht kann Sachverständige vernehmen."

Nach dem Abänderungsantrage II soll lediglich Abs. 1 Satz 3 folgende Fassung erhalten:

S. 46. „Die Feststellung der Unschädlichkeit darf nur erfolgen, wenn die durch die Veräußerung der abzutrennenden Fläche eintretende Werthminderung des Stammgrundstücks eine verhältnißmäßig geringe ist und durch Geld oder durch ein anderes Grundstück ausgeglichen wird."

Der Abänderungsantrag I wurde bis zur Berathung des Art. 4 zurückgestellt.

Zur Begründung des Antrags II wurde von den Antragstellern Folgendes geltend gemacht:

Die Anträge II in ihrer Gesammtheit seien dem Bestreben entsprungen, die Materie in ein gewisses System zu bringen. In den Artikeln 1, 2 und 3 wollten die allgemeinen, für alle Fälle geltenden Grundsätze aufgestellt werden. Die späteren Artikel sollen dann gesondert das Verfahren regeln, je nachdem eine Ausgleichung stattfinden solle oder nicht, und für die Gerichte und Parteien klar stellen, welche Erfordernisse von den letzteren zu erfüllen seien. Deßhalb sei im Art. 2 noch kein Raum für die Bestimmung, daß der Amtsrichter Sachverständige vernehmen könne, und erscheine auch jede Rücksichtnahme auf den Art. 4 ausgeschlossen. Aus dem gleichen Grunde müsse der Abs. 3 im Art. 2 bleiben und solle nur das Wort „verhältnißmäßig" eingefügt werden. Diese Einschaltung sei deßhalb nothwendig, weil die Werthminderung bis zu 50 M. nicht absolut und unter allen Umständen, sondern nur dann von der Verpflichtung zur Ausgleichung entbinden soll, wenn diese Werthminderung als eine verhältnißmäßig geringe erscheine. Es gebe z. B. in Unterfranken Fälle, wo unter Umständen der Betrag von 50 M. die Hälfte des Werths des ganzen Grundstücks repräsentire. Für solche Fälle würde das Prinzip des Entwurfs nicht mehr passen. Durch die redaktionelle Aenderung solle der ganze Artikel verständlicher gemacht und seine Schwerfälligkeit beseitigt werden. Das Wort „Umfang" sei in dem Antrage als entbehrlich weggelassen worden. Es handle sich blos darum, ob die abzutrennende Fläche einen geringen Werth habe oder nicht. Unter Umständen könne der

Umfang des Trennstücks nicht gerade so klein sein, daß er im Verhältniß zum Areal des Stammgrundstücks als gering erscheine. Gleichwohl könne das Trennstück, wenn es z. B. eine unbenützbare Sandfläche sei, als ganz geringfügige Sache erscheinen. Eine besondere Betonung des Umfangs könnte zu einer irrigen Auslegung führen und das Gesetz dann, wenn das Trennstück zwar nicht gerade klein, aber gleichwohl von geringem Werthe sei, für nicht anwendbar erachtet werden, während es doch blos darauf ankomme, daß die Theilfläche im Verhältniß zum Gesammtgut einen geringen Werth habe. S. 46.

Der Vertreter der k. Staatsregierung machte dagegen Folgendes geltend:

Es sei richtig, daß der Werth des Trennstücks, das als Werthobjekt in Betracht zu kommen habe, viel wichtiger sei, als sein Umfang. Der Grund, warum gleichwohl in Uebereinstimmung mit dem preußischen Gesetz auch der Umfang angeführt worden sei, liege darin, daß man eine größere Gewähr für die Berechtigten, die bei der Werthausgleichung regelmäßig nicht gehört würden, habe schaffen wollen. Es komme auf eine Schätzung durch Sachverständige an, eine solche gehöre aber nicht zu denjenigen Feststellungen, welche mit voller Genauigkeit gemacht werden könnten. Wenn ein großer Theil des Grundstücks abgetrennt werde, sei es immerhin bedenklich, wenn die Sachverständigen die abzutrennende Fläche, die den vierten Theil des Grundstücks bilde, für nur ein Zwölftel des Gesammtwerths erklären. Da aber gleichwohl der Werth das Wesentliche sei, so trete die k. Staatsregierung diesem Theil des Antrags nicht entgegen.

Zur Abschneidung von Mißverständnissen müsse er schon jetzt erklären, wie eigentlich der zweite Theil des Satzes 1 in Art. 2 im Zusammenhalt mit den Art. 5 und 7 gedacht sei. Die Feststellung der Unschädlichkeit dürfe nur erfolgen, wenn die Werthminderung eine verhältnißmäßig geringe sei. Dazu komme als weiteres Erforderniß, daß eine Ausgleichung stattfinde. Die Ausgleichung müsse aber nicht nothwendig schon erfolgt sein, wenn das Zeugniß ertheilt werden soll, und dadurch unterscheide sich der Entwurf von den Vorschlägen II. Der Entwurf gehe von folgenden Gedanken aus: In dem Unschädlichkeitszeugniß werde festgestellt, welche Ausgleichung geleistet werden soll. Dasselbe laute beispielsweise: „Es wird festgestellt, daß die Veräußerung der im Plane bezeichneten Fläche von dem Grundstück z den Berechtigten unschädlich ist, sofern der Betrag von x *M.* hinterlegt wird.“ Das Unschädlichkeitszeugniß sei eine gerichtliche Verfügung, die in Parallele gestellt werden könne mit einem Arrestbefehle, der die Vollstreckung des Arrestes von einer vom Gläubiger zu leistenden Sicherheit abhängig mache, oder mit einer Entscheidung, die gegen Sicherheitsleistung als vollstreckbar erklärt werde. Diese bedingte Ertheilung des Zeugnisses habe für den Antragsteller einen großen Werth, weil er das Geld nicht vorzuschießen brauche, sondern das Geld, das er bei der Veräußerung Zug um Zug vor dem Grundbuchamt erhalte, verwenden könne. Bei der Substituirung eines Grundstücks gehe es überhaupt nicht anders.

Die Einschaltung des Wortes „verhältnißmäßig“ in Abs. 3 sei keine glückliche Aenderung. Vielleicht würde man den Gedanken klarer zum Ausdruck bringen, wenn man sage, die Ausgleichung könne erlassen werden, wenn die Werthminderung den Betrag von 50 Mk. nicht übersteige. Die beiden Voraussetzungen für die Ertheilung des Zeugnisses seien der geringfügige Werth des Trennstücks und die Ausgleichung. Von der ersteren Voraussetzung gebe es keine Ausnahme. Die zweite erleide zwei Ausnahmen, einmal die hier in Frage stehende und dann die, wenn die Berechtigten eine Aus-

S. 46. gleichung selbst nicht verlangen. In diesen beiden Fällen werde das Zeugniß unbedingt ausgestellt. Wenn man ein bedingtes Zeugniß zulassen wolle, müsse in Art. 2 zum Ausdruck kommen, daß die hier gemachte Ausnahme nur die zweite Voraussetzung betreffe. Aber dieß geschehe nicht durch das Wort „verhältnißmäßig". Die ausgleichende Werthminderung ist in jedem Falle eine geringe. Daß die Bestimmung des Abs. 3 nicht auf die Fälle anwendbar sei, wo die Werthminderung eine verhältnißmäßig große sei, ergebe sich schon daraus, daß von der verhältnißmäßig geringen Werthminderung gar nie dispensirt werden und deßhalb die Ausgleichung einer verhältnißmäßig großen Werthminderung gar nicht in Frage kommen könne.

In der über die erwähnte Einschaltung noch weiter geführten Diskussion beharrten die Antragsteller auf der Auffassung, daß die Einschaltung nothwendig sei, um den Richter daran zu erinnern, daß auch dann, wenn die Werthminderung den Betrag von 50 M. nicht übersteige, diese Werthminderung eine verhältnißmäßig geringe im Sinne des Abs. 1 sein müsse, da er sonst zu der Auslegung gelangen könnte, daß die Bestimmung des Abs. 3 eine absolute und eine Ausgleichung nicht geboten sei, auch wenn die Werthminderung bis
S. 47. zu 50 M. keine verhältnißmäßig geringe wäre. Gegen || den Vorschlag des Vertreters der k. Staatsregierung, die Bestimmung so zu fassen, daß die Ausgleichung erlassen werden könne, wenn die Werthminderung nicht mehr als 50 M. betrage, wurde eingewendet, daß dadurch auch dann, wenn die Werthminderung nur eine verhältnißmäßig geringe sei, dem Belieben des Amtsrichters anheimgestellt würde, ob er das Zeugniß ohne oder gegen Ausgleichung ertheilen wolle, während doch in diesem Falle eine Ausgleichung überhaupt nicht stattfinden soll.

Die Vertreter der k. Staatsregierung dagegen machten wiederholt geltend, daß die Einschaltung nicht nothwendig sei, die Auslegung des Gesetzes erschwere und den Amtsrichter sogar zu der Meinung bringen könne, daß in Abs. 3 ein neuer, von der Intention des Abs. 3 abweichender Gedanke ausgesprochen werde.

Bei der Abstimmung wurden Abs. 1 und 2 des Art. 2 in der Fassung der Anträge II angenommen und die Abstimmung über den Abs. 3 dieser Anträge zurückgestellt.

Satz 1 des Abs. 1 erhielt jedoch folgende Fassung:

> „Die Feststellung der Unschädlichkeit darf nur erfolgen, wenn die durch die Veräußerung des Trennstücks entstehende Minderung des Werths des Grundstücks eine verhältnißmäßig geringe ist und durch Geld oder ein anderes Grundstück ausgeglichen wird."

In der Diskussion war auch angeregt worden, das Wort „ein" in der letzten Zeile des Abs. 1 Satz 2 groß zu schreiben. Es wurde dagegen geltend gemacht, daß dieß nicht mehr üblich sei.

Es wurde deßhalb der Redaktionskommission überlassen, zu bestimmen, ob es nicht durchschossen gedruckt werden solle. Hiefür entschied sich auch die Redaktionskommission, um anzudeuten, daß „ein" so viel sei, wie ein einziges.

Im Laufe der Berathung wurde übrigens beschlossen, daß der Abs. 3 dieses Artikels (nach den Anträgen II und dem Entwurfe) angenommen und als Abs. 1 in den Art. 4 eingereiht werde. Von der Redaktionskommission wurde er jedoch als Abs. 3 hier eingereiht.

In der zweiten Lesung beantragte die k. Staatsregierung: in Abs. 3 das Wort „verhältnißmäßigen" zu streichen.

In der Diskussion wurden Seitens der k. Staatsregierung sowohl, als der Antragsteller die in der ersten Lesung geltend gemachten Gründe wiederholt. S. 47.

Der Antrag der k. Staatsregierung wurde bei der Abstimmung mit Stimmenmehrheit abgelehnt und der Art. 2 unter Streichung des Satzes 2 in Abs. 2 (vide Bericht zu Art. 4) einstimmig angenommen.

Antrag: Dem Art. 2 nach den Beschlüssen in der zweiten Lesung zuzustimmen.

Artikel 3.

Zu diesem Artikel lagen Abänderungsanträge nicht vor. Nach dem Regierungsentwurf bestimmt derselbe in Abs. 1, daß, wenn die Werthminderung in Geld ausgeglichen wird, der erforderliche Betrag zur Vertheilung unter die Berechtigten bei der Hinterlegungsstelle des Gerichtsbezirks hinterlegt werden muß, und daß die Hinterlegung mit der Bestimmung zu geschehen hat, daß zur Rücknahme die Ermächtigung des Gerichts erforderlich ist.

Nach Abs. 2 müssen, wenn durch ein anderes Grundstück ausgeglichen wird, die Rechte der Berechtigten darauf erstreckt werden.

Nach Abs. 3 muß im Falle der unentgeltlichen Abtretung zu einem öffentlichen Zweck mit der Ausführung der den Werth erhöhenden Anlage begonnen sein.

Der Artikel bedarf keiner weiteren Erläuterung, als sie auf Seite 198 der Motive enthalten ist.

Eine eigentliche Diskussion fand nicht statt; nur wurde von einem Mitgliede des Ausschusses angeregt, ob nicht das Wort „Rücknahme" in Abs. 1 Satz 2 durch ein anderes Wort, vielleicht „Erhebung", ersetzt werden solle. Der Vertreter der k. Staatsregierung machte dagegen geltend, daß der Hinterlegende gehindert werden müsse, den hinterlegten Betrag eigenmächtig zurückzunehmen, und daß das Wort „Rücknahme" auch im Bürgerl. Gesetzbuch (§ 376) und in der neuen Fassung der Civilprozeßordnung im gleichen Sinne gebraucht sei.

Die drei Absätze des Artikels wurden einstimmig angenommen. Die Redaktionskommission hat daran nichts geändert.

Antrag: Unveränderte Annahme.

Artikel 4.

Bezüglich der ursprünglichen Fassung dieses Artikels wird auf den Entwurf Beilage 912 Seite 194*) verwiesen.

Die k. Staatsregierung beantragte folgende neue Fassung:

> Die Ausgleichung der Werthminderung ist nicht erforderlich, wenn die Werthminderung den Betrag von 50 M. nicht übersteigt.
>
> Das Gleiche gilt, wenn die Berechtigten von dem Amtsgerichte aufgefordert worden sind, innerhalb einer Frist von einem Monat zu erklären, ob sie auf der Ausgleichung bestehen, und nicht vor dem Ablaufe der Frist erklärt haben, daß sie die Ausgleichung verlangen.
>
> Die Aufforderung wird nur auf Antrag erlassen. Sie muß die Mittheilung, daß die Feststellung der Unschädlichkeit bevorsteht, die Angabe der Größe des Trennstücks und des Betrags der Werthminderung enthalten; als Rechtsnachtheil ist den Berechtigten an-

*) Vergl. oben S. 3.

S. 47. zubrohen, daß die Unschädlichkeit ihnen gegenüber ohne Ausgleichung der Werthminderung festgestellt werden würde.

Die Abgeordneten von Walter und Genossen haben dagegen nicht nur eine andere Fassung des Art. 4, sondern auch die Einschaltung eines Art. 4a, 4b und 4c beantragt. Darauf wird später zurückgekommen werden.*)

Der Art. 4 des Entwurfs kommt nicht weiter in Betracht. Seine Bestimmungen sind in den Modifikationsanträgen berücksichtigt und in diesen in mehrere Artikel vertheilt. Es ist deßhalb nicht veranlaßt, auf denselben hier weiter einzugehen.

Wegen ihres materiell rechtlichen Inhalts wurden zuerst Art. 4 Abs. 1 und 2 des obigen Modifikationsantrags I und Art. 4a Abs. 3 des Antrags II in Berathung genommen; letzterer lautet:

> Einer Ausgleichung bedarf es nicht, soweit im Falle des Artikel 2 Absatz 2 die Werthminderung durch die eintretende Wertherhöhung gedeckt wird.

Nach einer kurzen Diskussion darüber, ob die vorgeschlagenen Bestimmungen in Art. 4 Abs. 2 des Modifikationsantrags I und in Art. 4a Abs. 3 des Abänderungsantrags II nothwendig und insbesondere in den Art. 4 auf-
S. 48. zunehmen seien, wurde Abs. 1 des Art. 4 (I) mit der Modifikation || angenommen, daß der Konditionalsatz zu lauten habe: „wenn die verhältnißmäßige Werthminderung den Betrag von 50 M. nicht übersteigt".

Abs. 2 des Art. 4 (Antrag I) wurde unverändert angenommen.

Art. 4a Abs. 3 (Antrag II) wurde angenommen und beschlossen, ihn hier auszuheben und ihn in den bereits festgestellten Art. 2 Abs. 2 als zweiten Satz in der Fassung einzureihen:

> Einer Ausgleichung bedarf es nicht, soweit die Werthminderung durch die Wertherhöhung gedeckt wird.

Damit war auch der zurückgestellte Abs. 3 des Art. 2 der Anträge II erledigt.

Dieser Art. 4 ist indeß von der Redaktionskommission (Beil. 978 S. 530**)) wieder beseitigt worden, indem Abs. 1 desselben in der Fassung:

> Die Ausgleichung der verhältnißmäßigen Werthminderung ist nicht erforderlich, wenn diese den Betrag von 50 M. nicht übersteigt. —

dem Art. 2 als dritter Absatz eingereiht, der Abs. 2 aber als Abs. 1 dem Art. 5a eingefügt wurde in der Fassung:

> Das Unschädlichkeitszeugniß kann außer dem Falle des Artikel 2 Absatz 3 ohne Ausgleichung der Werthminderung ertheilt werden, wenn die Berechtigten rc. rc.

Für die Redaktionskommission war für die Vornahme dieser Aenderungen die Absicht maßgebend, den Fall, daß die Ausgleichung deßwegen entbehrlich wird, weil die Betheiligten sich auf gerichtliche Aufforderung nicht melden, gesondert zu behandeln.

Hiemit hat sich der Ausschuß einverstanden erklärt.

Gegen den Zusatz in Abs. 2 machte der Vertreter der k. Staatsregierung in zweiter Lesung geltend, daß er deßhalb bedenklich sei, weil er den Schein erwecke, als solle die Wertherhöhung nur in soweit in Betracht kommen, als

---

*) Vergl. unten S. 161 ff.

**) Vergl. oben S. 104.

es sich um die Ausgleichung handelt, nicht aber auch bei der Frage, ob die Werthminderung eine verhältnißmäßig geringe ist. Der Abs. 2 der Regierungsvorlage (jetzt Abs. 2 Satz 1) lege der Anrechnung der Wertherhöhung nach den beiden Richtungen Bedeutung bei, was offenbar der Natur der Sache entspricht. S. 48.

Ein Mitglied des Ausschusses hat allerdings dagegen Bedenken erhoben: nach einer längerer Diskussion wurde indeß die Streichung des Satzes einstimmig beschlossen.

Mit der oben bemerkten Aenderung (Streichung des zweiten Satzes in Abs. 2) wurde der ganze Artikel in zweiter Lesung einstimmig angenommen.

Hiernach kam zur Berathung:

Artikel 4 der Modifikationsanträge II,

welcher lautet:

> Der Antrag des Eigenthümers auf Feststellung der Unschädlichkeit hat, wenn die Werthminderung ausgeglichen werden soll, zu enthalten:
>
> 1. die Bezeichnung des Grundstücks sowie des Trennstücks nach Umfang und Beschaffenheit unter Vorlage des Messungsoperats und der Planskizze,
> 2. den Betrag der durch die beabsichtigte Abtrennung des Trennstücks eintretenden Werthminderung des Stammgrundstücks unter Vorlage etwaiger Belege hiefür,
> 3. die Erklärung, ob die Ausgleichung durch Geld oder durch ein anderes Grundstück erfolgen soll; im letzteren Falle ist dasselbe gemäß Ziffer 1 zu bezeichnen und seine Belastung anzugeben.

Im Falle der unentgeltlichen Abtretung zu einem öffentlichen Zwecke ist die in Artikel 2 Absatz 2 erwähnte Wertherhöhung und die in Artikel 3 Absatz 3 geforderte Voraussetzung glaubhaft zu machen.

Die einzelnen Absätze und Ziffern wurden gesondert berathen.

Absatz 1 Ziffer 1

und damit der zurückgestellte, oben*) in seinem Wortlaut angeführte

Artikel 1 Absatz 2 der Modifikationsanträge I.

Der Vertreter der k. Staatsregierung konstatirte, daß sich die beiden Abänderungsanträge zu decken scheinen und daß der Antrag der k. Staatsregierung sich nur durch die Vermeidung der Fremdwörter unterscheide. Dieser Auffassung wurde vom Ausschusse nicht widersprochen und demgemäß die definitive Fassung der Bestimmung der Redaktionskommission überlassen. Die Eingangsworte des Abs. 1 und die Ziff. 1 wurden einstimmig angenommen.

Ziffer 2.

Der Vertreter der k. Staatsregierung stellte es in Zweifel, ob man von dem Antragsteller die Beibringung von Belegen verlangen solle. Seine Angaben seien für das Gericht nicht bindend und dieses werde meistens genöthigt sein, Sachverständige zu vernehmen, wenn nicht eine Notariatsurkunde vorgelegt werde, in welcher gerichtliche Sachverständige ihre Schätzung abgegeben hätten. Der Modifikationsantrag erschwere die Stellung des Eigenthümers.

*) Vergl. oben S. 152.

S. 48. Von Seite des Ausschusses wurde dagegen bemerkt, daß es Fälle geben könne, in denen die Einvernahme von Sachverständigen nicht erforderlich sei. Es gebe eine Reihe von Möglichkeiten, daß die Geringfügigkeit der Werthminderung glaubhaft gemacht werden könne. Um einerseits dem Amtsrichter eine Grundlage zu geben, ob er überhaupt noch Sachverständige brauche oder nicht, und um anderseits dem Antragsteller weitere Erhebungen und Kosten zu ersparen, sei es zweckmäßig, die Bestimmung aufzunehmen.

Dieser Anschauung wurde von keiner Seite widersprochen und Ziff. 2 einstimmig angenommen.

Ziffer 3.

Der Vertreter der k. Staatsregierung hielt die Vorlegung einer Planskizze und eines Messungsoperats nicht für nothwendig.

Auf die Erwiderung, daß dadurch das Grundstück bezeichnet werden solle, bemerkte er, daß dann die Worte „gemäß Ziff. 1" weggelassen werden müßten. Uebrigens sei es selbstverständlich, daß das Grundstück bezeichnet werden müsse, und es dürfte genügen, wenn man ihn zur Angabe der Belastung verpflichte.

Von den Antragstellern wurde gegen die Weglassung der Worte „gemäß Ziff. 1" nichts erinnert, dagegen geltend gemacht, daß die Bezeichnung des Grundstücks nöthig sei, zumal das Gesetz auch für die Zeit vor dem Inkraft-
S. 49. treten des Grundbuchs gelte, und daß auch der Fall getroffen ‖ werden müsse, wenn eine Belastung des Grundstücks nicht bestehe.

Von der k. Staatsregierung wurde ein weiterer Einwand nicht erhoben und Ziff. 3 unter Streichung der Worte „gemäß Ziff. 1" einstimmig angenommen.

Absatz 2.

Der Vertreter der k. Staatsregierung beanstandete, daß hier eine Glaubhaftmachung der Werthberhöhung verlangt werde, während in Abs .1 Ziff. 2 blos die Vorlage etwaiger Belege gefordert sei. Die Feststellung der Werthberhöhung werde am besten den Sachverständigen überlassen. Wenn der Antragsteller für die Werthminderung keine Belege übergebe, so müsse schon wegen der Werthminderung das Grundstück durch Sachverständige in Augenschein genommen und könne gleichzeitig die Werthberhöhung festgestellt und das Fazit gezogen werden. Das sei richtiger, als wenn man die Minderung und Erhöhung auseinander reiße und für die letztere Glaubhaftmachung verlange, für die erstere aber nicht. Die Werthberhöhung müsse ebenso verlässig ermittelt werden, wie die Werthminderung, sonst kämen die Berechtigten zu kurz.

Seitens der Antragsteller wurde erwidert, daß unter den Belegen in Abs. 1 Ziff. 2 und der Glaubhaftmachung hier nichts Verschiedenes gedacht sei. Es werde ja häufig die Vernehmung von Sachverständigen nothwendig sein, aber auch eine Reihe von Fällen geben, in welchen die Werthberhöhung ohne dieselbe glaubhaft gemacht werden könne. Wenn der Eigenthümer das Grundstück zu einem öffentlichen Zwecke abtrete, gehöre zur Begründung des Antrags, daß er darlege und glaubhaft mache, worin die Werthberhöhung gegenüber der Werthminderung bestehe, um sich von der Verpflichtung der Ausgleichung zu befreien. Er werde sich in vielen Fällen leicht thun und brauche nur auf die Anlage und die Umstände aufmerksam zu machen. Das solle er thun und glaubhaft machen, daß und inwieweit eine Werthberhöhung eintrete, dann könne der Richter von der Vernehmung von Sachverständigen Umgang nehmen.

Der Vertreter der k. Staatsregierung pflichtete diesen Ausführungen bei und schlug folgende Fassung vor: S. 49.

Im Falle der unentgeltlichen Abtretung zu einem öffentlichen Zwecke ist die in Art. 2 Abs. 2 erwähnte Wertherhöhung unter Vorlage etwaiger Belege anzugeben und die in Art. 3 Abs. 3 geforderte Voraussetzung glaubhaft zu machen.

Die Antragsteller erklärten sich damit einverstanden und wurde Abs. 2 in dieser Fassung angenommen.

Durch von dem Ausschusse gut geheißenen Beschluß der Redaktionskommission wurde der Artikel als Art. 3a bezeichnet, demselben ein erster Absatz vorangestellt und ihm folgende Fassung gegeben:

Zu dem Antrag auf Feststellung der Unschädlichkeit ist der Eigenthümer des Grundstücks berechtigt.

Der Antragsteller hat:

1. das Grundstück zu bezeichnen und einen von der Messungsbehörde angefertigten Plan, in welchem das Trennstück ersichtlich gemacht ist, sowie den amtlichen Nachweis der Größe des Grundstücks und des Trennstücks vorzulegen;
2. den Betrag der durch die Veräußerung des Trennstücks entstehenden Werthminderung unter Vorlage der vorhandenen Belege anzugeben;
3. zu erklären, in welcher Weise die Werthminderung, soweit erforderlich, ausgeglichen werden soll, und im Falle der Ausgleichung durch ein anderes Grundstück dieses zu bezeichnen und dessen Belastung anzugeben.

Im Falle des Art. 2 Abs. 2 ist die auf die Werthminderung anzurechnende Werthehöhung unter Vorlage der vorhandenen Belege anzugeben und glaubhaft zu machen, daß mit der Ausführung der Anlage begonnen ist.

Der Artikel wurde in der zweiten Lesung einstimmig angenommen.
Antrag: Unveränderte Annahme des Art. 3a.

Artikel 4c
der Modifikationsanträge II
mit dem zurückgestellten
Art. 4 Abs. 3 der Modifikationsanträge I.

Der Art. 4c nach den Modifikationsanträgen II lautet:

Soll eine Ausgleichung nicht erfolgen, so hat der Antrag des Eigenthümers den Erfordernissen in Art. 4 Abs. 1 Ziff. 1 und 2 und Abs. 2 zu entsprechen.

Von dem Antrage hat das Amtsgericht nach Vornahme etwaiger Erhebungen den Berechtigten mit der Aufforderung Mittheilung zu machen, innerhalb einer Frist von einem Monat zu erklären, ob sie auf der Ausgleichung der Werthminderung bestehen, widrigenfalls die Unschädlichkeit ihnen gegenüber ohne Ausgleichung der Werthminderung festgestellt werden würde.

Ist die Mittheilung an einen Berechtigten nicht thunlich, so ist die für ihn bestimmte Mittheilung an die Gerichtstafel anzuheften und einmal in das für die Bekanntmachungen des Amtsgerichts bestimmte

S. 49. Blatt einzurücken. Das Gleiche gilt, wenn ein Berechtigter gestorben und der Erbe dem Amtsgerichte nicht bekannt ist. Die Erklärungsfrist beginnt mit dem Ablauf eines Monats seit der Einrückung.

Berechtigte, die nicht im Grundbuche eingetragen sind, werden nur berücksichtigt, wenn ihre Rechte angemeldet und auf Verlangen des Amtsgerichts glaubhaft gemacht sind.

Nach einer kurzen Geschäftsordnungsdebatte wurde zunächst nur Abs. 1 dieses Artikels der Berathung unterstellt.

Hiezu lag ein Abänderungsantrag der k. Staatsregierung vor, welcher lautet:

Soll die Ausgleichung einer Werthminderung nach Art. 4 Abs. 2 unterbleiben, so hat der Antragsteller die gerichtliche Aufforderung der Betheiligten zu beantragen; der Antrag hat den Erfordernissen in Art. 4 (jetzt 3a) Abs. 1 Ziff. 1 und 2 und Abs. 2 zu entsprechen.

Der Vertreter der k. Staatsregierung begründete diesen Antrag damit, daß bereits beschlossen worden sei, daß die Werthausgleichung nicht nothwendig
S. 50. sei, wenn die Betheiligten || vom Amtsgerichte aufgefordert worden sind und sich nicht erklärt haben. Deßhalb müßte hier bestimmt werden, daß der Antragsteller die Aufforderung, wenn er sie haben wolle, beantragen müsse, daß dieselbe sohin nicht von Amtswegen erlassen werde.

Hienach wurde Abs. 1 des Art. 4c in der von der k. Staatsregierung vorgeschlagenen Fassung einstimmig angenommen.

In der Sitzung vom 18. März l. Js.*) wurde zunächst zur Berathung gestellt:

Artikel 4a der Abänderungsanträge II,

welcher lautet:

Das Amtsgericht hat nach Vornahme etwa nothwendiger Erhebungen Beschluß zu fassen.

In dem Beschlusse auf Feststellung der Unschädlichkeit ist im Falle der Ausgleichung der Werthminderung durch Geld der zu hinterlegende Betrag festzusetzen, sowie im Falle der Ausgleichung durch ein anderes Grundstück zu bestimmen, welche Belastungen den darauf zu erstreckenden Rechten im Range vorgehen dürfen.

Einer Ausgleichung bedarf es nicht, soweit im Falle des Art. 2 Abs. 2 die Werthminderung durch die eintretende Wertherhöhung gedeckt wird.

Die Angabe von Grunddienstbarkeiten, die nach Art. 187 des Einführungsgesetzes zum Bürgerl. Gesetzbuch der Eintragung nicht bedürfen, ist nicht erforderlich.

Im Falle des Art. 3 Abs. 3 ist anzugeben, daß mit der Ausführung der Anlage begonnen ist.

Hiezu einschlägig ist der zurückgestellte Art. 2 Abs. 3 der Modifikationsanträge I:

Das Amtsgericht kann Sachverständige vernehmen.

Die Diskussion erstreckte sich aber auch auf die Art. 4b und 5 der Anträge II, welche lauten:

Artikel 4b.

Nach Hinterlegung des festgesetzten Geldbetrages oder nach Erstreckung der Rechte auf das andere Grundstück erfolgt die Ausstellung des Unschädlichkeitszeugnisses.

---

*) Vergl. oben S. 72 ff.

Dasselbe ersetzt die Bewilligung der Berechtigten zur Löschung ihrer Rechte. S. 50.

Artikel 5.

Wenn die Unschädlichkeit ohne Ausgleichung der Werthminderung gegenüber allen Berechtigten festgestellt ist, welche zur Zeit der lastenfreien Abschreibung des Trennstücks im Grundbuche eingetragen sind, hat das Amtsgericht das Unschädlichkeitszeugniß (Art. 4b Abs. 2) auszustellen.

Außerdem ist der Antrag abzuweisen und sind dem Eigenthümer die Berechtigten zu bezeichnen, denen gegenüber die Ausgleichung der Werthminderung nicht erforderlich ist.

Einschlägig ist auch noch

Artikel 5 der Modifikationsanträge I,

welcher lautet:

Abs. 1.

Der Beschluß, durch welchen die Unschädlichkeit festgestellt wird, hat, soweit die Ausgleichung ꝛc. wie im Entwurfe.

Abs. 2

unverändert wie im Entwurfe.

Abs. 3.

Im Falle des Art. 4 Abs. 2 sind die Berechtigten zu bezeichnen, denen gegenüber die Ausgleichung der Werthminderung nicht erforderlich ist.

Der Vertreter der k. Staatsregierung machte gegen die Modifikationsanträge II Folgendes geltend:

1. Der Entwurf gestalte dadurch die Sache einfach, daß das Unschädlichkeitszeugniß sofort ertheilt wird, sobald sich das Gericht von der Unschädlichkeit der Abtrennung und von der verhältnißmäßigen Geringfügigkeit derselben überzeugt hat. Nach Art. 5 der Abänderungsanträge I solle statt der Worte „Die Feststellung der Unschädlichkeit hat“ ꝛc. die Fassung gewählt werden: „Der Beschluß, durch welchen die Unschädlichkeit festgestellt wird, hat“ ꝛc. ꝛc. Mit dem Beschlusse sei also das Unschädlichkeitszeugniß gemeint, und um dieß zum Ausdrucke zu bringen, werde es zweckmäßig sein, in Klammern beizufügen „Unschädlichkeitszeugniß“. Mit der Ertheilung des Zeugnisses wolle nicht abgewartet werden, bis die weitere Bedingung der Werthausgleichung erfüllt sei: vielmehr werde diese Bedingung in das Zeugniß hineingesetzt, gerade so wie in einen Arrestbefehl der Vorbehalt, daß der Arrestgläubiger für einen gewissen Betrag Sicherheit zu leisten habe. Das Unschädlichkeitszeugniß werde also bedingt ertheilt und dem Grundbuchamte müsse die Erfüllung der Bedingung nachgewiesen werden, soferne sie sich nicht, wie dieß bei der Ausgleichung durch ein anderes Grundstück der Fall sei, vor dem Grundbuchamt selbst vollziehe. Damit werde eine Ersparniß an Zeit und Arbeit gewonnen. Nach den Modifikationsanträgen II dagegen solle der Antragsteller erst eine Mittheilung von dem vorläufigen Beschluß erhalten und dann erst neuerdings zu Gericht gehen, um das Unschädlichkeitszeugniß zu erhalten. Abgesehen von diesem formellen Unterschiede werde die Sache dadurch auch materiell derart erschwert, daß in manchen Fällen der ganze Zweck vereitelt werde. In sehr vielen Fällen werde es sich um den Umtausch von kleinen Grundstücken zur besseren Gestaltung

S. 50. der Grenzen handeln. Dieser finde in der Weise statt, daß an die Stelle eines oder mehrerer solcher kleinen Grundstücke ein anderes oder mehrere andere treten, die der Nachbar zum gleichen Zwecke abtritt. Nach dem Entwurfe gehe der Ausgleich in der Weise vor sich, daß die Parzellen für die Gläubiger, die darauf Hypotheken haben, beiderseits surrogirt werden. Dieß werde durch die Anträge II unmöglich gemacht, weil nicht schon vor Ausstellung des Zeugnisses die Belastungen auf das Ersatzgrundstück erstreckt werden können. In diesem Falle wäre deßhalb die Ausstellung des Zeugnisses überhaupt unmöglich. Im Falle der Ausgleichung durch Geld werde in der Regel der Abtretende das Geld, das ihm bei der Auflassung als Gegenleistung bezahlt wird, dazu verwenden, die ihm durch das Unschädlichkeitszeugniß gemachte Auflage der Hinterlegung eines bestimmten Betrags zu erfüllen. Die Leute gingen zum Notar, gäben ihre Erklärung ab, der Eine übergebe das Zeugniß, der Andere das Geld, der Notar lasse beides zum Gericht bringen, und so erledige sich Alles auf einen Schlag.

2. Durch die in den Anträgen II gewählte Konstruktion des Art. 5 werde die Sache vollständig unmöglich gemacht. Die Vorlage des Unschädlichkeitszeugnisses sei die Voraussetzung für die lastenfreie Abschreibung des Trennstücks
S. 51. im Grundbuch und habe die letztere der ersteren nachzufolgen. || Nun solle aber nach den Anträgen II das Zeugniß erst ausgestellt werden, wenn die Unschädlichkeit ohne Ausgleichung gegenüber allen Berechtigten feststeht, welche zur Zeit der künftigen lastenfreien Abschreibung des Trennstücks im Grundbuch eingetragen sind. Da man aber nicht wissen könne, welche Einschreibungen in Zukunft erfolgen würden, trete die Unmöglichkeit ein, daß man ohne Ausgleichung nach vorheriger Aufforderung der Berechtigten die Sache erledigen könne. Anders verhalte es sich, wenn Art. 5 Abs. 3 der Anträge I angenommen werde, da hienach nur die Berechtigten, die zur Zeit der Ausstellung des Zeugnisses eingetragen sind und denen gegenüber eine Ausgleichung nicht erforderlich ist, bezeichnet werden müssen. Diejenigen, welche in der Zeit zwischen der Ausstellung des Zeugnisses und der lastenfreien Abschreibung noch Rechte erworben haben, können von dem Zeugnisse nicht betroffen werden, weil sie noch nicht zur Erklärung aufgefordert worden seien. Mit diesen müsse sich der Eigenthümer gesondert abfinden.

3. Im Art. 4c Abs. 2 der Anträge II sei in formeller Beziehung das in dem Entwurfe gestellte Präjudiz für die Unterlassung der Abgabe einer Erklärung dahin geändert, daß gesagt werden solle: „widrigenfalls die Unschädlichkeit ihnen gegenüber ohne Ausgleichung der Werthminderung festgestellt werden würde". Allein die Fassung des Entwurfs sei deßhalb vorzuziehen, weil dieselbe auch in die Vorschriften der Civilprozeßnovelle über die durch das Bürgerl. Gesetzbuch veranlaßten Fälle des Aufgebotsverfahrens aufgenommen sei.

4. Der Art. 4c Abs. 3 der Anträge II enthalte eine materielle Aenderung, die darin bestehe, daß nur eine einmalige Bekanntmachung verlangt werde. Diese Aenderung sei nicht ganz unbedenklich, was schon daraus hervorgehe, daß die Sparkasseverwaltungen, die über die in das Ausführungsgesetz aufzunehmenden Vorschriften über die Kraftloserklärung verlorengegangener Sparkassenbücher gutachtlich gehört worden seien, sich fast ohne Ausnahme dahin geäußert hätten, man könne sich bei allen nicht ganz kleinen Sparkasseguthaben mit einer einmaligen Bekanntmachung im Amtsblatt nicht begnügen, sondern es müsse die Bekanntmachung in einem zweiten Blatte vorgeschrieben werden. Der Entwurf schreibe dieß nicht vor, sondern stelle

es in das Ermessen des Richters. Es müsse dem Richter gestattet sein, wenn er es für nothwendig halte, eine zweite Bekanntmachung zu veranlassen, sonst werde derselbe um so ängstlicher bei der Feststellung der Unschädlichkeit sein. Es handle sich hier um eine Präjudizirung der Gläubiger, um ihre Ausschließung von der Ausgleichung. Wenn die Aufforderung lediglich im Amtsblatt eingerückt werde, würde sie ihnen in vielen Fällen nicht bekannt werden. Diese würden nur von den im Bezirke wohnenden Leuten gelesen, während die Hypothekgläubiger anderwärts wohnten und nicht veranlaßt werden könnten, die Amtsblätter der Amtsgerichte, in denen sie Hypothekkapitalien stehen haben, zu halten. S. 51.

5) Nach Art. 5 Abs. 2 der Anträge II sollte der Antrag abgewiesen werden, wenn nicht allen Berechtigten gegenüber die Unschädlichkeit festgestellt werden könne. Im Entwurfe sei der Fall der Abweisung mit gutem Grunde nicht erwähnt worden, weil das Zeugniß nur gegenüber den Personen gelte, die darin stünden, und nur für diese die Löschungsbewilligung ersetze.

Diesen Beanstandungen gegenüber machten die Antragsteller Folgendes geltend:

Zu 1. Weder der Text, noch die Motive des Gesetzentwurfs hätten entnehmen lassen, daß der richterliche Beschluß mit der Ertheilung des Zeugnisses in einen einzigen Akt zusammenfallen und deßhalb das Unschädlichkeitszeugniß bedingt ausgestellt werden solle. Dieses jetzt durch die k. Staatsregierung aufgeklärte Mißverständniß habe die Anträge II veranlaßt. Eine Absicht, den Zweck des Gesetzes zu erschweren oder gar unmöglich zu machen, liege den Antragstellern ferne und sie seien deßhalb bereit, die durch die Aufklärung veranlaßten Aenderungen ihrer Anträge vorzunehmen. Dieß gelte auch

zu 2. Wenn die in der Aufforderung bezeichnete Frist abgelaufen sei, müsse der Amtsrichter prüfen, ob die Zustellung überall richtig erfolgt ist, ob die in Frage kommenden Berechtigten entweder schon zuvor oder in Folge der Aufforderung zugestimmt haben, oder ob ihnen gegenüber das Prädjudiz verwirkt ist. In diesem Falle habe er das Zeugniß zu ertheilen mit dem Inhalte, daß den zur Zeit der Aufforderung im Grundbuch eingetragenen Berechtigten gegenüber die Unschädlichkeit festgestellt ist. Mit diesem Zeugnisse bewirke der Eigenthümer bei dem Grundbuchamt die Löschung. Wenn sich aber zeige, daß mittlerweile im Grundbuche noch andere Berechtigungen eingetragen worden seien, müsse ihm der Grundbuchrichter mittheilen, daß und warum die Löschung nicht erfolgen könne. Dem Eigentümer bleibe nur übrig, sich bezüglich der neuen Berechtigungen außergerichtlich abzufinden, die Ausgleichungssumme zu hinterlegen oder zur Ausgleichung ein anderes Grundstück anzubieten. Auf diese Weise könne auch in diesem Falle die Löschung bewirkt werden. Wenn aber der Amtsrichter finde, daß einzelne Berechtigte, denen die Aufforderung zugekommen sei, auf Ausgleichung bestehen, so könne er, weil er nicht wisse, in welcher Weise eine solche bewirkt werden wolle, das Zeugniß nur in der Form ausstellen, daß die Unschädlichkeit nur denen gegenüber festgestellt wird, die auf eine Ausgleichung verzichtet haben, oder denen gegenüber eine solche sonst nicht erforderlich ist.

Der Vertreter der k. Staatsregierung bemerkte, daß durch die vorstehenden Ausführungen in dem Antrage II wohl die Worte „zur Zeit der lastenfreien Abschreibung des Grundstücks“ zurückgezogen seien und an deren Stelle die Worte „zur Zeit der Ausstellung des Zeugnisses“ zu setzen seien. Es werde

S. 51. deßhalb Art. 5 Abs. 3 nach den Anträgen I einzustellen sein, da im Wesentlichen eine Uebereinstimmung zwischen der k. Staatsregierung und den Antragstellern bestehe. Nur werde von den letzteren noch eine doppelte Prüfung verlangt, die nicht nothwendig sei, weil man, wenn in der Zwischenzeit Eintragungen erfolgt seien, diese Prüfung wohl dem Grundbuchamt überlassen könne. Auch dürfte die Vorschrift über die Abweisung des Antrags nicht in das Gesetz aufzunehmen sein. Daß der Richter, wenn die Werthminderung eine verhältnißmäßig große sei, den Antrag abweisen müsse, werde ja auch nicht ausdrücklich ausgesprochen. Er werde, wenn die Ausgleichung einzelnen Berechtigten gegenüber erforderlich sei, davon dem Eigenthümer Kenntniß geben und ihn ebenso, wie in anderen Geschäften der nichtstreitigen Rechtspflege, zur Ergänzung seines Antrags veranlassen.

Zu 3 wurde von den Antragstellern nichts entgegnet.

Zu 4. Von den Antragstellern und von anderer Seite wurde den Ausführungen der Vertreter der k. Staatsregierung gegenüber hervorgehoben, daß das Beispiel von den Sparkassenbüchern hier nicht vollständig zutreffe, weil
S. 52. es sich bei denselben häufig für den Einzelnen um größere Werthe || handle. Es bestehe auch bei der Einrückung der Aufforderung in zwei Blättern keine Gewähr, daß dieselbe dadurch zur Kenntniß aller Berechtigten gelange. Es gebe eine Reihe von Bekanntmachungen, die blos an die Gerichtstafel angeheftet würden. Von den Ausschreibungen dürfe man sich überhaupt keinen großen Erfolg versprechen. Wenn der Berechtigte nicht bekannt sei, böten auch zwei Blätter keine Gewähr. Es handle sich hier nur um Mittheilungen, welche den Berechtigten gegenüber nicht thunlich seien. Zuerst müsse die einfache persönliche Zustellung versucht werden, und wenn diese nicht gelinge, dann habe auch die Bekanntmachung keinen Erfolg. Dieß sei insbesondere der Fall, wenn der Aufenthalt des Berechtigten nicht bekannt oder wenn dieser gestorben und seine Erben unbekannt seien. Wenn der Richter ängstlich sei, werde er die Ausschreibung verordnen, und dadurch werde das Verfahren vertheuert und verzögert.

Diese Ausführungen fanden Seitens der k. Staatsregierung eine weitere Entgegnung nicht mehr.

Zu 5 erklärten sich die Antragsteller mit der Streichung der Worte: „Außerdem ist der Antrag abzuweisen" in Art. 5 Abs. 2 der Anträge II einverstanden.

Von einem Ausschußmitgliede wurde angeregt, daß die eigenartigen Verhältnisse in der Pfalz es wünschenswerth erscheinen ließen, daß die Form, in welcher die Mittheilungen zu erfolgen haben, im Gesetze festgelegt werde. Um auszuschließen, daß die Mittheilungen durch die Bürgermeisterämter den Betheiligten eröffnet werden, oder daß man ein amtliches Schreiben hinausgehen lasse, dürfte in dem vorliegenden Gesetze, wie in der Vormundschaftsordnung vom 26. April 1888, anzuordnen sein, daß die Mittheilungen zuzustellen sind. Außerdem dürfte es auch noch nothwendig sein, im Gesetze ausdrücklich hervorzuheben, daß für die Minderjährigen und Entmündigten an die gesetzlichen Vertreter zuzustellen sei.

Der Vertreter der k. Staatsregierung erklärte es als selbstverständlich, daß in einem gerichtlichen Verfahren den gesetzlichen Vertretern zugestellt werden müsse; dieß gelte für ganz Bayern und für alle Fälle. Was die Form der Mittheilungen betreffe, so würden für die wenigen landesgesetzlichen Fälle im Gebiete der nichtstreitigen Rechtspflege die allgemeinen Bestimmungen des

Reichsgesetzes für anwendbar erklärt werden müssen, wonach Mittheilungen, S. 52.
durch die eine Frist in Lauf gesetzt wird, deren Versäumung mit einem Rechtsnachtheil verbunden ist, nach den Bestimmungen der Civilprozeßordnung über die Zustellung von Amtswegen zugestellt werden müssen. Auch für die Uebergangszeit bedürfe man keiner besonderen Vorschrift, da bereits allgemeine Vorschriften über die Art und Weise der Zustellungen in Sachen der nichtstreitigen Rechtspflege auf Grund des Art. 65 des Ausführungsgesetzes zum Reichs-Gerichtsverfassungsgesetze erlassen seien (Bekanntmachung vom 11. September 1879 Justizministerialblatt S. 721*) und es daher genüge, wenn aus dem Protokolle hervorgehe, daß die Zustellungen in dem das Unschädlichkeitszeugniß betreffenden Verfahren gerade so zu bewirken seien, wie in allen übrigen Angelegenheiten der nichtstreitigen Gerichtsbarkeit.

Bei der Abstimmung wurde zunächst Art. 4a in folgender Fassung angenommen:

> Abs. 1. Das Amtsgericht hat nach Vornahme etwa nothwendiger Erhebungen über den Antrag Beschluß zu fassen.
>
> Abs. 2. Der Beschluß, durch welchen die Unschädlichkeit festgestellt wird (Unschädlichkeitszeugniß), hat, soweit die Ausgleichung der Werthminderung in Geld erfolgen soll, die Angabe des zu hinterlegenden Betrages, soweit sie durch ein Grundstück erfolgen soll, die Bezeichnung des Grundstücks und die Angabe der Belastungen zu enthalten, welche den auf das Grundstück zu erstreckenden Rechten im Range vorgehen dürfen Die Angabe von Grunddienstbarkeiten, die nach Artikel 187 des Einführungsgesetzes zum Bürgerl. Gesetzbuch der Eintragung nicht bedürfen, ist nicht erforderlich.
>
> Abs. 3. Im Falle des Artikel 3 Absatz 3 ist anzugeben, daß mit der Ausführung der Anlage begonnen ist.

Dieser Artikel wurde von der Redaktionskommission als Art. 5 eingestellt.

Artikel 4b

fiel aus.

Artikel 4c.

Abs. 1 wurde bereits angenommen (conf. Schluß des Protokolls vom 17. März S. 513**).

Abs. 2 erhielt folgende Fassung:

> Die Aufforderung muß die Mittheilung, daß die Feststellung der Unschädlichkeit bevorsteht, die Angabe der Größe des Trennstücks und des Betrages der Werthminderung enthalten: als Rechtsnachtheil ist den Berechtigten anzudrohen, daß die Unschädlichkeit ihnen gegenüber ohne Ausgleichung der Werthminderung festgestellt werden würde.

Abs. 3 wurde in der Fassung der Anträge II unter Streichung des in dem Entwurfe enthaltenen Satzes: „Das Amtsgericht kann anordnen, daß die Veröffentlichung noch in einem anderen Blatte erfolgen soll," angenommen.

Abs. 4 wurde in der Fassung der Anträge II (identisch mit Art. 3 Abs. 4 des Entwurfs) angenommen.

Der Artikel ist als Art. 5a (Beil. 978 S. 528***) eingestellt.

---

*) Vergl. oben S. 79 Anm. **.

**) Vergl. oben S. 72.

***) Vergl. oben S. 99.

S. 52 Von der Redaktionskommission wurde dieser Artikel als Art. 5b bezeichnet und erhielt zugleich sein Abs. 1 folgende redaktionelle Aenderung:

> Wird die gerichtliche Aufforderung der Berechtigten beantragt, so kann sich der Antragsteller die Erklärung darüber, in welcher Weise die Werthminderung ausgeglichen werden soll, vorbehalten, bis einer der Berechtigten die Ausgleichung verlangt hat.

Diese Abänderung wurde von dem Ausschusse genehmigt.

Sie ändert auch an dem Gesetze nichts, weil einerseits nach den Art. 3a und 5 dann, wenn die Werthminderung ausgeglichen werden soll, eine gerichtliche Aufforderung der Berechtigten ohnehin nicht stattzufinden hat, und weil anderseits sich von selbst versteht, daß der Antragsteller, wenn in Folge der Aufforderung auch nur ein einziger Berechtigter die Ausgleichung verlangt, von dem Antragsteller eine solche angeboten werden muß, wenn er ein Unschädlichkeitszeugniß erhalten will.

Art. 5 wurde vom Ausschusse in der von der k. Staatsregierung vorgeschlagenen Fassung angenommen:

> Im Falle des Artikel 4 Absatz 2 sind in dem Unschädlichkeitszeugniß die Berechtigten zu bezeichnen, denen gegenüber die Ausgleichung der Werthminderung nicht erforderlich ist.

S. 53. Dieser in der Zusammenstellung der Ausschußbeschlüsse (Beil. 978 S. 528*) als Art. 5b bezeichnete Artikel ist von der Redaktionskommission unter Gutheißung des Ausschusses dem Art. 5b als letzter Absatz eingefügt worden.

Dagegen wurde von der Redaktionskommission der bisherige Abs. 4 des Art. 5b:

> Berechtigte, die nicht im Grundbuch eingetragen sind, werden nur berücksichtigt, wenn ihre Rechte angemeldet und auf Verlangen des Amtsgerichts glaubhaft gemacht sind,

in dem Art. 5b gestrichen und dafür folgender

Artikel 5a

eingeschaltet:

> Das Unschädlichkeitszeugniß kann außer dem Falle des Artikel 2 Absatz 3 ohne Ausgleichung der Werthminderung ertheilt werden, wenn die Berechtigten von dem Amtsgericht aufgefordert worden sind, innerhalb einer Frist von einem Monat zu erklären, ob sie auf der Ausgleichung bestehen, und nicht vor dem Ablaufe der Frist erklärt haben daß sie die Ausgleichung verlangen.
>
> Berechtigte, die nicht im Grundbuch eingetragen sind, werden nur berücksichtigt, wenn sie Erben eines eingetragenen Berechtigten sind oder wenn ihre Rechte angemeldet und auf Verlangen des Amtsgerichts glaubhaft gemacht sind.

Gegenüber dem zu Art. 5 vom dem Ausschusse gefaßten Beschlusse enthält Abs. 2 des neuen Art. 5a die Einschaltung: „wenn sie Erben eines eingetragenen Berechtigten sind“. Gegen diese Einschaltung ist nichts zu erinnern, da das Recht eingetragen ist und nur an die Stelle des ursprünglich Berechtigten seine Erben getreten sind. Sie trägt zum leichteren Verständniß der betreffenden gesetzlichen Bestimmung bei und überhebt unter Umständen den Amtsrichter

*) Vergl. oben S. 99.

auch der Aufgabe, erst nach den Erben zu forschen, wenn sich dieselben selbst melden. Außerdem müssen aber auch die Erben ohnehin nach Art. 5b Abs. 3, selbst wenn sie unbekannt sind, die gerichtliche Aufforderung zugestellt erhalten. Im Uebrigen waren Abs. 1 und 2 vom Ausschusse schon angenommen und handelt es sich nur um die Einreihung an der geeigneten Stelle. S. 53.

Der Ausschuß hat auch die von der Redaktionskommission vorgenommene Aenderung genehmigt.

Dem Referenten sind indeß nachträglich Bedenken aufgestiegen, ob die Einschiebung des Art. 5a zwischen die Art. 5 und 5b zweckmäßig ist.

Die Art. 3a und 5 behandeln den Fall, wenn Ausgleichung erfolgen und eine Aufforderung der Berechtigten nicht stattfinden soll. Im Art. 5b ist der Fall geregelt, wenn gerichtliche Aufforderung ohne Ausgleichung beantragt wird. Der Abs. 1 des Art. 5a betrifft nun zweifellos den letzteren Fall und würde daher im Art. 5b zwischen den jetzigen Absätzen 3 und 4 seine richtige Stelle finden.

Der Abs. 2 dagegen ist wohl für beide Fälle bestimmt. Soweit er den Fall der gerichtlichen Aufforderung betrifft, ist er wohl bereits durch die Bestimmungen in Art. 5b gedeckt; denn wenn sogar nach Abs. 3 Satz 2 die unbekannten Erben eines eingetragenen Berechtigten aufgefordert werden müssen, ist es doch selbstverständlich, daß den bekannten Erben die Mittheilung nach Abs. 2 zugestellt werden muß. Wenn ausgeglichen und der hinterlegte Geldbetrag vertheilt werden soll, sind zweifellos die Erben des eingetragenen Berechtigten nach Art. 8 Abs. 1 auch zu hören, weil Art. 5b für anwendbar erklärt ist.

Es scheint daher Art. 5a Abs. 2 überflüssig zu sein und jedenfalls wäre er im Art. 5 wohl am besten nach Abs. 2 unterzubringen.

Referent behielt sich in dieser Beziehung den Antrag bevor.

Der Vertreter der k. Staatsregierung machte dagegen in zweiter Lesung geltend, daß Art. 5a, der einen materiellen Grundsatz enthalte, dem Art. 5b voranzugehen habe.

Abs. 1 müsse dem Art. 5a nothwendig vorangehen, da man nicht bestimmen könne, was geschehen soll, wenn die gerichtliche Aufforderung der Berechtigten beantragt wird, bevor gesagt werde, daß eine solche gerichtliche Aufforderung zulässig sei und welchen Inhalt und welche Wirkung sie habe.

Der Abs. 2 des Art. 5a gelte ebenso wie der Abs. 1 nur für den Fall, daß die Werthausgleichung unterbleiben soll. Er betreffe die Fälle, in denen das Recht (die Hypothek) eingetragen, der jetzige Berechtigte aber nicht eingetragen ist. Bei der Briefhypothek würden solche Fälle sehr häufig sein. Werde die Werthminderung ausgeglichen, so sei es gleichgiltig, ob die jetzigen Berechtigten eingetragen sind oder nicht. Wem das eingetragene Recht zustehe, komme erst in Frage, wenn es sich darum handle, ob ein Vertheilungsverfahren stattfinden soll; für diesen Fall ist aber im Art. 8 Abs. 1 Satz 2 auf Art. 5a Abs. 2 verwiesen (in der Beilage 978 heiße es in Folge eines Druckfehlers Art. 5 Abs. 2*). Der Abs. 2 ergänze den Abs. 1 des Art. 5a, indem er sage, wer die Berechtigten seien, von denen Abs. 1 spreche; er sei von diesem nicht trennbar.

Nach diesen Ausführungen zog der Referent seine Anregung zurück.

Nach Art. 5b Abs. 3 hat, wenn die Mittheilung durch öffentliche Bekanntmachung erfolgt, die Frist zur Abgabe der Erklärung mit dem Ablauf

*) Vergl. oben S. 106 und 115 Anm. *.

S. 53. eines Monats seit der Einrückung der Aufforderung zu beginnen. Die Frist ist etwas lange bemessen, zumal wenn berücksichtigt wird, daß die Ertheilung eines Unschädlichkeitszeugnisses überhaupt nur bei einer verhältnißmäßig geringfügigen Werthminderung in Frage kommen kann. Nach Art. 18 Abs. 3 der bayerischen Subhastationsordnung, in welcher doch ungleich wichtigere Gegenstände und Rechtsnachtheile in Frage sind, gilt die öffentliche Zustellung als bewirkt, wenn sowohl seit dem Tage der Einrückung, als seit der Anheftung am Gerichtsbrette zwei Wochen verstrichen sind. Nach diesem Vorbilde und zur Abkürzung des Verfahrens beantragte Referent,

den Art. 5b Abs. 3 letzten Satz dahin zu fassen:

Die Erklärungsfrist beginnt mit dem Ablaufe von zwei Wochen seit der Einrückung.

Mit dieser Abänderung stellte er für die zweite Lesung den Antrag,

den Artikeln 5, 5a und 5b zuzustimmen.

Dieser Antrag wurde angenommen.

Antrag: Zustimmung zu den Art. 5, 5a und 5b.

Artikel 6.

Nach Art. 6 des Entwurfs soll die Feststellung der Unschädlichkeit nicht im Wege der Beschwerde angefochten werden können.

Diese Bestimmung bezieht sich nur auf die Berechtigten, denen, wie das Recht zur Abgabe von Erinnerungen, so auch das Beschwerderecht abge-
S. 54. schnitten werden|| soll. Auch nach preußischem Recht steht den Berechtigten keine Beschwerde zu. Der Eigenthümer hat in der Regel keinen Anlaß, sich gegen die Feststellung der Unschädlichkeit zu beschweren, da sie auf seinen Antrag erfolgt. Nur dann, wenn die Feststellung unter Bestimmung einer anderen oder höheren, als der von ihm angebotenen Werthausgleichung bewilligt wird, hat auch er ein Interesse, Beschwerde einzulegen. Allein in einer solchen Feststellung liegt die Ablehnung des von ihm gestellten Antrags, und da ihm gegen abweisende Beschlüsse auf Grund allgemeiner Rechtsnormen eine Beschwerde zusteht, so kann er sie auch, wie in den Motiven Seite 200 hervorgehoben ist, gegen die unter für ihn schwereren Bedingungen erfolgte Feststellung erheben.

Nach den Modifikationsanträgen II sollte der Art. 6 in folgender Weise geändert werden:

Die Feststellung der Unschädlichkeit kann von den Berechtigten mit sofortiger Beschwerde (§ 540 der Reichs-Civilprozeßordnung) angefochten werden, wenn die Zustellung nicht ordnungsgemäß erfolgt ist oder die Frist zur Abgabe der Erklärung bei Fassung des Beschlusses noch nicht abgelaufen war.

Eine Beschwerde aus materiellen Gründen wollten demnach auch die Antragsteller den Berechtigten nicht gewähren.

Der Vertreter der k. Staatsregierung sprach sich gegen den Abänderungsantrag aus. Die Verletzung von Förmlichkeiten, wie sie der Antrag voraussetze, werde bei der Genauigkeit und der eigenen Haftung der Amtsrichter nur in seltenen Fällen unterlaufen. Abgesehen davon habe die sofortige Beschwerde nach § 540 der Civilprozeßordnung keine aufschiebende Wirkung und könne der Eigenthümer das Unschädlichkeitszeugniß ohne Rücksicht auf eine etwa einkommende Beschwerde in Vollzug setzen. Mit diesem Vollzuge trete aber die Bindung der Betheiligten ein. Wenn der Vollzug nicht rückgängig gemacht werden könne, sei die Beschwerde nutzlos. Eine Rückgängigmachung des Vollzugs sei aber nicht möglich. Das bereits angenommene Reichsgesetz über die Angelegenheiten der nichtstreitigen Gerichtsbarkeit enthalte die Bestimmung, daß diejenigen Handlungen, die im Vertrauen auf eine richterliche Verfügung vorgenommen worden sind, ihre Wirksamkeit behalten, auch wenn hinterher die Verfügung aufgehoben wird. Es gehe nicht an, in der vorliegenden Sache das Gegentheil von dem zu thun, was künftig auf dem ganzen Gebiete der freiwilligen Gerichtsbarkeit Rechtens sein wird. Wolle man aber der Beschwerde aufschiebende Wirkung geben, so müsse man den Beschluß allen Berechtigten nöthigenfalls im Wege der öffentlichen Bekanntmachung zustellen, obwohl man nicht wisse, ob überhaupt eine Beschwerde erhoben werde. Das sei eine ganz zwecklose Erschwerung. S. 54.

Auf Grund dieser Erklärung wurde der Abänderungsantrag zurückgezogen und Art. 6 in der Fassung des Entwurfs angenommen.

Der zurückgezogene Antrag entsprang überhaupt der irrthümlichen Voraussetzung, daß der Beschluß auf Feststellung der Unschädlichkeit und die Ertheilung des Unschädlichkeitszeugnisses zwei gesonderte, zeitlich getrennte Akte seien. Deßhalb würde eine Beschwerde im Sinne des Antrags auch gar nicht mehr in dem von der k. Staatsregierung klar gestellten und vom Ausschusse gebilligten Systeme des Gesetzes Raum finden.

Antrag: Unveränderte Annahme des Artikels.

Artikel 7

enthält nach dem Entwurfe drei Absätze. Der erste bestimmt, daß die Befreiung des Trennstücks in den Fällen des Art. 5 Abs. 1 (jetzt Art. 5 Abs. 2) nicht vor der Hinterlegung oder der Erstreckung der Rechte auf das andere Grundstück eintritt. Der zweite Absatz verordnet, daß im Falle des Art. 4 (jetzt 5a) die Befreiung ohne Ausgleichung der Werthminderung nur eintritt, wenn die Unschädlichkeit ohne Ausgleichung gegenüber allen Berechtigten festgestellt ist, welche zur Zeit der lastenfreien Abschreibung des Trennstücks im Grundbuch eingetragen sind. Nach Abs. 3 ist, wenn das Trennstück von einer Hypothek, Grundschuld oder Rentenschuld befreit wird, zur lastenfreien Abschreibung des Trennstücks die Vorlegung des Hypotheken-, Grundschuld- oder Rentenschuldbriefs nicht erforderlich.

Bei der Berathung wurde der dritte Absatz hier ausgehoben.

Zur Begründung der ersten beiden Absätze machte der Vertreter der k. Staatsregierung noch Folgendes geltend: Der erste Absatz sei nothwendig, weil in diesem Falle das Unschädlichkeitszeugniß bedingt ertheilt und deßhalb erst nach dem Eintritt der Bedingung wirksam werden könne. Ob die Bedingung eingetreten sei, habe das Grundbuchamt zu prüfen, wenn es angegangen werde, auf Grund des Unschädlichkeitszeugnisses und der damit im Zusammenhang stehenden Auflassungserklärungen die lastenfreie Abschreibung zu bewirken. Auch der zweite Absatz sei nicht zu entbehren, weil klargestellt werden müsse, daß Diejenigen, denen gegenüber die Unschädlichkeit ohne Ausgleichung festgestellt ist, mit den im Grundbuch eingetragenen Berechtigten indentisch sein müssen.

Art. 7 wurde hienach von dem Ausschusse ohne weitere Debatte einstimmig angenommen.

Antrag: Unveränderte Annahme des Art. 7.

S. 54. Auf Antrag der k. Staatsregierung wurde folgender

Artikel 7a

eingeschaltet:

> Das Unschädlichkeitszeugniß ersetzt die Bewilligung der Berechtigten zu der Löschung ihrer Rechte an dem Trennstücke.
>
> Wird das Trennstück von einer Hypothek, Grundschuld oder Rentenschuld befreit, so ist zur lastenfreien Abschreibung des Trennstücks die Vorlegung des Hypotheken-, Grundschuld- oder Rentenschuldbriefes und bei einer Hypothek für die Forderung aus einer Schuldverschreibung auf den Inhaber, aus einem Wechsel oder einem anderen Papiere, das durch Indossament übertragen werden kann, die Vorlegung der Urkunde nicht erforderlich.

Die Aufnahme des Abs. 1 ist von der k. Staatsregierung schon in der Generaldiskussion beantragt und auch in dem Art. 4b der Modifikationsanträge II vorgeschlagen worden.

Der Abs. 2 entspricht dem zurückgestellten Abs. 3 des Art. 7 des Entwurfs, nur ist er noch, und zwar mit vollem Recht, zur Vermeidung von Mißverständnißen auf die Sicherungshypothek im Falle des § 1187 des Bürgerl. Gesetzbuchs ausgedehnt worden, was dem § 44 der Grundbuchordnung entspricht.

Der Art. 7a wurde ohne Diskussion angenommen.

Die Redaktionskommission traf eine Aenderung insoferne, als sie den Abs. 1 hier aushob und als ersten Absatz den beiden Absätzen des Art. 7 voranstellte, so daß in Art. 7a nur der zweite Absatz als einziger Absatz übrig blieb.

Antrag: Annahme der Art. 7 und 7a.

S. 55 Artikel 8

enthält im Entwurf drei Absätze. Er handelt von dem Falle, in dem ein Geldbetrag zur Vertheilung an die Berechtigten hinterlegt ist.

Abs. 1 bestimmt, daß in diesem Falle das Amtsgericht den Berechtigten die Hinterlegung mit der Aufforderung mitzutheilen hat, innerhalb einer Frist von einem Monat zu erklären, ob sie auf der Vertheilung des hinterlegten Betrages bestehen; daß ihnen als Rechtsnachtheil anzudrohen ist, daß die Unterlassung der Erklärung als Verzicht auf die Rechte an dem hinterlegten Betrage angesehen würde, und daß die Vorschriften des Art. 4 Abs. 2, 3 (jetzt Art. 5a Abs. 2 und Art. 5b Abs. 3) und des Art. 7 Abs. 2 (jetzt Art. 7 Abs. 3) Anwendung finden.

In Abs. 2 wird bestimmt, daß, wenn die Vertheilung nicht verlangt wird, der Eigenthümer zur Erhebung des hinterlegten Betrages zu ermächtigen ist.

Nach Abs. 3 endlich soll, wenn die im Art. 4 (jetzt Art. 5a) bestimmte Mittheilung erfolgt, die Unschädlichkeit aber vor dem Ablaufe der Erklärungsfrist festgestellt worden ist, der Ablauf der Erklärungsfrist als Verzicht auf die Rechte an dem hinterlegten Betrage gelten, wenn nicht der Berechtigte vorher erklärt, daß er auf der Ausgleichung der Werthminderung bestehe.

In den Modifikationsanträgen II wurde vorgeschlagen, dem Artikel folgende Fassung zu geben.

> Ist ein Geldbetrag zur Vertheilung unter die Berechtigten hinterlegt, so hat das Amtsgericht diesen die Hinterlegung mit der Aufforderung mitzutheilen, innerhalb einer Frist von einem Monat zu

erklären, ob sie auf der Vertheilung des hinterlegten Betrages bestehen, widrigenfalls ihr Verzicht auf die Rechte an dem hinterlegten Betrage angenommen würde. Die Vorschriften des Artikel 4c Absatz 2 und 3 finden Anwendung. S. 55.

Wird die Vertheilung nicht verlangt, so ist der Eigenthümer zur Erhebung des hinterlegten Betrages zu ermächtigen.

Abgesehen von einer redaktionellen Aenderung sollte hienach der Abs. 3 des Entwurfs ausfallen.

Einer der Antragsteller erklärte jedoch sofort, daß Abs. 3 nur in dem Falle entbehrlich gewesen wäre, wenn der Art. 4 so gefaßt worden wäre, wie in den Modifikationsanträgen II vorgeschlagen worden sei. Jetzt sei aber das Verfahren anders geregelt und deßhalb Abs. 3 nothwendig.

Diese Anschauung ist in der That auch zutreffend. Denn wenn die Berechtigten nach Art. 5b aufgefordert worden sind, sich in der bestimmten Frist zu erklären, ob sie auf einer Ausgleichung überhaupt bestehen, und innerhalb der Frist eine Erklärung nicht abgegeben haben, so ist für sie das Präjudiz verwirkt, daß ihnen gegenüber die Unschädlichkeit ohne Ausgleichung der Werthminderung festgestellt wird, und sie haben deßhalb schon dadurch das Recht an dem hinterlegten Betrage verloren. Daran kann auch der Umstand nichts ändern, daß die Unschädlichkeit vor dem Ablaufe der Erklärungsfrist festgestellt wurde; denn wenn sie in diesem Falle trotz der Versäumung der Erklärungsfrist noch zu einer Erklärung nach Art. 8 aufgefordert würden, so wäre dadurch das verwirkte Präjudiz wieder hinfällig.

Der Vertreter der k. Staatsregierung regte daher nur an, daß von der bezüglich des Rechtsnachtheils beantragten redaktionellen Aenderung in Konsequenz des früheren Beschlusses abgegangen werden möge.

Von anderer Seite wurde bemerkt, daß in Abs. 2 das Wort „Erhebung" durch das Wort „Rücknahme" ersetzt werden solle.

Hienach wurde Art. 8 in der Fassung des Entwurfs angenommen und nur in Abs. 2 statt „Erhebung" — „Rücknahme" gesetzt.

Die Redaktionskommission hat eine Aenderung nicht mehr vorgenommen.

Antrag: Annahme des Artikels nach dem Beschlusse der ersten und zweiten Lesung.

Artikel 9.

Der Entwurf bestimmt in Abs. 1, daß die Vertheilung des hinterlegten Betrags unter die Berechtigten nach den für die Ertheilung des Erlöses im Falle der Zwangsversteigerung geltenden Vorschriften zu erfolgen hat, und daß dieselbe erst zulässig ist, wenn die lastenfreie Abschreibung des Trennstücks im Grundbuch bewirkt ist.

Nach Abs. 2 kann, soweit der Eigenthümer eine Hypothek, eine Grundschuld oder Rentenschuld durch die Befriedigung des Gläubigers erwirbt, sie nicht zum Nachtheile der Rechte geltend gemacht werden, von welchen das Trennstück befreit worden ist.

Nach den Modifikationsanträgen II sollte der Artikel folgende Fassung erhalten:

Auf die Vertheilung des hinterlegten Betrages unter die Berechtigten finden die Vorschriften über die Zwangsversteigerung von Grundstücken (in das unbewegliche Vermögen) entsprechende Anwendung. Die Vertheilung ist erst zulässig, wenn die lastenfreie Abschreibung des Trennstücks im Grundbuche erfolgt ist.

S. 55. Soweit der Eigenthümer durch die Befriedigung des Gläubigers eine Hypothek, eine Grundschuld oder eine Rentenschuld erwirbt, kann sie nicht zum Nachtheile der Rechte geltend gemacht werden, von welchen das Trennstück durch das Unschädlichkeitszeugniß befreit worden ist.

Der Vertreter der k. Staatsregierung bemerkte dagegen:

Die Abänderungsanträge seien nur redaktioneller Natur, seien aber keine Verbesserung. Abs. 1 des Entwurfs schließe sich an die Vorschrift an, die Art. 53 des Einführungsgesetzes zum Bürgerl. Gesetzbuch für den Fall der Zwangsenteignung erhalte. Es sei aber wünschenswerth, daß man in den Nebengesetzen zum Bürgerl. Gesetzbuch und zum Einführungsgesetze für dieselben Begriffe auch die gleichen Ausdrücke gebrauche, die in den Reichsgesetzen gebraucht seien. Sachlich sei der im Gesetze vorausgesetzte Fall der gleiche, wie bei der Zwangsenteignung. Die Vorschriften über die Zwangsversteigerung von Grundstücken kämen nicht in Frage, sondern nur jene Vorschriften, die von der Vertheilung des Erlöses handeln. Der Ausdruck in Abs. 2, daß das Trennstück durch das Unschädlichkeitszeugniß von Rechten befreit werde, sei unrichtig. Die Befreiung erfolge durch die Veräußerung, nicht durch das Zeugniß, das nur eine Voraussetzung für dieselbe sei.

Die Antragsteller machten geltend, daß bis 1900 die bayerische Subhastationsordnung Geltung habe, und daß deßhalb durch irgend einen Zusatz zum Ausdruck gebracht werden müsse, daß in der Uebergangszeit die Sub-
S. 56. hastations||ordnung und nicht das Reichsgesetz über die Zwangsversteigerung und Zwangsverwaltung angewendet werden müsse. Die Einschaltung des Wortes „entsprechend" solle deutlich machen, daß die Vorschriften über die Vertheilung nur so weit zur Anwendung kommen können, als sie dem gegenwärtigen Falle entsprechen.

Der Vertreter der k. Staatsregierung erklärte, es könne keinem Zweifel unterliegen, daß in der Uebergangsperiode die bayerische Subhastationsordnung in Anwendung kommen müsse.

Abs. 1 wurde in folgender Fassung angenommen:

Auf die Vertheilung des hinterlegten Betrages unter die Berechtigten finden die für die Vertheilung des Erlöses im Falle der Zwangsversteigerung von Grundstücken geltenden Vorschriften entsprechende Anwendung. Die Vertheilung ist erst zulässig, wenn die lastenfreie Abschreibung des Trennstücks im Grundbuch erfolgt ist.

Dagegen wurde Abs. 2 in der Fassung des Entwurfs angenommen.

Die Redaktionskommission hat an diesem Artikel nichts geändert.

Aber gleichwohl bestehen Bedenken gegen Art. 9. Der Abs. 2 desselben setzt voraus, daß der Eigenthümer durch Befriedigung der Gläubiger ein Eigenthümerpfand erwerbe, d. h. daß er nach § 1143 des Bürgerl. Gesetzbuchs, wenn er nicht zugleich der persönliche Schuldner ist, die Forderung und damit zugleich die Hypothek als Eigenthümerhypothek erwirbt. Allein diese Voraussetzung steht schon mit dem Wortlaut des § 1142 des Bürgerl. Gesetzbuchs nicht recht im Einklange, wonach der Eigenthümer nur berechtigt ist, den Gläubiger zu befriedigen, wenn die Forderung ihm gegenüber fällig oder wenn der persönliche Schuldner zur Leistung berechtigt ist. An dieser Bedingung fehlt es hier, da der Gläubiger Befriedigung annehmen muß, auch wenn seine Forderung nicht fällig ist. Außerdem ist aber schon hervorgehoben worden, daß die Ertheilung des Unschädlichkeitszeugnisses für die Berechtigten eine Zwangsenteignung im weiteren Sinne ist, und deßhalb scheint es auch richtig zu sein, auf den von dem Eigenthümer hinterlegten Betrag die Grundsätze anzuwenden, die für die Entschädigung aus einer Zwangsenteignung gelten. Nach Art. XI des Gesetzes über die Zwangsabtretung von Grundeigenthum für öffentliche Zwecke vom 17. November 1837 und nach Art. 51 des Ausführungsgesetzes zur Reichs-Civilprozeßordnung und Konkursordnung vom 23. Februar 1879 erlöschen die auf dem Abtretungsgegenstande ruhenden Hypotheken durch die Entwährung und gehen auf die Entschädigungssumme über. Es ist deßhalb gewiß richtig, anzunehmen, daß auch bei den Abtrennungen an Theilflächen nach Maßgabe des gegenwärtigen Gesetzes die Berechtigten nicht kraft der persönlichen Befriedigungsbefugniß des Eigenthümers, sondern aus dem Trennstück befriedigt werden. Deßhalb kommt auch nicht § 1142, sondern § 1181 des Bürgerl. Gesetzbuchs in Anwendung, wonach die Hypotheken derselben erlöschen, nicht auf den Eigenthümer als Eigenthümerhypotheken übergehen können. S. 56.

Abs. 2 des Art. 9 dürfte daher ebenso auszufallen haben, wie Satz 2 Abs. 2 des Art. 15.

Es ist zwar selbstverständlich, daß der von dem Eigenthümer hinterlegte Betrag an die Stelle des Trennstücks tritt, wird aber wohl zur Ausschließung von Mißverständnissen beitragen, wenn dieß zum Ausdruck gebracht wird.

Referent beantragte daher für die zweite Lesung,

unter Streichung des bisherigen zweiten Absatzes den Art. 9 in folgender Fassung anzunehmen:

Abs. 1: „Der zu vertheilende Betrag tritt für die Berechtigten an die Stelle des Trennstücks.“

Abs. 2: „Auf die Vertheilung des hinterlegten Betrags ꝛc. ꝛc.“ (bisheriger Abs. 1).

Der Antrag des Referenten wurde einstimmig angenommen.

Antrag: Annahme des Art. 9 nach dem Beschlusse in zweiter Lesung.

Artikel 10

behandelt den Fall, wenn das Grundstück, von dem eine Theilfläche abgetrennt werden soll, mit einem Vorkaufsrecht belastet ist.

Abs. 1 bestimmt, daß im Falle der Belastung des Grundstücks mit einem solchen Recht, das sich nicht auf den Fall der ersten Veräußerung beschränkt, auf die Befreiung des Trennstücks von demselben die Art. 1 bis 6 und der Art. 7 Abs. 1, 2 entsprechende Anwendung finden und daß die Ausgleichung der Werthminderung in Geld ausgeschlossen ist.

Nach Abs. 2 darf, wenn die Veräußerung des Trennstücks im Wege des Verkaufs erfolgt, die Unschädlichkeit erst festgestellt werden, wenn der Berechtigte von dem ihm für diesen Veräußerungsfall zustehenden Vorkaufsrecht keinen Gebrauch gemacht hat.

Bezüglich dieses Artikels wird zunächst auf die Erörterungen im allgemeinen Theile verwiesen, durch welche seine Nothwendigkeit genügend begründet ist.

Die allegirten Bestimmungen des Gesetzes finden auf diesen Fall natürlich nicht wörtliche, sondern nur entsprechende Anwendung.

Die Ausgleichung der Werthminderung durch Geld ist ausgeschlossen, weil der Nachtheil des Berechtigten unter Umständen gar nicht ausgleichbar ist. Allein dieser Ausschluß beschränkt sich selbstverständlich auf den Fall der

S. 56. gerichtlichen Feststellung der Unschädlichkeit. Im gütlichen Wege kann sich der Vorkaufsberechtigte auch mit Geld abfinden lassen und das Trennstück freigeben. Eine Ausgleichung durch ein anderes Grundstück ist zulässig.

Nach § 504 des Bürgerl. Gesetzbuchs kann das Vorkaufsrecht nur ausgeübt werden, wenn der Verpflichtete mit einem Dritten einen Kaufvertrag über den damit belasteten Gegenstand abgeschlossen hat. Deßhalb ist bei einer anderweitigen Veräußerung des Trennstücks durch Tausch 2c. 2c. seine Ausübung nicht möglich. Dieß gilt insbesondere im Falle der unentgeltlichen Abtretung zu einem öffentlichen Zwecke.

Für ein Vorkaufsrecht, das sich nur auf den ersten Fall beschränkt, ist eine gesetzliche Bestimmung nicht nothwendig, weil es, wenn es nicht bei der Abtrennung einer Fläche geltend gemacht wird, ohnehin erlischt. Nur für den Fall, daß es nach § 1097 des Bürgerl. Gesetzbuchs auch für mehrere oder alle Verkaufsfälle bestellt wurde, ist eine Sicherung des Berechtigten gegen die durch eine Abtrennung eintretende Werthminderung geboten, weil er vielleicht bei der Abtrennung sein Recht auszuüben weder in der Lage noch veranlaßt ist.

S. 57. Nach § 510 des Bürgerl. Gesetzbuchs hat der Verpflichtete dem Vorkaufsberechtigten den Inhalt des mit dem Dritten geschlossenen Vertrags unverzüglich mitzutheilen. Die Mittheilung des Verpflichteten wird durch die Mittheilung des Dritten ersetzt. Das Vorkaufsrecht kann, wenn nicht eine Frist durch Vertrag 2c. 2c. bestimmt ist, bei Grundstücken nur bis zum Ablauf von zwei Monaten, bei anderen Gegenständen nur bis zum Ablauf einer Woche nach dem Empfange der Mittheilung ausgeübt werden. Die Mittheilung kann wohl auch durch die gerichtliche Aufforderung (Art. 5b) ersetzt werden und sind deßhalb in derselben die Fristen des § 510 des Bürgerl. Gesetzbuchs zu bestimmen. Selbstverständlich kann erst nach Ablauf dieser Fristen das Unschädlichkeitszeugniß ertheilt werden, soweit es sich um einen Verkauf des Trennstücks handelt.

Art. 10 wurde vom Ausschusse in der Fassung des Entwurfs angenommen und von der Redaktionskommission nicht geändert.

Antrag: Unveränderte Annahme.

Artikel 11

dehnt die Ertheilung des Unschädlichkeitszeugnisses auf die Fideikommisse, landwirthschaftlichen Erbgüter, Lehen und allodifizirten Lehen aus und bestimmt in Abs. 1, daß bei denselben die Vorschriften der Art. 3 (jetzt auch 4a) 5, 6 und des Art. 7 Abs. 1 (jetzt auch Abs. 2) auf die Befreiung des Trennstücks von den Rechten der Anwärter oder Anerben entsprechende Anwendung finden, und daß der Veräußerung eines Trennstücks die Veräußerung eines einzelnen Grundstücks gleich steht.

Nach Abs. 2 kann zur Ausgleichung der Werthminderung auch die Forderung auf den Kaufpreis dienen, wenn das veräußerte Trennstück in erster Stelle hinter den zur Zeit der Veräußerung bestehenden Belastungen mit einer Hypothek für die Forderung belastet ist. Die Forderung, sowie der zu hinterlegende Geldbetrag sind den Rechten der Berechtigten zu unterwerfen.

Nach Abs. 3 stehen Fideikommißschulden den Hypotheken gleich.

In Abs. 4 wird bestimmt, daß bei Familienfideikommissen zur Feststellung der Unschädlichkeit das Fideikommißgericht zuständig ist.

Nach den Modifikationsanträgen II sollte lediglich der Abs. 2 redaktionell, wie folgt, geändert werden: S. 57.

> Zur Ausgleichung der Werthminderung kann auch die Forderung auf den Kaufpreis dienen, wenn dafür auf dem veräußerten Trennstücke an nächstoffener Stelle hinter den zur Zeit der Veräußerung bestehenden Belastungen eine Hypothek bestellt wird. Diese Hypothek oder der zu hinterlegende Geldbetrag wird an Stelle des Trennstücks dem Gesammtgute einverleibt.

Der Vertreter der k. Staatsregierung sprach sich gegen diese redaktionelle Aenderung aus. Der erste Satz derselben sei gegenstandslos geworden. Der Ausdruck „dem Gesammtgute einverleiben" sei nicht glücklich gewählt. Es gehe schon nicht an, ein Lehen oder landwirthschaftliches Erbgut ein Gesammtgut zu nennen. Außerdem sei das Hauptgut ein Grundstück und einem solchen könne man keinen Kaufpreis einverleiben. Der Ausdruck an „nächstoffener Stelle" sage nichts Anderes, als der Ausdruck „an erster Stelle hinter"; außerdem müsse, genau genommen, eine offene Stelle erst geschaffen werden.

Die Antragsteller entgegneten, daß ihr Antrag hauptsächlich die Beseitigung der ungewöhnlichen Ausdrucksweise bezwecke, „den Rechten der Berechtigten zu unterwerfen". Der Platz für die nächstoffene Stelle sei vorhanden, weil darauf noch nichts eingetragen sei. Uebrigens werde kein besonderes Gewicht darauf gelegt, gerade zu sagen; an nächstoffener Stelle.

Von der k. Staatsregierung wurde vorgeschlagen, den Satz 2 des Abs. 2, wie folgt, zu fassen:

> Auf die Forderung oder den zu hinterlegenden Geldbetrag sind die von der Abtrennung betroffenen Rechte zu erstrecken.

Von Seite der k. Staatsregierung wurde noch konstatirt, daß die Bestimmung, daß der Veräußerung eines Trennstücks die Veräußerung eines einzelnen Grundstücks gleichsteht, zulässig erscheine, weil bezüglich der Familienfideikommisse der Landesgesetzgebung freie Hand gelassen sei.

Ein Ausschußmitglied stellte fest, daß Art. 11 nur für Familienfideikommisse im Sinne der VII. Verfassungsbeilage gelte. Dazu wurde vom Vertreter der k. Staatsregierung bemerkt, daß in den meisten Hausgesetzen der standesherrlichen Häuser die Veräußerung kleiner Bestandtheile des Stammgutes ohne Zustimmung der Agnaten zugelassen sei.

Art. 11 wurde provisorisch nach dem Entwurfe angenommen und nur dem Satz 2 des Abs. 2 wurde die obige von der k. Staatsregierung vorgeschlagene Fassung gegeben.

Die Art. 11—13 enthalten Bestimmungen für die Familienfideikommisse, deren Rechtsverhältnisse durch Verfassungsgesetze geregelt sind. Diese Verfassungsgesetze sollen durch das gegenwärtige Gesetz und insbesondere durch die vorhin erwähnten Artikel geändert werden, weßhalb ihre rechtswirksame Annahme durch die Beobachtung der in Tit. X § 7 vorgeschriebenen Formen bedingt ist. Da bei der ersten Abstimmung nicht drei Viertheile der Ausschußmitglieder anwesend waren, mußte die definitive Abstimmung auf die nächste Sitzung verschoben werden, in der in Anwesenheit der erforderlichen Zahl der Mitglieder die Annahme einstimmig erfolgte.

Die Ausdehnung des Gesetzes auf die im Art. 11 bezeichneten Güter unterliegt keinem Anstande und hat auch die preußische Gesetzgebung die Abtrennung einer Theilfläche gegenüber den Rechten der Anwärter und Anerben zugelassen.

S. 57. Auch die Vorschriften, die bei Ertheilung des Unschädlichkeitszeugnisses in den Fällen des Art. 11 beachtet werden müssen, entsprechen, wie in den Motiven auseinandergesetzt ist, den Bestimmungen des Fideikommiß-, Erbgüter- und Lehen-Rechts und wird in dieser Beziehung auf die Ausführungen im allgemeinen Theile verwiesen.

Nach Art. 59 des Einführungsgesetzes bleiben die landesgesetzlichen Vorschriften über Familienfideikommisse, zu denen im Sinne dieses Einführungsgesetzes auch die landwirthschaftlichen Erbgüter gehören, sowie Lehen mit Einschluß der allodifizirten Lehen unberührt. Deßhalb unterliegt es keinem Anstande, hier einer Theilfläche ein einzelnes Grundstück gleich zu stellen.

Nach den Motiven Seite 201*) greift aber diese Gleichstellung nur gegenüber den Rechten der Anwärter und Anerben, also nicht auch gegenüber den Fideikommiß- und Hypothekgläubigern und sonstigen Berechtigten Platz. Diese Einschränkung der Motive hat zwar im Gesetze Ausdruck gefunden; dagegen ist die Bestimmung für sonstige Berechtigte nur durch die Allegate und durch Abs. 4 getroffen, wonach Fideikommißgläubiger den Hypothekgläubigern gleich-
S. 58. stehen. Es ‖ ist deßhalb angezeigt, den Abs. 1 dadurch zu ändern, daß man in Satz 1 die Worte „auf die Befreiung von Trennstücken von den Rechten der Anwärter und Anerben“ streicht und in Satz 2 nach dem Worte „steht“ einschaltet: „gegenüber den Rechten der Anwärter und Anerben“. Dadurch wird deutlich gemacht, daß Satz 1 für alle Berechtigten, die Ausdehnung in Satz 2 aber nur für die Anwärter und Anerben gilt.

Da nach der VII. Verfassungsbeilage Tit. I § 14 alle Handlungen, welche sich auf die Bestätigung der Fideikommisse beziehen oder sonst die Genehmigung des Gerichts erfordern, den Appellationsgerichten, jetzt Oberlandesgerichten, zugewiesen sind, so fällt auch die Ertheilung des Unschädlichkeitszeugnisses bei Fideikommissen in die Zuständigkeit dieser Gerichte.

Es ist fraglich, ob in Art. 11 nicht auch auf die Güter des ehemals reichsunmittelbaren (reichsritterschaftlichen) Adels Bedacht genommen werden solle, da deren Zahl namentlich in Unterfranken keine unerhebliche ist. Die Mitglieder dieser im Jahre 1803 mediatisirten reichsritterschaftlichen Familien nehmen unter dem niederen Adel eine Sonderstellung namentlich auch insofern ein, als ihnen das Recht der Autonomie zusteht, allerdings nur mit der Einschränkung auf die bis zum Jahre 1806 reichsunmittelbaren, dem reichsritterschaftlichen Verbande angehörigen und im Besitz der Familien verbliebenen Familiengüter, so daß ihnen die Befugniß, neue autonomische Verfügungen zu treffen, nicht eingeräumt ist (Roth, bayerisches Civilrecht I. Aufl. Bd. I § 30 Note 5 S. 196, Blätter f. Rechtsanw. Bd. XI S. 140). Die Autonomie erstreckt sich daher weder auf neu erworbene Güter noch auf mittelbare, d. h. auf der Landeshoheit eines Reichsstandes unterworfene Besitzungen, auch wenn die letzteren schon vor dem Jahre 1806 mit reichsunmittelbaren Gütern zu einem Familienfideikommisse vereinigt waren. Deßhalb bestimmt auch die VII. Verfassungsbeilage in Tit. VII § 104, daß bei den Familienfideikommissen des vormaligen unmittelbaren Reichsadels, welche noch in ihrem alten Komplexe bestehen, die Bestimmungen eintreten, welche in Ansehung derselben in der Bundesakte gegeben worden sind, nach welcher in diesem Falle die bestehenden Familienverhältnisse aufrecht erhalten werden. Bei dieser Sachlage scheint dem Referenten eine Bestimmung für diese reichsritterschaftlichen Güter nicht nothwendig zu sein, da dieselben entweder den

---

*) Vergl. oben S. 16, 17.

autonomen Familienverträgen unterstehen, in welche einzugreifen hier ebenso wenig Anlaß besteht, als bei dem ehemals reichsständischen Adel, oder, soweit dieß nicht der Fall ist, schon durch die allgemeine Bestimmung in Art. 1 und ff. des gegenwärtigen Gesetzes getroffen werden. S. 58.

Referent stellte daher für die zweite Lesung den Antrag:

a) den Abs. 1 des Art. 11 wie folgt, zu fassen:

Bei Familienfideikommissen, landwirthschaftlichen Erbgütern, Lehen und allodifizirten Lehen finden die Vorschriften der Artikel 3 bis 5, 6 und des Artikel 7 Absatz 1, 2 entsprechende Anwendung. Der Veräußerung eines Trennstücks steht gegenüber den Rechten der Anwärter und Anerben die Veräußerung eines einzelnen Grundstücks gleich;

b) die Absätze 2 bis 4 in der in der ersten Lesung beschlossenen Fassung anzunehmen.

Dagegen führte der Vertreter der k. Staatsregierung aus:

Die Absicht des Entwurfs sei gewesen, daß Abs. 1 und 2 des Art. 11 nur für die Anwärter und Anerben gelten sollten. Insbesondere gehe es nicht an, die Hypothekgläubiger bei Lehen und landwirthschaftlichen Erbgütern auf die Kaufpreisforderung zu verweisen. Die Sachlage sei bei ihnen in dieser Beziehung dieselbe, wie bei den übrigen Hypothekgläubigern; ihre Rechte könnten nicht wohl auf die Forderung erstreckt und auf keinen Fall dürften sie genöthigt werden, sich mit einem Pfandrecht auf die Kaufpreisforderung zu begnügen.

Der Ausschuß habe aber mit Zustimmung der k. Staatsregierung angenommen, daß der Abs. 2 auch für die Fideikommißgläubiger gelten müsse. Bei diesen sei die Surrogirung des Kaufpreises thunlich, weil ihr Recht auf das ganze Fideikommißvermögen sich erstreckt. Diese Erweiterung des Geltungsbereichs des Abs. 2 lege es nahe, auch den Abs. 1 zu erstrecken, um so mehr, als dieser auch für die Hypothekgläubiger passe. Dann müsse aber im Abs. 2 klargestellt werden, daß er nicht für die Hypothekgläubiger gelte.

Um diese Gedanken klar zum Ausdruck zu bringen, empfehle sich folgende Fassung:

Abs. 1. Bei Familienfideikommissen, landwirthschaftlichen Erbgütern, Lehen und allodifizirten Lehen finden die Vorschriften der Art. 3 bis 5, 6 und des Art. 7 Abs. 1, 2 auf die Befreiung des Trennstücks von den Rechten der Anwärter oder der Anerben entsprechende Anwendung. Fideikommißschulden stehen den Hypotheken gleich.

Abs. 2. Für die Veräußerung eines einzelnen Grundstücks gilt das Gleiche wie für die Veräußerung eines Trennstücks.

Abs. 3. Zur Ausgleichung der Werthminderung kann gegenüber den Anwärtern oder den Anerben und den Fideikommißgläubigern auch die Forderung auf den Kaufpreis dienen, wenn das veräußerte Trennstück an erster Stelle hinter den zur Zeit der Veräußerung bestehenden Belastungen mit einer Hypothek für die Forderung belastet ist. Auf die Forderung oder den zu hinterlegenden Geldbetrag sind die von der Abtrennung betroffenen Rechte zu erstrecken.

Abs. 4. Bei Familienfideikommissen ist zur Feststellung der Unschädlichkeit das Fideikommißgericht zuständig.

Art. 11 wurde in der neuen, von der k. Staatsregierung vorgeschlagenen Fassung angenommen.

Antrag: Annahme des Art. 11 nach dem Beschlusse der zweiten Lesung.

S. 58. Artikel 12

dehnt die Vorschriften der Art. 1 bis 11 auch auf die Aufhebung eines dem jeweiligen Eigenthümer des Grundstücks an einem anderen Grundstücke zustehenden Rechtes aus.

Bezüglich der Nothwendigkeit dieser Ausdehnung wird auf die bezüglichen Erörterungen in der Generaldiskussion verwiesen.

Die Zulässigkeit der Vorschrift ist in Art. 120 Abs. 2 Nr. 2 des Einführungsgesetzes begründet.

Der Artikel wurde unverändert und in der darauffolgenden Sitzung auch unter den Formen des Tit. X § 7 der Verfassungsurkunde angenommen. Von der Redaktionskommission wurde er nicht geändert.

Antrag: Unveränderte Annahme.

S. 59. Artikel 13

spricht aus, daß die Vorschriften der Art. 1 bis 12 auch für die Verfügungen gelten, die vor dem Inkrafttreten dieses Gesetzes erfolgt sind, daß also das Gesetz rückwirkende Kraft hat.

Die rückwirkende Kraft ist schon mit Rücksicht auf die Anlegung des Grundbuchs Bedürfniß. Außerdem ist die Rechtslage für die unter der Herrschaft des bisherigen Gesetzes getroffenen Verfügungen dieselbe, wie für die später zu treffenden.

Nach den Modifikationsanträgen II sollten nach dem Worte „Verfügungen" die Worte „des Eigenthümers" eingeschaltet werden.

Der Antrag wurde jedoch zurückgezogen, nachdem der Vertreter der k. Staatsregierung erklärt hatte, daß die Einschränkung auf den Eigenthümer nicht ganz richtig sei. Der Lehensmann sei nicht Eigenthümer und doch gelte die Vorschrift auch für ihn. Auch sei es möglich, daß eine von dem Nichteigenthümer getroffene Verfügung hinterher, sei es auch nur im Wege der Ersitzung, rechtswirksam werde. Die Ersitzung komme bei der Rückwirkung auch in Betracht. Die Verfügung müsse nicht von dem Eigenthümer getroffen, es müsse nur durch dieselbe das Eigenthum erlangt worden sein. Es verstehe sich von selbst, daß nichtigen, rechtsunwirksamen Verfügungen diese Wirkung nicht zukomme.

Art. 13 wurde in der Fassung des Entwurfs und in der darauffolgenden Sitzung unter den Formen des Tit. X § 7 der Verfassungsurkunde angenommen.

Die Redaktionskommission hat eine Aenderung nicht vorgenommen.

Antrag: Unveränderte Annahme.

Artikel 14.

Dieser Artikel bestimmt:

> Soll ein abgebranntes Gebäude auf einem anderen Grundstücke wieder aufgebaut werden, so wird die Entschädigungssumme von den Rechten der Hypotheken-, Grundschuld- und Rentenschuldgläubiger ohne Einwilligung der Gläubiger frei, wenn von dem Amtsgerichte, bei welchem das Grundbuch für das belastete Grundstück geführt wird, festgestellt ist, daß der Wiederaufbau auf dem anderen Grundstücke für die Gläubiger unschädlich ist.
>
> Die Feststellung der Unschädlichkeit darf nur erfolgen, wenn die Rechte der Gläubiger in der bestehenden Rangordnung sich auf das andere Grundstück erstrecken oder auf dieses erstreckt werden. Ist das

Grundstück mit Rechten belastet, welche den Rechten der Gläubiger im Range vorgehen, so darf die Feststellung erfolgen, wenn die vorhergehenden Belastungen durch den Werth, den das Grundstück als Baustelle hat, offenbar gedeckt werden. S. 59.

Die Vorschriften des Art. 5 Abs. 1, des Art. 6 und des Art. 7 Abs. 1 (nach der Zusammenstellung der Redaktionskommission: des Art. 4 Abs. 1, 2, des Art. 5 Abs. 1, 2, des Art. 6 und des Art. 7 Abs. 1) finden entsprechende Anwendung.

Aus den Motiven*) geht hervor, daß durch diesen Artikel die in Art. 120 Abs. 2 Nr. 3 zugelassene Befreiung der Brandversicherungssumme von den in § 1128 des Bürgerl. Gesetzbuchs, dessen Wortlaut im allgemeinen Theile angegeben wurde, bestimmten Rechten der Gläubiger herbeigeführt werden soll. Auf andere Berechtigte erstreckt sich der Artikel ebenso wenig, wie die Bestimmung des Bürgerl. Gesetzbuchs. Die Regelung schließt sich, soweit möglich, an die Art. 1 bis 11 an. Der Wiederaufbau an einer anderen Stelle ist für die Gläubiger zweifellos unschädlich, wenn die Rechte der Gläubiger sich in der gleichen Rangordnung auf die neue Baustelle erstrecken, welche sie auf der früheren hatten. Die Gläubiger müssen also auf der neuen Baustelle entweder schon eingetragen sein oder auf Grund des Unschädlichkeitszeugnisses eingetragen werden. Ist die neue Baustelle schon belastet, so müssen die darauf ruhenden Belastungen durch den Werth, den das Grundstück als Baustelle hat, offenbar schon gedeckt, d. h. es muß, ohne daß es weiterer eingehender Werthsermittlungen bedarf, jeder Zweifel über die Deckung der vorhergehenden Belastung ausgeschlossen sein. Ist dieß der Fall, dann ist die Wiederaufführung des Gebäudes an der neuen Stelle für die Gläubiger unschädlich, weil diese durch den Werth des Gebäudes und in den meisten Fällen der alten Baustelle gesichert sind. Durch das Unschädlichkeitszeugniß soll und kann die in Art. 39 des Gesetzes über die Brandversicherungsanstalt für Gebäude vom 3. April 1875 enthaltene Bestimmung nicht berührt oder überflüssig gemacht werden.

Diese Bestimmung lautet in Abs. 1: „Die Wiederaufbauung des abgebrannten Gebäudes an einer anderen Stelle ist bei besonderen Umständen zulässig und durch die Bewilligung jener Distriktsverwaltungsbehörde bedingt, in deren Bezirk das abgebrannte Gebäude sich befand.“ Dagegen bestimmt Abs. 3: „Die Bewilligung zum Wiederaufbau des abgebrannten Gebäudes auf einem Grundstücke mit anderer Plannummer, sowie die Bewilligung zu einer anderen Verwendung der Entschädigungsgelder setzt den Nachweis voraus, daß die nach Art. 3 Ziff. 5—7 Betheiligten ihre Zustimmung in rechtsverbindlicher Weise erklärt haben oder die Gerichte die Bewilligung als zulässig erkannten.“ Insoferne als in Art. 3 Ziff. 6 auch die Hypothekgläubiger als Betheiligte aufgeführt sind, aber auch nur insoferne erleidet der Art. 39 Abs. 3 eine Abänderung, da die bezügliche Bestimmung durch das gegenwärtige Gesetz ersetzt ist.

Ein Abänderungsantrag lag zu Art. 14 nicht vor.

Dagegen regte ein Ausschußmitglied an, daß es unlogisch sei, zu sagen: „Soll ein abgebranntes Gebäude wieder aufgebaut werden.“ Dagegen wurde Seitens der k. Staatsregierung bemerkt, daß auch das Gesetz vom Jahre 1875 dieselbe Fassung gewählt und die k. Versicherungskammer sich ausdrücklich für die Beibehaltung derselben ausgesprochen habe. Die Sprachweise verstoße, wenn sie auch nicht ganz logisch sei, doch nicht gegen den Sprachgebrauch. Auch

*) Vergl. oben S. 17.

S. 59. Art. 110 des Einführungsgesetzes bediene sich dieser Ausdrucksweise. Ein anderes Ausschußmitglied wies darauf hin, daß auch bei Abänderung des Art. 33 der Gemeindeordnung vor einigen Jahren dieselbe Ausdrucksweise gebraucht worden sei.

Der Ausschuß nahm den Artikel unverändert nach dem Entwurfe an und die Redaktionskommission änderte nur die Allegate. Hiebei ist jedoch ein Versehen unterlaufen, da der ausgefallene Art. 4 allegirt wurde statt des Art. 3a Abs. 1 und 2. Es muß deßhalb Abs. 3 richtig gestellt werden und heißen:

Die Vorschriften des Art. 3a Abs. 1 und 2, des Art. 5 Abs. 1 und 2, des Art. 6 und des Art. 7 Abs. 1 und 2 finden entsprechende Anwendung.

Antrag: Dem Art. 14 mit dieser Abänderung zuzustimmen.

S. 60. Artikel 14a

wurde, wie im allgemeinen Theile erörtert, von der k. Staatsregierung auf Anregung eines Ausschußmitgliedes zur Einschaltung vorgeschlagen. Er lautet:

Der Anspruch auf die Entschädigung für die im öffentlichen Interesse erfolgende Entziehung, Beschädigung oder Benützung eines Grundstücks, Beschränkung des Eigenthums oder Entziehung oder Beschränkung eines Rechtes der im Art. 12 bezeichneten Art wird von den Rechten Dritter frei, wenn von dem im Art. 1 bezeichneten Gerichte festgestellt ist, daß die Befreiung für die Berechtigten unschädlich ist.

Die Befreiung des Anspruchs steht der Aufhebung eines Rechtes der im Art. 12 bezeichneten Art gleich.

Bezüglich der Begründung dieses Artikels und seiner Fassung wird zunächst auf den allgemeinen Theil des Berichts*) verwiesen. Der Vertreter der k. Staatsregierung machte noch weiter geltend:

Wenn ein mit Rechten belastetes Grundstück oder der Theil eines solchen im Wege der Zwangsenteignung veräußert werde, gehen die Rechte auf den Entschädigungsanspruch über. Das Rechtsverhältniß sei im Wesentlichen dasselbe, wie in dem Falle des Art. 12, in dem ein mit einem Grundstück verbundenes Recht abgetrennt werde. Deßhalb solle auch hier, wie im Art. 12, die Möglichkeit geboten werden, den Anspruch durch ein Unschädlichkeitszeugniß von den Rechten zu befreien.

Von einem Ausschußmitgliede wurde angeregt, daß in Unterfranken vielfach Nutzungsrechte, sogenannte fliegende Rechte, vorkämen, die einer Privatperson an einem Grundstücke zuständen und belastet und veräußert werden könnten. Seien auch diese Rechte im Entwurfe berücksichtigt? Der Vertreter der k. Staatsregierung entgegnete darauf, daß der Entwurf nicht geeignet sei, auf solche Rechte Rücksicht zu nehmen. Dieselben seien als persönliche Dienstbarkeiten anzusehen, die sich von den Grunddienstbarkeiten nur dadurch unterschieden, daß sie mit der Person des Berechtigten untergingen. Dienstbarkeiten seien aber in Art. 1 des Gesetzes nicht einbezogen worden.

Der Art. 14a, der ebenso, wie die Art. 11 bis 13, die Abänderung von Verfassungsgesetzen bedingt, wurde vom Ausschusse zuerst provisorisch und dann auch unter den strengen Formen des Tit. X § 7 der Verfassungsurkunde angenommen.

Von der Redaktionskommission wurde daran nichts geändert.

Der Abs. 1 des Artikels ist aber nicht vollständig, da die Zwangsenteignung auch blos den Theil eines Grundstücks oder ein Zubehörstück im Sinne des

*) Vergl. oben S. 146.

Bürgerl. Gesetzbuchs betreffen kann. Deßhalb ist es veranlaßt, den Eingang des Abs. 1, wie folgt, zu fassen: S. 60.

Der Anspruch auf die Entschädigung für die im öffentlichen Interesse erfolgende Entziehung, Beschädigung oder Benützung eines Grundstücks, der Theilfläche eines solchen oder eines Zubehörstücks :c. :c.

Außerdem soll das Unschädlichkeitszeugniß nur von dem in Art. 1 bezeichneten Gericht ausgestellt sein, während im Falle des Art. 11 nicht das Amtsgericht, sondern das Oberlandesgericht dasselbe zu ertheilen hat. Es dürfte deßhalb in Abs. 1 auch Art. 11 Abs. 4 zu allegiren sein.

Antrag: Annahme des Artikels mit der obenerwähnten Ergänzung.

Artikel 15

lautet nach dem Entwurf:

Bis zu dem Zeitpunkte, in welchem das Grundbuch als angelegt anzusehen ist, ist für die Feststellung der Unschädlichkeit in den Landestheilen rechts des Rheins, unbeschadet der Vorschrift des Art. 11 Abs. 4, das Amtsgericht, bei welchem das Hypothekenbuch für das Grundstück geführt wird, in der Pfalz das Amtsgericht, in dessen Bezirke das Grundstück belegen ist, zuständig.

Soweit es nach Art. 4 Abs. 3, Art. 7 Abs. 2 und Art. 9 Abs. 1 Satz 2 auf Eintragungen im Grundbuch ankommt, treten in den Landestheilen rechts des Rheins an deren Stelle die entsprechenden Eintragungen im Hypothekenbuch. Der Eigenthümer ist nicht berechtigt, für den Betrag, zu welchem eine Hypothek durch Befriedigung des Gläubigers erloschen ist, an deren Stelle eine neue Hypothek zu begründen.

In der Pfalz gelten als eingetragene Rechte diejenigen, welche im Hypothekenregister eingetragen sind. Der Antragsteller hat einen Hypothekenauszug vorzulegen; die Ergänzung des Auszugs ist erforderlichen Falles durch das Amtsgericht zu veranlassen. Die Ausgleichung der Werthminderung durch ein anderes Grundstück findet nicht statt. Die Vorschriften des Art. 7 Abs. 2, des Art. 9 Abs. 1 Satz 2 und des Art. 14 bleiben außer Anwendung.

In der Generaldiskussion wurde von der k. Staatsregierung vorgeschlagen, dem Abs. 3 folgende Fassung zu geben:

In der Pfalz gelten als Hypotheken auch die Vorzugsrechte und als eingetragene Rechte diejenigen, welche im Hypothekenregister eingetragen sind. Der Antragsteller hat einen Hypothekenauszug vorzulegen; die Ergänzung des Auszugs ist erforderlichen Falles durch das Amtsgericht zu veranlassen. Die Ausgleichung der Werthminderung durch ein anderes Grundstück findet nicht statt. Die Vorschriften des Art. 7 Abs. 2, des Art. 9 Abs. 1 Satz 2 und des Art. 14 bleiben außer Anwendung.

Ein weiterer Abänderungsantrag lag dazu nicht vor. Doch wurde von einem Mitgliede des Ausschusses bemerkt, daß es fraglich sei, ob in der Pfalz nach Löschung des Vorzugsrechts das Auflösungsrecht noch fortbestehe oder gleichfalls erloschen sei.

Die k. Staatsregierung schlug deßhalb vor, dem Abs. 3 des Artikels noch folgenden Satz anzufügen:

Besteht wegen einer durch Vorzugsrecht gesicherten Forderung auch ein Auflösungsrecht, so erlischt in Ansehung des Trennstücks mit dessen Befreiung von dem Vorzugsrechte auch das Auflösungsrecht.

S. 60. Die Bestimmungen des Entwurfs, die durch die rückwirkende Kraft des
S. 61. Gesetzes für die Zeit bis zum Inkraft‖treten des Grundbuchrechts nothwendig erscheinen, sind in den Motiven Seite 202*) des Näheren begründet.

Die Abänderung des Abs. 3 ist nach den Erörterungen in der Generaldiskussion geboten.

Der Satz, der dem Abs. 3 nach dem oben erwähnten Antrage der k. Staatsregierung angereiht werden soll, wurde damit begründet, daß in der Pfalz gewisse Hypotheken ein Vorzugsrecht vor allen anderen Hypotheken haben. Daneben gebe das Gesetz in gewissen Fällen dem Berechtigten zur größeren Sicherheit noch ein Auflösungs- oder Rückfallsrecht, wenn die Forderung nicht berichtigt werde. Dadurch habe der Gläubiger das Recht, zu verlangen, daß durch richterliches Urtheil der Veräußerungsvertrag mit rückwirkender Kraft aufgehoben wird, so daß er das Eigenthum frei von den Belastungen zurückerlangt, die in der Zwischenzeit auf das Grundstück gelegt worden sind. Dieses Auflösungsrecht sei in Art. 2 des Gesetzes vom 26. April 1888 mit dem Vorzugsrechte auch in Bezug auf die Einschreibung in das Hypothekenbuch in gesetzliche Verbindung gebracht worden, und enthalte die Einschreibung des Vorzugsrechts mittelbar auch eine Einschreibung des Auflösungsrechts. Da letzteres denselben Zweck habe, wie das Vorzugsrecht, müsse es wie dieses von dem Unschädlichkeitszeugniß betroffen werden.

Art. 15 wurde mit den beantragten Zusätzen vom Ausschusse angenommen und von der Redaktionskommission nicht geändert.

Nur wurden die Allegate, soweit erforderlich, geändert.

Wie bereits zu Art. 9 ausgeführt wurde, soll in Abs. 2 der letzte Satz: „Der Eigenthümer ist nicht berechtigt rc. rc.“ in Wegfall kommen. In § 84 des Hypothekengesetzes ist zwar dem Schuldner allgemein das Recht gewährt, nach erloschener, aber noch nicht gelöschter Hypothek den Rang dieser Hypothek einem Anderen, auch einem neuen Hypothekgläubiger einzuräumen, und weicht das Hypothekengesetz von § 1181 des Bürgerl. Gesetzbuchs wesentlich ab. Allein gleichwohl kann der betreffende Satz hier entbehrt werden, da der Vollzug des Unschädlichkeitszeugnisses für den Eigenthümer die Möglichkeit ausschließt, den Rang der zu löschenden und zudem auch meist unbeträchtlichen Hypothek einem Anderen einzuräumen.

Referent beantragte deßhalb für die zweite Lesung:

> Annahme des Artikels nach den Beschlüssen der ersten Lesung unter Streichung des erwähnten Satzes in Abs. 1.

Dieser Antrag wurde in Konsequenz des zu Art. 9 gefaßten Beschlusses angenommen.

Antrag: Annahme des Artikels nach dem Beschlusse zweiter Lesung.

Artikel 16

bestimmt, daß die Vorschriften des Gesetzes keine Anwendung auf die Bodenzinse finden, für welche die Vorschriften des Art. 15 des Gesetzes vom 28. April 1872, die Grundentlastung betreffend, gelten.

Bezüglich der Begründung wird auf die Motive Seite 202**) verwiesen.

Der Ausschuß stimmte dem Artikel ohne Diskussion zu; die Redaktionskommission änderte daran nichts.

Antrag: Unveränderte Annahme.

---

*) Vergl. oben S. 17, 18.
**) Vergl. oben S. 18.

Artikel 17

S. 61.

lautet nach dem Entwurf:

Für die Entscheidung einschließlich des Verfahrens über Anträge auf Feststellung der Unschädlichkeit werden drei Zehntheile der Sätze des § 8 des Reichs-Gerichtskostengesetzes bis zum Meistbetrage von zwanzig Mark erhoben.

Erfolgt die Veräußerung oder die Aufhebung eines Rechtes unentgeltlich zu einem öffentlichen Zwecke, so kommt die im Abs. 1 bestimmte Gebühr nicht in Ansatz.

Für das Vertheilungsverfahren nach Art. 9 gelten in Ansehung der Gebühren und Auslagen dieselben Vorschriften wie für das Vertheilungsverfahren im Falle der Zwangsenteignung.

Bezüglich der Begründung wird auf Seite 202 der Motive*) verwiesen und bemerkt, daß die Ertheilung des Unschädlichkeitszeugnisses zweifellos im Privat- und nicht im öffentlichen Interesse erfolgt und deßhalb dafür eine Gebührenfreiheit nicht in Anspruch genommen werden kann.

Nach der Skala des § 8 des Reichs-Gerichtskostengesetzes sind folgende Gebühren zu entrichten:

bei einem Werthe bis zu		20 M.	einschließlich	1 M.	—	₰
von mehr als	20 M. bis	60 M.	einschließlich	2 M.	40	₰
von mehr als	60 M. bis	120 M.	einschließlich	4 M.	60	₰
von mehr als	120 M. bis	200 M.	einschließlich	7 M.	50	₰
von mehr als	200 M. bis	300 M.	einschließlich	11 M.	—	₰
von mehr als	300 M. bis	450 M.	einschließlich	15 M.	—	₰
von mehr als	450 M. bis	650 M.	einschließlich	20 M.	—	₰

Eine höhere Gebühr als 20 M. soll im Verfahren wegen Ertheilung des Unschädlichkeitszeugnisses nicht erhoben werden.

Im Betreff des Vertheilungsverfahrens bezüglich der Entschädigung bei Zwangsenteignung trifft das Gebührengesetz in Art. 26 Abs. 3 die hier in Betracht kommende Anordnung, daß darauf die Bestimmungen des Gebührengesetzes über die Gebühren und Auslagen in dem Verfahren bei der Zwangsvollstreckung in das unbewegliche Vermögen wegen Geldforderungen mit der Maßgabe Anwendung finden, daß der Berechnung der in Art. 10 Ziff. 2 bestimmten Gebühr der Betrag der zu vertheilenden Entschädigungssumme zu Grunde gelegt wird. Der Art. 10 besagt: „Im Zwangsversteigerungsverfahren werden erhoben: 2) für das Vertheilungsverfahren der volle Betrag, und wenn dasselbe vor dem Beginne des Vertheilungstermines erledigt wird, fünf Zehntheile der Sätze des § 8 des Reichs-Gerichtskostengesetzes." Auch hat wohl Anwendung zu finden Art. 15, welcher lautet: „Für die gerichtliche Beurkundung eines Uebereinkommens über die Vertheilung werden zwei Zehntheile der Sätze des § 8 des Reichs-Gerichtskostengesetzes aus der Summe der zur Befriedigung gelangenden Forderungen erhoben."

Nach den Motiven**) sollen außerdem auch noch die Art. 47 bis 54 des Gebührengesetzes Anwendung finden, die jedoch auf die Höhe der Gebühren keinen wesentlichen Einfluß haben.

Der Ausschuß nahm den Artikel unverändert an und die Redaktionskommission traf keine Aenderung.

Antrag: Unveränderte Annahme.

*) Vergl. oben S. 19.
**) Vergl. oben S. 19.

S. 61. Ueberschrift.

„Entwurf eines Gesetzes, das Unschädlichkeitszeugniß betreffend.“

Die k. Staatsregierung gab dem Ausschusse anheim, dafür zu setzen:

S. 62. „Entwurf eines Gesetzes, die lastenfreie Abtrennung von Grundstücktheilen betreffend.“

Der Ausschuß beließ es aber bei der ursprünglichen Ueberschrift, weil die neu vorgeschlagene nicht alle Bestimmungen des Gesetzes treffe.

Gegen die Einleitungsworte wurde nichts erinnert und nur beschlossen, daß nach Art. 13 einzuschalten sei:

„und des Art. 14a“.

Bei namentlicher Abstimmung wurde der ganze Gesetzentwurf einstimmig angenommen.

Antrag: Annahme des Gesetzentwurfes nach den Beschlüssen des Ausschusses.

Dem Gesetzentwurfe in der jetzigen Gestalt liegt folgendes Schema zu Grunde:

Art. 1. Grundsatz der Feststellung der Unschädlichkeit und Zuständigkeit.
Art. 2. Voraussetzungen der Feststellung.
Art. 3. Art und Weise der Ausgleichung.
Art. 3a und 5. Verfahren, wenn Ausgleichung erfolgen soll.
Art. 5a und 5b. Ausnahmen von der Nothwendigkeit der Ausgleichung.
Art. 6. Ausschließung des Beschwerderechts der Berechtigten.
Art. 7 und 7a. Wirksamkeit des Zeugnisses.
Art. 8. Vertheilung des hinterlegten Geldbetrags.
Art. 9. Grundsätze für die Vertheilung.
Art. 10. Vorkaufsrecht.
Art. 11. Anwendbarkeit auf Familienfideikommisse, landwirthschaftliche Erbgüter und Lehen.
Art. 12. Anwendbarkeit auf die dem Eigenthümer eines Grundstücks an einem anderen Grundstücke zustehenden Rechte.
Art. 13. Rückwirkende Kraft.
Art. 14. Anwendbarkeit auf die Entschädigung für abgebrannte Gebäude und
Art. 14a auf die Entschädigung für die Zwangsenteignung.
Art. 15. Uebergangsbestimmungen.
Art. 16. Ausschließung der Wirksamkeit des Gesetzes für die Bodenzinse.
Art. 17. Kosten.

Der XVII. Ausschuß:

Kraußold, Stellvertreter des Vorsitzenden; von Walter, Berichterstatter; Fuchs, Schriftführer; Aigner, Dr. Casselmann, Ganzleben, Joseph Geiger, Eusebius Hofmann, Joseph Huber, Lerno, Lutz, Michel, Segitz, Wieland.

7.

Stenographischer Bericht

über die

Verhandlungen der bayerischen Kammer der Abgeordneten,

betreffend die Berathung und Beschlußfassung über den Bericht des XVII. (besonderen) Ausschusses zu dem Entwurfe eines Gesetzes, das Unschädlichkeitszeugniß betreffend (Beil. 912, 968, 970, 977, 978, 1018 und 1033).

Vierhundertneununddreißigste öffentliche Sitzung vom 12. Mai 1898.

(Stenogr. Berichte der K. der Abg. 1898 Bd. XII S. 617 bis 638.)

Präsident: Meine Herren! Ich eröffne die Sitzung. . . . . . S. 617.

Wir treten in die Tagesordnung ein.

Einziger Gegenstand derselben ist:

Berathung und Beschlußfassung über den Bericht des XVII. (besonderen) Ausschusses zu dem Entwurfe eines Gesetzes, das Unschädlichkeitszeugniß betreffend.

Ich eröffne die Generaldiskussion und ertheile das Wort dem Herrn Referenten, Abgeordneten von Walter, zur Einleitung derselben.

von Walter (Berichterstatter): Meine Herren! Sie haben in der vorgestrigen Sitzung den Gesetzentwurf über die Vorbereitung der Anlegung des Grundbuchs einstimmig angenommen*) und haben insbesondere auch dem in diesem Entwurf enthaltenen Abschnitt über die Zwangshypothek**) Ihre Zustimmung gegeben. Damit, meine Herren, haben Sie anerkannt, daß das Eigenthumsrecht nach der Entwicklung der Verkehrsinteressen der neueren Zeit von manchen Schranken, von denen es bisher eingedämmt war, befreit werden müsse, indem insbesonders in den Bestimmungen über die Zwangshypothek***) von Ihnen anerkannt wurde, daß gewisse Veräußerungen von den Hypothekgläubigern nicht mehr gehindert werden dürfen und von dem Eigenthümer ohne Einwilligung derselben vorgenommen werden dürfen.

Ein Pendant zu diesen Bestimmungen über die Zwangshypothek†) liegt Ihnen auch heute zur Berathung vor in dem Gesetze über das Unschädlichkeitszeugniß. Meine Herren! Das Eigenthumsrecht ist das Recht der Herrschaft über eine körperliche Sache, welches seiner Bestimmung nach die freie Verfügung über dieselbe gewährt, soweit nicht die Natur der Sache und nicht das Recht Dritter entgegenstehen.

---

*) Vergl. Abth. I S. 135, 136.
**) Dies muß wohl heißen: „Gesammthypothek".
***) Vgl. Anm. **.
†) Vgl. Anm. **.

S. 617. Dem Eigenthumsrechte stehen nun eine ganze Masse von Rechten Dritter entgegen. Vor Allem sind es die Hypothekschulden, die Reallasten und die
S. 618. Grunddienstbarkeiten, welche den Eigenthümer in der Verfügung über ‖ das Eigenthum hindern, nnd dazu kommen jetzt auch noch die Grundschulden und Rentenschulden des Bürgerl. Gesetzbuches.

Bezüglich der Hypotheken ist durch das bereits von Ihnen votirte Gesetz Vorsorge getroffen, daß die Hypothekgläubiger nicht zu weit hindernd in die Verfügung des Eigenthümers eintreten*) können. Allein diese Bestimmungen betreffen blos größere Abtrennungen, sei es größerer Grundstückstheile oder ganzer Grundstücke, weil bei ihnen allein die Möglichkeit besteht, die Hypothek auf den abgetrennten Theilen als Gesammthypothek fortbestehen zu lassen.

Nun gibt es aber auch noch eine Reihe von Fällen, welche durch diese Bestimmungen des bereits angenommenen Gesetzes weder getroffen werden konnten, noch getroffen werden wollten, und das sind die Abtrennungen, welche theils zur Berichtigung der Grenzen, theils zur Arrondirung des Besitzthums, theils auch in öffentlichem Interesse erfolgen müssen und in der Regel nur kleinere Grundstückstheile betreffen. Für diese Fälle soll nun auch vorgesorgt werden, und zwar um so mehr, als es eigentlich gar keinen Weg gibt, der solche Abtrennungen ermöglicht, wenn wir nicht ein eigenes Gesetz annehmen. In der Regel sollte also auch zu diesen Abtrennungen die Zustimmung der Hypothekgläubiger und sonstiger berechtigter Personen, die ein Recht auf dem Grundstück haben, das getheilt wird, erforderlich sein; allein häufig sind die Berechtigten zur Ertheilung ihrer Zustimmung, sei es aus Unkenntniß, sei es auch aus bösem Willen, nicht zu bewegen und auf der anderen Seite werden jetzt auch die Fälle sehr häufig vorkommen, daß die Berechtigten gar nicht bekannt sind. Wir haben durch das Bürgerl. Gesetzbuch auch eine Sicherungshypothek für die Rentenschuld und für die Grundschuld, sowie für eine Reihe von Inhaberpapieren**) erhalten. Die Berechtigten sind dem Hypothekenamte in der Regel nicht bekannt und deßhalb ist es um so dringender geboten, daß durch ein eigenes Gesetz die Sache eine ausreichende Regelung erfahre, weil die Verkehrsinteressen und häufig auch die Interessen des öffentlichen Wohles es erfordern, daß solche Abtrennungen möglich sind.

Nun, meine Herren, ein erster Schritt geschieht übrigens hier mit der Gesetzesvorlage nicht. Sie finden im Berichte***) ausführlich auseinandergesetzt, daß trotz der Bestimmung unseres bayerischen Hypothekengesetzes vom 1. Juni 1822, wonach keine Aenderung des Hypothekenobjektes ohne Zustimmung der Hypothekgläubiger erfolgen durfte, in einer ganzen Reihe von Fällen bereits gesetzlich ausgesprochen wurde, daß gewisse Aenderungen im Bestande des Hypothekenobjektes ohne Zustimmung der Hypothekgläubiger erfolgen dürfen. Allein dazu muß noch etwas Weiteres kommen. Es muß insbesondere für die kleinen Grundstückstheile, die abgetrennt werden wollen, auch eine Vorsorge getroffen werden, was in den preußischen Staaten theilweise schon seit langer Zeit geschehen ist, und um diese Vorsorge zu ermöglichen, hat der Art. 120 des Einführungsgesetzes zum Bürgerl. Gesetzbuch den Weg gebahnt. Der Art. 120 bestimmt nämlich, daß alle landesgesetzlichen Vorschriften unberührt bleiben sollen, nach welchen im Falle der Veräußerung eines Theiles eines

---

*) Muß wohl heißen: „eingreifen".

**) Muß wohl heißen: „auch die Grundschuld und die Rentenschuld sowie eine Sicherungshypothek für eine Reihe von Inhaberpapieren".

***) Vergl. oben S. 138 ff.

Grundstücks dieser Theil von den Belastungen des Grundstücks befreit wird, S. 618.
wenn von der zuständigen Behörde festgestellt wird, daß die Rechtsänderung für die Betheiligten unschädlich ist; ebenso bestimmt der Abs. 2, daß alle landesgesetzlichen Vorschriften unberührt bleiben, nach welchen unter der gleichen Voraussetzung 1. im Falle der Theilung eines mit einer Reallast belasteten Grundstücks die Reallast auf die einzelnen Theile des Grundstücks vertheilt wird; 2. im Falle der Aufhebung eines dem jeweiligen Eigenthümer eines Grundstücks an einem anderen Grundstück zustehenden Rechtes die Zustimmung Derjenigen nicht erforderlich ist, zu deren Gunsten das Grundstück des Berechtigten belastet ist; 3. in den Fällen des § 1128 des Bürgerl. Gesetzbuchs und des Art. 52 des Einführungsgesetzes der dem Eigenthümer zustehende Entschädigungsanspruch von dem einem Dritten zustehenden Rechte befreit wird.

Was nun die Rechte zunächst aus dem § 1128 betrifft, so sind das die Rechte an der Brandentschädigungssumme, welche für ein abgebranntes Gebäude prästirt werden muß, und die aus Art. 52 des Einführungsgesetzes herrührenden Rechte sind diejenigen, welche aus einer für die Zwangsabtretung einer Grundfläche zu einem öffentlichen Zwecke oder für eine Beschränkung des Eigenthümers durch die Belastung des Eigenthums mit einem Rechte u. s. w. zu gewährenden Entschädigungssumme bestehen.

Die k. Staatsregierung hat nun mit dem gegenwärtigen Gesetzentwurf von der durch den Art. 120 des Einführungsgesetzes geschaffenen Befugniß Gebrauch gemacht und schlägt dem Landtage vor, in dem Gesetzentwurfe die nothwendigen Bestimmungen zu erlassen; denn vorbehalten sind durch den Art. 120 nicht blos jene landesgesetzlichen Bestimmungen, welche zur Zeit der Erlassung dieses Gesetzes schon bestanden haben, sondern auch diejenigen, welche für die Zukunft erlassen werden sollen.

Die k. Staatsregierung hat nur für zwei Fälle von der eingeräumten Befugniß des Art. 120 keinen Gebrauch machen zu sollen geglaubt. Der eine dieser Fälle betrifft die Befugniß zur Theilung der auf dem zur Theilung kommenden Grundstück haftenden Reallasten und der andere betrifft die Befreiung vom Anspruch der Berechtigten auf die Entschädigungssumme aus einer Zwangsenteignung.

In der Generaldiskussion, deren Verlauf Sie ja im ersten Protokoll, Beilage 970*), ausführlich vorgetragen finden, wurde nur nach diesen beiden Richtungen eine Beanstandung erhoben und zwar einerseits wegen der Reallasten und anderseits wegen der Entschädigung aus einer Zwangsenteignung.

Bezüglich der Reallasten wurde geltend gemacht, daß noch eine große Zahl solcher Rechte bestehe, theilweise in einem Umfange, daß es nicht wohl angehe, dieselben gänzlich außer Berücksichtigung zu lassen und nicht auch für den Fall Vorkehrung zu treffen, daß ein mit einer solchen Reallast behaftetes Grundstück getheilt und dieselbe auf die einzelnen Theile übertragen wird, weil häufig daraus Verwickelungen und Prozesse entstehen und deßhalb eine Bestimmung zur Regelung des bezüglichen Verhältnisses nothwendig ist. Dabei wurde aber auch anerkannt, daß eine Bestimmung hierüber im Rahmen des jetzt zur Berathung stehenden Gesetzentwurfs nicht möglich sei, sondern daß dafür ein eigenes Gesetz geschaffen werden müßte und daß dazu vor Allem eine genaue Prüfung darüber nothwendig sei, welche Reallasten noch bestehen und wie man die Regelung im Falle der Theilung des belasteten Grundstücks ermöglichen könne. Damit wurde im Ausschusse die Sache nicht weiter verfolgt.

*) Vergl. oben S. 25 bis 51.

S. 618. Bezüglich der zweiten Anregung aber, daß es doch zweifelhaft sei, ob nicht auch in Bayern eine gesetzliche Bestimmung darüber erforderlich sei, daß die Entschädigungsansprüche aus einer Zwangsenteignung ebenfalls von den Ansprüchen der Berechtigten freigemacht werden können, denen ein Recht auf das ganze Grundstück zugestanden hat, hat sich die k. Staatsregierung sofort
S. 619. bereit erklärt, die im || Gesetzentwurf bestehende Lücke auszugleichen, und noch in der Generaldiskussion eine Bestimmung vorgeschlagen, welche jetzt im Art. 14a des Gesetzentwurfs, wie er aus den Beschlüssen des Ausschusses hervorgegangen ist, ihre Stelle gefunden hat.

In der Generaldiskussion wurde insbesondere von einem Mitgliede aus der Pfalz hervorgehoben, daß der Gesetzentwurf für die dortigen Verhältnisse nicht wohl ausreichend sein werde. In der Pfalz gibt es nämlich nicht blos Hypotheken, sondern auch Privilegien oder Vorzugsrechte, welche nach Art. 2095 des Code civil einer Forderung die Eigenart verleihen, daß kraft Gesetzes diese Forderung allen anderen Forderungen, selbst den Hypothekforderungen, vorgezogen werden muß. Da nicht allgemein die Privilegien zu den Hypotheken gezählt würden, sei zu besorgen, daß bei Anwendung des gegenwärtigen Gesetzes sich Schwierigkeiten bieten würden.

Die k. Staatsregierung hat auch in dieser Beziehung sofort die Hand zur Ausfüllung der Lücke geboten und vorgeschlagen, daß im Art. 15 des Gesetzentwurfs eine Bestimmung eingereiht werde des Inhalts:

> In der Pfalz gelten als Hypotheken auch die Vorzugsrechte und als eingetragene Rechte diejenigen, welche im Hypothekenregister eingeschrieben sind.

Weiter wurde angeregt, daß auch bezüglich der Löschungen in der Pfalz Schwierigkeiten entstehen könnten, weil dort nach den Bestimmungen der Art. 2158 und 2160 des Code civil der Hypothekenbewahrer die Löschung nur vornehmen könne, wenn entweder eine Einwilligung oder ein richterliches Erkenntniß vorliegen. Da aber der Gesetzentwurf eine solche Bestimmung nicht enthalte, so sei zu befürchten, daß der Hypothekenbewahrer auf Grund eines Unschädlichkeitszeugnisses eine Löschung nicht vornehmen werde. Die k. Staatsregierung hat auch dieses Bedenken anerkannt und sofort in der Generaldiskussion vorgeschlagen, eine weitere Bestimmung, jedoch nicht blos für die Pfalz, sondern für das ganze Königreich, des Inhalts einzureihen:

> Das Unschädlichkeitszeugniß ersetzt die Bewilligung der Berechtigten zu der Löschung ihrer Rechte an dem Trennstücke.

Diese Bestimmung ist in dem jetzigen Art. 7 enthalten.

Weiter wurden in der Generaldiskussion auch lange Erörterungen darüber gepflogen, ob denn nicht auch die Grunddienstbarkeiten berücksichtigt werden sollten, ob nicht auch für die Befreiung eines Trennstücks von einer Grunddienstbarkeit das Unschädlichkeitszeugniß ertheilt werden solle. Ich werde mir diesen Punkt für die Spezialdiskussion zu Art. 1 aufsparen.

Beanstandet wurde auch, daß sich das Verfahren über die Ertheilung des Unschädlichkeitszeugnisses lediglich zwischen dem Gerichte und dem Eigenthümer abspielen soll und daß Diejenigen, denen ein Recht an dem Trennstücke zusteht, gar nicht gehört werden sollen. Weiter wurde angeregt, daß man doch wenigstens den Berechtigten ein Beschwerderecht zugestehen sollte, damit dieselben nicht ganz willkürlich in die Hände des Eigenthümers und des Gerichts gegeben werden.

Allein in Bezug auf diese beiden Punkte sind von der k. Staatsregierung S. 619.
so große Schwierigkeiten erhoben worden, daß schließlich der Ausschuß zu der Ueberzeugung gelangte, daß der ganze Entwurf und das ihm zu Grunde liegende System in die Brüche gehen müßte, wenn man darauf bestehen wollte. Insbesondere ist hervorgehoben worden, daß man ja gerade dadurch, daß die Berechtigten in der Regel ihre Zustimmung verweigern, zu der Nothwendigkeit gekommen sei, einen Gesetzentwurf einzubringen, und daß, wenn man wieder darauf zurückgreife, den Berechtigten Gehör zu verschaffen, der Erfolg voraus-zusehen ist, der darin bestehen wird, daß dieselben die Zustimmung einfach verweigern würden, und dann stehe man ja wieder auf dem alten Flecke.

Bezüglich des Beschwerderechts wurde hervorgehoben, daß die Beschwerde entweder eine aufschiebende Wirkung haben müsse und daß dann eine so erhebliche Verzögerung und Vertheuerung des Verfahrens wegen einer geringfügigen Grundstücksfläche eintreten müsse, daß vielleicht in vielen Fällen von vornherein darauf verzichtet werden würde, um ein Unschädlichkeitszeugniß nachzusuchen, daß aber, wenn man der Beschwerde aufschiebende Wirkung einräume, ebenfalls diese Verzögerung eintrete. Ohne aufschiebende Wirkung sei auch die Beschwerde ganz gegenstandslos und inhaltslos; denn wenn einmal das Unschädlichkeitszeugniß von dem Grundbuch- oder Hypothekenamte vollzogen sei, dann, möge die Entscheidung des Obergerichts ausfallen wie sie wolle, sei die Sache einmal gemacht und könne nicht mehr widerrufen werden.

Beanstandung fand auch der Titel des Gesetzes „Unschädlichkeitszeugniß betreffend“. Es wurde hervorgehoben, daß man sich unter der „Unschädlichkeit“ alles Mögliche vorstellen könne und daß kein Mensch, der die Aufschrift des Gesetzes lese, sich eigentlich einen rechten Begriff davon machen könne, was denn dieses Gesetz für Bestimmungen enthalte. Die k. Staatsregierung machte auch Vorschläge wegen einer Aenderung der Ueberschrift. Aber, meine Herren, diese Vorschläge waren auch so unvollständig, daß der Ausschuß sich schließlich einstimmig dazu entschloß, die Ueberschrift „Das Unschädlichkeitszeugniß“ beizubehalten. Die k. Staatsregierung hat vorgeschlagen, man solle etwa sagen, „Das Gesetz, betreffend die Abtrennung geringfügiger Grundflächen u. s. w.“ Allein, meine Herren, das Gesetz handelt blos in 9 Artikeln von der Trennung geringfügiger Grundflächen, in den anderen Artikeln, also in der Hälfte der Artikel, sind ganz andere Gegenstände geregelt. Diese übrigen Verhältnisse wären somit durch eine andere Ueberschrift nicht getroffen und könnten noch größere Mißverständnisse, als bei der jetzigen Ueberschrift, sich ergeben. Es wird wohl auch für Sie nichts Anderes übrig bleiben, als die Ueberschrift anzunehmen; denn trotz aller Mühe, eine andere Ueberschrift zu finden, sind die k. Staatsregierung und der Ausschuß zu keinem günstigen Ergebniß gelangt, und, meine Herren, man darf doch wohl auch damit rechnen, daß Jemand nicht blos sich mit der Lesung der Ueberschrift begnügen wird, wenn er das Gesetz überhaupt kennen lernen will, sondern daß er die Artikel liest, und dann wird er schon sehen, was „Unschädlichkeit“ bedeutet.

Viele Bemängelung fand auch die Fassung des Gesetzentwurfs, die etwas zu knapp gehalten und deßhalb etwas unverständlich sei. Nach dieser Richtung hat man sich nun am Schlusse der Generaldebatte bemüht, die Grundsätze zusammen zu fassen, auf welchen der Gesetzentwurf eigentlich beruht, und diese Grundsätze sind auf Seite 44 des Ausschußberichtes*) vorgetragen.

*) Vgl. oben S. 151.

S. 619. Zu diesen Grundsätzen hat sich aber dann noch in der Spezialdiskussion ein weiterer gesellt, der erst durch die Aufklärung des Herrn Vertreters der
S. 620. k. Staatsregierung klar || geworden ist, nämlich der Grundsatz, daß das Unschädlichkeitszeugniß so zu behandeln sei wie ein richterliches Urtheil, das gegen Sicherheitsleistung für vorläufig vollstreckbar erklärt ist, oder wie ein Arrestbefehl, der sofort, wenn die gesetzlichen Voraussetzungen vorhanden sind, ertheilt wird, der aber häufig auch von der Leistung einer Sicherheit abhängig gemacht wird. Wie nun das richterliche Urtheil und der Arrestbefehl erst vollstreckbar sind, wenn der Kläger nachweist, daß er die Bedingungen, unter denen die Vollstreckung erfolgen kann, erfüllt hat, so ist es auch bei dem Unschädlichkeitszeugniß. Damit ist dann eine vollständige Klärung der Intention des Gesetzentwurfs erfolgt, und dann war es leicht, daß die Spezialberathung trotz aller Schwierigkeiten, die nach der Generaldiskussion übrig geblieben waren, in einer einzigen Sitzung durchgeführt werden konnte.

Meine Herren! Der Ausschußbericht enthält am Schlusse*) ein Schema, nach welchem sich das Gesetz und seine einzelnen Artikel eintheilen lassen, und dieses Schema wird, wie ich hoffe, sehr zur Verdeutlichung des Gesetzes, zum leichteren Verständniß desselben und wohl auch zur Abkürzung unserer heutigen Diskussion beitragen. Nach diesem Schema handeln die ersten neun Artikel von der Abtrennung geringfügiger Grundstücksflächen, wenn auf dem ganzen Grundstücke Hypotheken, Rentenschulden, Grundschulden oder Reallasten ruhen; in Art. 1 wird der Grundsatz, daß überhaupt gerichtlich die Unschädlichkeit festgestellt werden kann, ausgesprochen; in Art. 2 sind die Voraussetzungen, unter denen ein Unschädlichkeitszeugniß ertheilt werden kann, in Art. 3 ist die Art und Weise der Ausgleichung bestimmt, in 3a—5a sind die nothwendigen Bestimmungen über das Verfahren und über die Entscheidung für den Fall getroffen, daß eine Ausgleichung angeboten wird. In Art. 5b ist das Verfahren und die Entscheidung bestimmt, wenn das Unschädlichkeitszeugniß ohne Ausgleich der Werthminderung ertheilt werden soll. Der Art. 6 schließt das Beschwerderecht der Berechtigten aus. Die Art. 7 und 7a präzisiren die Wirksamkeit des Unschädlichkeitszeugnisses. Art. 8 und 9 handeln von der Vertheilung des Geldbetrags, der im Falle der Ausgleichung der Werthminderung in Geld hinterlegt werden soll; der Art. 10 trifft die nöthigen Bestimmungen, welche erforderlich sind, wenn das Trennstück mit einem Vorkaufsrecht belastet ist; Art. 11 handelt von den Familienfideikommissen, den landwirthschaftlichen Erbgütern und Lehen; der Art. 12 spricht die Anwendbarkeit auch auf die dem Eigenthümer eines Grundstücks an einem anderen Grundstücke zustehenden Rechte aus; in Art. 13 wird die rückwirkende Kraft des Gesetzes ausgesprochen; in Art. 14 wird die Anwendbarkeit auf die Entschädigung für abgebrannte Gebäude, in Art. 14a auf die Entschädigung für die Entschädigung aus einer Zwangsenteignung**) festgesetzt; der Art. 15 enthält die nothwendigen Uebergangsbestimmungen, der Art. 16 die Ausschließung der Wirksamkeit des Gesetzes für die Bodenzinse, welche nach Art. 15 des Gesetzes vom 28. April 1872 im Falle der Theilung eines Grundstücks ohnehin nach der Steuerverhältnißzahl auf sämmtliche Theilflächen vertheilt werden; und der Art. 17 endlich handelt von den Kosten.

Meine Herren! Ich habe in der Generaldiskussion nichts Weiteres anzuregen. Einige Bemerkungen werde ich noch zur Spezialdiskussion bei den

*) Vgl. oben S. 186.
**) Muß wohl heißen: „auf die Entschädigung für eine Zwangsenteignung."

einzelnen Artikeln zu machen haben. Ich hoffe aber, daß durch die jetzige Gestaltung des Gesetzes es nicht mehr außerordentlich schwer ist für Denjenigen, der dasselbe aufmerksam zur Hand nimmt, auch die Richtung zu finden, nach welcher sich dasselbe bewegt. S. 620.

Präsident: Das Wort hat der Herr Abgeordnete Michel.

Michel: Meine Herren! Die eigenartig gelagerten Verhältnisse der pfälzischen Gesetzgebung veranlaßten mich, im Ausschusse darauf hinzuwirken, daß einige Bestimmungen in das Gesetz aufgenommen wurden, welche den pfälzischen Verhältnissen Rechnung tragen. Es waren hauptsächlich drei Punkte, welche nach meiner Auffassung und nach der Auffassung meiner pfälzischen politischen Freunde einer näheren Regelung bedurften, damit in der Pfalz kein Zweifel darüber besteht, in welcher Weise man das Gesetz dort anzuwenden habe.

Der erste Punkt betrifft die pfälzischen Vorzugsrechte. Der Gesetzentwurf spricht nur von Hypotheken, und da war es nach unserem Dafürhalten geboten, auch eine Bestimmung in das Gesetz aufzunehmen, welche die Vorzugsrechte als solche betrifft. Es ist dieser Anregung auch Rechnung getragen worden, und war damit dieser Punkt für erledigt zu erachten.

Gestatten Sie mir zur besseren Orientirung zu bemerken, daß nach Art. 2095 des Code civil das Vorzugsrecht ein ganz eigenartig gelagertes Recht ist; denn es gibt der Forderung die Eigenschaft, daß sie kraft Gesetzes allen anderen Forderungen, selbst den Hypotheken vorgezogen werden muß. Es mußte also mit Rücksicht darauf ein besonderer Artikel im Gesetze vorgesehen werden, daß das Gesetz nicht nur auf Hypotheken, sondern auch auf Vorzugsrechte Anwendung findet.

Was einen weiteren Punkt anlangt, die Löschung von Hypotheken und Vorzugsrechten, so ist nach einer Bestimmung des Code civil in dem Art. 2158 u. ff. der pfälzische Hypothekenbewahrer an und für sich nicht befugt, auf Grund des Unschädlichkeitszeugnisses eine Löschung vorzunehmen, und war es deßhalb geboten, eine besondere Bestimmung in das Gesetz aufzunehmen, dahin gehend, daß das Unschädlichkeitszeugniß als solches die Berechtigung zur Löschung enthalte. Auch diese Anregung wurde im Ausschusse berücksichtigt.

Es erübrigt nur noch, auf einen weitereren, dritten Punkt zurückzukommen, nämlich auf die Resolutionsrechte. Es bestanden Zweifel darüber, ob ein Resolutionsrecht — ein Auflösungsrecht — als solches auch dann für erloschen zu erachten sei, wenn das Vorzugsrecht gelöscht ist; um deswillen wurde auf meine Anregung eine Bestimmung darüber aufgeworfen, daß die Auflösungsrechte ebenfalls als erloschen anzusehen seien, wenn das Vorzugsrecht als solches gelöscht ist.

Weitere Bedenken haben sich mit Rücksicht auf die pfälzische Gesetzgebung nicht mehr ergeben. Ich bitte deßhalb das hohe Haus, sowohl dem Gesetzentwurf im Großen und Ganzen, als insbesondere den Bestimmungen, welche sich auf die pfälzische Gesetzgebung beziehen, die Zustimmung zu ertheilen.

(Bravo!)

Präsident: Zur Generaldiskussion ist Niemand mehr gemeldet; ich schließe dieselbe.

Der Herr Referent wird keine Bemerkung mehr zu machen haben.

(Referent: Ich bitte um's Wort!)

Das Schlußwort hat der Herr Referent.

S. 621. **von Walter** (Berichterstatter): Meine Herren! Die Bemerkungen, die der Herr Kollege Michel vorgetragen hat, habe ich ja auch schon in meiner Aeußerung hervorgehoben; ich möchte Sie nur noch darauf aufmerksam machen, daß der Ausschuß und mit ihm die k. Staatsregierung bemüht waren, das Gesetz so gut und so deutlich als möglich zu gestalten.

Meine Herren! Der Ausschuß hat zwei Lesungen gehabt; zwischen der Generaldiskussion und zwischen der ersten Lesung waren die k. Staatsregierung und mehrere Ausschußmitglieder bemüht, Abänderungsanträge auszuarbeiten, welche den Feststellungen in der Generaldiskussion entsprechen sollten. Die erste Lesung wurde im Ausschusse durchgeführt und darnach trat der Ausschuß nochmal zusammen, um eine Zusammenstellung seiner Beschlüsse erster Lesung zu fassen. Nachdem das geschehen war, hat die Redaktionskommission sich mit der Sache beschäftigt, und dann ist die Sache erst zur zweiten Lesung gerathen. In der ersten Lesung, bei der Zusammenstellung der Beschlüsse erster Lesung und in der Redaktionskommission sind mannigfache Aenderungen und Verstellungen vorgenommen worden, um Alles systematisch und verständlich zu ordnen, und nachdem die Sache zur zweiten Lesung gelangte, sind ebenfalls mitunter noch einschneidende Aenderungen an dem Gesetz gemacht worden.

Ich glaube deßhalb, daß am Gesetz wenig zu ändern, jedenfalls nichts zu verbessern sein wird; und ich darf Ihnen deßhalb jetzt schon empfehlen, dem Gesetze die Zustimmung einstimmig zu geben, wie das auch im Ausschusse geschehen ist; die sämmtlichen Artikel sind im Ausschusse einstimmig angenommen worden.

Präsident: Wir treten in die Spezialdiskussion ein.

Ich möchte den Herren empfehlen, die Beilage 978*) und die Beilage 1033**) zur Hand zu nehmen, und zwar erstere auf Seite 533; Sie finden dann in der Beilage 1033 auf Seite 140***) die Beschlüsse der zweiten Lesung.

Ueberschrift und Einleitungsworte schlage ich Ihnen vor, vorläufig zurückzustellen.

Der Anregung des Herrn Referenten folgend, rufe ich wegen des Zusammenhangs und der Veränderungen, die in den Anträgen des Ausschusses gemacht sind, die

Artikel 1, 2 und 3

zusammen auf.

Wir werden zunächst immer die Anträge des Ausschusses berathen; werden diese angenommen, dann fallen die Vorschläge der k. Staatsregierung von selbst weg.

Zu Art. 1 geht der Vorschlag des Ausschusses dahin, denselben unverändert anzunehmen.

Der Art. 2 lautet:

> Die Feststellung der Unschädlichkeit darf nur erfolgen, wenn die durch die Veräußerung des Trennstücks entstehende Minderung des Werthes des Grundstücks im Verhältnisse zu dem Werthe des übrigen Theiles eine geringe ist, und ist davon abhängig zu machen, daß die Werthminderung in Geld oder durch ein anderes Grundstück aus-

---

*) Vergl. oben S. 97 bis 120.
**) Vergl. oben S. 121 bis 136.
***) Vergl. oben S. 135, 136.

geglichen wird. Erstreckt sich die Belastung auf andere Grundstücke, so gelten diese im Verhältnisse zu dem Trennstücke mit dem übrigen Theile des Grundstücks zusammen als ein Grundstück. S. 621.

Wird das Trennstück zu einem öffentlichen Zwecke unentgeltlich abgetreten, so wird auf die Werthminderung die Wertherhöhung angerechnet, die sich aus der dem öffentlichen Zwecke dienenden Anlage ergibt.

Die Ausgleichung der verhältnißmäßigen Werthminderung ist nicht erforderlich, wenn diese den Betrag von fünfzig Mark nicht übersteigt.

Art. 3 bleibt unverändert.

Ich ertheile nun das Wort dem Herrn Referenten.

von Walter (Berichterstatter): Meine Herren! Wie ich Ihnen bereits bei meinen Einleitungsworten mitgetheilt habe, hat der Art. 1 nur das Prinzip festzustellen, daß überhaupt ein Unschädlichkeitszeugniß ertheilt werden kann gegenüber den Berechtigten, wenn vom Amtsgerichte festgestellt ist, daß die Abtrennung unschädlich ist. Der Artikel beschränkt, wie ich ja auch schon hervorgehoben habe, die Ertheilung des Unschädlichkeitszeugnisses auf Hypotheken, Grundschulden, Rentenschulden und Reallasten und läßt also nur denjenigen Berechtigten gegenüber die Ertheilung eines Unschädlichkeitszeugnisses zu, welche eines der im Artikel aufgeführten Rechte haben. Die Grunddienstbarkeiten, Servituten sind dabei nicht berücksichtigt.

Es wurde schon in der Generaldiskussion und wiederholt in der Spezialdiskussion bemerkt, daß es doch auch wünschenswerth und unter Umständen nothwendig sein könnte, daß das Gesetz auch die Grunddienstbarkeiten in sich aufnehme und darüber Bestimmungen treffe. Allein, meine Herren, dagegen wurde von Seite der k. Staatsregierung mit Recht hervorgehoben, daß für die Grunddienstbarkeiten bereits durch das Bürgerl. Gesetzbuch selbst die nöthige Vorkehrung getroffen und deßhalb eine Bestimmung in dem gegenwärtigen Gesetze nicht mehr nothwendig sei. Es wurde darauf aufmerksam gemacht, daß die Vorsorge des Bürgerl. Gesetzbuchs in den §§ 1026 und 1023 getroffen sei. § 1026 lautet:

> Wird das belastete Grundstück getheilt, so werden, wenn die Ausübung der Grunddienstbarkeit auf einen bestimmten Theil des belasteten Grundstücks beschränkt ist, die Theile, welche außerhalb des Bereichs der Ausübung liegen, von der Dienstbarkeit frei.

§ 1023 besagt:

> Beschränkt sich die jeweilige Ausübung einer Grunddienstbarkeit auf einen Theil des belasteteten Grundstücks, so kann der Eigenthümer die Verlegung der Ausübung auf eine andere, für den Berechtigten ebenso geeignete Stelle verlangen, wenn die Ausübung an der bisherigen Stelle für ihn besonders beschwerlich ist.

Der Ausschuß ist auch in der That zu der Anschauung gelangt, daß diese beiden Bestimmungen des Bürgerl. Gesetzbuchs vollständig ausreichen, um die Aufnahme einer Bestimmung in das gegenwärtige Gesetz überflüssig zu machen. Es ist dieß wohl auch aus einem anderen Grunde der Fall.

Meine Herren! Das Unschädlichkeitszeugniß wurde namentlich deßhalb eingeführt, weil man es mit einer Reihe von unbekannten Berechtigten zu thun haben kann oder weil nicht wohl zu erwarten ist, daß die Berechtigten freiwillig zustimmen. Die Sache liegt aber bei den Grunddienstbarkeiten sehr viel ein-

S. 621. facher, denn in der Regel wird es sich um einen einzigen oder um eine bestimmte Zahl von bekannten Berechtigten handeln, mit denen man sich ja auch leicht abfinden wird, und wird deßhalb ein Unschädlichkeitszeugniß ihnen gegenüber nicht erforderlich sein.

S. 622. Der Ausschuß ist, wie bemerkt, nach der ersten Lesung nicht mehr auf die Aufnahme der Grunddienstbarkeiten in den Art. 1 zurückgekommen und so liegt dieser Artikel Ihnen vor, wie ihn schon die k. Staatsregierung in ihrem Entwurfe vorgeschlagen hat.

Meine Herren! Im Art. 2 werden die Voraussetzungen bestimmt, unter welchen das Unschädlichkeitszeugniß ertheilt werden kann; die erste Voraussetzung ist die, daß die durch die Veräußerung des Trennstücks entstehende Werthminderung des Grundstücks im Verhältniß zum übrigen Theile des Grundstücks eine geringfügige ist. Meine Herren! Das ist die erste und zugleich unerläßliche Voraussetzung für die Ertheilung des Unschädlichkeitszeugnisses. Die Werthminderung darf nur eine geringfügige sein, und wenn sie das nicht ist, wenn sie also im Verhältniß zum übrigen Theile des Grundstücks eine bedeutende ist, dann darf ein Unschädlichkeitszeugniß nicht ertheilt werden, auch nicht gegen Ausgleich der Werthminderung, sondern es ist in diesem Falle dem Eigenthümer zu überlassen, sich selbst mit den Berechtigten zu verständigen und ein Einvernehmen herbeizuführen.

Der Art. 2 enthält weiter die Bestimmung, daß, wenn mehrere Objekte neben dem zu theilenden Grundstücke haften. dann diese sämmtlichen Grundstücke als ein einziges zu betrachten sind. Meine Herren! Diese Bestimmung ist eine sehr wesentliche und für den Eigenthümer günstig, denn es kann z. B., wenn eine größere Anzahl von Grundstücken verpfändet ist, von einem der mitverpfändeten Grundstücke eine verhältnißmäßig nicht unbeträchtliche Fläche von nicht unbedeutendem Werthe abgetrennt werden. Allein diese Abtrennung oder Werthminderung kann gleichwohl gegenüber dem gesammten Komplex, der für die darauf lastenden Rechte zu haften hat, eine geringfügige sein und in diesem Falle ist auch die Ertheilung des Unschädlichkeitszeugnisses zulässig.

Die zweite Voraussetzung für die Ertheilung des Unschädlichkeitszeugnisses ist sodann, daß die Werthminderung ausgeglichen werden muß, sei es in Geld oder durch ein anderes Grundstück. Von dieser Voraussetzung enthalten die folgenden Artikel Abweichungen und Ausnahmen; diese zweite Voraussetzung ist also nicht so absolut wie die erste, sondern nur eine relative und es kann, wenn die gesetzlichen Voraussetzungen vorliegen, auch von einer Ausgleichung der Werthminderung vollständig abgesehen werden.

In Art. 2 Abs. 2 ist nun auch eine Bestimmung für den Fall enthalten, daß das Trennstück zu einem öffentlichen Zwecke abgetreten wird. In der Regel wird es sich hiebei um geringfügige Flächen handeln und in der Regel wird der Rest des Grundstücks dadurch, daß das Trennstück zu einer öffentlichen Anlage verwendet wird, an Werth zunehmen und unter Umständen so im Werthe steigen, daß eine Ausgleichung gar nicht erforderlich ist. Soweit eine Ausgleichung gar nicht erforderlich ist, fällt eine solche auch weg; nur wenn die Werthminderung durch die Abtrennung des Trennstücks durch die Werthsteigerung des übrigen Grundstücks nicht vollständig gedeckt wird, kann auch in diesem Falle eine Ausgleichung stattfinden.

Meine Herren! In der ersten Lesung lautete der Absatz 2 des Art. 2 wie folgt:

> Wird das Trennstück zu einem öffentlichen Zwecke unentgeltlich abgetreten, so wird auf die Werthminderung die Wertherhöhung an-

gerechnet, die sich aus der dem öffentlichen Zwecke dienenden Anlage S. 622.
ergibt. Soweit die Werthminderung durch die Werthherhöhung gedeckt wird, ist eine Ausgleichung nicht erforderlich.

Meine Herren! Dieser zweite Satz des Abs. 2 ist selbstverständlich und nur eine Wiederholung dessen, was im ersten Satze schon gesagt wird, und könnte unter Umständen, wie wenigstens von Seite der k. Staatsregierung in der zweiten Lesung befürchtet worden ist, zu Mißverständnissen führen. Deßhalb hat der Ausschuß bei der zweiten Lesung auf Anregung der k. Staatsregierung diesen zweiten Satz wieder gestrichen und bleibt also nur mehr der erste Satz als Abs. 2 stehen.

In Abs. 3 bestimmt Art. 2, daß eine Ausgleichung der verhältnißmäßigen Werthminderung nicht erforderlich ist, wenn diese den Betrag von 50 M. nicht übersteigt. Diese Bestimmung fand im Ausschusse Beanstandung, und zwar deßhalb, weil so, wie die Bestimmung vorlag, auch die Meinung entstehen könne, daß überhaupt, wenn es sich nur um eine Werthminderung von 50 M. handle, eine Ausgleichung nicht erforderlich sei und daß deßhalb das Unschädlichkeitszeugniß in einem solchen Falle ohne alle Weiterungen ertheilt werden dürfe. Bei den Parzellirungen, die in Unterfranken und auch anderswo üblich sind, könne es nun vorkommen, daß ein Grundstück kaum 50 M. oder nicht viel darüber werth sei, und in einem solchen Falle sei doch die Werthminderung schon eine große und deßhalb müsse zum Ausdruck gebracht werden, daß die Werthminderung auch in dem Falle eine verhältnißmäßig geringfügige sein müsse, wie dieß in Abs. 1 des Artikels bestimmt ist.

Um dieß zum Ausdruck zu bringen, hat der Ausschuß dann in erster Lesung im dritten Absatze das Wort „verhältnißmäßig" eingesetzt. Die Ausgleichung*) der verhältnißmäßigen Werthminderung ist nicht erforderlich, um damit anzudeuten, daß der Amtsrichter, der das Unschädlichkeitszeugniß auszustellen hat, die Werthminderung nach Maßgabe des Art. 2 Abs. 1 zu interpretiren hat.

Von Seite der k. Staatsregierung wurde in der zweiten Lesung die Streichung des Wortes „verhältnißmäßig" beantragt, weil dieselbe fürchtete, daß dieses Wort „verhältnißmäßig" zu einer falschen Auffassung dahin führen könnte, als ob in Abs. 3 etwas ganz Anderes gesagt sei als in Abs. 1. Allein der Ausschuß hielt in seiner Mehrheit — und, meine Herren, dieß Wort ist der einzige Punkt, auf welchen sich der Ausschuß nicht vollständig einigte — gleichwohl daran fest, daß das Wort nothwendig sei, und so wurde auch in der zweiten Lesung der Art. 2 geradeso angenommen, wie er in der ersten Lesung festgestellt worden war.

Was endlich noch den Art. 3 betrifft, so bestimmt derselbe die Art und Weise, wie die Werthminderung ausgeglichen werden muß. Die Werthminderung kann in Geld ausgeglichen werden oder durch ein anderes Grundstück. Wenn sie in Geld ausgeglichen wird, so muß der Geldbetrag, der zur Ausgleichung erforderlich ist, hinterlegt werden; soll sie durch ein Grundstück erfolgen, so müssen die Rechte an dem Trennstücke auf die zur Ausgleichung dienenden Grundstücke erstreckt werden, d. h. sie müssen auf demselben eingetragen sein. Wenn der Geldbetrag hinterlegt, dessen Vertheilung aber nicht verlangt wird, dann ist der Eigenthümer zur Rücknahme des Geldbetrags berechtigt. Das Wort „Rücknahme" ist schon im Entwurfe gestanden; aber in der ersten Lesung

*) Muß wohl etwa so lauten: „eingesetzt, also die Ausgleichung".

S. 622. ist beanstandet worden, daß das Wort zu enge gefaßt sei; es könne auch der Berechtigte selbst vom Eigenthümer ermächtigt werden, das Geld zu erheben, und dann müsse erst noch eine Vollmacht ausgestellt werden. Es wurde aber
S. 623. von der k. Staatsregierung darauf hinge‖wiesen, daß das Wort „Rücknahme“ auch der Diktion der sonstigen Reichsgesetze entspreche und in der That nur Jener, welcher den Geldbetrag hinterlegt hat, vom Amtsgericht ermächtigt werden könne, denselben auch zurückzunehmen; wenn ein Anderer für ihn das Geld erhalten soll, sei immer eine ausdrückliche Erklärung des Eigenthümers dazu nothwendig. In Folge dessen wurde das Wort „Rücknahme“ beibehalten, aber schon zum Art. 2 angeregt, daß in einem anderen Artikel, nämlich im Art. 8, in welchem der Entwurf sich des Ausdrucks „Erhebung“ bedient, das gleiche Wort „Rücknahme“ gesetzt werden muß, was auch später geschehen ist.

Eine besondere Bestimmung enthält Art. 3 auch noch für den Fall der unentgeltichen Abtretung zu einem öffentlichen Zwecke, indem nämlich das Unschädlichkeitszeugniß nur dann ertheilt werden soll, wenn bescheinigt wird, daß mit der Ausführung des öffentlichen Zweckes bereits begonnen ist, und nach den Motiven kann dieß durch eine Bescheinigung derjenigen Behörde und derjenigen Gesellschaft, welche die Ausführung unternommen hat, geliefert werden. Es ist auch diese Bestimmung nothwendig, weil sonst das Unschädlichkeitszeugniß zu einem Zwecke ertheilt werden könnte, der hinterher gar nicht eintritt, und weil in diesem Falle auch ein Mißbrauch mit dem Zeugnisse nicht ausgeschlossen wäre.

Art. 3 wurde in erster und zweiter Lesung unverändert nach dem Regierungsentwurfe angenommen und ich empfehle Ihnen auch heute im Namen des Ausschusses die Annahme der Art. 1, 2 und 3.

Präsident: Herr Abgeordneter Kraußold!

Kraußold: Meine Herren! Es ist vom Herrn Referenten bereits bemerkt worden, daß hier der Art. 2 der einzige Punkt ist, bei dem sich eine Minorität zu einer anderen Fassung bekannt hat. Wenn man dieß als erste und einzige Differenz bezeichnet, so läßt sich leicht daraus erklären, daß bei dem Gesetz über die Vorbereitungen zum Grundbuch sowohl als bei der jetzigen Generaldebatte eigentlich Niemand das Wort ergriffen hat, und es ist deßhalb, möchte ich sagen, fast auffallend, wenn in der „Postzeitung“ davon gesprochen wurde, daß Herr Abgeordneter von Walter als Referent einen schweren Stand hatte, er mußte Alles allein sagen. Ich glaube, es wird der Herr Referent und das hohe Haus mit mir einverstanden sein, daß, wenn eine gründliche Berathung im Ausschusse stattgefunden hat und man dort allseitig einig war, wenn dann der Herr Referent Alles vorträgt, daß dann wahrhaftig zu einer Diskussion gar keine Veranlassung besteht und natürlich der Herr Referent die Kosten allein tragen muß, denn es müßte ja Jeder nur zustimmen, und deßhalb, meine ich, sollte es als erfreulich von der Presse bezeichnet werden, wenn wir bei einem Gesetze so einig sind, daß nicht lange darüber gesprochen wird, statt daß sie sich darüber aufhält, daß nicht gesprochen wurde.

Da hier aber eine Differenz besteht, so möchte ich mir in Kürze erlauben, dem Gedankengang Derer Ausdruck zu geben, welche in dieser Richtung bezüglich des Wortes „verhältnißmäßig“ anderer Anschauung waren. Darüber sind wir materiell beide einig gewesen, sowohl Diejenigen, welche die jetzige Fassung wollen, als auch Diejenigen, welche jene Fassung wollen, die von der k. Staatsregierung empfohlen wurde, daß der Abs. 3 mit seiner Werthminderung lediglich dieselbe Bedeutung wie im Abs. 1 im Auge hat. Man wollte nur auf der anderen Seite dieses dadurch noch genauer kennzeichnen und jede Möglichkeit eines Irrthums ausschließen, indem auch hier wieder das wiederholt wurde, was im Abs. 1 festgestellt worden ist, nämlich „verhältnißmäßig gering". Es ist doch wohl klar, daß, wenn ich ein Gesetz vor mir habe, gerade als Laie, daß ich mir sage, in dem ersten Absatz heißt es „verhältnißmäßig gering" und im zweiten Absatz heißt es blos „verhältnißmäßig", daß das zweierlei sein kann, und deßhalb glaubte man, auch das „verhältnißmäßig" zu streichen. S. 623.

Ich verkenne nun auch auf der anderen Seite nicht, daß man zu einem Irrthume möglicherweise bei dieser Fassung kommen könnte, aber ich glaube, daß hier es eher nothwendig wäre, daß man das Wort „verhältnißmäßig" wegließe, weil ja insbesondere von den Vertretern im Ausschusse das „verhältnißmäßig" als identisch mit „verhältnißmäßig gering" bezeichnet wurde, obwohl, wie man von dort und auch der Herr Referent angab, es möglich ist, daß 50 M. unter Umständen schon die Hälfte des Werthes des ganzen Grundstücks repräsentiren.

Nun läßt sich meiner Auffassung nach das sagen, wenn es richtig ist, daß man genau und scharf scheiden muß zuerst Feststellung der Werthminderung und dann Ausgleichung, so wird man wohl weiter schließen müssen, es versteht Jeder, daß man die Ausgleichung erst dann vornehmen kann, wenn eben die Werthminderung festgestellt ist, und deßhalb waren wir der Anschauung, es könnte präciser und sicherer sein, wenn man „verhältnißmäßig gering" sagt, resp. „verhältnißmäßig" wegläßt.

Ich hätte das Wort nicht ergriffen, wenn ich nicht damit konstatiren wollte, daß Einstimmigkeit darüber besteht, daß dieses „verhältnißmäßig", wie*) auch in den Ausschußverhandlungen selbst von den Vertretern dieses Ausdrucks gebraucht wurde, genau dasselbe ist, wie das „verhältnißmäßig gering", wie es im Abs. 1 steht. Ich glaube aber nun feststellen zu dürfen, daß Sie diese Einstimmigkeit in materieller Beziehung, wie sie auch im Ausschusse bestand, hier im hohen Hause zum Ausdruck gebracht haben.

Präsident: Zum Worte ist Niemand mehr gemeldet; ich schließe die Diskussion. Das Schlußwort hat der Herr Referent.

von Walter (Berichterstatter): Meine Herren! Sachlich ist in der Diskussion nichts vorgekommen, was mich zu irgend einer Entgegnung veranlassen könnte.

Ich stelle nur fest, daß auf Grund der Ausschußprotokolle der Beweis geliefert ist, daß die Ausschußmitglieder sämmtlich redlich zusammengewirkt haben, um eine gute Arbeit zu Stande zu bringen.

Wenn in der Presse gesagt worden ist, daß ich allein die Last des Tages von vorgestern zu tragen gehabt hätte, bedauere ich das einerseits, anderseits freue ich mich, daß ich das Vertrauen genossen habe, daß Niemand meinen Ausführungen etwas zuzusetzen oder sie zu bemängeln hatte. Ich würde aber die Auslassung doppelt bedauern, wenn heute dieselbe irgendwie zur Verlängerung der Debatte beitragen würde.

(Heiterkeit.)

Präsident: Wir kommen zur Abstimmung zunächst über Art. 1.

---

*) Einzuschalten: „es".

S. 623. Ich bitte diejenigen Herren, welche den Art. 1 in der ursprünglichen
S. 624. Fassung der Regierung, welcher der Aus||schuß zuzustimmen vorschlägt, annehmen wollen, sich von den Sitzen zu erheben.

(Geschieht.)

Art. 1 ist angenommen.

Art. 2 wird vom Ausschusse in der von mir verlesenen, durch die zweite Lesung des Ausschusses modifizirten Fassung zur Annahme vorgeschlagen. Ich brauche denselben nicht zu wiederholen und bitte die Herren, welche dem Artikel in dieser Fassung die Zustimmung ertheilen wollen, sich von den Sitzen zu erheben.

(Geschieht.)

Art. 2 ist angenommen.

Für den Art. 3 schlägt der Ausschuß vor, denselben in der unveränderten Fassung der Regierungsvorlage anzunehmen, und ich bitte die Herren, welche diesem Vorschlage zustimmen wollen, sich von den Sitzen zu erheben.

(Geschieht.)

Art. 3 ist angenommen.

Wir kommen zu

Artikel 3a.

Derselbe lautet:

> Zu dem Antrag auf Feststellung der Unschädlichkeit ist der Eigenthümer des Grundstücks berechtigt.
>
> Der Antragsteller hat
>
> 1. das Grundstück zu bezeichnen und einen von der Messungsbehörde angefertigten Plan, in welchem das Trennstück ersichtlich gemacht ist, sowie den amtlichen Nachweis der Größe des Grundstücks und des Trennstücks vorzulegen;
> 2. den Betrag der durch die Veräußerung des Trennstücks entstehenden Werthminderung unter Vorlage der vorhandenen Belege anzugeben;
> 3. zu erklären, in welcher Weise die Werthminderung, soweit erforderlich, ausgeglichen werden soll, und im Falle der Ausgleichung durch ein anderes Grundstück dieses zu bezeichnen und dessen Belastung anzugeben.
>
> Im Falle des Artikel 2 Abs. 2 ist die auf die Werthminderung anzurechnende Wertherhöhung unter Vorlage der vorhandenen Belege anzugeben und glaubhaft zu machen, daß mit der Ausführung der Anlage begonnen ist.

Ich eröffne die Diskussion und ertheile das Wort dem Herrn Referenten.

von Walter (Berichterstatter): Meine Herren! Die Art. 4 und 5 des Entwurfes sind schon in der ersten Berathung des Gesetzentwurfes im Ausschusse vollständig umgearbeitet worden und sind an ihre Stelle die Art. 3a, 5, 5a und 5b getreten.

Was nun zunächst den Art. 3a betrifft, so hat der Ausschuß in dem Entwurfe der k. Staatsregierung eine Bestimmung darüber vermißt, wie denn der Antrag aussehen müsse, den der Eigenthümer zu stellen habe, wenn er das Unschädlichkeitszeugniß erlangen will. Man hat auch weiter bemängelt,

daß im Entwurfe eine Ausscheidung darüber gar nicht getroffen ist, wie der S. 624.
Antrag und das Verfahren sich gestalten müsse, je nachdem eine Ausgleichung angeboten werden will oder nicht, und von diesen Bemängelungen ausgehend wurden die von mir bereits erwähnten Artikel nunmehr festgesetzt.

Art. 3a, 5 und 5b handeln nun zunächst von dem Falle, wenn der Eigenthümer auf Grund der Ausgleichung der Werthminderung ein Unschädlichkeitszeugniß erlangen will.

Art. 3a stellt fest, wie der Antrag gefaßt, begründet und belegt werden müsse, wenn das Unschädlichkeitszeugniß auf Grund der Ausgleichung der Werthminderung verlangt wird.

Im Abs. 1 ist festgestellt, daß die Ertheilung des Unschädlichkeitszeugnisses überhaupt niemals von Amtswegen, sondern nur dann erfolgen darf, wenn der allein dazu berechtigte Eigenthümer diesen Antrag stellt.

In dem zweiten Absatz Ziff. 1, 2 und 3 sind dann die Belege festgestellt, welche der Eigenthümer beibringen muß, um die Ausstellung des Unschädlichkeitszeugnisses zu erlangen und dem Amtsrichter die Instruktion des Gesuchs überhaupt zu ermöglichen. Er muß vor Allem das Grundstück bezeichnen und einen von der Vermessungsbehörde gefertigten Plan, in welchem das Trennstück kenntlich gemacht ist, und namentlich einen Nachweis über das Stammgrundstück und das Trennstück vorlegen. Diese Bedingung ist erforderlich, wenn nicht die Pläne und Steuerkataster noch mehr in Verwirrung gerathen sollen, als dieß leider bisher schon der Fall ist. Denn wenn man ohne Planskizze der Messungsbehörde und ohne vorgängige Vermessung die Abtrennung von Grundstücken ermöglichen oder gestatten würde, so wäre der Verwirrung nach allen Richtungen Thür und Thor geöffnet. Weiter muß der Antragsteller den Betrag der durch die Veräußerung des Trennstücks entstehenden Werthminderung unter Vorlage der vorhandenen Belege angeben. Nach der ursprünglichen Intention der Staatsregierung hätte der Amtsrichter unter allen Umständen über die Werthminderung Sachverständige hören, also eine Schätzung bethätigen lassen müssen. Im Ausschusse wurde aber hervorgehoben, daß dieß zu weit gehe und zu viel Kosten verursache, daß es eine ganze Reihe von Fällen gebe, in denen der Eigenthümer bei Stellung des Antrages schon in der Lage ist, anzugeben und wahrscheinlich oder glaubhaft zu machen, wie groß die Werthminderung sei, die durch die Veräußerung der Trennstücke entstehe. Um diesen Fällen Rechnung zu tragen, wurde hier die Bestimmung eingefügt, daß er — wenn er solche Belege habe — sie auch vorlegen und dem Amtsrichter dadurch die Möglichkeit verschaffen müsse, zu erwägen, ob es noch der Vernehmung von Sachverständigen bedürfe oder nicht. Unter Ziff. 3 ist ihm dann aufgetragen, anzugeben, in welcher Weise er die Werthminderung ausgleichen will, und wenn er diesen Ausgleich durch ein anderes Grundstück bewirken will, muß er auch das andere Grundstück oder die anderen Grundstücke bezeichnen und deren Belastung angeben. Unter der Belastung sind aber nur Hypotheken, Renten- und Grundschulden und Reallasten zu verstehen; Grunddienstbarkeiten werden ja im Gesetz überhaupt nicht berücksichtigt und kommen auch nach einem späteren Artikel nicht in Betracht als Rechte, die überhaupt berücksichtigt werden müssen.

Nach Abs. 3 des Artikels ist die auf die Werthminderung anzurechnende Wertherhöhung unter Vorlage der vorhandenen Belege anzugeben und glaubhaft zu machen, daß mit der Ausführung der Anlage begonnen ist. Die Verweisung auf Art. 2 Abs. 2 betrifft den Fall der unentgeltlichen Abtretung eines Trennstücks für öffentliche Zwecke. Wahrscheinlich machen hätte der Antrag-

S. 624. steller es auch nach dem Entwurfe müssen, daß mit der Anlage begonnen sei.
S. 625. Der || Ausschuß hat aber für nothwendig befunden, dem Antragsteller auch hier die Möglichkeit zu erleichtern, sofort die nöthigen Belege dafür beizubringen, wie hoch die durch die öffentliche Anlage entstehende Wertherhöhung des Restgrundstücks sei, um dem Amtsrichter klarzustellen, ob er sofort das Unschädlichkeitszeugniß ertheilen oder noch Sachverständige vernehmen und ob und wie weit er auf Ausgleichung bestehen soll. Ich glaube, daß Art. 3a eine wesentliche Verbesserung gegenüber dem Entwurf enthält, daß er Jeden klar darüber macht, was er Alles haben und thun muß, um den Antrag auf Ausstellung des Unschädlichkeitszeugnisses zu begründen.

Ich empfehle Ihnen die Annahme des Art. 3a Namens des Ausschusses.

Präsident: Zum Worte ist Niemand gemeldet; ich schließe die Diskussion.

Der Ausschuß schlägt vor, den Art. 4 der Regierungsvorlage wegfallen zu lassen und dafür Art. 3a, den ich vorhin verlesen habe, einzusetzen.

Ich bitte diejenigen Herren, welche dem Art. 3a in der verlesenen Fassung die Zustimmung ertheilen wollen, sich von den Sitzen zu erheben.

(Geschieht.)

Art. 3a ist angenommen.

Wir kommen zu

Artikel 5.

Derselbe lautet nach dem Vorschlag des Ausschusses:

Das Amtsgericht hat nach Vornahme der erforderlichen Ermittelungen über den Antrag Beschluß zu fassen.

Der Beschluß, durch welchen die Unschädlichkeit festgestellt wird (Unschädlichkeitszeugniß), hat, soweit die Ausgleichung der Werthminderung in Geld erfolgen soll, die Angabe des zu hinterlegenden Betrages, soweit sie durch ein Grundstück erfolgen soll, die Bezeichnung des Grundstücks und die Angabe der Belastungen zu enthalten, welche den auf das Grundstück zu erstreckenden Rechten im Range vorgehen dürfen. Die Angabe von Grunddienstbarkeiten, die nach Artikel 187 des Einführungsgesetzes zum Bürgerlichen Gesetzbuch der Eintragung nicht bedürfen, ist nicht erforderlich.

Im Falle des Artikel 3 Abs. 3 ist anzugeben, daß mit der Ausführung der Anlage begonnen ist.

Dann würde ein

Art. 5a

hinzukommen, welcher lautet:

Das Unschädlichkeitszeugniß kann außer dem Falle des Artikel 2 Abs. 3 ohne Ausgleichung der Werthminderung ertheilt werden, wenn die Berechtigten von dem Amtsgericht aufgefordert worden sind, innerhalb einer Frist von einem Monat zu erklären, ob sie auf der Ausgleichung bestehen, und nicht vor dem Ablaufe der Frist erklärt haben, daß sie die Ausgleichung verlangen.

Berechtigte, die nicht im Grundbuch eingetragen sind, werden nur berücksichtigt, wenn sie Erben eines eingetragenen Berechtigten sind oder wenn ihre Rechte angemeldet und auf Verlangen des Amtsgerichts glaubhaft gemacht sind.

Ich eröffne die Diskussion über die verlesenen Art. 5 und 5a und ertheile das Wort dem Herrn Referenten. S. 625.

von Walter (Berichterstatter): Meine Herren! Im Art. 3a ist festgestellt, von wem und wie der Antrag gestellt und begründet werden muß behufs Erlangung des Unschädlichkeitszeugnisses. Art. 5 bestimmt nun, was, wenn der Antrag gestellt ist, das Amtsgericht zu thun hat. Das Amtsgericht hat zunächst nach Vornahme der erforderlichen Ermittelungen über den Antrag Beschluß zu fassen. Nach Vornahme der erforderlichen Ermittelungen, wenn der Antrag von dem Eigenthümer schon so belegt ist, daß der Amtsrichter einsieht, es bedarf der Vernehmung von Sachverständigen und sonstiger weiterer Erhebungen nicht, hat er sofort den Beschluß zu fassen; ist ihm aber etwas unklar, ist er insbesonders in Bezug auf den Betrag der Werthminderung noch im Zweifel, so soll er Sachverständige vernehmen oder sonst erforderliche Ermittelungen pflegen. Der Beschluß, den er dann faßt, ist das Unschädlichkeitszeugniß. In diesem Beschluß spricht er aus, daß das Unschädlichkeitszeugniß ertheilt werden soll, wenn die Ausgleichung erfolgt; er setzt, wenn die Ausgleichung in Geld erfolgen soll, den Betrag fest, der zu hinterlegen ist, und soweit sie durch ein Grundstück erfolgen soll, hat er die Belastungen in dem Beschluß aufzuführen, welche Belastungen*) den auf das Grundstück zu erstreckenden Rechten, die durch das Trennstück berührt werden, vorgehen sollen. Darüber müssen natürlich Diejenigen, welche an dem Trennstück ein Recht haben, im Klaren sein, ob auf dem zur Ausgleichung angebotenen Grundstück ihre Rechte auch noch so sicher sind, wie auf dem bisher verpfändeten Besitz, und deßhalb ist die Belastung anzugeben; dabei bedarf es aber, wie ich schon hervorgehoben habe, der Angabe der Grunddienstbarkeiten nicht. Die Grunddienstbarkeiten, meine Herren, sind, wie ich schon vorgestern hervorzuheben die Ehre hatte, allerdings auch dingliche Rechte, sind auch Rechte, die auf Grund und Boden haften. Aber nach Art. 187 des Einführungsgesetzes zum Bürgerl. Gesetzbuche bedürfen dieselben, soweit sie schon bei der Anlegung des Grundbuchs bestanden haben, der Eintragung nicht, um dem öffentlichen Glauben des Grundbuchs gegenüber in ihrer Wirksamkeit gesichert zu sein; deßhalb sind auch die meisten Grunddienstbarkeiten dem Hypothekenamt und dem Amtsgericht nicht bekannt und es wäre deßhalb sehr schwierig, wenn man auch bei Ertheilung des Unschädlichkeitszeugnisses auf Grunddienstbarkeiten Rücksicht nehmen wollte. Wie ich bereits bei Art. 1 hervorgehoben habe, hat man überhaupt es nicht für nothwendig gefunden, auf die Grunddienstbarkeiten eine Rücksicht zu nehmen, weil § 1026 und § 1023 des Bürgerl. Gesetzbuchs bereits die erforderliche Fürsorge für dieselben treffen, und deßhalb ist es ganz konsequent, daß hier unter den Belastungen, welche den auf das Grundstück zu erstreckenden Rechten der Berechtigten vorgehen sollen, die Grunddienstbarkeiten nicht aufgeführt werden. Wenn es sich um eine öffentliche Anlage handelt, für welche das Trennstück verwendet werden soll, so ist es erforderlich, daß auch den Berechtigten mitgetheilt wird, daß mit der Ausführung der Anlage bereits begonnen ist, und daher ist auch dieser Punkt in Abs. 3 des Art. 5 berücksichtigt.

Der Art. 5 setzt voraus, daß eine Ausgleichung angeboten wird.

In Art. 5a ist nun der Fall behandelt, in dem von der Ausgleichung überhaupt eine Ausnahme stattfinden darf. Dieser Art. 5a bestimmt in Abs. 1, daß das Unschädlichkeitszeugniß auch außer dem Falle des Art. 2 Abs. 3, wenn

*) Das Wort „Belastungen" ist hier zu streichen.

S. 625. die verhältnißmäßige Werthminderung nur 50 M. beträgt, auch dann ohne
S. 626. Ausgleichung der Werthminderung erfolgen || darf, wenn die Berechtigten von dem Amtsgerichte aufgefordert worden sind, innerhalb einer einmonatlichen Frist zu erklären, ob sie auf der Ausgleichung bestehen, und nicht vor dem Ablaufe der Frist erklären, daß sie die Ausgleichung verlangen. Es versteht sich von selbst, daß, wenn die Berechtigten aufgefordert sind, zu erklären, ob sie Ausgleichung verlangen oder nicht, und die Frist versäumt haben, dann ihr Anspruch auf Ausgleichung verloren geht. Diese Ausgleichung findet sich auch in Art. 5b in einem anderen Zusammenhang und es ist nur eine Konsequenz des Rechtsinstituts der Versäumung von Fristen und der Erwirkung von Rechtsnachtheilen, daß in Abs. 1 dieser Grundsatz ausgesprochen wird.

Außerdem ist in Abs. 2 auch dann die Ertheilung des Unschädlichkeitszeugnisses ohne Werthausgleichung möglich, wenn Berechtigte im Grundbuche nicht eingetragen sind. Soweit die Berechtigten nicht im Grundbuche eingetragen sind, kann man auch ihre Rechte nicht kennen und nicht darauf Rücksicht nehmen. Eine Ausnahme von dieser Bestimmung tritt aber dann ein, wenn die Rechte zwar eingetragen sind, wenn aber die Erben des Berechtigten, der inzwischen verstorben ist, nicht eingetragen sind, oder wenn ihre Rechte angemeldet und auf Verlangen des Amtsgerichts glaubhaft gemacht sind. Soweit es sich nicht um einen verstorbenen eingetragenen Berechtigten, dessen Erben nicht eingetragen sind, oder soweit es sich nicht um Berechtigungen handelt, welche nachträglich angemeldet und glaubhaft gemacht sind, kann ohne Rücksicht auf das Vorhandensein weiterer Berechtigungen das Unschädlichkeitszeugniß ertheilt werden. Auch dieser Satz ist ganz konsequent und erleichtert dem Amtsrichter und dem Eigenthümer die Nachforschung nach den Berechtigten, die vielleicht auch ein Interesse an der Ertheilung des Unschädlichkeitszeugnisses haben.

Ich kann Ihnen deßhalb nach diesen wenigen Bemerkungen Namens des Ausschusses nur die Zustimmung zu Art. 5 und 5a empfehlen.

Präsident: Das Wort wird nicht begehrt; ich schließe die Diskussion.

Wir haben abzustimmen über Art. 5, den ich in der vom Ausschusse vorgeschlagenen Fassung vorhin bereits verlesen habe.

Ich bitte die Herren, welche dem Artikel in dieser Fassung die Zustimmung ertheilen wollen, sich von den Sitzen zu erheben.

(Geschieht.)

Art. 5 ist angenommen.

Ebenso habe ich den Art. 5a vorhin verlesen, wie ihn der Ausschuß vorschlägt, und ich bitte die Herren, welche dem Vorschlage des Ausschusses zustimmen wollen, sich von den Sitzen zu erheben.

(Geschieht.)

Der Art. 5a ist angenommen.

Es soll nun ein weiterer

Artikel 5b

hier eingeschaltet werden, welchem der Ausschuß folgende Fassung zu geben vorschlägt:

> Wird die gerichtliche Aufforderung der Berechtigten beantragt, so kann sich der Antragsteller die Erklärung darüber, in welcher Weise die Werthminderung ausgeglichen werden soll, vorbehalten, bis einer der Berechtigten die Ausgleichung verlangt hat.

Die Aufforderung muß die Mittheilung, daß die Feststellung der Unschädlichkeit bevorsteht, die Angabe der Größe des Trennstücks und des Betrages der Werthminderung enthalten; als Rechtsnachtheil ist den Berechtigten anzudrohen, daß die Unschädlichkeit ihnen gegenüber ohne Ausgleichung der Werthminderung festgestellt werden würde. S. 626.

Ist die Mittheilung an einen Berechtigten nicht thunlich, so ist die an ihn zu richtende Aufforderung an die Gerichtstafel anzuheften und einmal in das für die Bekanntmachungen des Amtsgerichts bestimmte Blatt einzurücken. Das Gleiche gilt, wenn ein Berechtigter gestorben und der Erbe dem Amtsgerichte nicht bekannt ist. Die Erklärungsfrist beginnt mit dem Ablauf von zwei Wochen seit der Einrückung.

In dem Unschädlichkeitszeugnisse sind die Berechtigten zu bezeichnen, denen gegenüber die Ausgleichung der Werthminderung nicht erforderlich ist.

Ich eröffne die Diskussion und ertheile das Wort dem Herrn Referenten.

von Walter (Berichterstatter): Meine Herren! Während die Art. 3a, 5 und 5a den Fall betreffen, in welchem eine Ausgleichung angeboten wird, handelt nunmehr der Art. 5b von dem Fall, in welchem der Eigenthümer eine Ausgleichung nicht anbieten will. Will er das nicht, so hat er nach Abs. 1 des Art. 5b zunächst die gerichtliche Aufforderung der Berechtigten zu beantragen. Ob ihn gerade der Antrag in recht vielen Fällen zum Ziele führen wird und ob die Berechtigten so mir nichts dir nichts auf eine Ausgleichung der Werthminderung in etwas schwieriger gelegenen Fällen verzichten werden, das ist ja die Frage. Allein es kann auch in der That solche Fälle geben, wo nämlich z. B. ein größeres Anwesen den Berechtigten als Pfand zu dienen hat und nur eine ganz geringfügige Parzelle eines Grundstücks abgetreten wird; da werden ja in der Regel die Berechtigten kein Interesse haben, einen Antrag auf Ausgleichung zu stellen. Für diese Fälle ist nun die Bestimmung des Art. 5b Abs. 1 nothwendig. Wenn natürlich die Berechtigten nach der Aufforderung eine Ausgleichung verlangen, so hat sich der Eigenthümer die Kosten dieser Aufforderung umsonst gemacht. Denn dann muß er nach Art. 3a wieder von vorne anfangen und Ausgleichung anbieten. Es ist dieß eine Sache, die der Eigenthümer sich zu überlegen hat, ehe er einen Antrag nach Art. 5 stellt.

In Abs. 2 ist bestimmt, was die Aufforderung Alles enthalten muß, welche den Gläubigern und den übrigen Berechtigten zugehen soll. Es ist natürlich, daß ihnen mitgetheilt werden muß, wie groß das Trennstück ist, wie groß die Werthminderung u. s. w. ist. Es wird ihnen da auch ein Rechtsnachtheil angedroht, nämlich dahin, daß die Unschädlichkeit ihnen gegenüber ohne Ausgleichung festgestellt werden würde, wenn sie innerhalb der ihnen zu bestimmenden Frist eine Erklärung nicht abgeben.

Abs. 3 enthält die Bestimmungen für den Fall, daß eine Mittheilung den Berechtigten nicht zugestellt werden kann. Es ist dieß ja namentlich bezüglich derjenigen Berechtigten der Fall, die landesabwesend, die unbekannten Aufenthalts sind. Es ist dieß der Fall bezüglich der Renten||gläubiger, der S. 627. Grundschuldgläubiger; und es ist dieß endlich auch der Fall in Bezug auf alle jene Hypothekenrechte, welche Inhabern von Papieren au porteur im Hypothekenbuch eingeräumt sind. Außerdem kommen aber auch die unbekannten Erben eines verstorbenen Berechtigten in Betracht und muß auch ihnen in irgend welcher Weise zur Kenntniß gebracht werden, daß die Ertheilung des Unschädlichkeitszeugnisses, die Feststellung der Unschädlichkeit bevorsteht.

S. 627. Nach dem Entwurfe, meine Herren, war vorgeschlagen, daß, wenn überhaupt eine öffentliche Bekanntmachung erfolgen muß, dieselbe nach dem Ermessen des Amtsrichters in zwei Blätter eingerückt werden könne und solle. Der Ausschuß ist aber in seiner großen Mehrheit und zuletzt einstimmig doch von der Erwägung ausgegangen, daß es sich hier nur um ganz geringfügige Grundflächen, um geringe Werthe handle, und daß in viel wichtigeren Fällen häufig nur die einmalige Bekanntmachung, die einmalige Einrückung in einem einzigen Blatte angeordnet sei. Weil nun die zweimalige Bekanntmachung die Sache nicht nur verzögere, sondern auch wesentlich vertheuere, hat der Ausschuß beschlossen, den Abs. 3 so zu fassen, wie er Ihnen jetzt vorliegt, nur eine einmalige Bekanntmachung in dem für das Amtsgericht bestimmten Blatte festzustellen.

Außerdem hat aber der Ausschuß in der zweiten Lesung auch noch eine andere Aenderung vorgenommen. Im Abs. 3 war nämlich ursprünglich bestimmt, daß die Erklärungsfrist nach Ablauf eines Monats seit der Einrückung beginne. Es wurde aber dagegen geltend gemacht, daß bei der Geringfügigkeit der in Frage kommenden Werthe, bei der Nothwendigkeit der Beschleunigung und Abkürzung des Verfahrens diese Frist zu lang sein dürfte, und deßhalb wurde in der zweiten Lesung die Frist von einem Monat auf zwei Wochen abgekürzt. Es wird ja in den meisten Fällen, in denen es sich um unbekannte Berechtigte handelt, weder die zweimalige Einrückung noch eine längere Frist dazu führen, daß ihnen wirklich die Sache bekannt wird. Wenn Jemand außerhalb Bayern wohnt, wenn Jemand vielleicht gar in Amerika oder sonstwo seinen Wohnsitz aufgeschlagen hat, wird ihm auch mit einer mehrfachen Einrückung und einer langen Frist nicht gedient sein. Wenn er aber nicht einen Bevollmächtigten aufgestellt hat, muß er es sich gefallen lassen, daß ihm gegenüber die Unschädlichkeit festgestellt wird, auch wenn er dazu seine Einwilligung weder gegeben noch verweigert hat.

Der Art. 5b enthält wieder eine Vorschrift, die bereits im Art. 5 gegeben ist, nämlich die Vorschrift, daß in dem Unschädlichkeitszeugnisse die Berechtigten zu bezeichnen sind, denen gegenüber die Ausgleichung der Werthminderung nicht erforderlich ist. Diese Berechtigten werden also diejenigen Personen sein, denen eine Aufforderung zugegangen ist, die aber innerhalb der Frist eine Erklärung nicht abgegeben oder ausdrücklich auf eine Ausgleichung verzichtet haben.

Art. 5b, wie er im Ausschusse angenommen wurde, regelt den Fall vollständig, in welchem das Unschädlichkeitszeugniß ohne Anbietung einer Ausgleichung verlangt wird, und ich kann Ihnen Namens des Ausschusses die Annahme dieses Artikels empfehlen.

Präsident: Zum Worte ist Niemand gemeldet; ich schließe die Diskussion.

Wir haben abzustimmen und ich bitte die Herren, welche dem Vorschlage des Ausschusses, hier Art. 5b in der verlesenen Fassung einzuschalten, ihre Zustimmung ertheilen wollen, sich von den Sitzen zu erheben.

(Geschieht.)

Der Art. 5b ist angenommen.

Wir kommen zu

Artikel 6.

Der Ausschuß schlägt vor, denselben unverändert in der Fassung der k. Staatsregierung anzunehmen:

Die Feststellung der Unschädlichkeit kann nicht im Wege der Beschwerde angefochten werden. S. 627.

Ich eröffne die Diskussion.
Das Wort hat der Herr Referent.

von Walter (Berichterstatter): Meine Herren! Der Art. 6 gilt wieder für beide Fälle, es mag eine Ausgleichung angeboten werden oder nicht. Ich habe Ihnen bereits in meinen Erörterungen in der Generaldiskussion auseinandergesetzt, daß ursprünglich der Ausschuß der Meinung war, es müsse den Berechtigten ein Gehör gewährt werden, und daß er später daran festhielt, daß unter gewissen Umständen denselben wenigstens ein Beschwerderecht gegeben werden müsse, daß aber der Ausschuß auf Grund der gepflogenen Erörterungen zu der Ansicht kam, daß Beides unmöglich sei, wenn nicht das Verfahren außerordentlich erschwert und in vielen Fällen nicht geradezu der Zweck des Gesetzes vereitelt werden soll. Auch heute, glaube ich, wird es nicht zu empfehlen sein, auf diese Anregungen des Ausschusses zurückzukommen, und ich empfehle Ihnen die Annahme des Art. 6.

Präsident: Das Wort verlangt Niemand; ich schließe die Diskussion.

Wir stimmen ab und ich bitte diejenigen Herren aufzustehen, welche nach dem Vorschlage des Ausschusses den Art. 6 in der ursprünglichen Form angenommen wissen wollen.

(Geschieht.)

Der Art. 6 ist angenommen.

Artikel 7.

Hier schlägt der Ausschuß folgende Fassung vor:

Das Unschädlichkeitszeugniß ersetzt die Bewilligung der Berechtigten zu der Löschung ihrer Rechte an dem Trennstück.

Die Wirksamkeit des Unschädlichkeitszeugnisses tritt in den Fällen des Artikel 5 Abs. 2 nicht vor der Hinterlegung oder der Erstreckung der Rechte auf das andere Grundstück ein.

Im Falle des Artikel 5a ist das Unschädlichkeitszeugniß nur wirksam, wenn die Unschädlichkeit ohne Ausgleichung gegenüber allen Berechtigten festgestellt ist, welche zur Zeit der lastenfreien Abschreibung des Trennstücks im Grundbuch eingetragen sind.

Ferner schlägt der Ausschuß vor, hier einen

Artikel 7a

einzufügen, welcher lautet:

Wird das Trennstück von einer Hypothek, Grundschuld oder Rentenschuld befreit, so ist zur lastenfreien Abschreibung des Trennstücks die Vorlegung || des Hypotheken-, Grundschuld- oder Rentenschuldbriefes S. 628. und bei einer Hypothek für die Forderung aus einer Schuldverschreibung auf den Inhaber, aus einem Wechsel oder einem anderen Papiere, das durch Indossament übertragen werden kann, die Vorlegung der Urkunde nicht erforderlich.

Ich eröffne die Diskussion über die beiden Artikel.
Das Wort hat der Herr Referent.

S. 628. **von Walter** (Berichterstatter): Meine Herren! Die beiden Art. 7 und 7a stellen die Wirksamkeit des Unschädlichkeitszeugnisses fest, mag dasselbe mit oder ohne Ausgleichung der Werthminderung erfolgt sein.

Hier ist in Abs. 1 zunächst bestimmt, daß das Unschädlichkeitszeugniß die Bewilligung der Berechtigten zur Löschung ihrer Rechte an dem Trennstücke ersetzt. Diese Bestimmung ist, wie ich Ihnen bereits in der Generaldiskussion mitgetheilt habe, auf die Anregung des Herrn Abgeordneten Michel noch in der Generaldiskussion von der k. Staatsregierung vorgeschlagen und vom Ausschusse in beiden Lesungen angenommen worden.

Nach dem Abs. 2 des Art. 7 tritt die Wirksamkeit des Unschädlichkeitszeugnisses in den Fällen des Art. 5 Abs. 2 nicht vor der Hinterlegung oder Erstreckung der Rechte auf das andere Grundstück ein, und im Falle des Art. 5a ist das Unschädlichkeitszeugniß nur wirksam, wenn die Unschädlichkeit ohne Ausgleichung gegenüber allen Berechtigten festgestellt ist, welche zur Zeit der lastenfreien Abschreibung des Trennstücks im Grundbuch eingetragen sind.

Meine Herren! Daß das Unschädlichkeitszeugniß nicht wirksam werden kann und darf, bevor die Bedingungen erfüllt sind, unter denen es ausgestellt wurde, bevor die Ausgleichung der Werthminderung wirklich gesichert ist, das versteht sich von selbst; denn sonst würden wir ja mit dem Unschädlichkeitszeugnisse traurige Erfahrungen machen, wenn dasselbe nicht an Kautelen geknüpft wäre, unter denen jeder Mißbrauch des Eigenthümers ausgeschlossen erscheint. Im Falle des Art. 5 Abs. 2 also, wenn durch Geld oder durch ein Grundstück ausgeglichen werden soll, muß deßhalb der Geldbetrag, der zur Ausgleichung verwendet werden soll, bereits hinterlegt sein, und im Falle des Ausgleiches durch ein anderes Grundstück muß pari passu, Zug für Zug, sich beim Amtsgerichte der Austausch der zum Ausgleiche für das Trennstück angebotenen Grundstücke erfolgen. Das Amtsgericht, das Grundbuch- und Hypothekenamt haben zu prüfen, ob die Bedingungen erfüllt sind, unter denen das Unschädlichkeitszeugniß ertheilt ist. Sind die Bedingungen erfüllt, dann wird das Unschädlichkeitszeugniß vollzogen; sind sie nicht erfüllt, dann bleibt nichts Anderes übrig, als den Eigenthümer darauf aufmerksam zu machen, daß und was er noch Alles zu thun habe, um diese Bedingungen zu erfüllen. Wenn — und der Fall kann ja häufig vorkommen — zwischen der Ertheilung des Unschädlichkeitszeugnisses und seiner Vollziehung vor dem Grundbuchamte vielleicht wieder neue Rechte eingetragen werden, so ist es klar, daß auf diese Rechte das Unschädlichkeitszeugniß sich nicht erstrecken kann, sondern daß auch diesen neu eingetragenen Berechtigten gegenüber in irgend einer Weise die Ausgleichung erfolgen muß, und dazu hat der Abs. 3 des Art. 7 die erforderliche Bestimmung vorgesehen. Wenn also die Berechtigten sämmtlich auf einen Ausgleich verzichtet haben, oder wenn sämmtliche Berechtigte die Frist versäumt haben, in der sie eine Erklärung hätten abgeben sollen, und wenn neue Berechtigungen nicht eingetragen wurden, dann ist der Vollzug des Unschädlichkeitszeugnisses mit keinen Schwierigkeiten verbunden. Haben aber einzelne Berechtigte die Frist gewahrt und Ausgleichung verlangt, dann muß, bevor das Unschädlichkeitszeugniß vollstreckt werden kann, den Gläubigern gegenüber Genüge geschehen und muß die Ausgleichung entweder angeboten oder, falls sie schon angeboten ist, zu ihrer Befriedigung verwendet werden.

Das ist der Sinn des Art. 7, und was Art. 7a betrifft, so enthält derselbe nur eine formelle Vorschrift. Wenn Aenderungen im Grund- oder Hypothekenbuche vollzogen werden, so ist es an und für sich nothwendig, daß dieselben auch auf den Urkunden, welche die Berechtigten hierüber in Händen

haben, in den Hypotheken-, Renten- und Grundschuldbriefen u. s. w. vorgemerkt S. 628.
werden. Da aber dieß zu Weiterungen führen würde, so hat der Entwurf vorgesehen, daß man das Unschädlichkeitszeugniß auch vollziehen, die Löschungen auch bewirken kann, ohne daß man diese Urkunden zur Hand hat. Natürlich ist es den Berechtigten freigestellt, die Richtigstellung ihrer Urkunden nachträglich zu erwirken.

Der ursprüngliche Entwurf der k. Staatsregierung hat sich nur mit den Hypothekenbriefen, mit den Grundschuld- und Rentenbriefen*) befaßt. In der ersten Lesung wurde aber hervorgehoben, daß auch die sogenannten Inhaberpapiere, namentlich die Schuldverschreibungen auf den Inhaber, die Wechsel oder anderen Papiere, die durch Indossament übertragen werden können, den Hypotheken-, Grundschuld- und Rentenschuldbriefen gleichzustellen seien, wenn dafür eine Hypothek eingetragen ist. Diese Ausdehnung auf diese Art von Inhaberpapieren, meine Herren, war erforderlich, weil im § 1187 des Bürgerl. Gesetzbuchs eine Sicherungshypothek für dieselben vorgesehen ist, deren Eintragung sie von ihrem Schuldner verlangen können. Diese Sicherungshypothek hat natürlich dieselbe Bedeutung wie jede andere Hypothek und deßhalb war die Ausdehnung auf die Inhaber von solchen Papieren nothwendig.

Ich kann Ihnen nur im Namen des Ausschusses auch die Annahme der beiden Art. 7 und 7a empfehlen.

Präsident: Das Wort ist nicht verlangt worden; ich schließe die Diskussion.

Wir haben abzustimmen über Art. 7, den ich vorhin verlesen habe.

Der Ausschuß beantragt die Annahme desselben.

Ich bitte die Herren, welche dem Antrage des Ausschusses entsprechen wollen, sich von den Sitzen zu erheben.

(Geschieht.)

Art. 7 ist angenommen.

Ebenso beantragt der Ausschuß, den Art. 7a in der vorhin verlesenen Fassung anzunehmen.

Ich bitte die Herren, welche so beschließen wollen, sich von den Sitzen zu erheben.

(Geschieht.)

Art. 7a ist angenommen.

Artikel 8.

Hier schlägt der Ausschuß folgende Fassung vor:

Ist ein Geldbetrag zur Vertheilung unter die Berechtigten hinterlegt, so hat das Amtsgericht diesen die Hinterlegung mit der Aufforderung mitzutheilen, innerhalb einer Frist von einem Monat || zu er- S. 629.
klären, ob sie auf der Vertheilung des hinterlegten Betrages bestehen; als Rechtsnachtheil ist den Berechtigten anzudrohen, daß die Unterlassung der Erklärung als Verzicht auf die Rechte an dem hinterlegten Betrage angesehen werden würde. Die Vorschriften des Artikel 5a Abs. 2, des Artikel 5b Abs. 3 und des Artikel 7 Abs. 3 finden Anwendung.

Wird die Vertheilung nicht verlangt, so ist der Eigenthümer zur Rücknahme des hinterlegten Betrages zu ermächtigen.

*) Richtig: „Rentenschuldbriefen".

S. 629. Ist die im Artikel 5a bestimmte Aufforderung erfolgt, die Unschädlichkeit aber vor dem Ablaufe der Erklärungsfrist festgestellt worden, so gilt der Ablauf der Erklärungsfrist als Verzicht auf die Rechte an dem hinterlegten Betrage, wenn nicht der Berechtigte vorher erklärt, daß er auf der Ausgleichung der Werthminderung bestehe.

Ich eröffne die Diskussion.

Das Wort hat der Herr Referent.

von Walter (Berichterstatter): Der Art. 8 und auch der Art. 9 betreffen den Fall, daß die Ausgleichung der Werthminderung in Geld erfolgen und der Betrag vertheilt werden soll. Der Geldbetrag ist zur Vertheilung unter die Betheiligten hinterlegt, und deßhalb hat das Amtsgericht vor Allem den Betheiligten davon Mittheilung zu machen, wenn das nicht ohnehin schon geschehen ist, und sie aufzufordern, sich innerhalb einer bestimmten Frist zu erklären, ob sie auf der Vertheilung des Geldbetrages bestehen wollen. Diese Bestimmung hat ihren Werth. Meistentheils wird die Werthminderung eine unbedeutende sein und deßhalb auch der hinterlegte Geldbetrag sehr gering sein, so daß die Gläubiger kein Interesse haben, auf die Vertheilung zu drängen. Der erste Hypothekgläubiger wird sich aus seiner Position nicht herausdrängen lassen und seine sichere Hypothek nicht zu einem geringen Theile zurückbezahlt annehmen wollen; die anderen Hypothekgläubiger werden auch kein Interesse haben, weil unter ihnen unter Umständen ein förmliches Vertheilungsverfahren stattfinden müßte, und deßhalb ist es vor Allem nothwendig, zu erfahren, ob auf der Vertheilung bestanden werden will. Die Aufforderung muß auch hier mit einem Rechtsnachtheil verbunden sein, weil sonst die Sache nicht zur Erledigung und zum Abschluß gebracht werden könnte. Die Berechtigten müssen ihre bezügliche Erklärung in einer bestimmten Frist abgeben, und wenn sie das nicht thun, dann kann festgestellt werden, daß sie ihrerseits auf die Vertheilung verzichten. Wenn eine Vertheilung überhaupt nicht verlangt oder von den Berechtigten darauf verzichtet wird, oder wenn sie als verzichtend angesehen werden, weil sie die Frist versäumt haben, so ist der Eigenthümer zur Rücknahme des hinterlegten Geldbetrages zu ermächtigen. Ohne Ermächtigung des Amtsgerichts darf er den Betrag nicht zurücknehmen, weil sonst eine Beeinträchtigung der Rechte der Gläubiger und der sonstig Berechtigten herbeigeführt werden könnte.

Der Abs. 3 behandelt einen Fall, der wohl nicht so oft vorkommt, für den aber gleichfalls Vorsorge getroffen werden muß. Der Amtsrichter kann sich vielleicht darin irren, ob die Frist für alle Berechtigten, denen die Aufforderung zugegangen ist, schon abgelaufen ist, und deßhalb dazu kommen, daß er das Unschädlichkeitszeugniß ertheilt, bevor die Frist abläuft. Wenn nun aber das Unschädlichkeitszeugniß vollzogen werden, die Löschung bewirkt werden soll, die durch dasselbe bewilligt ist, dann zeigt sich erst, daß das Unschädlichkeitszeugniß zu früh ausgestellt worden ist, und für diesen Fall bestimmt nun Abs. 3, daß die zu frühe Ertheilung des Unschädlichkeitszeugnisses dann nicht schaden und die Sache nicht länger aufhalten soll, wenn innerhalb der ersten Aufforderungsfrist keine Erklärung der betreffenden Betheiligten erfolgt ist. In diesem Falle haben nämlich die Berechtigten die Frist des Art. 5a und 5b verwirkt und können einen Ausgleich überhaupt nicht mehr verlangen; weil sie aber keinen Ausgleich mehr verlangen können, haben sie auch kein Recht auf den hinterlegten Geldbetrag, und dieser Fall ist deßhalb im Abs. 3 des Artikels

vollständig richtig und zutreffend geregelt. Zu einem Ausgleich, zu einer S. 629.
Vertheilung an die Berechtigten könnte es deßhalb in dem Falle der zu frühen Ausstellung des Unschädlichkeitszeugnisses nur dann kommen, wenn dieselben vor Ablauf der Frist, die ihnen zur Erklärung darüber vorgestreckt war, ob sie eine Ausgleichung verlangen, den Ausgleich noch innerhalb der Frist verlangt haben. Ist dieß nicht geschehen, dann wird bei Vertheilung des Geldbetrages auf sie keine weitere Rücksicht genommen.

Art. 9 ist noch nicht aufgerufen?

Präsident: Ich bitte den Herrn Referenten, über

Artikel 9

ebenfalls zu berichten.

von Walter (Berichterstatter): Nach Art. 9 soll der hinterlegte Geldbetrag unter die Berechtigten vertheilt werden und auf die Vertheilung finden die Bestimmungen für die Vertheilung des Erlöses im Falle der Zwangsversteigerung von Grundstücken entsprechende Anwendung. Darüber wurde auch im Ausschusse viel debattirt, ob die Bestimmungen unserer Subhastationsordnung herüberzunehmen seien. Allein auch im Falle der Zwangsenteignung werden diese Bestimmungen zur Vertheilung der Entschädigung verwendet, und da es sich bei der Ertheilung des Unschädlichkeitszeugnisses auch um eine Zwangsenteignung im weiteren Sinne handelt, insofern das Amtsgericht den Berechtigten ihre Rechte an dem Trennstück entzieht, so hat man sich schließlich damit zufrieden gegeben und nur eine redaktionelle Aenderung dahin vorgenommen, daß die für die Vertheilung des Erlöses geltenden Bestimmungen entsprechend angewendet werden sollen. Die Vertheilung ist erst zulässig, wenn die lastenfreie Abschreibung des Trennstücks im Grundbuche bewirkt worden ist; solange diese nicht bewirkt worden ist, kann auch nicht vertheilt werden, sonst könnte es hinterher im Vollzuge des Unschädlichkeitszeugnisses noch zu Schwierigkeiten kommen, so daß in diesem Falle der Eigenthümer sein Geld umsonst hingegeben und die Berechtigten auch die zugetheilten Beträge ohne Grund in Empfang genommen hätten. Um dieß zu verhüten, ist die Bestimmung getroffen, daß die Vertheilung erst zulässig ist, wenn die lastenfreie Abschreibung des Trennstücks erfolgt ist.

Konstatiren muß ich noch, daß im Ausschusse von Seite der k. Staatsregierung ausdrücklich konstatirt wurde, daß, solange unsere bayerische Subhastationsordnung noch in Wirksamkeit ist, nur ihre Bestimmungen bezüglich der Vertheilung des Erlöses bei Veräußerung von Grundstücken im Wege der
Zwangsvollstreckung anwendbar sind und nicht ‖ die Bestimmungen des Reichs- S. 630.
gesetzes über die Zwangsvollstreckung und Zwangsverwaltung.

Der Entwurf und die Fassung des Artikels nach den Beschlüssen des Ausschusses erster Lesung haben auch noch einen zweiten Absatz enthalten, nämlich den Absatz, daß, soweit der Eigenthümer eine Hypothek, Grundschuld oder Rentenschuld durch Befriedigung der Gläubiger erwirbt, er sie nicht zum Nachtheile der Rechte geltend machen kann, von denen das Trennstück befreit worden ist. Meine Herren! Das Bürgerl. Gesetzbuch kennt einen dem bayerischen Hypothekenrecht an und für sich vollständig unbekannten Begriff, nämlich den Begriff einer Eigenthümerhypothek, eines Eigenthümerpfandrechts, das der Eigenthümer dann erwirbt, wenn er kraft der ihm zustehenden Zahlungsbefugniß

S. 630. den Gläubiger befriedigt. In dem Falle geht, wenn die von ihm bezahlte Forderung durch Hypothek gesichert ist, die Hypothek als Eigenthümerhypothek auf den Eigenthümer selbst über. Nach dem bayerischen Hypothekenrechte würden in diesem Falle Konfusion oder Konsolidation eingetreten und die Hypothek erloschen sein und auf Antrag des Eigenthümers gelöscht werden können. Der Eigenthümer hat in diesem Falle nach dem bayerischen Hypothekenrecht noch ein anderes Recht gehabt, von dem später noch die Rede sein wird, nämlich das Recht, daß er für die von ihm bezahlten Hypothekschulden den Rang einer anderen von ihm aufzunehmenden Hypothekenschuld einräumen konnte. Auch dieses Recht wird jetzt fallen müssen.

Nun hat der Entwurf die Bestimmung getroffen, daß der Eigenthümer über die Hypothek, die ihm zufallen soll für die Hypothek. die auf dem Trennstück eingetragen war, nicht soll verfügen können zum Nachtheil Derjenigen, die ein Recht auf dem Trennstück hatten. Diese Bestimmung im Entwurf ist jedoch von einer unrichtigen Voraussetzung ausgegangen, nämlich, wie ich schon bemerkt habe, von der unrichtigen Voraussetzung, daß der Eigenthümer kraft der seiner Person zustehenden Befugniß die Forderung zur Zeit der Fälligkeit wirklich heimzahlt. Allein diese Voraussetzung war nicht zutreffend; denn im vorwürfigen Falle handelt es sich nicht darum, daß der Eigenthümer aus eigenem Antriebe zahlt, sondern er zahlt blos, weil er die Berechtigten für das Trennstück entschädigen muß; das ist aber nicht Zahlung kraft eigener Zahlungsbefugniß, sondern das ist eine Zahlung, die erzwungen wird, ebenso wie Derjenige, der eine Zwangsenteignung vornimmt, gezwungen ist, Entschädigung an den Grundeigenthumer zu leisten. Deßhalb können auf unseren Gesetzentwurf nicht die Bestimmungen des Bürgerl. Gesetzbuchs in §§ 1142 und 1143 Anwendung finden, sondern die Bestimmungen über die Zwangsenteignung, und in der Richtung ist nach Art. XI des Gesetzes über die Zwangsabtretung von Grundeigenthum für öffentliche Zwecke vom 11. November 1837 und Art. 51 des Ausführungsgesetzes zur Reichs-Civilprozeßordnung bestimmt, daß die Rechte auf den enteigneten Grundstücken erlöschen und daß dieselben auf die Entschädigungssumme überzugehen haben. Das anzunehmen, ist auch in unserem Falle das Richtige; durch das Unschädlichkeitszeugniß, durch die Abtrennung und durch das dieselbe feststellende Zeugniß der Behörde ist das Recht der Gläubiger auf Befriedigung an dem Trennstück erloschen und hat der Gläubiger nur mehr ein Recht auf den zur Vertheilung hinterlegten Geldbetrag, beziehungsweise auf das zur Ausgleichung dienende Grundstück.

Mit Rücksicht darauf ist in der zweiten Lesung beschlossen worden, den Abs. 2 des Art. 9 zu streichen und dafür dem Abs. 1 einen anderen Absatz als ersten Absatz vorzustellen; nämlich:

> Der zu vertheilende Betrag tritt für die Berechtigten an die Stelle des Trennstücks.

In dieser Fassung erlaube ich mir, Ihnen den Art. 9, nämlich in der Fassung, wie er aus der zweiten Lesung des Ausschusses hervorgegangen ist, zur Annahme zu empfehlen.

Präsident: Meine Herren! Der Art. 9 lautet nach dem Vorschlag des Ausschusses folgendermaßen:

> Der zu vertheilende Betrag tritt für die Berechtigten an die Stelle des Trennstücks.

Auf die Vertheilung des hinterlegten Betrages unter die Berechtigten S. 630.
finden die für die Vertheilung des Erlöses im Falle der Zwangsversteigerung von Grundstücken geltenden Vorschriften entsprechende Anwendung. Die Vertheilung ist erst zulässig, wenn die lastenfreie Abschreibung des Trennstücks im Grundbuch erfolgt ist.

Zum Worte ist Niemand gemeldet; ich schließe die Diskussion.

Wir stimmen zunächst ab über Art. 8, wie ihn der Ausschuß zur Annahme vorschlägt, und ich bitte die Herren, welche so beschließen wollen, sich von den Sitzen zu erheben.

(Geschieht.)

Art. 8 ist angenommen.

Wir kommen zu Art. 9, dessen Fassung ich nach den Anträgen des Ausschusses bekannt gegeben habe.

Ich bitte die Herren, welche dem Art. 9 ihre Zustimmung ertheilen wollen, sich von den Sitzen zu erheben.

(Geschieht.)

Art. 9 ist angenommen.

Artikel 10.

Ist das Grundstück mit einem Vorkaufsrechte belastet, das sich nicht auf den Fall der ersten Veräußerung beschränkt, so finden auf die Befreiung des Trennstücks von dem Vorkaufsrechte die Vorschriften der Artikel 1 bis 7 entsprechende Anwendung. Die Ausgleichung der Werthminderung in Geld ist ausgeschlossen.

Erfolgt die Veräußerung des Trennstücks im Wege des Verkaufes, so darf die Unschädlichkeit erst festgestellt werden, wenn der Berechtigte von dem ihm für diesen Veräußerungsfall zustehenden Vorkaufsrechte keinen Gebrauch macht.

Ich eröffne die Diskussion.

Das Wort hat der Herr Referent.

von Walter (Berichterstatter): Meine Herren! Der Art. 10 handelt von dem Falle, daß ein Grundstück, von welchem ein Theil abgetrennt werden soll, mit einem Vorkaufsrecht belastet ist. Nach dem Bürgerl. Gesetzbuch § 504 ff. kann entweder im Erbwege oder durch Vertrag ein Vorkaufsrecht vorkommen und bestellt werden, welches zur Folge hat, daß das Grundstück, welches damit belastet worden ist, nicht verkauft werden kann, ohne daß es dem Vorkaufsberechtigten mitgetheilt und insbesondere ihm Gelegenheit geboten wird, sein Vorkaufsrecht auszuüben. Das Vorkaufsrecht beschränkt sich übrigens, wie schon
sein Name || sagt, nur auf die Fälle, in denen das damit belastete Grundstück S. 631.
verkauft werden will. Im Falle einer anderen Veräußerung, einer Schenkung, eines Tausches, einer Hingabe an Zahlungsstatt u. s. w. kann das Vorkaufsrecht ohnehin nicht in Frage kommen. Wenn nun das Vorkaufsrecht blos auf einen einzelnen Veräußerungsfall sich beschränkt, so kommt es für das gegenwärtige Gesetz nicht weiter in Betracht, weil ohnehin der Vorkaufsberechtigte erfahren muß, daß von dem ihm haftenden Grundstücke ein Theil abgetrennt wird, und weil er in diesem Falle die Möglichkeit hat, entweder das Grundstück selbst durch Vorkauf zu erwerben oder auf sein Vorkaufsrecht überhaupt

S. 631. zu verzichten. Einer besonderen Vorsorge bedarf nur der Fall, daß das Vorkaufsrecht sich auf mehrere Verkaufsfälle erstreckt, was nach § 1097 des Bürgerl. Gesetzbuchs zulässig und möglich ist.

Im Ausschusse wurde nun allerdings beanstandet, ob man denn für diese sicher selten vorkommenden Vorkaufsrechte, die sich auf mehrere Veräußerungsfälle erstrecken, überhaupt Vorsorge treffen müßte und ob es nicht besser sei, den Art. 10 überhaupt aus dem Gesetze wegzulassen. Allein von Seite der k. Staatsregierung wurde hervorgehoben, daß ein solches Vorkaufsrecht insbesondere dann von großem Werthe sei, wenn ein Gutsbesitzer z. B., um seßhafte Arbeiter auf seinem Gute zu gewinnen, ihnen Grundstücke verkauft und sich dabei das Vorkaufsrecht vorbehält, weil unter Umständen Diejenigen, denen er verkauft hat, an Andere veräußern könnten, die das Interesse nicht mehr haben, zu dem Besitzer in das Verhältniß zu treten, in dem sie selbst gestanden sind. Außerdem sei es möglich, daß namentlich Stadtgemeinden ein Interesse haben, ein Vorkaufsrecht auf eine längere Reihe von Jahren oder für mehrere Besitzwechsel zu erstrecken, weil im Laufe der Zeit ein Grundstück zu irgend welchen Unternehmungen nothwendig werden kann, und weil diese Voraussetzungen beim ersten Veräußerungsfall oft gar nicht zu Tage treten.

Aus diesen Gründen hat sich der Ausschuß schließlich einstimmig mit der k. Staatsregierung dahin geeinigt, dem Art. 10 seine Zustimmung zu ertheilen.

Das Vorkaufsrecht kann nicht ausgeglichen werden. Es könnte unter Umständen durch ein Grundstück ausgeglichen werden, das für den Berechtigten vielleicht ähnliche Vortheile bieten würde wie dasjenige, für welches er sich das Vorkaufsrecht vorbehalten hat. Der Fall aber ist so außerordentlich selten, daß darauf keine Rücksicht genommen werden kann. Ausgeschlossen ist aber beim Vorkaufsrecht insbesondere der Ausgleich in Geld; das Vorkaufsrecht stellt nämlich ein Interesse dar, dessen Schätzung in Geld oft gar nicht möglich ist, und deßhalb ist es auch nicht möglich, eine Werthminderung festzustellen, welche das Grundstück*) durch die Abtrennung erhält. Durch den gesetzlichen Ausschluß eines Ausgleiches ist aber natürlich nicht ausgeschlossen, daß der Eigenthümer und die Vorkaufsberechtigten sich über die Entschädigung einigen können; das ist ihre Sache, die das Gesetz nicht weiter berührt. Wie schon bemerkt, kann es sich nur darum handeln, das Vorkaufsrecht auszuüben, wenn ein Verkauf stattfindet, wenn also das Trennstück an eine andere Person verkauft wird; ist das nicht der Fall, tauschen z. B. zwei Grundbesitzer nur zur Regulirung ihrer Grenze an der Grenze gelegene Parzellen gegenseitig aus, oder tritt Jemand zu öffentlichen Zwecken eine Grundparzelle ab, so wäre das Vorkaufsrecht natürlich ausgeschlossen. Der Vorkaufsberechtigte muß selbstverständlich unter allen Umständen einvernommen werden, ob er in die Abtretung willigt, und dieß geschieht, wenn nicht der Verkäufer oder Käufer ihn schon davon verständigt hat, dadurch, daß ihm eine Aufforderung Seitens des Gerichts zugeht.

Die Frist zur Erklärungsabgabe ist natürlich diejenige, welche das Bürgerl. Gesetzbuch dem Berechtigten zur Abgabe seiner Erklärung gewährt und beträgt, wenn es sich um bewegliche Gegenstände, die aber hier nicht in Betracht kommen, handelt, blos zwei Wochen, außerdem zwei Monate. Die Frist des Art. 5b würde also, wenn der Vorkaufsberechtigte gerichtlich aufgefordert würde, mit zwei Monaten zu bemessen sein.

---

*) Muß wohl heißen: „das Vorkaufsrecht“.

Ich glaube, ich habe Ihnen in dieser Richtung Alles mitgetheilt, was S. 631.
die Motive und Ausschußverhandlungen über Art. 10 enthalten, und empfehle Ihnen Namens des Ausschusses die Annahme desselben.

Präsident: Das Wort wird nicht begehrt; ich schließe die Diskussion.

Wir stimmen ab.

Ich bitte diejenigen Herren, welche dem Art. 10 in der Fassung, wie sie der Ausschuß vorgeschlagen hat, ihre Zustimmung ertheilen wollen, sich von den Sitzen zu erheben.

(Geschieht.)

Der Art. 10 ist angenommen.

Artikel 11.

Derselbe erhält nach Vorschlag des Ausschusses in zweiter Lesung folgende Fassung:

> Bei Familienfideikommissen, landwirthschaftlichen Erbgütern, Lehen und allodifizirten Lehen finden die Vorschriften der Artikel 3 bis 5, 6 und des Artikel 7 Abs. 1, 2 auf die Befreiung des Trennstücks von den Rechten der Anwärter oder der Anerben entsprechende Anwendung. Fideikommißschulden stehen den Hypotheken gleich.
>
> Für die Veräußerung eines einzelnen Grundstücks gilt das Gleiche wie für die Veräußerung eines Trennstücks.
>
> Zur Ausgleichung der Werthminderung kann gegenüber den Anwärtern oder den Anerben und den Fideikommißgläubigern auch die Forderung auf den Kaufpreis dienen, wenn das veräußerte Trennstück an erster Stelle hinter den zur Zeit der Veräußerung bestehenden Belastungen mit einer Hypothek für die Forderung belastet ist. Auf die Forderung oder den zu hinterlegenden Geldbetrag sind die von der Abtrennung betroffenen Rechte zu erstrecken.
>
> Bei Familienfideikommissen ist zur Feststellung der Unschädlichkeit das Fideikommißgericht zuständig.

Ich eröffne die Diskussion.

Das Wort hat der Herr Referent.

von Walter (Berichterstatter): Meine Herren! Der Art. 11 betrifft den Fall, wenn von einem Familienfideikommiß, von landwirthschaftlichen Erbgütern, Lehen und allodifizirten Lehen eine Abtrennung stattfinden soll. Soweit Familienfideikommisse in Frage kommen, sind es nur solche, deren Rechtsverhältnisse in der VII. Verfassungsbeilage ‖ geregelt sind. Es ist allgemein S. 632.
anerkannt worden, daß von den Familienfideikommissen in der IV. Verfassungsbeilage hier keine Rede sei und auch keine Rede zu sein brauche, weil die standesherrlichen Familien ihre Hausgesetze haben, ihre Rechtsverhältnisse unter sich autonom zu ordnen im Stande sind, und weil sogar die meisten Hausgesetze der standesherrlichen Familien ähnliche Bestimmungen enthalten, wie sie in dem Art. 11 enthalten sind.

Soweit die Familienfideikommisse in Frage kommen, enthält der Art. 11 eine Verfassungsbestimmung, weil die Beilage VII der Verfassungsurkunde, welche von diesen Familienfideikommissen handelt, eine Verfassungsbestimmung ist, die theilweise durch Art. 11 abgeändert werden soll.

S. 632 Es ist mir von verschiedenen Seiten vielfach nahe gelegt worden, ob denn der Art. 11 auf die in demselben aufgeführten Güter beschränkt werden solle, oder ob man nicht auch auf die sogenannten Stammgüter, wie sie häufig in Unterfranken vorkommen, ebenfalls Rücksicht nehmen solle. Diese sogenannten Stammgüter sind, wie ich mich überzeugt habe, jene Güter, welche den ehemals reichsunmittelbaren adeligen Familien gehören, welche also gleichfalls einen gewissen Schutz der Verfassungsurkunde genießen. Ich habe mir übrigens die Frage noch näher betrachtet und gefunden, daß für diese sogenannten reichsritterlichen Stammgüter eine Bestimmung in das Gesetz nicht aufgenommen werden muß; dieselben genießen nämlich eine besondere Fürsorge nur so weit, als diejenigen Gutskomplexe geschützt werden wollen, welche bereits im Jahre 1806 zu einem Komplexe gehört haben; auf später oder früher erworbene Grundstücke und Güter, welche diesem Komplexe nicht einverleibt worden sind, erstreckt sich der Schutz der Verfassung nicht. Die Verfassung spricht von ihnen in Tit. V und auch in der VII. Verfassungsbeilage § 104. Soweit nun diese reichsritterlichen Stammgüter als geschlossene Komplexe seit 1806 in Frage stehen, haben wir in dieselben ebensowenig hineinzureden, als in die Familienfideikommisse nach der VII. Verfassungsbeilage, weil auch den ehemaligen reichsunmittelbaren Familien in dieser Beziehung eine Autonomie zugestanden und gewahrt ist. Soweit aber andere Besitzungen in Frage kommen, fallen sie nothwendig unter die allgemeinen Bestimmungen des gegenwärtigen Entwurfs und ist ohnehin dafür Fürsorge getroffen.

Art. 11 hat schon in der ersten Lesung im Ausschusse eine Aenderung erfahren, indem beschlossen wurde, daß eine redaktionelle Aenderung vorzunehmen sei. Im Entwurfe ist nämlich in Art. 11 Abs. 2 die Bestimmung enthalten, daß „die Forderung sowie der zu hinterlegende Geldbetrag den Rechten der Berechtigten zu unterwerfen sei“. Diese Bestimmung klang etwas hart und man hat sich deßhalb auch dahin geeinigt, sie so zu fassen:

> Auf die Forderung oder den zu hinterlegenden Geldbetrag sind die von der Abtrennung betroffenen Rechte zu erstrecken.

Der Ausschuß hat indeß mit der Aenderung auch eine materielle Aenderung an dem Entwurfe vorgenommen, insofern, als er den Kaufpreis allgemein den Rechten der Berechtigten unterstellt hat. Damit ist nun eine Aenderung vorgenommen worden, die nicht durchweg gerechtfertigt ist. Eine Kaufpreisforderung kann man zwar bei einem Fideikommiß den Rechten der Berechtigten unterstellen, weil das Familienfideikommiß mit allem dazu gehörigen Vermögen — dazu gehören auch sehr häufig Aktivkapitalien und Forderungen — ein zusammengehöriges Gut bildet, während dieß bei den anderen noch in Betracht kommenden Gütern, bei den Lehen, seien sie allodifizirt oder nicht, und bei den landwirthschaftlichen Erbgütern nicht der Fall ist.

Deßhalb ist auf Anregung der k. Staatsregierung auch ein Zweifel beseitigt worden, der dem Referenten zwischen der ersten und zweiten Lesung gekommen ist. Nach den Beschlüssen der ersten Lesung schien es, als ob die Abtretung eines ganzen Grundstücks, die hier einer Theilfläche eines solchen gleichgestellt werden soll, auch den Berechtigten gegenüber wirke; aber in den Motiven ist ausdrücklich hervorgehoben, daß sie nur gegenüber den Anerben und Anwärtern wirken soll. Um diese Zweifel zu beseitigen und überhaupt den Beschlüssen des Ausschusses in erster Lesung gerecht zu werden, hat die k. Staatsregierung die in zweiter Lesung angenommene Fassung des Art. 11 vorgeschlagen und hat der Artikel jetzt die vom Herrn Präsidenten bereits verlesene Bestimmung erhalten.

Nach Abs. 1 ist festgestellt, daß im Allgemeinen bei den Familienfidei- S. 632.
kommissen, landwirthschaftlichen Erbgütern, Lehen und allodifizirten Lehen die Bestimmung des Gesetzes gilt, soweit es sich um die Abtrennung einer geringfügigen Fläche, um eine geringfügige Werthminderung handelt, und deßhalb ist auch in Abs. 1 auf die Art. 3—5, 6 und 7 Abs. 1 und 2 des Gesetzes ausdrücklich Bezug genommen.

Mit diesen allgemeinen Bestimmungen kann man aber bei dieser Art von Gütern nicht überall ausreichen und insbesondere ist bei diesen Gütern schon nach ihrem Wortlaut möglich, daß ganze Grundstücke in ihrer Totalität abgetrennt werden können. Um nun auch für den Fall zu sorgen, hat Abs. 2 die Bestimmung, daß für Veräußerung eines einzelnen Grundstücks das Gleiche wie für die Veräußerung eines Trennstücks zu gelten habe.

Im Ausschusse sind darüber Bedenken entstanden, ob man das auch thun könne oder ob nicht auch nach Art. 120 des Ausführungsgesetzes*) zum Bürgerl. Gesetzbuch die Abtrennung bei diesen Gütern auf einzelne Flächen eingeschränkt werden müsse. Es ist von Seite der Regierung darauf verwiesen worden, daß für diese Art von Gütern der Landesgesetzgebung vollständig freie Hand gelassen ist und daß deßhalb an die Stelle einer Theilfläche eines Grundstücks auch ein ganzes Grundstück gesetzt werden kann. Der Ausschuß hat sich auch damit zufrieden gestellt und deßhalb dem 2. Absatz die Zustimmung gegeben.

In Abs. 3 ist die Bestimmung enthalten, daß zur Ausgleichung der Werthminderung gegenüber den Anwärtern und Anerben und den Fideikommißgläubigern auch die Forderung auf den Kaufpreis dienen kann, wenn das veräußerte Trennstück an erster Stelle hinter den zur Zeit der Veräußerung bestehenden Belastungen mit einer Hypothek für die Forderung belastet ist. Den Anerben und Anwärtern gegenüber kann man allerdings die Erstreckung ihrer Rechte auf den Kaufpreis aussprechen, weil auch in dem betreffenden Gesetze dafür Vorsorge getroffen ist, daß der Kaufpreis, der Erlös aus wegveräußerten Grundstückstheilen oder Grundstücken wieder in die Substanz des Gutes verwendet werden muß, und weil deßhalb den Anerben und Anwärtern in dieser Beziehung ein Nachtheil nicht zugeht. Aus dem gleichen Grunde ist es auch angängig, den Familienfideikommißgläubigern gegenüber den Kaufpreis als Ausgleichung zu verwenden für ihre Rechte. Denn auch nach den Bestimmungen in §§ 65, 67, 68 der VII. Verfassungsbeilage muß der Erlös für veräußerte Grundstücke aus Familienfideikommissen wieder in die Sub || stanz des S. 633.
Familienfideikommißgutes verwendet werden zum Ankauf anderer Liegenschaften oder rentirlicher Rechte, bis dieß aber geschehen kann, auf Hypothek ausgeliehen werden. Diese Gesammtheit von Rechten, von Grundbesitz, von Forderungen und dergleichen bildet die Substanz des Fideikommisses und den Familienfideikommißgläubigern I. Klasse haftet das ganze Familienfideikommiß und deßhalb kann ihnen auch der Ausgleich durch die Erstreckung ihrer Rechte auf den Kaufpreis gewährt werden. Alles dieses ist aber nicht der Fall bezüglich der Ansprüche gegen Lehen und landwirthschaftliche Erbgüter. Hier gibt es ein solches Gesammtgut nicht wie bei Familienfideikommissen, und deßhalb bleibt den Gläubigern, die Forderungen an solche Güter zu machen haben, nichts Anderes übrig, als einen Ausgleich zu verlangen und unter Umständen die Vertheilung des Erlöses herbeizuführen.

Meine Herren! Mit dieser Aenderung ist der Zweifel, ob man die Bestimmung, daß auch ein ganzes Grundstück abgetrennt werden kann, nur

*) Richtig: „Einführungsgesetzes".

S. 633. den Anwärtern und Anerben gegenüber gelten lassen soll oder ob sie auch den Gläubigern gegenüber gilt, vollständig beseitigt und in Abs. 2 bestimmt, daß dieß allgemein und auch den Gläubigern und sonstigen Berechtigten gegenüber der Fall sei. Aber die Surrogirung des Grundstücks durch den Kaufpreis ist bei den Fideikommissen allgemein zulässig, bei den Lehen und landwirthschaftlichen Erbgütern auf die Anwärter und Anerben beschränkt.

Diese Aenderungen, die in zweiter Lesung an dem Artikel 11 vorgenommen wurden, sind vollständig zweckentsprechend und tragen wesentlich dazu bei, das Verständniß zu erleichtern und die Wirksamkeit des Artikels klar zu stellen. Bei Familienfideikommissen sind zur Ertheilung des Unschädlichkeitszeugnisses die Oberlandesgerichte zuständig, weil diese durch die VII. Verfassungsbeilage als Fideikommißgerichte bestellt sind.

Ich empfehle Ihnen Namens des Ausschusses seine Annahme.

Präsident: Zum Worte ist Niemand gemeldet; ich schließe die Diskussion.

Meine Herren! Bei den Artikeln 11, 12, 13, 14 und 14a kommt die strengere Vorschrift der Abstimmung nach Tit. X § 7 der Verfassungsurkunde in Betracht; allein ich schlage Ihnen vor, dieser Bestimmung zu genügen bei der namentlichen Abstimmung über den ganzen Gesetzentwurf.

Ich bitte diejenigen Herren, welche dem Art. 11 in der Fassung, wie sie der Ausschuß vorgeschlagen und wie ich sie verlesen habe, zustimmen wollen, sich von den Sitzen zu erheben.

(Geschieht.)

Art. 11 ist angenommen.

Artikel 12.

Der Ausschuß schlägt vor, denselben unverändert anzunehmen.

Ich eröffne die Diskussion.

Das Wort hat der Herr Referent.

von Walter (Berichterstatter): Meine Herren! Der Art. 12 ist sehr einfach. Die Vorschriften der Art. 1—11 finden auf die Aufhebung eines dem Eigenthümer des Grundstücks an einem anderen Grundstück zustehenden Rechts entsprechende Anwendung. Das Recht, das ein Eigenthümer eines Grundstücks an einem anderen Grundstück hat, das also eigentlich dem von ihm besessenen Grundstücke zusteht, hat natürlich auch auf den Werth des Grundstücks unter Umständen einen sehr wesentlichen Einfluß. Auch ein solches Recht kann unter Umständen abgetrennt werden müssen, und diese Abtrennung ist dann möglich, wenn nach den Bestimmungen des Gesetzes in Art. 1—11 die Werthminderung eine geringfügige ist und ausgeglichen wird. Deßhalb unterliegt es keinem Anstand, Art. 1—11 auch auf solche dingliche Rechte zu erstrecken.

Der Ausschuß hat denn auch keinen Anstand genommen, vielmehr Art. 12 einstimmig angenommen, und ich empfehle Ihnen Namens desselben die Annahme dieses Art. 12.

Präsident: Das Wort wird nicht verlangt; ich schließe die Diskussion und bitte die Herren, welche Art. 12 in der Regierungsfassung, wie es der Ausschuß vorschlägt, annehmen wollen, sich von den Sitzen zu erheben.

(Geschieht.)

Art. 12 ist angenommen.

Artikel 13.

S. 633.

Auch hier schlägt der Ausschuß vor, die Regierungsfassung unverändert anzunehmen.

Ich eröffne die Diskussion.

Das Wort hat der Herr Referent.

von Walter (Berichterstatter): Meine Herren! Art. 13 enthält die Bestimmung, daß das Gesetz rückwirkende Kraft haben soll auch für alle jene Verfügungen, die vor dem Inkrafttreten des Gesetzes erfolgt sind. Unter diesen Verfügungen können nur solche verstanden werden, die zwar schon getroffen, aber noch nicht vollzogen sind. Denn wenn und soweit sie schon vollzogen sind, kommen sie nicht mehr in Betracht; da ist die Erfüllung dieser Verfügungen bereits auf Grund des bisher geltenden Rechts erfolgt. Also die Verfügungen, deren Vollzug noch ausständig ist, wenn Art. 12 in Wirksamkeit tritt, sind hier gemeint. Es ist selbstverständlich, daß es nicht angezeigt ist, bezüglich dieser noch unvollzogenen älteren Verfügungen und der zukünftigen einen Unterschied in der Rechtswirksamkeit zu machen. Die Rechtslage ist überall die gleiche und deßhalb hat der Ausschuß keinen Anstoß genommen, dem Art. 13 seine Zustimmung zu geben.

Ich empfehle Ihnen Namens des Ausschusses die Annahme dieses Artikels.

Präsident: Das Wort verlangt Niemand; ich schließe die Diskussion und bitte diejenigen Herren, welche dem Art. 13 in der ursprünglichen Fassung ihre Zustimmung ertheilen wollen, sich von den Sitzen zu erheben.

(Geschieht.)

Art. 13 ist angenommen.

Zu dem

Artikel 14

schlägt der Ausschuß vor, Abs. 1 unverändert, ebenso Abs. 2 unverändert anzunehmen, dem Abs. 3 aber folgende Fassung zu geben:

> Die Vorschriften des Artikel 3a Abs. 1, 2, des Artikel 5 Abs. 1, 2, des Artikel 6 und des Artikel 7 Abs. 1, 2 finden entprechende Anwendung.

Ich eröffne die Diskussion.

Das Wort hat der Herr Referent.

von Walter (Berichterstatter): Meine Herren! Die Aenderungen, die S. 634.
in Abs. 3 des Art. 14 vorgenommen worden sind, haben nur den Zweck gehabt, die bisher nicht ganz richtigen Allegate richtig zu stellen, und Abs. 3 wird deßhalb auch mit der Aenderung, die daran vorgenommen worden ist, keinem Anstand unterliegen.

Art. 14 erstreckt sich auf den Fall, wenn ein abgebranntes Gebäude auf einem anderen Grundstücke wieder aufgebaut werden soll, und wenn deßhalb die Hypothekgläubiger und sonstige Berechtigte dazu ihre Einwilligung geben sollen. Denn nach dem Gesetz über die Brandversicherung kann dem Eigenthümer auch in einem solchen Falle die Brandversicherungssumme nur verabfolgt werden, wenn die Berechtigten, die Gläubiger, ihre Zustimmung zur Verlegung des Gebäudes geben. Um die Sache einfacher zu gestalten, trifft Art. 14 die nöthige Vorsorge, indem er zuläßt, daß unter Umständen dazu die Einwilligung

S. 634. der Gläubiger nicht nothwendig ist, sondern daß die Entschädigung auch ohne solche Einwilligung frei wird, wenn von dem Amtsgericht, bei welchem das Grundbuch für das belastete Grundstück geführt wird, festgestellt ist, daß der Wiederaufbau auf einem anderen Grundstück für die Gläubiger unschädlich ist.

Meine Herren! In den meisten Fällen wird es ja ohnehin der Fall sein, daß die Verlegung des abgebrannten Gebäudes auf eine andere Stelle dem Gläubiger keinen Schaden bringt. Meistentheils wird der Eigenthümer ein Grundstück verwenden, das den Gläubigern und sonstigen Berechtigten ohnehin bereits verpfändet ist, nur die Hypotheken und die Reallasten auf dem alten Grundstück bleiben ja auch aufrecht. Deßhalb wird in den wenigsten Fällen überhaupt eine Beanstandung möglich sein. Darum werden solche nur dann in Frage kommen, wenn der Bau auf einem Grundstück wieder aufgeführt werden soll, das zwar nicht den auf dem alten Grundstück eingetragenen Berechtigten, wohl aber anderen Berechtigten verpfändet ist, und in diesem Falle wird es ja in Frage kommen, ob der Wiederaufbau des Gebäudes auf dem anderen bereits belasteten Grundstück nicht doch nachtheilig sein könne. Für diesen Fall trifft nun Abs. 2 des Artikels Vorkehrung, indem er bestimmt, daß die Feststellung der Unschädlichkeit nur erfolgen darf, wenn die Rechte der Gläubiger in der bereits bestehenden Rangordnung sich auf das andere Grundstück entweder schon erstrecken, wenn also das andere Grundstück, auf welchem das Gebäude wieder aufgeführt werden soll, schon verpfändet ist, oder wenn sie auf dasselbe erstreckt werden, wenn also die Gläubiger, die auf dem alten Anwesen eingetragen sind, eine Hypothek auf dem neuen Grundstück noch nicht gehabt haben. Für diesen Fall soll geprüft werden, ob das bereits mit Rechten belastete neue Grundstück noch ausreicht, die Ansprüche und Rechte der auf der früheren Baustelle eingetragenen Berechtigten zu decken, und es ist deßhalb bestimmt, daß die Feststellung der Unschädlichkeit nur erfolgen darf, wenn die vorgehende Belastung, also die auf diesem Grundstücke selbst bereits eingetragenen Belastungen durch den Werth, welchen das Grundstück als Baustelle hat, offenbar gedeckt werden. Wenn das nicht der Fall ist, wenn der Werth, welchen das Grundstück als Baustelle hat, geringer ist als der Werth der Belastungen, die darauf bereits eingetragen sind, so darf die Unschädlichkeit nicht festgestellt werden und müßte sich der Eigenthümer dazu bequemen, die Einwilligung der Gläubiger zu erholen, oder sein Gebäude wieder auf der alten Stelle, oder auf einem anderen Grundstücke aufzuführen, welches den Bedingungen mehr entspricht, als das angebotene.

Meine Herren! Es ist hier gesagt, daß die Deckung der Rechte der bereits eingetragenen Gläubiger offenbar durch den Werth, welchen das Grundstück als Baustelle hat, gesichert sein müssen. Das Wort „offenbar" ist hier gebraucht, um anzuzeigen, daß die Thatsache, daß die Baustelle als solche den Werth der darauf eingetragenen Belastungen deckt, so in's Auge springen muß, daß es darüber nicht erst weitgehender Erhebungen bedarf; Erhebungen werden in diesem Falle überhaupt nicht oder nur summarisch gepflogen; die Gewißheit, daß die bereits eingetragenen Gläubiger durch den Werth der Baustelle gedeckt sind, muß evident sein und es muß klar sein, daß die anderen Berechtigten, deren Rechte jetzt in Folge des Aufbaues auf einem anderen Grundstück auf das neue Grundstück erstreckt werden, dadurch nicht geschädigt werden.

Ich glaube, daß in der Beziehung der Entwurf eine vollständig richtige Abwägung aller Verhältnisse getroffen hat, und daß, wenn Sie dem Art. 14 die Zustimmung geben, weder den Berechtigten, deren Rechte auf dem alten,

abgebrannten Anwesen eingetragen waren, Nachtheile zugehen werden, noch auch S. 634.
denen zugehen können, welche auf dem Grundstücke bereits Rechte haben, auf dem das Gebäude neu aufgeführt werden soll. Ich glaube deßhalb, die Annahme des Art. 14 empfehlen zu sollen.

Präsident: Zum Worte ist Niemand gemeldet; ich schließe die Diskussion.

Ich bitte diejenigen Herren, welche dem Antrage des Ausschusses gemäß den Art. 14 in der verlesenen Fassung annehmen wollen, sich von den Sitzen zu erheben.

(Geschieht.)

Der Art. 14 ist angenommen.

Der Ausschuß schlägt ferner vor, einen

Artikel 14a

einzuschalten, der folgende Fassung erhalten soll:

> Der Anspruch auf die Entschädigung für die im öffentlichen Interesse erfolgende Entziehung, Beschädigung oder Benützung eines Grundstücks, der Theilfläche eines solchen oder eines Zubehörstücks, Beschränkung des Eigenthums oder Entziehung oder Beschränkung eines Rechtes der im Artikel 12 bezeichneten Art wird von den Rechten Dritter frei, wenn von dem im Artikel 1 bezeichneten Gerichte festgestellt ist, daß die Befreiung für die Berechtigten unschädlich ist.
>
> Die Befreiung des Anspruchs steht der Aufhebung eines Rechtes der im Artikel 12 bezeichneten Art gleich.

Ich eröffne die Diskussion.

Das Wort hat der Herr Referent.

von Walter (Berichterstatter): Meine Herren! Ich habe bereits in der Generaldiskussion mitgetheilt, daß der Art. 14a im Ausschusse von der k. Staatsregierung schon aus Anlaß der in der Generaldiskussion gemachten Anregung, daß es zweifelhaft sei, ob eine solche Bestimmung entbehrt werden könne, eingefügt wurde. Die k. Staatsregierung hat sofort noch in der Generaldiskussion den Art. 14a vorgeschlagen und der Ausschuß hat demselben die Zustimmung ertheilt. Dieser Artikel handelt davon, daß auch die Entschädigung für eine
durch eine Zwangsenteignung veranlaßte || Grundabtretung oder die Abtretung S. 635.
eines Rechts oder die Beschränkung des Eigenthumsrechts oder eines anderen Rechts als unschädlich erklärt und deßhalb von der Verpflichtung der Haftung für die Berechtigten freigegeben werden könne. Man hat nicht den kürzeren Ausdruck gewählt, daß einfach der Anspruch auf Entschädigung aus der Zwangsenteignung freigegeben werden solle, sondern hat sich in der Beziehung an Art. 52 des Ausführungsgesetzes*) zum Bürgerl. Gesetzbuch angeschlossen und ist dagegen nichts zu erinnern. Natürlich steht der Befreiung des Anspruchs auf Entschädigung auch der Anspruch auf Aufhebung eines Rechts der in Art. 12 bezeichneten Art gleich. Diejenigen, welche ein Recht nach Art. 12 haben, können auch in die Lage kommen, ein solches Recht aufgeben zu müssen, und deßhalb ist natürlich auch in Beziehung ihrer Rechte die Befreiung des Anspruchs zulässig. Ein solches Recht kann z. B. durch Korrektion eines Flusses

*) Richtig: „Einführungsgesetzes".

S. 635 für Fischerei- und Grasereiberechtigte und dergleichen entstehen. Also der Anspruch, den sie für die Aufhebung eines solchen Rechts erlangen, steht dem Anspruch auf Entschädigung für eine Grundabtretung gleich und kann ebenso wie der letzte Anspruch freigegeben werden, der dafür geleistet wird, daß das Eigenthum entzogen oder beschädigt, ein Grundstück zur Benützung überlassen wird.

Meine Herren! Im Art. 14a heißt es nun, daß zur Feststellung der Unschädlichkeit das im Art. 1 bezeichnete Gericht zuständig sein soll. Hier liegt jedoch ein Versehen vor, auf welches ich noch kommen muß. In der zweiten Lesung wurde von mir darauf aufmerksam gemacht, daß auch der Art. 11 einen Gerichtsstand normirt, nämlich in Abs. 4 den Gerichtsstand für Ertheilung des Unschädlichkeitszeugnisses für Familienfideikommisse und daß es am Platze sein dürfte, auch diese Zuständigkeit der Familienfideikommißgerichte im Art. 14a zu berücksichtigen. Im Ausschusse wurde auch in der That beschlossen, daß es im Abs. 1 des Art. 14a heißen soll: „von dem im Artikel 1 und Artikel 11 Abs. 4 bezeichneten Gerichte". Es ist aber aus einem redaktionellen Versehen unterblieben, „Artikel 11 Abs. 4" hier einzuschalten, und dieses Versehen muß berichtigt werden, um nicht Mißverständnisse aufkommen zu lassen. Ich würde also glauben, daß dieß heute keinem Anstand unterliegt, da es sich um die Korrektur eines redaktionellen Versehens handelt, meinerseits die Sache anzuregen und Ihnen vorzuschlagen, daß Abs. 1 des Art. 14a folgendermaßen zu lauten habe:

> Der Anspruch auf die Entschädigung für die im öffentlichen Interesse erfolgende Entziehung, Beschädigung oder Benützung eines Grundstücks, Beschränkung des Eigenthums oder Entziehung oder Beschränkung eines Rechtes der im Artikel 12 bezeichneten Art wird von den Rechten Dritter frei, wenn von dem im Artikel 1 und Artikel 11 Abs. 4 bezeichneten Gerichte festgestellt ist, daß die Befreiung für die Berechtigten unschädlich ist.
>
> Die Befreiung des Anspruchs steht der Aufhebung eines Rechtes der im Art. 12 bezeichneten Art gleich.

Der zweite Absatz bleibt unverändert.

Ich empfehle Ihnen mit dieser Aenderung die Annahme des Art. 14a.

Präsident: Meine Herren! Sie haben den Vorschlag des Herrn Referenten gehört.

Es handelt sich hier nur um eine redaktionelle Aenderung. Der Artikel behält den Wortlaut, wie ich ihn vorhin nach der zweiten Lesung des Ausschusses mitgetheilt habe. Es wird nur nach den Worten „von dem im Artikel 1" eingeschaltet „und Artikel 11 Abs. 4" (bezeichneten Gerichte festgestellt ist).

Zum Worte hat sich Niemand gemeldet; die Diskussion ist geschlossen.

Ich bitte die Herren, welche dem so von mir festgestellten Wortlaute ihre Zustimmung ertheilen wollen, sich von den Sitzen zu erheben.

(Geschieht.)

Art. 14a ist angenommen.

Artikel 15.

Der Ausschuß schlägt vor, den Abs. 1 unverändert zu lassen, dem Abs. 2 jedoch folgende Fassung zu geben:

Soweit es nach Artikel 5a Abs. 2, Artikel 7 Abs. 3 und Artikel 9 Abs. 1 Satz 2 auf Eintragungen im Grundbuch ankommt, treten in den Landestheilen rechts des Rheins an deren Stelle die entsprechenden Eintragungen im Hypothekenbuch. S. 635.

(Glocke des Präsidenten.)

Ja, meine Herren, erschweren Sie mir doch die Verlesung nicht so sehr durch Ihre eigene Unterhaltung.

Abs. 3: In der Pfalz gelten als Hypotheken auch die Vorzugsrechte und als eingetragene Rechte diejenigen, welche im Hypothekenregister eingeschrieben sind. Der Antragsteller hat einen Hypothekenauszug vorzulegen; die Ergänzung des Auszugs ist erforderlichen Falles durch das Amtsgericht zu veranlassen. Die Ausgleichung der Werthminderung durch ein anderes Grundstück findet nicht statt. Die Vorschriften des Artikel 7 Abs. 3, des Artikel 9 Abs. 1 Satz 2 und des Artikel 14 bleiben außer Anwendung. Besteht wegen einer durch ein Vorzugsrecht gesicherten Forderung auch ein Auflösungsrecht, so erlischt in Ansehung des Trennstücks mit dessen Befreiung von dem Vorzugsrechte auch das Auflösungsrecht.

Ich eröffne die Diskussion.

Das Wort hat der Herr Referent.

von Walter (Berichterstatter): Meine Herren! Das vorliegende Gesetz hat sofort mit seiner Verkündigung in Wirksamkeit zu treten. Es ist aber nicht blos ein vorübergehendes Gesetz, wie das über die Anlegung des Grundbuchs, das die hohe Kammer vorgestern angenommen hat, sondern es soll auch die Anlegung des Grundbuchs überdauern. Deßhalb ist im Art. 1 bereits ausgesprochen, daß zur Ertheilung des Unschädlichkeitszeugnisses das Amtsgericht zuständig ist, bei welchem das Grundbuch geführt wird. Jetzt haben wir aber noch kein Grundbuch und, um deßhalb klar zu machen, welches Gericht bis zur Anlegung des Grundbuchs zuständig sei, ist in Abs. 1 bestimmt, daß bis zu dem Zeitpunkte, in welchem das Grundbuch als angelegt anzusehen ist, das Hypothekenamt, das Amtsgericht, bei welchem das Hypothekenbuch für das Grundstück geführt wird, und in der Pfalz das Amtsgericht, in dessen Bezirk das Grundstück gelegen ist, zuständig sein soll. Gegen die Festsetzung dieser Zuständigkeit ist gewiß nichts einzuwenden.

Was die weiteren Absätze betrifft, so hat nach dem Regierungsentwurf S. 636.
und nach dem Beschlusse der ersten Lesung des Ausschusses Abs. 2 etwas anders gelautet als jetzt. Derselbe hat gelautet:

Soweit es nach Artikel 5a Abs. 4, Artikel 7 Abs. 2 und Artikel 9 Abs. 1 Satz 2 auf Eintragungen im Grundbuch ankommt, treten in den Landestheilen rechts des Rheins an deren Stelle die entsprechenden Eintragungen im Hypothekenbuch.

Dieser Satz unterliegt ja gar keinem Zweifel. Wir haben zur Zeit nichts als das Hypothekenbuch und deßhalb muß die Eintragung in das Hypothekenbuch erfolgen.

Dagegen hat ein zweiter Satz gelautet:

Der Eigenthümer ist nicht berechtigt, für den Betrag, zu welchem eine Hypothek durch Befriedigung des Gläubigers erloschen ist, an deren Stelle eine neue Hypothek zu begründen.

S. 636. Meine Herren! Ich habe bereits bei Art. 9 ausgeführt, daß dort eine Bestimmung enthalten war bezüglich der Eigenthümerhypothek, die in den Rahmen unseres Gesetzes nicht hineinpaßt, und das Gleiche gilt nun auch bezüglich dieses 2. Satzes in Abs. 2. Derselbe Grund, der bei Art. 9 die Streichung des Satzes veranlaßte, muß auch hier uns dazu führen, den zweiten Satz zu streichen. Das hat auch der Ausschuß in seiner zweiten Lesung gethan, und ich glaube, daß die Konsequenzen aus dem Art. 9 und dem dort gefaßten Beschlusse von selbst dazu führen müssen, auch hier das Gleiche zu thun.

In Abs. 3 wurde der Satz:

„In der Pfalz gelten als Hypotheken auch die Vorzugsrechte und als eingetragene Rechte diejenigen, welche im Hypothekenregister eingeschrieben sind"

auf Anregung des Herrn Abgeordneten Michel bereits in der Generaldiskussion von der Regierung vorgeschlagen und hier eingefügt. Gegen diesen wiederholt begründeten Satz wird ein Bedenken nicht entstehen. Er soll nur dazu beitragen, Mißverständnisse zu beseitigen, und den Vollzug des Gesetzes auch in der Pfalz für alle Fälle sichern. Die anderen Bestimmungen, welche für die Pfalz noch aufgestellt sind, entsprechen ebenfalls dem dermaligen Rechte und müssen nur noch besonders geregelt werden, um anzudeuten, daß das Grundbuchrecht hier noch nicht zur Anwendung zu kommen hat.

Ich glaube, nach dem, was ich bemerkt habe, die Annahme des Art. 15 in allen seinen drei Absätzen Namens des Ausschusses empfehlen zu dürfen.

Präsident: Zum Worte ist Niemand gemeldet; ich schließe die Diskussion.

Ich bitte die Herren, welche dem Art. 15 in der von mir verlesenen und vom Ausschusse festgestellten Form die Zustimmung ertheilen wollen, sich von den Sitzen zu erheben.

(Geschieht.)

Art. 15 ist angenommen.

Artikel 16.

Der Ausschuß schlägt vor, denselben unverändert anzunehmen.

Ich eröffne die Diskussion.

Herr Referent!

von Walter (Berichterstatter): Ueber Art. 16 habe ich auch bereits gesprochen. Ich habe Ihnen bereits in meinen Einleitungsworten in der Generaldiskussion bemerkt, daß die Bodenzinse der Ablösungskasse des Staates theilbar sind und in allen Fällen getheilt werden, wenn von den damit belasteten Anwesen oder Grundstücken ein Theil weggetrennt wird. Die Vertheilung erfolgt in diesem Falle kraft des Gesetzes auf Grund der Steuerverhältnißzahl, und weil es weder angezeigt noch zulässig ist, die Bestimmung des Ablösungsgesetzes von 1872 hier abzuändern, enthält Art. 16 die Bestimmung, daß auf diese Bodenzinse das gegenwärtige Gesetz eine Anwendung nicht zu finden habe.

Ich empfehle Ihnen Zustimmung zu diesem Artikel.

Präsident: Das Wort wird nicht begehrt.

Ich schließe die Diskussion und bitte diejenigen Herren, welche dem Antrage des Ausschusses gemäß den Art. 16 in unveränderter Fassung annehmen wollen, sich von den Sitzen zu erheben.

(Geschieht.)

Art. 16 ist angenommen.

Artikel 17.

S. 636.

Hier schlägt der Ausschuß gleichfalls die unveränderte Annahme der Regierungsvorlage vor.

Ich eröffne die Diskussion.

Das Wort hat der Herr Referent.

von Walter (Berichterstatter): Der Art. 17 spricht nur aus, daß das Verfahren wegen Ertheilung des Unschädlichkeitszeugnisses kein unentgeltliches sein soll, und bestimmt, wie die Gebühren für dieses Verfahren zu berechnen seien. Sie finden ja im Ausschußberichte*) die Normen und die Sätze des Reichs-Gerichtskostengesetzes und auch die Bestimmungen unseres bayerischen Gebührengesetzes zusammengestellt, soweit sie Anwendung zu finden haben. Es ist nach meinem Dafürhalten selbstverständlich, daß es sich hier nicht um ein Verfahren von Amtswegen, sondern um ein Verfahren handelt, das auf Antrag im Privatinteresse eingeleitet werden muß und für das deßhalb auch eine Gebührenfreiheit nicht beansprucht werden kann.

Im Uebrigen sind, wie auch der Ausschuß angenommen hat, die Sätze des Reichs-Gerichtskostengesetzes, das hier in Anwendung kommt, alle so niedrig gegriffen, daß eine besondere Belastung Derjenigen, welche ein derartiges Verfahren hervorrufen müssen, gar nicht in Frage kommen kann und zwar um so weniger, als eine höhere Gebühr als eine solche von 20 M. überhaupt nicht für diese Verhandlungen in Anspruch genommen werden soll.

Im Namen des Ausschusses empfehle ich Ihnen die Zustimmung auch zu diesem Art. 17.

Präsident: Die Diskussion ist geschlossen.

Meine Herren! Der Ausschuß schlägt Ihnen vor, den Art. 17 unverändert nach der Regierungsvorlage anzunehmen, und ich bitte die Herren, welche so beschließen wollen, sich von den Sitzen zu erheben.

(Geschieht.)

Art. 17 ist angenommen.

Wir kommen nun zu Ueberschrift und Einleitungsworten; dieselben lauten: S. 637.

Entwurf eines Gesetzes,

das Unschädlichkeitszeugniß betreffend.

Im Namen Seiner Majestät des Königs.

Seine Königliche Hoheit Prinz Luitpold, des Königreichs Bayern Verweser, haben nach Vernehmung des Staatsraths mit Beirath und Zustimmung der Kammer der Reichsräthe und der Kammer der Abgeordneten und in Ansehung der Artikel 11 bis 13, 14a unter Beobachtung der in Tit. X § 7 der Verfassungsurkunde vorgeschriebenen Formen beschlossen und verordnen, was folgt: —

Gegen die verlesenen Worte der Ueberschrift und Einleitung wird eine Einwendung nicht erhoben; ich konstatire die Annahme.

*) Vergl. oben S. 61.

S. 637. Wir kommen nun zur namentlichen Abstimmung über den ganzen Gesetzentwurf.

Ich bitte diejenigen Herren, welche demselben ihre Zustimmung ertheilen wollen, beim Namensaufrufe mit „Ja“, diejenigen, welche das nicht wollen, beim Namensaufrufe mit „Nein“ zu antworten.

Der Namensaufruf beginnt mit dem Buchstaben „P“ und wird vorgenommen von dem Herrn Abgeordneten Landmann.

(Folgt Namensaufruf.)

Das Alphabet wird wiederholt.

(Geschieht.)

Die Abstimmung ist geschlossen.

Mit „Ja“ stimmen die Herren Abgeordneten: 1) Aigner, 2) Altinger, 3) Dr. Andreae, 4) Dr. Aub, 5) Aumüller, 6) Bär, 7) Bäurle, 8) Georg Bauer, 9) Baumann, 10) Johann Nepomuk Baur, 11) Beckh, 12) Bischoff, 13) Bolzano, 14) Braun, 15) Brünings, 16) Burger, 17) Dr. Casselmann, 18) Dr. von Clemm, 19) Dr. Daller, 20) Dr. Deinhard, 21) Deuringer, 22) Diehl, 23) Dirmeier, 24) Echinger, 25) Franz Joseph Ehrhart, 26) Joseph Erhard, 27) Exter, 28) Fasel, 29) von Fischer, 30) Dr. Frank, 31) Freinecker, 32) Freudenberg, 33) Frickhinger, 34) Fuchs, 35) Ganzleben, 36) Johann Geiger, 37) Joseph Geiger, 38) Gerstenberger, 39) Gimpl, 40) Grünzinger, 41) Häring, 42) Harder, 43) Dr. Heim, 44) Heimeran, 45) Heinrich, 46) Hierlmaier, 47) Eusebius Hofmann, 48) Leonhard Hofmann, 49) Hofstätter, 50) Michael Huber, 51) Dr. Jäger, 52) Kaub, 53) Franz Keller, 54) Johann Keller, 55) Kilian Keller, 56) Ludwig von Keller, 57) Keßler, 58) Kohl, 59) Kraußold, 60) Kuby, 61) Kurz, 62) Landmann, 63) von Langhans, 64) Lautenschlager, 65) Lehemeir, 66) Leidig, 67) Leinenweber, 68) Lerno, 69) Lerzer, 70) Lichtenberger, 71) Löwenstein, 72) Martius, 73) Mauderer, 74) Michael Mayer, 75) Bernhard Mayr, 76) Meußdörffer, 77) Michel, 78) Modschiedler, 79) Karl Müller, 80) Neckermann, 81) Neudecker, 82) Neuner, 83) Nißler, 84) Orb, 85) Ott, 86) Pauli, 87) Pfister, 88) Dr. Pichler, 89) Prosinger, 90) Rottmann, 91) Sartorius, 92) Dr. Schädler, 93) Scherm, 94) Scheubeck, 95) Schloßstein, 96) Franz Xaver Schmidt, 97) Karl Schmidt, 98) Johann Schmitt, 99) Kleophas Schmitt, 100) Schramm, 101) Schröder, 102) Schubert, 103) Schulz, 104) Schwarz, 105) Sellner, 106) Seyboth, 107) Dr. Sigl, 108) Steindl, 109) Stigler, 110) von Stobäus, 111) Stöcker, 112) von Vollmar, 113) von Walter, 114) Weber, 115) Weinhart, 116) Weiß, 117) Wenglein, 118) Wenz, 119) Wieland, 120) Wimmer, 121) Wirth, 122) Witzlsperger, 123) Wörle, 124) Wolfram, 125) Zimlich, 126) Zinner, 127) Zott.

Mit „Nein“ stimmt Niemand.

Entschuldigt sind die Herren Abgeordneten: 1) Aichbichler, 2) Bachmaier, 3) Bittner, 4) Brach, 5) Conrad, 6) Daiser, 7) Faulstich, 8) Flurschütz, 9) Friedel, 10) Joseph Huber, 11) Dr. Orterer, 12) Dr. Ratzinger, 13) Segitz, 14) Wildegger.

Beurlaubt sind die Herren Abgeordneten: 1) Grieninger, 2) Mahla, 3) Dr. Freiherr von Stauffenberg.

Nicht anwesend sind die Herren Abgeordneten: 1) Ecker, 2) Dr. Günther, 3) Krauß, 4) Liebl, 5) Lutz, 6) Moritz, 7) Ruedorffer, 8) Schöpf, 9) Seeberger, 10) Sinzinger, 11) Steininger, 12) Widmann, 13) Wießner.

Zwei Mandate sind erledigt.

Präsident: Meine Herren! Das Resultat der Abstimmung ist folgendes: S. 637.
Abgestimmt haben 127 Herren, sämmtliche mit „Ja."

Ich konstatire ausdrücklich, daß damit auch der Bestimmung des Tit. X § 7 der Verfassungsurkunde genügt ist.

8.

Beschluß.

(Beilage Nr. 1049 z. d. Verhandl. d. K. d. Abg. 1898 Bd. XVI S. 171 bis 174.)

Die Kammer der Abgeordneten S. 171.

an die

Kammer der Reichsräthe.

Die Kammer der Abgeordneten hat sich über den von der k. Staatsregierung unter'm 28. Januar lfd. Js. vorgelegten, anruhend mitfolgenden

Entwurf eines Gesetzes, das Unschädlichkeitszeugniß betreffend,

von ihrem XVII. (besonderen) Ausschusse in der heutigen Plenarsitzung*) Bericht erstatten lassen und nach hierüber gepflogener Berathung beschlossen,

dem Gesetzentwurfe in der aus der Anlage ersichtlichen Fassung die Zustimmung zu ertheilen.

Gefälliger Rückäußerung hierüber entgegensehend, besteht die Kammer der Abgeordneten mit ausgezeichnetster Hochachtung.

München, den 12. Mai 1898.

Der Präsident:
(gez.) **Dr. von Clemm.**

Der II. Schriftführer:
(gez.) Sinzinger.

Entwurf eines Gesetzes, S. 172.

das Unschädlichkeitszeugniß betreffend.

Im Namen Seiner Majestät des Königs.

Seine Königliche Hoheit Prinz Luitpold, des Königreichs Bayern Verweser, haben nach Vernehmung des Staatsraths mit Beirath und Zustimmung der Kammer der Reichsräthe und der Kammer der Abgeordneten und

---

*) Vgl. oben S. 187 ff.

S. 172. in Ansehung der Artikel 11 bis 13, 14a unter Beobachtung der in Tit. X § 7 der Verfassungsurkunde vorgeschriebenen Formen beschlossen und verordnen, was folgt:

Artikel 1.

Wird eine Theilfläche eines Grundstücks, das mit Hypotheken, Grundschulden, Rentenschulden oder Reallasten belastet ist, veräußert, so wird das Trennstück ohne Einwilligung der Berechtigten von den Belastungen frei, wenn von dem Amtsgerichte, bei welchem das Grundbuch für das Grundstück geführt wird, festgestellt ist, daß die Veräußerung für die Berechtigten unschädlich ist.

Artikel 2.

Die Feststellung der Unschädlichkeit darf nur erfolgen, wenn die durch die Veräußerung des Trennstücks entstehende Minderung des Werthes des Grundstücks im Verhältnisse zu dem Werthe des übrigen Theiles eine geringe ist, und ist davon abhängig zu machen, daß die Werthminderung in Geld oder durch ein anderes Grundstück ausgeglichen wird. Erstreckt sich die Belastung auf andere Grundstücke, so gelten diese im Verhältnisse zu dem Trennstücke mit dem übrigen Theile des Grundstücks zusammen als ein Grundstück.

Wird das Trennstück zu einem öffentlichen Zwecke unentgeltlich abgetreten, so wird auf die Werthminderung die Wertherhöhung angerechnet, die sich aus der dem öffentlichen Zwecke dienenden Anlage ergibt.

Die Ausgleichung der verhältnißmäßigen Werthminderung ist nicht erforderlich, wenn diese den Betrag von fünfzig Mark nicht übersteigt.

Artikel 3.

Soweit die Ausgleichung der Werthminderung in Geld erfolgt, muß der erforderliche Betrag zur Vertheilung unter die Berechtigten bei der Hinterlegungsstelle des Gerichtsbezirkes hinterlegt werden. Die Hinterlegung hat mit der Bestimmung zu geschehen, daß zur Rücknahme die Ermächtigung des Amtsgerichts erforderlich ist.

Soweit die Ausgleichung durch ein anderes Grundstück erfolgt, müssen die Rechte der Berechtigten auf dieses erstreckt werden.

Im Falle der unentgeltlichen Abtretung zu einem öffentlichen Zwecke muß mit der Ausführung der den Werth des Grundstücks erhöhenden Anlage begonnen sein.

Artikel 3a.

Zu dem Antrag auf Feststellung der Unschädlichkeit ist der Eigenthümer des Grundstücks berechtigt.

Der Antragsteller hat

1. das Grundstück zu bezeichnen und einen von der Messungsbehörde angefertigten Plan, in welchem das Trennstück ersichtlich gemacht ist, sowie den amtlichen Nachweis der Größe des Grundstücks und des Trennstücks vorzulegen;
2. den Betrag der durch die Veräußerung des Trennstücks entstehenden Werthminderung unter Vorlage der vorhandenen Belege anzugeben;
3. zu erklären, in welcher Weise die Werthminderung, soweit erforderlich, ausgeglichen werden soll, und im Falle der Ausgleichung durch ein anderes Grundstück dieses zu bezeichnen und dessen Belastung anzugeben.

Im Falle des Artikel 2 Abs. 2 ist die auf die Werthminderung anzurechnende Werthherhöhung unter Vorlage der vorhandenen Belege anzugeben und glaubhaft zu machen, daß mit der Ausführung der Anlage begonnen ist. S. 172.

Artikel 4

der Regierungsvorlage fällt aus.

Artikel 5.

Das Amtsgericht hat nach Vornahme der erforderlichen Ermittelungen über den Antrag Beschluß zu fassen.

Der Beschluß, durch welchen die Unschädlichkeit festgestellt wird (Unschädlichkeitszeugniß), hat, soweit die Ausgleichung der Werthminderung in Geld erfolgen soll, die Angabe des zu hinterlegenden Betrags, soweit sie durch ein Grundstück erfolgen soll, die Bezeichnung des Grundstücks und die Angabe der Belastungen zu enthalten, welche den auf das Grundstück zu erstreckenden Rechten im Range vorgehen dürfen. Die Angabe von Grunddienstbarkeiten, die nach Artikel 187 des Einführungsgesetzes zum Bürgerlichen Gesetzbuch der Eintragung nicht bedürfen, ist nicht erforderlich.

Im Falle des Artikel 3 Abs. 3 ist anzugeben, daß mit der Ausführung der Anlage begonnen ist.

Artikel 5a.

Das Unschädlichkeitszeugniß kann außer dem Falle des Artikel 2 Abs. 3 ohne Ausgleichung der Werthminderung ertheilt werden, wenn die Berechtigten von dem Amtsgericht aufgefordert worden sind, innerhalb einer Frist von einem Monate zu erklären, ob sie auf der Ausgleichung bestehen, und nicht vor dem Ablaufe der Frist erklärt haben, daß sie die Ausgleichung verlangen.

Berechtigte, die nicht im Grundbuch eingetragen sind, werden nur berücksichtigt, wenn sie Erben eines eingetragenen Berechtigten sind oder wenn ihre Rechte angemeldet und auf Verlangen des Amtsgerichts glaubhaft gemacht sind.

Artikel 5b.

Wird die gerichtliche Aufforderung der Berechtigten beantragt, so kann sich der Antragsteller die Erklärung darüber, in welcher Weise die Werthminderung ausgeglichen werden soll, vorbehalten, bis einer der Berechtigten die Ausgleichung verlangt hat.

Die Aufforderung muß die Mittheilung, daß die Feststellung der Unschädlichkeit bevorsteht, die Angabe der Größe des Trennstücks und des Betrags der Werthminderung enthalten; als Rechtsnachtheil ist den Berechtigten anzudrohen, daß die Unschädlichkeit ihnen gegenüber ohne Ausgleichung der Werthminderung festgestellt werden würde.

Ist die Mittheilung an einen Berechtigten nicht thunlich, so ist die an ihn zu richtende Aufforderung an die Gerichts‖tafel anzuheften und einmal S. 173. in das für die Bekanntmachungen des Amtsgericht bestimmte Blatt einzurücken. Das Gleiche gilt, wenn ein Berechtigter gestorben und der Erbe dem Amtsgerichte nicht bekannt ist. Die Erklärungsfrist beginnt mit dem Ablauf von zwei Wochen seit der Einrückung.

In dem Unschädlichkeitszeugnisse sind die Berechtigten zu bezeichnen, denen gegenüber die Ausgleichung der Werthminderung nicht erforderlich ist.

S. 173. Artikel 6.

Die Feststellung der Unschädlichkeit kann nicht im Wege der Beschwerde angefochten werden.

Artikel 7.

Das Unschädlichkeitszeugniß ersetzt die Bewilligung der Berechtigten zu der Löschung ihrer Rechte an dem Trennstücke.

Die Wirksamkeit des Unschädlichkeitszeugnisses tritt in den Fällen des Artikel 5 Abs. 2 nicht vor der Hinterlegung oder der Erstreckung der Rechte auf das andere Grundstück ein.

Im Falle des Artikel 5a ist das Unschädlichkeitszeugniß nur wirksam, wenn die Unschädlichkeit ohne Ausgleichung gegenüber allen Berechtigten festgestellt ist, welche zur Zeit der lastenfreien Abschreibung des Trennstücks im Grundbuch eingetragen sind.

Artikel 7a.

Wird das Trennstück von einer Hypothek, Grundschuld oder Rentenschuld befreit, so ist zur lastenfreien Abschreibung des Trennstücks die Vorlegung des Hypotheken-, Grundschuld- oder Rentenschuldbriefs und bei einer Hypothek für die Forderung aus einer Schuldverschreibung auf den Inhaber, aus einem Wechsel oder einem anderen Papiere, das durch Indossament übertragen werden kann, die Vorlegung der Urkunde nicht erforderlich.

Artikel 8.

Ist ein Geldbetrag zur Vertheilung unter die Berechtigten hinterlegt, so hat das Amtsgericht diesen die Hinterlegung mit der Aufforderung mitzutheilen, innerhalb einer Frist von einem Monate zu erklären, ob sie auf der Vertheilung des hinterlegten Betrags bestehen; als Rechtsnachtheil ist den Berechtigten anzudrohen, daß die Unterlassung der Erklärung als Verzicht auf die Rechte an dem hinterlegten Betrag angesehen werden würde. Die Vorschriften des Artikel 5a Abs. 2, des Artikel 5b Abs. 3 und des Art. 7 Abs. 3 finden Anwendung.

Wird die Vertheilung nicht verlangt, so ist der Eigenthümer zur Rücknahme des hinterlegten Betrags zu ermächtigen.

Ist die im Artikel 5a erfolgte Aufforderung erfolgt, die Unschädlichkeit aber vor dem Ablaufe der Erklärungsfrist festgestellt worden, so gilt der Ablauf der Erklärungsfrist als Verzicht auf die Rechte an dem hinterlegten Betrage, wenn nicht der Berechtigte vorher erklärt, daß er auf der Ausgleichung der Werthminderung bestehe.

Artikel 9.

Der zu vertheilende Betrag tritt für die Berechtigten an die Stelle des Trennstücks.

Auf die Vertheilung des hinterlegten Betrags unter die Berechtigten finden die für die Vertheilung des Erlöses im Falle der Zwangsversteigerung von Grundstücken geltenden Vorschriften entsprechende Anwendung. Die Vertheilung ist erst zulässig, wenn die lastenfreie Abschreibung des Trennstücks im Grundbuch erfolgt ist.

Artikel 10.

Ist das Grundstück mit einem Vorkaufsrechte belastet, das sich nicht auf den Fall der ersten Veräußerung beschränkt, so finden auf die Befreiung des

Trennstücks von dem Vorkaufsrechte die Vorschriften der Artikel 1 bis 7 entsprechende Anwendung. Die Ausgleichung der Werthminderung in Geld ist ausgeschlossen. S. 173.

Erfolgt die Veräußerung des Trennstücks im Wege des Verkaufs, so darf die Unschädlichkeit erst festgestellt werden, wenn der Berechtigte von dem ihm für diesen Veräußerungsfall zustehenden Vorkaufsrechte keinen Gebrauch macht.

Artikel 11.

Bei Familienfideikommissen, landwirthschaftlichen Erbgütern, Lehen und allodifizirten Lehen finden die Vorschriften der Artikel 3 bis 5*), 6 und des Artikel 7 Abs. 1, 2 auf die Befreiung des Trennstücks von den Rechten der Anwärter oder der Anerben entsprechende Anwendung. Fideikommißschulden stehen den Hypotheken gleich.

Für die Veräußerung eines einzelnen Grundstücks gilt das Gleiche, wie für die Veräußerung eines Trennstücks.

Zur Ausgleichung der Werthminderung kann gegenüber den Anwärtern oder den Anerben und den Fideikommißgläubigern auch die Forderung auf den Kaufpreis dienen, wenn das veräußerte Trennstück an erster Stelle hinter den zur Zeit der Veräußerung bestehenden Belastungen mit einer Hypothek für die Forderung belastet ist. Auf die Forderung oder den zu hinterlegenden Geldbetrag sind die von der Abtrennung betroffenen Rechte zu erstrecken.

Bei Familienfideikommissen ist zur Feststellung der Unschädlichkeit das Fideikommißgericht zuständig.

Artikel 12.

Die Vorschriften der Artikel 1 bis 11 finden auf die Aufhebung eines dem jeweiligen Eigenthümer des Grundstücks an einem anderen Grundstücke zustehenden Rechtes entsprechende Anwendung.

Artikel 13.

Die Vorschriften der Artikel 1 bis 12 gelten auch für Verfügungen, die vor dem Inkrafttreten dieses Gesetzes erfolgt sind.

Artikel 14.

Soll ein abgebranntes Gebäude auf einem anderen Grundstücke wieder aufgebaut werden, so wird die Entschädigungssumme von den Rechten der Hypotheken-, Grundschuld- und Rentenschuldgläubiger ohne Einwilligung der Gläubiger frei, wenn von dem Amtsgerichte, bei welchem das Grundbuch für das belastete Grundstück geführt wird, festgestellt ist, daß der Wiederaufbau auf dem anderen Grundstücke für die Gläubiger unschädlich ist.

Die Feststellung der Unschädlichkeit darf nur erfolgen, wenn die Rechte der Gläubiger in der bestehenden Rangordnung sich auf das andere Grundstück erstrecken oder auf dieses erstreckt werden. Ist das Grundstück mit Rechten belastet, welche den Rechten der Gläubiger im Range vorgehen, so darf die Feststellung erfolgen, wenn die vorhergehenden Belastungen durch den Werth, den das Grundstück als Baustelle hat, offenbar gedeckt werden.

Die Vorschriften des Artikel 3a Abs. 1, 2, des Artikel 5 Abs. 1, 2, des Artikel 6 und des Artikel 7 Abs. 1, 2 finden entsprechende Anwendung.

---

*) Richtig: „Artikel 1 bis 5“.

S. 174.

Artikel 14a.

Der Anspruch auf die Entschädigung für die im öffentlichen Interesse erfolgende Entziehung, Beschädigung oder Benützung eines Grundstücks, der Theilfläche eines solchen oder eines Zubehörstücks, Beschränkung des Eigenthums oder Entziehung oder Beschränkung eines Rechtes der im Artikel 12 bezeichneten Art wird von den Rechten Dritter frei, wenn von dem im Artikel 1 und Artikel 11 Abs. 4 bezeichneten Gerichte festgestellt ist, daß die Befreiung für die Berechtigten unschädlich ist.

Die Befreiung des Anspruchs steht der Aufhebung eines Rechtes der im Artikel 12 bezeichneten Art gleich.

Artikel 15.

Bis zu dem Zeitpunkt, in welchem das Grundbuch als angelegt anzusehen ist, ist für die Feststellung der Unschädlichkeit in den Landestheilen rechts des Rheins, unbeschadet der Vorschrift des Artikel 11 Abs. 4, das Amtsgericht, bei welchem das Hypothekenbuch für das Grundstück geführt wird, in der Pfalz das Amtsgericht, in dessen Bezirke das Grundstück belegen ist, zuständig.

Soweit es nach Artikel 5a Abs. 2, Artikel 7 Abs. 3 und Artikel 9 Abs. 2 Satz 2 auf Eintragungen im Grundbuch ankommt, treten in den Landestheilen rechts des Rheins an deren Stelle die entsprechenden Eintragungen im Hypothekenbuch.

In der Pfalz gelten als Hypotheken auch die Vorzugsrechte und als eingetragene Rechte diejenigen, welche im Hypothekenregister eingeschrieben sind. Der Antragsteller hat einen Hypothekenauszug vorzulegen; die Ergänzung des Auszugs ist erforderlichen Falles durch das Amtsgericht zu veranlassen. Die Ausgleichung der Werthminderung durch ein anderes Grundstück findet nicht statt. Die Vorschriften des Artikel 7 Abs. 3, des Artikel 9 Abs. 2 Satz 2 und des Artikel 14 bleiben außer Anwendung. Besteht wegen einer durch ein Vorzugsrecht gesicherten Forderung auch ein Auflösungsrecht, so erlischt in Ansehung des Trennstücks mit dessen Befreiung von dem Vorzugsrecht auch das Auflösungsrecht.

Artikel 16.

Die Vorschriften dieses Gesetzes finden keine Anwendung auf die Bodenzinse, für welche die Vorschriften des Artikel 15 des Gesetzes vom 28. April 1872, die Grundentlastung betreffend, gelten.

Artikel 17.

Für die Entscheidung, einschließlich des Verfahrens, über Anträge auf Feststellung der Unschädlichkeit werden drei Zehntheile der Sätze des § 8 des Reichs-Gerichtskostengesetzes bis zum Meistbetrage von zwanzig Mark erhoben.

Erfolgt die Veräußerung oder die Aufhebung eines Rechtes unentgeltlich zu einem öffentlichen Zwecke, so kommt die im Abs. 1 bestimmte Gebühr nicht in Ansatz.

Für das Vertheilungsverfahren nach Artikel 9 gelten in Ansehung der Gebühren und Auslagen dieselben Vorschriften wie für das Vertheilungsverfahren im Falle der Zwangsenteignung.

9.

Antrag des Reichsrathes von Küffner*) an den besonderen Ausschuß für Gegenstände der Rechtspflege der Kammer der Reichsräthe zu dem Entwurf eines Gesetzes, das Unschädlichkeitszeugniß betreffend.

(Verhandl. d. K. d. Reichsräthe 1897/98 Beil.=Bd. VII Nr. 212 S. 644.)

Derselbe wolle der Hohen Kammer der Reichsräthe empfehlen, dem Gesetzentwurfe so wie er aus der Berathung der Kammer der Abgeordneten hervorgegangen ist, die Zustimmung zu ertheilen. S. 644.

München, den 18. Mai 1898.

von Küffner, Referent.

9a.

Protokoll

des

besonderen Ausschusses der Kammer der Reichsräthe für Gegenstände der Rechtspflege

über den

Entwurf eines Gesetzes, das Unschädlichkeitszeugniß betreffend.

(Verhandl. d. K. d. Reichsräthe 1897/98 Beil.=Bd. VII Nr. 225 S. 672 bis 682.)

München, den 20. Mai 1898. S. 672.

Gegenwärtig die Herren Reichsräthe:

Graf Fugger von Glött, Ritter von Küffner, Referent, von Auer, Vorstand, Dr. Ritter von Bechmann, Sekretär, Ritter von Haßler, Freiherr von Soden=Fraunhofen, Dr. Ritter von Schmitt, || Ritter von Maffei. S. 673.

Der Herr I. Präsident Graf von Lerchenfeld=Köfering.

Der Herr II. Präsident von Fries.

Von Seite des k. Staatsministeriums:

Der k. Staatsminister der Justiz Dr. Freiherr von Leonrod.

Der k. Senatspräsident Dr. Ritter von Jacubezky.

In der Generaldiskussion erörterte der Herr Referent den Zweck des Gesetzes und bemerkte, daß er nicht nur mit den Grundgedanken desselben einverstanden sei, sondern auch vorläufig keine Abänderungsvorschläge zu stellen habe.

---

*) Zur Berichterstattung über den Gesetzentwurf wurde vom besonderen Ausschusse der Kammer der Reichsräthe für Gegenstände der Rechtspflege in der Sitzung vom 11. März 1898 der Reichsrath Ritter von Küffner gewählt. (Vergl. Prot. dieses Ausschusses v. 11. März 1898 in Verhandl. d. K. d. Reichsräthe 1897/98 Beil.=Bd. VII Nr. 138 S. 450, 451.)

In Beilage Nr. 199 der Verhandl. d. K. d. Reichsräthe 1897/98 Beil.=Bd. VII S. 607 bis 619 findet sich der oben S. 227 ff. Nr. 8 abgedruckte Beschluß vom 12. Mai 1898.

S. 673. Seine Excellenz der Herr Staatsminister der Justiz betonte, daß eine unveränderte Annahme bei der gegenwärtigen Geschäftslage wünschenswerth erscheine, weil das Nichtzustandekommen des Gesetzes in dieser Session Nachtheile zur Folge haben würde.

Dem gegenüber betonte Seine Excellenz der Herr erste Präsident im Namen der Kammer die vollständige Gleichberechtigung derselben als gesetzgebender Faktor und die dieser Gleichberechtigung nicht entsprechende Lage, welche dadurch entstehe, daß wichtige oder schwierige Gesetzesvorlagen, zu deren Erledigung die Kammer der Abgeordneten mehrere Monate (im vorliegenden Falle nahezu fünf Monate) Zeit gehabt habe, nunmehr im letzten Stadium der Landtagssession heraufgelangen; diese unverschuldete Lage könne die Kammer
S. 674. der Reichsräthe nicht abhalten, ihre gesetz || geberischen Rechte und Pflichten im vollen Umfange auszuüben. Dieser Erklärung traten mehrere Ausschußmitglieder bei; Herr Reichsrath Freiherr von Soden betonte insbesondere, daß diese Situation vermieden werden könnte, wenn die k. Staatsregierung nicht alle Gesetzesvorlagen zuerst an die Kammer der Abgeordneten brächte.

Der Spezialdiskussion wurde im allseitigen Einverständnisse die Vorlage der Kammer der Abgeordneten zu Grunde gelegt.

Zu Art. 1 lag folgender Abänderungsvorschlag Seiner Excellenz des Herrn Reichsrathes Dr. von Schmitt vor:

„Auf Antrag des Eigenthümers eines mit rc. belasteten Grundstücks kann für den Fall, daß von dem Grundstück eine Theilfläche veräußert wird (Trennstück), die Bewilligung der Berechtigten zur Löschung ihrer Rechte an dem Trennstück durch die richterliche Feststellung ersetzt werden, daß die Löschung für die Berechtigten unschädlich ist.“ (Unschädlichkeitszeugniß.)

Eventuell sei statt des Wortes „Veräußerung“ zu setzen „Rechtsveränderung“ oder „Lastenbefreiung“ oder „lastenfreie Veräußerung“.

Der Herr Antragsteller begründete diesen Antrag unter Darlegung der vorzugsweise formellen Verschiedenheit desselben von der Vorlage. Die k. Staatsregierung erklärte sich in ausführlicher Darstellung dagegen, wie auch Herr Reichsrath von Auer, während Herr Reichsrath von Bechmann sich dahin aussprach, daß er der Schmitt'schen Fassung vorbehaltlich des
S. 675. Ersatzes des Wortes „Löschung“ || durch das Wort „Veräußerung“ oder „Rechtsveränderung“ den Vorzug geben würde.

Die Abstimmung ergab bei Stimmengleichheit Ablehnung des Schmitt'schen Antrages, worauf der Artikel 1 in der Fassung der Vorlage einstimmig angenommen wurde.

Ein von Herrn Reichsrath Dr. von Schmitt vorgeschlagener Artikel 1a, welcher vorzugsweise bestimmt war, an die Stelle des Art. 15 Abs. 1 der Vorlage zu treten und welcher lautet:

„Die Feststellung erfolgt im Wege der freiwilligen Gerichtsbarkeit durch das Amtsgericht, bei welchem das Hypothekenbuch, und von der Zeit an, zu welcher das Grundbuch als angelegt anzusehen ist, dieses für das Grundstück geführt wird, in der Pfalz bis zu der bezeichneten Zeit durch das Amtsgericht, in dessen Bezirk das Grundstück belegen ist —“

wurde, nachdem sich die k. Staatsregierung dagegen erklärt hatte, mit allen Stimmen gegen diejenige des Herrn Antragstellers abgelehnt.

Zu Art. 2 lag folgender Abänderungsvorschlag des nämlichen Herrn S. 675.
Reichsrathes vor:

„Die Feststellung der Unschädlichkeit darf nur erfolgen, wenn die durch Veräußerung des Trennstückes entstehende Minderung des Umfanges und des Werthes des Grundstücks im Verhältnisse zu dem Umfange und dem Werthe des übrigen Theils eine geringe ist."

„Die Feststellung ist davon abhängig zu machen, || daß die Werth- S. 676.
minderung in Geld oder durch ein anderes Grundstück ausgeglichen wird."

„Erstreckt sich die Belastung u. s. w."

(wie Entwurf)

„Wird das Trennstück u. s. w."

(wie Entwurf),

welcher, abgesehen von einigen redaktionellen Aenderungen, hauptsächlich bezweckte, durch Wiedereinsetzung des „Umfangs" neben dem „Werthe" des Grundstückes, sowie durch Beseitigung des von der Kammer der Abgeordneten in Absatz 3 eingesetzten Wortes „verhältnißmäßig" die Regierungsvorlage wiederherzustellen.

Außerdem lag folgender Abänderungsvorschlag Seiner Excellenz des Herrn ersten Präsidenten vor:

I. Abs. 1 Satz 1.
Es seien die Worte: „in Geld oder" einzusetzen, so daß es heißt: „oder in Geld durch ein anderes Grundstück."

II. Satz 2.
Erstreckt sich die auf dem Grundstück ruhende Belastung auf andere Grundstücke, so gelten diese für die Beurtheilung der Werthminderung mit dem übrigen Theile des Grundstücks als ein Grundstück.

III. Abs. 2.
Wird das Trennstück zum Zwecke einer Anlage abgetreten, welche für den übrigen Theil eine Werthserhöhung ergibt, so wird diese Werthser || höhung auf die Werthsminderung angerechnet, sofern die S. 677.
Ausführung der Anlage gesichert ist.

IV. Abs. 3 zu streichen.

Nach eingehender Diskussion wurden die letzterwähnten Anträge, gegen die sich die k. Staatsregierung erklärt hatte, abgelehnt.

Bezüglich des Absatzes 3 sprachen sich auch der Herr Referent für einfache Streichung aus.

Hiernächst wurde der Artikel 2 einstimmig in folgender Fassung angenommen:

„Die Feststellung der Unschädlichkeit darf nur erfolgen, wenn die durch die Veräußerung des Trennstückes entstehende Minderung des Umfangs und des Werthes des Grundstückes im Verhältnisse zu dem Umfang und dem Werthe des übrigen Theiles eine geringe ist; sie ist davon abhängig zu machen, daß die Werthminderung in Geld oder durch ein anderes Grundstück ausgeglichen wird. Erstreckt sich die Belastung auf andere Grundstücke, so gelten diese im Verhältnisse zum Trennstücke mit dem übrigen Theile des Grundstückes zusammen als ein Grundstück."

Wird das Trennstück u. s. w.

(übereinstimmend mit der Regierungsvorlage bis zum Schlusse).

S. 677. Der von Herrn Reichsrath Dr. von Schmitt als Ersatz des Absatzes 3 vorgeschlagene Artikel 2a, welcher lautet:

S. 678. „Die Ausgleichung ist nicht erforderlich, wenn die ‖ Werthminderung zehn Prozent des Gesammtwerthes des ganzes Grundstücks und den Betrag von fünfzig Mark, im Fall des Artikel 2 Absatz 4 nach Abrechnung der Wertherhöhung, nicht übersteigt, oder wenn sämmtliche Berechtigte gemäß Artikel .... als auf die Ausgleichung verzichtend zu gelten haben —"

war zuvor mit allen Stimmen gegen diejenige des Herrn Antragstellers abgelehnt. worden.

Fortgesetzt Samstag, den 21. Mai, Vormittags 9 Uhr.

Entschuldigt Herr Reichsrath Freiherr von Soden-Fraunhofen.

Der Artikel 3 der Vorlage wurde, nachdem von Seiten der k. Staatsregierung die gewünschten Erläuterungen ertheilt worden waren und eine vom Herrn ersten Präsidenten gegebene Anregung, die Absätze 1 und 2 umzustellen und im Absatze 3 statt „begonnen" zu setzen „muß die Ausführung gesichert sein", keine weitere Folge gefunden hatte, einstimmig angenommen.

Zu Artikel 3a Absatz 1 und 2 lag der folgende Abänderungsvorschlag des Herrn Reichsraths Dr. von Schmitt vor:

Abs. 1 Streichung;

Abs. 2 dahin zu fassen:

Der Antragsteller hat insbesondere:

1. einen beglaubigten Auszug aus dem Grundsteuerkataster für das Grundstück und im Falle der Ausgleichung mit einem anderen Grundstück
S. 679. auch ‖ für dieses, sowie einen von der Messungsbehörde angefertigten Plan, in welchem das Trennstück ersichtlich gemacht und dessen Größe bezeichnet ist, vorzulegen.
2. Wie Entwurf.
3. Wie Entwurf, doch unter Abstrich der Worte „dieses zu bezeichnen und".

Der Absatz 1 dieses Antrages ist bereits durch die zu Artikel 1 erfolgte Abstimmung erledigt, der Absatz 2 wurde mit allen Stimmen gegen diejenige des Herrn Antragstellers abgelehnt.

Auf Anfrage des Herrn Reichsrathes Dr. von Bechmann gab der Vertreter der k. Staatsregierung folgende Erläuterung ab:

1. das Erforderniß, daß der Antrag vom Eigenthümer gestellt werde, sei keine materiellrechtliche Voraussetzung, sondern nur eine solche des Verfahrens;
2. für den Nachweis des Eigenthums des Antragstellers seien künftighin die Bestimmungen des Grundbuchrechts und für die Uebergangszeit noch das bisherige Recht maßgebend.

Im Uebrigen wurde auch noch auf die ergänzenden Bestimmungen des Reichsgesetzes über die freiwillige Gerichtsbarkeit verwiesen.

Außerdem wurde als übereinstimmende Ansicht konstatirt, daß unter dem Eigenthümer auch der Eigenthümer eines bereits früher abgetrennten Grund-
S. 680. stückes zu ver ‖ stehen sei, was bei der rückwirkenden Kraft des Gesetzes (Artikel 13) als selbstverständlich bezeichnet wurde.

Zu Artikel 5 wurde von Seiten des Herrn ersten Präsidenten die S. 680.
Aufnahme eines dem Artikel 15 des Gesetzes über die Flurbereinigung entsprechenden und auf die Grunddienstbarkeiten bezüglichen Zusatzes befürwortet. Nachdem sich jedoch die k. Staatsregierung gegen einen solchen Zusatz, der nicht zu dem Zwecke des vorliegenden Gesetzes passe, ausgesprochen hatte, wurde dieser Anregung eine weitere Folge nicht gegeben und der Artikel 5 selbst unverändert und einstimmig angenommen.

Ebenso wurden die Artikel 5a, 5b und 6 einstimmig angenommen.

Zu Artikel 7 Abs. 1 erklärte der Vertreter der k. Staatsregierung auf eine Anfrage des Reichsrathes Dr. von Bechmann, daß zwar weder nach dem künftigen Grundbuchrechte noch nach dem diesrheinischen Hypothekenrechte eine Löschungsbewilligung erforderlich sei, vielmehr der durch das Unschädlichkeitszeugniß als eine öffentliche Urkunde geführte Nachweis der Rechtsänderung genüge, daß aber für die Uebergangszeit eine solche von den Hypothekenbewahrern in der Pfalz werde verlangt werden.

Da die Löschungsbewilligung hier nur formelle Bedeutung habe und nach § 29 der Grundbuchordnung dem Nachweise durch öffentliche Urkunde gleichwerthig sei, so könne immerhin der Art. 7 Abs. 1, den erst die Kammer der Abgeordneten eingesetzt habe, stehen bleiben.

Dagegen wurde von Seiten des genannten Herrn Reichsrathes geltend gemacht, daß diese Vorschrift für das || diesseitige Bayern schon jetzt und für S. 681.
die Zeit, nachdem das Grundbuch für angelegt erklärt sein werde, zu Mißverständnissen führen könne.

Demgemäß wurde mit 4 gegen 3 Stimmen beschlossen, den Abs. 1 zu streichen und eine entsprechende Bestimmung in Art. 15 Abs. 3 als drittletzten Satz aufzunehmen.

Im Uebrigen wurde der Artikel einstimmig angenommen.

Artikel 7a wurde ebenfalls angenommen, desgleichen Art. 8 mit der sich aus dem Beschlusse zu Art. 7 ergebenden Veränderung, daß im Abs. 1 zu setzen ist „Artikel 7 Abs. 2“.

Artikel 9 wurde einstimmig angenommen.

Gegen Artikel 10 sprach sich Herr Reichsrath Dr. von Schmitt als überflüssig aus, für die Aufrechthaltung desselben Herr Reichsrath von Haßler.

Der Artikel wurde mit 4 gegen 3 Stimmen angenommen.

In Artikel 11 Abs. 1 wurden die Citate dahin richtig gestellt, daß es heißen muß: „Der Artikel 1 bis 5, 6 und des Artikel 7 Abs. 1.“

Artikel 12 und 13 wurden angenommen und zwar einstimmig, nachdem Seine Excellenz der Herr Justizminister noch besonders auf die Tragweite und Wichtigkeit des Artikel 13 hingewiesen hatte.

Dem ersten Satze des Artikels 14 Abs. 1 wurde folgende nur redaktionell abweichende Fassung gegeben:

„Soll zum Ersatz eines abgebrannten Gebäudes auf einem anderen Grundstück ein Gebäude errichtet werden“, u. s. w.

Außerdem wurde konstatirt, daß im Absatz 3 das Citat zu lauten habe: S. 682.
Artikel 7 Abs. 1.

Der Artikel 14a wurde von Herrn Reichsrath Dr. von Schmitt als nicht in dieses Gesetz, sondern in das allgemeine Ausführungsgesetz bezw. in ein Zwangsenteignungsgesetz gehörend bezeichnet.

Nachdem sich die k. Staatsregierung gegen diese Auffassung ausgesprochen hatte, wurde der Artikel mit allen gegen die Stimme des genannten Herrn Reichsraths angenommen.

*

S. 682. Zu Artikel 15 wurde als einstimmige Ansicht des Ausschusses unter Zustimmung der k. Staatsregierung konstatirt, daß sich die Anfangsworte „bis zu dem Zeitpunkte" auf den gesammten Inhalt der drei Absätze beziehen.

Außerdem wurde beschlossen, im dritten Absatze als drittletzten Satz den oben gestrichenen Artikel 7 Abs. 1 einzusetzen.

Endlich wurde konstatirt, daß das Citat im Absatz 2 und im letzten Absatze zu lauten habe „Artikel 7 Abs. 2". Im Uebrigen wurde der Artikel einstimmig angenommen, ebenso die Artikel 16, 17, sowie Ueberschrift und Eingang des Gesetzes.

Hiernächst wurde einstimmig beschlossen, daß die bisherigen provisorischen Beschlüsse als definitive zu betrachten seien, und sodann der hiernach abgeänderte Gesetzentwurf in namentlicher Abstimmung einstimmig angenommen.

Geschlossen und unterzeichnet.

(Folgen die Unterschriften.)

10.

Stenographisches Protokoll

der

neunundvierzigsten öffentlichen Plenarsitzung der Kammer der Reichsräthe vom 26. Mai 1898.

(Verhandl. d. K. d. Reichsräthe 1898 Prot.-Bd. VII S. 460 bis 488.)

Der Herr zweite Präsident: . . . . . .

Wir gehen nun über zum nächsten Punkt der Tagesordnung: S. 460.

Mündlicher Bericht des besonderen Ausschusses für Gegenstände der Rechtspflege über den Entwurf eines Gesetzes, das Unschädlichkeitsgesetz betreffend.*)

Ich bitte den Herrn Referenten, die allgemeine Diskussion einzuleiten. Er hat das Wort.

Herr Reichsrath Ritter von Küffner als Referent:

Meine Hohen Herren! Es kann als allgemein bekannt vorausgesetzt werden, daß nach dem dermaligen bayerischen Hypothekgesetz die Abschreibung eines ganz geringen Grundstücktheils von einem noch so großen Besitzthum ohne vorherige Bewilligung aller Gläubiger nicht bethätigt werden kann, was meist einen erheblichen Zeitaufwand und Kosten zur Folge hat. Es ist nun auch in Bayern schon in einzelnen bestimmten Fällen gesetzlich vorgesehen, daß Aenderungen an Hypothekenobjekten durch Verkauf, Vertauschung, Zertrümmerung oder Abtrennung einer Grundfläche ohne Zustimmung der Hypothekgläubiger oder sonstigen Berechtigten stattfinden können, wenn durch die Aenderung unter Anderem eine Schädigung der betroffenen Rechte nicht hervorgerufen wird.

Für den gewöhnlichen Verkehr ist aber, man darf sagen, „merkwürdigerweise" eine Beseitigung des erwähnten Mißstandes noch nicht eingetreten, es wird vielmehr erst jetzt || dafür Sorge getragen, daß überhaupt eine lastenfreie S. 461.
Abtrennung ohne Einwilligung der Berechtigten als zulässig erklärt werden soll, wenn sie für letztere unschädlich ist.

Ein solches Vorgehen liegt vorzugsweise im Interesse der Landeskultur und ist ermöglicht durch Art. 120 Abs. 1 des Einführungsgesetzes zum Bürgerlichen Gesetzbuch, welcher für die Fälle der Veräußerung eines Grundstücktheils den Landesgesetzgebungen die Ausstellung eines Unschädlichkeitszeugnisses zu dem Behufe überläßt, diesen Theil von der Belastung des Grundstückes zu befreien. Der Gesetzentwurf ist jetzt in Vorlage gebracht worden, damit bei der Anlegung des Grundbuches von dem seinerzeitigen Gesetze Gebrauch gemacht

*) Wie auf Anfrage mitgetheilt wurde, wird der Bericht selbst erst geraume Zeit später in den Beilagenbänden zu den Verhandlungen der Kammer der Reichsräthe zum Abdrucke kommen. Um die Ausgabe dieser Lieferung nicht zu lange zu verzögern, wird der Bericht in einem Nachtrag erscheinen. Der Nachtrag erhält die Nr. 9 und die Seitenzahlen 232 a, b u. s. w., um die Einbindung vor Nr. 10 und S. 233 zu ermöglichen.

S. 461. werden kann, und schon hieraus ergibt sich, daß er mit dem einen gleichen Zweck verfolgenden Gesetzentwurfe über die Vorbereitung der Anlegung des Grundbuches in den Landestheilen diesseits des Rheins in einem engeren Zusammenhang steht.

Der Gesetzentwurf wurde im Ausschusse der Kammer der Abgeordneten im Allgemeinen sympathisch begrüßt, dagegen sogleich bei der Generaldiskussion hinsichtlich einiger Punkte heftig bekämpft.

In Folge dessen fanden bei der Spezialdiskussion mannigfache Aenderungen und Verschiebungen des Entwurfes mit Zustimmung und selbst auf den Vorschlag der k. Staatsregierung statt, woraus derselbe ohne weitere Anfechtung in seiner jetzigen Gestalt hervorgegangen ist.

Prinzipiell wurden auch in Ihrem Ausschuß gegen den Gesetzentwurf
S. 462. keine Bedenken erhoben und außerdem be‖schlossen, ihn nach Maßgabe seines neuen Aufbaues der Einzelberathung zu unterziehen.

Es darf dem Hohen Hause wohl ein gleiches Vorschreiten empfohlen werden.

(Der Herr erste Präsident übernehmen den Vorsitz.)

Der Herr erste Präsident:

Die allgemeine Diskussion ist eröffnet.

Wenn Niemand von den Hohen Herren das Wort nimmt, ist dieselbe geschlossen.

Wir treten ein in die Spezialdiskussion und ich darf wohl die Zustimmung der k. Staatsregierung voraussetzen, daß die Beschlüsse der Kammer der Abgeordneten zur Grundlage für unsere Spezialdiskussion genommen werden.

Eine Erinnerung besteht nicht.

Ich setze Ueberschrift und Eingang zum Gesetzentwurf zurück und lade den Herrn Referenten ein, über Art. 1 zu referiren.

Herr Reichsrath Ritter von Küffner als Referent.

Art. 1 lautet:

> Wird eine Theilfläche eines Grundstücks, das mit Hypotheken, Grundschulden, Rentenschulden oder Reallasten belastet ist, veräußert, so wird das Trennstück ohne Einwilligung der Berechtigten von den Belastungen frei, wenn von dem Amtsgerichte, bei welchem das
> S. 463. Grundbuch für das Grundstück geführt‖wird, festgestellt ist, daß die Veräußerung für die Berechtigten unschädlich ist.

Die mehrfach wiederholte Hinweisung, nicht Antragstellung, wegen Aufnahme der „Grunddienstbarkeiten“ unter die angeführten Belastungen wurde nach einer hauptsächlich aus §§ 1023 und 1026 des Bürgerlichen Gesetzbuches mit Art. 187 des Einführungsgesetzes dazu entnommenen Bestreitung von anderer Seite, insbesondere der k. Staatsregierung, schließlich nicht weiter verfolgt.

Ebenso wurde sich mit der — zuerst gerügten — Unterlassung einer Ausdehnung auf das Ewiggeld in Berücksichtigung der Zugehörigkeit desselben zu den Reallasten sofort zufrieden gegeben. Als zutreffend wurde erachtet, daß wenn auszutauschende Grundstücke in mehreren Grundbuchbezirken liegen, jedes Amtsgericht für die in seinem Bezirke gelegenen das Zeugniß zu ertheilen hat.

Der Herr erste Präsident: S. 463.

Zu Art. 1 wird nicht weiter das Wort verlangt.

Wenn eine Abstimmung nicht verlangt wird, darf ich wohl annehmen, daß vorläufig demselben die Zustimmung ertheilt worden ist.

Art. 2.

Herr Referent!

Herr Reichsrath Ritter von Küffner als Referent:

Art. 2.

> Die Feststellung der Unschädlichkeit darf nur erfolgen, wenn die durch die Veräußerung des Trenn‖stücks entstehende Minderung des S. 464.
> Werthes des Grundstücks im Verhältnisse zu dem Werthe des übrigen Theiles eine geringe ist, und ist davon abhängig zu machen, daß die Werthminderung in Geld oder durch ein anderes Grundstück ausgeglichen wird. Erstreckt sich die Belastung auf andere Grundstücke, so gelten diese im Verhältnisse zu dem Trennstücke mit dem übrigen Theile des Grundstücks zusammen als ein Grundstück.
>
> Wird das Trennstück zu einem öffentlichen Zwecke unentgeltlich abgetreten, so wird auf die Werthminderung die Wertherhöhung angerechnet, die sich aus der dem öffentlichen Zwecke dienenden Anlage ergibt.
>
> Die Ausgleichung der verhältnißmäßigen Werthminderung ist nicht erforderlich, wenn diese den Betrag von fünfzig Mark nicht übersteigt.

Dieser Artikel hat Eingangs zu Abs. 1 eine redaktionelle Aenderung durch Beifügung des schon im Regierungsentwurf gestandenen Wortes „Umfanges" erfahren, sowie durch Ersatz des Wortes „und" durch „sie", so daß er nunmehr lautet:

> Die Feststellung der Unschädlichkeit darf nur erfolgen, wenn die durch die Veräußerung des Trennstücks entstehende Minderung des Umfanges und des Werthes des Grundstücks im Verhältnisse zu dem Umfange und dem Werthe des übrigen Theiles eine geringe ist; sie ist davon abhängig zu machen u. s. w.

In Absatz 3 wurde das Wort „verhältnißmäßig" gestrichen, dessen Hinweglassung die Regierung in den Ausschuß‖verhandlungen der Kammer der S. 465.
Abgeordneten deßhalb begutachtet hatte, weil es nicht nur überflüssig sei, sondern auch zu falscher Auffassung und damit zu Verwirrungen führen könne, was Seitens des Ausschusses als richtig anerkannt wurde.

Der Herr erste Präsident:

Eine Erinnerung gegen Art. 2 ist nicht erhoben. Ich bringe den Art. 2, wie solcher aus der Fassung des Ausschusses hervorgegangen, zur Abstimmung und lade diejenigen Hohen Herren ein, welche den beiden Aenderungen des Absatzes 1 Ihre Zustimmung ertheilen wollen, sich von den Sitzen zu erheben.

(Die Hohen Herren erheben sich.)

Der Absatz 1 ist in der Fassung des Ausschusses angenommen.

Ich muß nun auch zu dem Absatz 3 des Art. 2, in welchem durch den Ausschußbeschluß das Wort „verhältnißmäßig" gestrichen worden ist, den

S. 465. Beschluß des Hohen Hauses mir erbitten und ersuche diejenigen Hohen Herren, welche den Absatz 3 des Art. 2 unter Hinweglassung des Wortes „verhältnißmäßig" annehmen wollen, sich von den Sitzen zu erheben.

(Die Hohen Herren erheben sich.)

Ist so angenommen.

Ich bitte nun fortzufahren mit Art. 3.

Herr Referent!

S. 466 Herr Reichsrath Ritter von Küffner als Referent:

Art. 3 mit folgendem Wortlaute:

„Soweit die Ausgleichung der Werthminderung in Geld erfolgt, muß der erforderliche Betrag zur Vertheilung unter die Berechtigten bei der Hinterlegungsstelle des Gerichtsbezirkes hinterlegt werden. Die Hinterlegung hat mit der Bestimmung zu geschehen, daß zur Rücknahme die Ermächtigung des Amtsgerichts erforderlich ist.

Soweit die Ausgleichung durch ein anderes Grundstück erfolgt, müssen die Rechte der Berechtigten auf dieses erstreckt werden.

Im Falle der unentgeltlichen Abtretung zu einem öffentlichen Zwecke muß mit der Ausführung der den Werth des Grundstücks erhöhenden Anlage begonnen sein,"

wurde von Seite Ihres Ausschusses nicht beanstandet.

Der Herr erste Präsident:

Eine Erinnerung wird nicht erhoben, eine Abstimmung nicht verlangt; es gilt dem Art. 3 vorläufig zugestimmt.

Art. 3a.

Herr Referent!

Herr Reichsrath Ritter von Küffner als Referent:

Art. 3a hat den Inhalt:

„Zu dem Antrag auf Feststellung der Unschädlichkeit ist der Eigenthümer des Grundstücks berechtigt.

S. 467. Der Antragsteller hat

1. das Grundstück zu bezeichnen und einen von der Messungsbehörde angefertigten Plan, in welchem das Trennstück ersichtlich gemacht ist, sowie den amtlichen Nachweis der Größe des Grundstücks und des Trennstücks vorzulegen;
2. den Betrag der durch die Veräußerung des Trennstücks entstehenden Werthminderung unter Vorlage der vorhandenen Belege anzugeben;
3. zu erklären, in welcher Weise die Werthminderung, soweit erforderlich, ausgeglichen werden soll, und im Falle der Ausgleichung durch ein anderes Grundstück dieses zu bezeichnen und dessen Belastung anzugeben.

Im Falle des Art. 2 Abs. 2 ist die auf die Werthminderung anzurechnende Wertherhöhung unter Vorlage der vorhandenen Belege

anzugeben und glaubhaft zu machen, daß mit der Ausführung der S. 467.
Anlage begonnen ist.

Hiezu gab die Anfrage eines Ausschußmitgliedes in Bezug auf Satz 1 der k. Staatsregierung zu der Erklärung Anlaß:

1. das Erforderniß, daß der Antrag vom Eigenthümer gestellt werde, sei keine materiell rechtliche Voraussetzung, sondern nur eine solche des Verfahrens,
2. für den Nachweis des Eigenthumes des Antragstellers seien künftighin die Bestimmungen des Grundbuchrechts und für die Uebergangszeit das bisherige Recht maßgebend.

Außerdem wurde als übereinstimmende Ansicht konstatirt, daß unter dem S. 468.
Eigenthümer im Hinblick auf die rückwirkende Kraft des Gesetzes, welche bei Art. 13 erwähnt werden wird, auch der Eigenthümer eines bereits früher abgetrennten Grundstückes zu verstehen sei.

Der Herr erste Präsident:

Eine Erinnerung besteht nicht, es wird also vorläufig die Zustimmung zu diesem Art. 3a konstatirt.

Art. 4 der Regierungsvorlage ist durch die Beschlüsse der Kammer der Abgeordneten in Wegfall gekommen.

Art. 5.

Herr Referent!

Herr Reichsrath Ritter von Küffner als Referent:

Art. 5.

„Das Amtsgericht hat nach Vornahme der erforderlichen Ermittelungen über den Antrag Beschluß zu fassen.

Der Beschluß, durch welchen die Unschädlichkeit festgestellt wird (Unschädlichkeitszeugniß), hat, soweit die Ausgleichung der Werthminderung in Geld erfolgen soll, die Angabe des zu hinterlegenden Betrags, soweit sie durch ein Grundstück erfolgen soll, die Bezeichnung des Grundstücks und die Angabe der Belastungen zu enthalten, welche den auf das Grundstück zu erstreckenden Rechten im Range vorgehen dürfen. Die Angabe von Grunddienstbarkeiten, ‖ die nach Art. 187 S. 469.
des Einführungsgesetzes zum Bürgerlichen Gesetzbuch der Eintragung nicht bedürfen, ist nicht erforderlich.

Im Falle des Art. 3 Abs. 3 ist anzugeben, daß mit der Ausführung der Anlage begonnen ist."

Dieser Artikel bildet mit den zwei nächstfolgenden Artikeln den hauptsächlichen Gegenstand der zur Erzielung besseren Zusammenhanges, leichterer Uebersicht und auch allgemeinen Verständnisses eingehend gemachten Abänderungs-Vorschläge zu dem ursprünglichen Gesetzentwurfe.

Von Ihrem Ausschusse wurde dagegen keine Erinnerung erhoben.

Der Herr erste Präsident:

Eine Erinnerung erfolgt auch hier nicht; es gilt dem Art. 5 als vorläufig zugestimmt.

S. 469. Art. 5a.

Herr Referent!

Herr Reichsrath Ritter von Küffner als Referent:

Für Art. 5a:

„Das Unschädlichkeitszeugniß kann außer dem Falle des Art. 2 Abs. 3 ohne Ausgleichung der Werthminderung ertheilt werden, wenn die Berechtigten von dem Amtsgericht aufgefordert worden sind, innerhalb einer Frist von einem Monate zu erklären, ob sie auf der Ausgleichung
S. 470. bestehen, und ‖ nicht vor dem Ablaufe der Frist erklärt haben, daß sie die Ausgleichung verlangen.

Berechtigte, die nicht im Grundbuch eingetragen sind, werden nur berücksichtigt, wenn sie Erben eines eingetragenen Berechtigten sind oder wenn ihre Rechte angemeldet und auf Verlangen des Amtsgerichts glaubhaft gemacht sind"

gilt das zu Art 5 Gesagte.

Der Herr erste Präsident:

Eine Erinnerung erfolgt nicht.

Art. 5b.

Herr Referent!

Herr Reichsrath Ritter von Küffner als Referent:

Zu Art. 5b:

„Wird die gerichtliche Aufforderung der Berechtigten beantragt, so kann sich der Antragsteller die Erklärung darüber, in welcher Weise die Werthminderung ausgeglichen werden soll, vorbehalten, bis einer der Berechtigten die Ausgleichung verlangt hat.

Die Aufforderung muß die Mittheilung, daß die Feststellung der Unschädlichkeit bevorsteht, die Angabe der Größe des Trennstücks und des Betrags der Werthminderung enthalten; als Rechtsnachtheil ist den Berechtigten anzudrohen, daß die Unschädlichkeit ihnen gegenüber ohne Ausgleichung der Werthminderung festgestellt werden würde.

S. 471. Ist die Mittheilung an einen Berechtigten nicht thunlich, so ist die an ihn zu richtende Aufforderung an die Gerichtstafel anzuheften und einmal in das für die Bekanntmachungen des Amtsgerichts bestimmte Blatt einzurücken. Das Gleiche gilt, wenn ein Berechtigter gestorben und der Erbe dem Amtsgerichte nicht bekannt ist. Die Erklärungsfrist beginnt mit dem Ablauf von zwei Wochen seit der Einrückung.

In dem Unschädlichkeitszeugnisse sind die Berechtigten zu bezeichnen, denen gegenüber die Ausgleichung der Werthminderung nicht erforderlich ist"

greift dieselbe Bemerkung und Behandlung, wie zu den vorigen beiden Artikeln, Platz.

Der Herr erste Präsident:

Eine Erinnerung erfolgt auch hier nicht. Es gilt Art. 5b für genehmigt.

Wir gehen über zu Art. 6. S. 471.

Herr Referent!

Herr Reichsrath Ritter von Küffner als Referent:

Art. 6.

„Die Feststellung der Unschädlichkeit kann nicht im Wege der Beschwerde angefochten werden,“

hat nur eine Bedeutung gegenüber den Berechtigten, welchen nach dem Zwecke der ganzen Einrichtung, nämlich ihre Zustimmung durch das gerichtliche Zeugniß zu ersetzen, ‖ außer dem Rechte zur Abgabe von Erinnerungen S. 472. auch das Beschwerderecht entzogen werden soll. Der Eigenthümer dagegen sieht sich regelmäßig nicht in die Lage versetzt, sich über die Feststellung der Unschädlichkeit beschweren zu müssen; abgesehen von dem Falle, daß dieselbe etwa unter einer anderen oder höheren als der von ihm angebotenen Werthausgleichung bewilligt wird. Denn auch ein derartiger Ausspruch steht einer Abweisung des von ihm gestellten Antrages gleich, wogegen ihm das Beschwerderecht gewahrt bleiben muß.

Der Herr erste Präsident:

Eine Erinnerung gegen Art. 6 ist nicht erhoben. Es gilt demselben für vorläufig zugestimmt.

Art. 7.

Herr Referent!

Herr Reichsrath Ritter von Küffner als Referent:

Art. 7.

Das Unschädlichkeitszeugniß ersetzt die Bewilligung der Berechtigten zu der Löschung ihrer Rechte an dem Trennstücke.

Die Wirksamkeit des Unschädlichkeitszeugnisses tritt in den Fällen des Art. 5 Abs. 2 nicht vor der Hinterlegung oder der Erstreckung der Rechte auf das andere Grundstück ein.

Im Falle des Art. 5a ist das Unschädlichkeitszeugniß nur wirksam, wenn die Unschädlichkeit ohne ‖ Ausgleichung gegenüber allen Berechtigten festgestellt ist, welche zur Zeit der lastenfreien Abschreibung des Trennstücks im Grundbuch eingetragen sind. S. 473.

Zu Abs. 1 dieses Artikels erklärte der Vertreter der k. Staatsregierung auf die Anfrage eines Ausschußmitgliedes, daß zwar weder nach dem künftigen Grundbuchrechte, noch nach dem jetzigen Hypothekenrechte eine Löschungsbewilligung erforderlich sei, vielmehr der durch das Unschädlichkeitszeugniß als eine öffentliche Urkunde geführte Nachweis der Rechtsänderung genüge, daß aber für die Uebergangszeit eine solche von den Hypothekenbewahrern in der Pfalz werde verlangt werden.

Da die Löschungsbewilligung hier nur formelle Bedeutung habe und nach § 29 der Grundbuchordnung dem Nachweise durch öffentliche Urkunde gleichwerthig sei, so könne immerhin der Art. 7 Abs. 1, den erst die Kammer der Abgeordneten eingesetzt habe, stehen bleiben, und zwar, wie ich noch hinzufügen darf, umsomehr, als derselbe allgemeine Wirkung gehabt und sich daher auch auf die Pfalz bezogen hätte.

S. 473. Von dem betreffenden Ausschußmitgliede wurde geltend gemacht, daß diese Vorschrift für das diesseitige Bayern schon jetzt und für die Zeit, nachdem das Grundbuch für angelegt erklärt sein werde, zu Mißverständnissen führen könne und darnach mit Stimmenmehrheit beschlossen, daß Abs. 1 zu streichen und eine entsprechende Bestimmung in Artikel 15 Abs. 3 als dritter Satz aufzunehmen sei. Im Uebrigen wurde zu diesem Artikel keine Erinnerung erhoben.

S. 474. Der Herr erste Präsident:

Ich stelle nunmehr die Frage, ob das Hohe Haus dem Antrage Ihres Ausschusses, hier Absatz 1 zu streichen, und denselben in Art. 15 Abs. 3 zu versetzen, zustimmen will. Ich ersuche diejenigen Hohen Herren, welche so beschließen wollen, sich von den Sitzen zu erheben.

(Die Hohen Herren erheben sich.)

Es ist zugestimmt.

Wir können nun zu Artikel 7a übergehen.

Herr Reichsrath Ritter von Küffner als Referent:

Artikel 7a.

„Wird das Trennstück von einer Hypothek, Grundschuld oder Rentenschuld befreit, so ist zur lastenfreien Abschreibung des Trennstücks die Vorlegung des Hypotheken-, Grundschuld- oder Rentenschuldbriefs und bei einer Hypothek für die Forderung aus einer Schuldverschreibung auf den Inhaber, aus einem Wechsel oder einem anderen Papiere, das durch Indossament übertragen werden kann, die Vorlegung der Urkunde nicht erforderlich,"

ist nicht weiter beanstandet worden und hat es daher bei demselben sein Verbleiben.

Der Herr erste Präsident:

Eine Erinnerung erfolgt nicht; es gilt auch hier für zugestimmt.

Art. 8.

Herr Referent!

S. 475. Herr Reichsrath von Küffner als Referent:

Art. 8.

„Ist ein Geldbetrag zur Vertheilung unter die Berechtigten hinterlegt, so hat das Amtsgericht diesen die Hinterlegung mit der Aufforderung mitzutheilen, innerhalb einer Frist von einem Monate zu erklären, ob sie auf der Vertheilung des hinterlegten Betrags bestehen; als Rechtsnachtheil ist den Berechtigten anzudrohen, daß die Unterlassung der Erklärung als Verzicht auf die Rechte an dem hinterlegten Betrag angesehen werden würde. Die Vorschriften des Art. 5a Abs. 2, des Art. 5b Abs. 3 und des Art. 7 Abs. 3 finden Anwendung.

Wird die Vertheilung nicht verlangt, so ist der Eigenthümer zur Rücknahme des hinterlegten Betrags zu ermächtigen.

Ist die im Art. 5a bestimmte Aufforderung erfolgt, die Unschädlichkeit aber vor dem Ablaufe der Erklärungsfrist festgestellt worden, so gilt der Ablauf der Erklärungsfrist als Verzicht auf die Rechte an dem hinterlegten Betrage, wenn nicht der Berechtigte vorher erklärt, daß er auf der Ausgleichung der Werthminderung bestehe" S. 475.

blieb erinnerungslos, jedoch ergibt sich nunmehr aus dem Beschluß zu Art. 7 die Modifikation, daß in Abs. 1 zu setzen ist „Art. 7 Abs. 2 statt 3".

Der Herr erste Präsident: S. 476.

Ich glaube, daß, nachdem diese Aenderung lediglich eine Konsequenz des Beschlusses der Hohen Kammer zu Art. 7 ist, ich eine Abstimmung über diese Aenderung nicht vorzunehmen habe.

Art. 9.

Herr Referent!

Herr Reichsrath Ritter von Küffner als Referent:

Art. 9.

„Der zu vertheilende Betrag tritt für die Berechtigten an die Stelle des Trennstücks.

Auf die Vertheilung des hinterlegten Betrags unter die Berechtigten finden die für die Vertheilung des Erlöses im Falle der Zwangsversteigerung von Grundstücken geltenden Vorschriften entsprechende Anwendung. Die Vertheilung ist erst zulässig, wenn die lastenfreie Abschreibung des Trennstücks im Grundbuch erfolgt ist"

hat lediglich die Konstatirung hervorgerufen, daß, wenn vorgängige Berechtigte auf ihren Antheil am hinterlegten Betrag verzichtet haben, der oder die Uebrigbleibenden auf dessen Empfang im vollen Umfang Anspruch machen können.

Der Herr erste Präsident:

Eine Erinnerung erfolgt nicht. Gilt dem Art. 9 vorläufig für zugestimmt.

Das Wort zu Art. 10 hat der Herr Referent.

Herr Reichsrath Ritter von Küffner als Referent: S. 477.

Zu Artikel 10:

„Ist das Grundstück mit einem Vorkaufsrechte belastet, das sich nicht auf den Fall der ersten Veräußerung beschränkt, so finden auf die Befreiung des Trennstücks von dem Vorkaufsrechte die Vorschriften der Art. 1 bis 7 entsprechende Anwendung. Die Ausgleichung der Werthminderung in Geld ist ausgeschlossen.

Erfolgt die Veräußerung des Trennstücks im Wege des Verkaufs, so darf die Unschädlichkeit erst festgestellt werden, wenn der Berechtigte von dem ihm für diesen Veräußerungsfall zustehenden Vorkaufsrechte keinen Gebrauch macht"

ist vorerst zu bemerken, daß derartige Vorkaufsrechte bisher in Bayern wenigstens zu keiner erheblichen Ausdehnung gelangt sind. Dieses wurde auch in der Kammer der Abgeordneten betont und daraus der Schluß gezogen, daß ein solches Vorkaufsrecht kaum einer besonderen Sicherung bedürfe. Von Seite

S. 477. der k. Staatsregierung wurde letztere Anschauung nicht getheilt, vielmehr darauf beharrt, daß gerade dann, wenn nach § 1097 des Bürgerlichen Gesetzbuches ein Vorkaufsrecht für mehrere oder für alle Verkaufsfälle bestellt wurde, eine Sicherung des Berechtigten gegen die durch eine Abtrennung eintretende Werthminderung nothwendig erscheine. Die gerichtliche, nicht aber gütliche Ausgleichung der Werthminderung durch Geld wurde deßhalb ausgeschlossen,
S. 478. weil der Nachtheil des Berechtigten in Geld unter Umständen gar nicht ausdrückbar ist.

Die Zulässigkeit der gerichtlichen Ausgleichung durch ein anderes Grundstück ergibt sich aber schon aus dem durch obiges Verbot geschaffenen Gegensatze. Nach § 504 des Bürgerlichen Gesetzbuches kann das Vorkaufsrecht, wie auch schon der Name besagt, durch einen Kaufvertrag des Pflichtigen mit einem Dritten ausgeglichen*) werden, nicht aber bei anderweiter Veräußerung des Grundstückes, z. B. durch Tausch, Schenkung u. s. w.

Schließlich wurde von Ihrem Ausschuß der ganze Art. 10 mit Stimmenmehrheit angenommen.

Der Herr erste Präsident:

Eine Erinnerung erfolgt nicht.

Ich darf annehmen, daß von Seite des Hohen Hauses dem Art. 10 vorläufig zugestimmt sein will.

Art. 11.

Das Wort hat der Herr Referent.

Herr Reichsrath Ritter von Küffner als Referent:

Art. 11.

„Bei Familienfideikommissen, landwirthschaftlichen Erbgütern, Lehen und allodifizirten Lehen finden die Vorschriften der Art. 3 bis 5, 6 und des Art. 7 Abs. 1, 2 auf die Befreiung des Trennstücks von den
S. 479. Rechten der Anwärter oder der Anerben ent || sprechende Anwendung. Fideikommißschulden stehen den Hypotheken gleich.

Für die Veräußerung eines einzelnen Grundstücks gilt das Gleiche, wie für die Veräußerung eines Trennstücks.

Zur Ausgleichung der Werthminderung kann gegenüber den Anwärtern oder den Anerben und den Fideikommißgläubigern auch die Forderung auf den Kaufpreis dienen, wenn das veräußerte Trennstück an erster Stelle hinter den zur Zeit der Veräußerung bestehenden Belastungen mit einer Hypothek für die Forderung belastet ist. Auf die Forderung oder den zu hinterlegenden Geldbetrag sind die von der Abtrennung betroffenen Rechte zu erstrecken.

Bei Familienfideikommissen ist zur Feststellung der Unschädlichkeit das Fideikommißgericht zuständig"

bezieht sich nur auf die Fideikommisse im Sinne der VII. Beilage zur Verfassungsurkunde und greift nicht Platz bei den Gütern des ehemals reichsunmittelbaren (reichsritterschaftlichen) Adels.

---

*) Muß wohl heißen: „ausgeübt".

In Abs. 1 wurden die Citate dahin richtig gestellt, daß es heißen muß „der Art. 1 bis 5, 6 und des Art. 7 Abs. 1". Anderweitige Bedenken wurden nicht erhoben. S. 479.

Der Herr erste Präsident:

Eine Erinnerung gegen diesen Art. 11 wird nicht erhoben; ich glaube auch, daß ich denselben nicht zur Abstimmung zu bringen habe, da nur eine Richtigstellung der angeführten Artikel durch den Ausschuß erfolgt ist.

Wir können daher zu Art. 12 übergehen. S. 480.

Ich gebe das Wort dem Herrn Referenten.

Herr Reichsrath Ritter von Küffner als Referent:

Gegen Art. 12

> „Die Vorschriften der Art. 1 bis 11 finden auf die Aufhebung eines dem jeweiligen Eigenthümer des Grundstücks an einem anderen Grundstücke zustehenden Rechtes entsprechende Anwendung"

ist nichts zu erinnern.

Der Herr erste Präsident:

Gegen Art. 12 ist eine Erinnerung nicht erhoben worden.

Wir kommen zu Art. 13.

Das Wort hat der Herr Referent.

Herr Reichsrath Ritter von Küffner als Referent:

Art. 13.

> „Die Vorschriften der Art. 1 bis 12 gelten auch für Verfügungen, die vor dem Inkrafttreten dieses Gesetzes erfolgt sind"

veranlaßte keine Bemerkungen.

Der Herr erste Präsident:

Eine Erinnerung erfolgt nicht.

Wir kommen zu Art. 14.

Das Wort hat der Herr Referent.

Herr Reichsrath Ritter von Küffner als Referent: S. 481.

Art. 14.

> „Soll ein abgebranntes Gebäude auf einem anderen Grundstücke wiederaufgebaut werden, so wird die Entschädigungssumme von den Rechten der Hypotheken-, Grundschuld- und Rentenschuldgläubiger ohne Einwilligung der Gläubiger frei, wenn von dem Amtsgerichte, bei welchem das Grundbuch für das belastete Grundbuch geführt wird, festgestellt ist, daß der Wiederaufbau auf dem anderen Grundstücke für die Gläubiger unschädlich ist.
>
> Die Feststellung der Unschädlichkeit darf nur erfolgen, wenn die Rechte der Gläubiger in der bestehenden Rangordnung sich auf das andere Grundstück erstrecken oder auf dieses erstreckt werden. Ist das

S. 481. Grundstück mit Rechten belastet, welche den Rechten der Gläubiger im Range vorgehen, so darf die Feststellung erfolgen, wenn die vorgehenden Belastungen durch den Werth, den das Grundstück als Baustelle hat, offenbar gedeckt werden.

Die Vorschriften des Artikels 3a Abs. 1, 2, des Artikels 5 Abs. 1, 2, des Artikels 6 und des Artikels 7 Abs. 1, 2 finden entsprechende Anwendung."

Dieser Artikel erhält in Abs. 1 nur folgende redaktionelle Aenderung:

„Soll zum Ersatz eines abgebrannten Gebäudes auf einem anderen Grundstück ein Gebäude errichtet werden."

S. 482. Zweck des ganzen Artikels ist, die in Art. 120 Abs. 2 Nr. 3 des Einführungsgesetzes zum Bürgerlichen Gesetzbuch zugelassene Befreiung der Brandversicherungssumme von den in § 1128 des Bürgerlichen Gesetzbuches bestimmten Rechten der Gläubiger herbeizuführen. Auf andere Berechtigte erstreckt sich der Artikel ebensowenig wie die Vorschrift des Bürgerlichen Gesetzbuches.

Bei Absatz 3 mußte wieder das letzte Citat „Art. 7 Abs. 1" geändert, die Zahl 2 also gestrichen werden.

Der Herr erste Präsident:

Eine Erinnerung erfolgt nicht gegen diesen Artikel Ich bringe denselben wegen der redaktionellen Aenderung im Abs. 1 zur Abstimmung und ersuche diejenigen Hohen Herren, welche für diese Abänderung stimmen wollen, wie sie der Ausschuß vorschlägt, sich von den Sitzen zu erheben.

(Die Hohen Herren erheben sich.)

Der Abänderung in Art. 14 ist zugestimmt.

Es kommt nun Art. 14a.

Herr Referent!

Herr Reichsrath Ritter von Küffner als Referent:

Zu Art. 14a:

„Der Anspruch auf die Entschädigung für die im öffentlichen Interesse erfolgende Entziehung, Beschädigung oder Benützung eines Grundstücks, der Theilfläche eines solchen oder eines Zubehörstücks,
S. 483. Beschränkung des Eigenthums oder Entziehung oder Beschränkung eines Rechtes der im Art. 12 bezeichneten Art wird von den Rechten Dritter frei, wenn von dem im Art. 1 und Art. 11 Abs. 4 bezeichneten Gerichte festgestellt ist, daß die Befreiung für die Berechtigten unschädlich ist.

Die Befreiung des Anspruchs steht der Aufhebung eines Rechtes der im Art. 12 bezeichneten Art gleich"

wurde von einem Ausschußmitgliede Streichung beantragt, weil der Artikel nicht in dieses Gesetz, sondern in das allgemeine Ausführungsgesetz beziehungsweise in ein Zwangsenteignungsgesetz gehöre. Die k. Staatsregierung trat jedoch dieser Anschauung entgegen, und darnach wurde von den übrigen Ausschußmitgliedern Art. 14a in seiner dermaligen Fassung angenommen.

Der Herr erste Präsident:

Eine Erinnerung erfolgt nicht; eine Abstimmung wird nicht verlangt. Ich nehme an, daß vorläufig dem Art. 14a zugestimmt ist.

Ich mache aufmerksam, daß bezüglich der fünf Artikel, Art. 11, 12, 13 und 14a, die Bestimmung des Tit. X § 7 der Verfassungsurkunde bei der Abstimmung über das ganze Gesetz maßgebend sein wird. S. 483.

Wir können nun zu Art. 15 übergehen.

Das Wort hat der Herr Referent.

Herr Reichsrath Ritter von Küffner als Referent: S. 484.

Zu Art. 15:

„Bis zu dem Zeitpunkt, in welchem das Grundbuch als angelegt anzusehen ist, ist für die Feststellung der Unschädlichkeit in den Landestheilen rechts des Rheins, unbeschadet der Vorschrift des Art. 11 Abs. 4, das Amtsgericht, bei welchem das Hypothekenbuch für das Grundstück geführt wird, in der Pfalz das Amtsgericht, in dessen Bezirke das Grundstück belegen ist, zuständig.

Soweit es nach Art. 5a Abs. 2, Art. 7 Abs. 3 und Art. 9 Abs. 2 Satz 2 auf Eintragungen im Grundbuch ankommt, treten in den Landestheilen rechts des Rheins an deren Stelle die entsprechenden Eintragungen im Hypothekenbuch.

In der Pfalz gelten als Hypotheken auch die Vorzugsrechte und als eingetragene Rechte diejenigen, welche im Hypothekenregister eingeschrieben sind. Der Antragsteller hat einen Hypothekenauszug vorzulegen; die Ergänzung des Auszugs ist erforderlichen Falles durch das Amtsgericht zu veranlassen. Die Ausgleichung der Werthminderung durch ein anderes Grundstück findet nicht statt. Die Vorschriften des Art. 7 Abs. 3, des Art. 9 Abs. 2 Satz 2 und des Art. 14 bleiben ausser Anwendung. Besteht wegen einer durch ein Vorzugsrecht gesicherten Forderung auch ein Auflösungsrecht, so erlischt in Ansehung des Trennstücks mit dessen Befreiung von dem Vorzugsrecht S. 485. auch das Auflösungsrecht"

wurde zunächst als einstimmige Anschauung des Ausschusses unter Zustimmung der Staatsregierung festgestellt, daß sich die Eingangsworte „bis zu dem Zeitpunkte ꝛc." auf den Gesammtinhalt des Artikels erstrecken.

Außerdem wurde in Ausführung des Beschlusses zu Art. 7 dessen früherer Absatz 1:

„Das Unschädlichkeitszeugniß ersetzt die Bewilligung der Berechtigten zu der Löschung ihrer Rechte an dem Trennstücke"

nunmehr in Art. 15 Abs. 3 nach dem dritten Satz eingeschaltet.

Endlich wurde die Aenderung des Citats in Abs. 2 und in Abs. 3, lautend Art. 7 Abs. 3 in „Art. 7 Abs. 2" zum Vollzug gebracht.

Der Herr erste Präsident:

Ich nehme an, daß in Konsequenz des zu Art. 7 gefaßten Beschlusses der Abs. 1 dieses Artikels nach dem dritten Satz in Art. 15 Abs. 3 eingefügt werden will, und daß die beiden Citate: „Art. 7 Abs. 3" im 2. und 3. Absatz in „Art. 7 Abs. 2" umgewandelt werden sollen.

Wir können nunmehr zu Art. 16 übergehen.

Herr Referent!

S. 486. Herr Reichsrath Ritter von Küffner als Referent:

Gegen Art. 16:

„Die Vorschriften dieses Gesetzes finden keine Anwendung auf die Bodenzinse, für welche die Vorschriften des Art. 15 des Gesetzes vom 28. April 1872, die Grundentlastung betreffend, gelten"

war nichts zu erinnern.

Der Herr erste Präsident:

Eine Erinnerung erfolgt nicht in dem Hohen Hause, es gilt für vorläufig zugestimmt.

Art. 17.

Das Wort hat der Herr Referent.

Herr Reichsrath Ritter von Küffner als Referent:

Art. 17.

„Für die Entscheidung, einschließlich des Verfahrens über Anträge auf Feststellung der Unschädlichkeit werden drei Zehntheile der Sätze des § 8 des Reichsgerichtskostengesetzes bis zum Meistbetrage von zwanzig Mark erhoben.

Erfolgt die Veräußerung oder die Aufhebung eines Rechtes unentgeltlich zu einem öffentlichen Zwecke, so kommt die im Abs. 1 bestimmte Gebühr nicht in Ansatz.

Für das Vertheilungsverfahren nach Art. 9 gelten in Ansehung
S. 487. der Gebühren und Auslagen dieselben || Vorschriften wie für das Vertheilungsverfahren im Falle der Zwangsenteignung"

blieb gleichfalls ohne Erinnerung.

Der Herr erste Präsident:

Der Herr Referent hat eine Erinnerung nicht zu erheben. Auch von Seite des Hohen Hauses erfolgt eine Erinnerung nicht. Es gilt auch diesem Artikel für vorläufig zugestimmt. Wir gehen nunmehr wieder zurück zur Ueberschrift und zum Eingang des Gesetzentwurfes.

Das Wort hat der Herr Referent.

Herr Reichsrath Ritter von Küffner als Referent:

Ich habe keine Erinnerung.

Der Herr erste Präsident:

Ich darf auch hier annehmen, daß vorläufig zugestimmt ist.

Wir kommen zur Abstimmung über das ganze Gesetz und zwar mit Bezug auf die von mir vorhin schon erwähnten 5 Artikel, nämlich Art. 11, Art. 12, Art. 13, Art. 14a unter der strengeren Vorschrift der Abstimmung nach Tit. X § 7 der Verfassungsurkunde.

Ich lade diejenigen Hohen Herren, welche gewillt sind, dem nunmehr aus der Detailberathung hervorgegangenen Gesetzentwurfe Ihre Zustimmung ertheilen zu wollen, mit „Ja", diejenigen, welche demselben Ihre Zustimmung versagen wollen, mit „Nein" zu stimmen.

(Folgt namentliche Abstimmung.)

S. 488. Der Gesetzentwurf ist einstimmig angenommen, und ich konstatire, daß die strengeren Vorschriften hier bei der Abstimmung eingehalten worden sind.

11.

Beschluß.

(Beilage Nr. 1114 z. d. Verhandl. d. K. d. Abg. 1898 Bd. XII S. 362, 363.)

Die Kammer der Reichsräthe
an die
Kammer der Abgeordneten.

Die Kammer der Reichsräthe hat über den ihr mit sehr geehrtem Schreiben S. 362.
vom 12. Mai lfd. Jrs. mitgetheilten, anruhend zurückfolgenden

Entwurf eines Gesetzes, das Unschädlichkeitszeugniß betreffend,

in ihrer heutigen Plenarsitzung Berathung gepflogen und beschlossen,

dem Gesetzentwurfe in der von der Kammer der Abgeordneten angenommenen Fassung mit nachstehenden Modifikationen die Zustimmung zu ertheilen:

1. Art. 2 Abs. 1 sei zu fassen wie folgt:

   Die Feststellung der Unschädlichkeit darf nur erfolgen, wenn die durch die Veräußerung des Trennstücks entstehende Minderung des Umfangs und des Werthes des Grundstücks im Verhältniß zu dem Umfang und dem Werthe des übrigen Theiles eine geringe ist; sie ist davon abhängig zu machen, daß die Werthminderung in Geld oder durch ein || anderes Grundstück ausgeglichen wird. Erstreckt S. 363.
   sich die Belastung auf andere Grundstücke, so gelten diese im Verhältnisse zum Trennstücke mit dem übrigen Theile des Grundstücks zusammen als ein Grundstück.

   In Abs. 3 dieses Artikels sei das Wort „verhältnißmäßigen" zu streichen.

2. Art. 7 Abs. 1 sei zu streichen.

3. In Art. 8 Abs. 1 sei das Citat „Artikel 7 Abs. 3" umzuändern in „Artikel 7 Abs. 2".

4. In Art. 11 Abs. 1 seien die Citate „Artikel 3 bis 5" in „Artikel 1 bis 5" und „Artikel 7 Abs. 1, 2" in „Artikel 7 Abs. 1" richtig zu stellen.

5. Art. 1 Satz 14 Abs. 1 sei zu fassen, wie folgt:

   Soll zum Ersatz eines abgebrannten Gebäudes auf einem anderen Grundstück ein Gebäude errichtet werden, u. s. w.

   In Abs. 3 dieses Artikels sei an dem Citat „Artikel 7 Abs. 1, 2" die Ziffer 2 zu streichen.

6. In Art. 15 Abs. 2 und 3 sei das Citat „Artikel 7 Abs. 3" umzuändern in Artikel 7 Abs. 2".

S. 363. In Abs. 3 dieses Artikels sei der oben gestrichene Art. 7 Abs. 1: „Das Unschädlichkeitszeugniß ersetzt die Bewilligung der Berechtigten zu der Löschung ihrer Rechte an dem Trennstücke", als drittletzter Satz einzusetzen.

Gefälliger Rückäußerung hierüber entgegensehend, besteht die Kammer der Reichsräthe mit ausgezeichnetster Hochachtung

München, den 26. Mai 1898.

Der I. Präsident:
(gez.) Graf **von Lerchenfeld.**

Der I. Sekretär:
(gez.) Graf von Drechsel.

12.

Stenographischer Bericht

über die

Verhandlungen der bayerischen Kammer der Abgeordneten.

Vierhunderteinundfünfzigste öffentliche Sitzung vom 1. Juni 1898.

(Stenogr. Berichte d. K. d. Abg. 1898 Bd. XII Nr. 451 S. 966.)

Die Sitzung wird um 9 Uhr 10 Minuten durch den Präsidenten Dr. von Clemm eröffnet.

S. 966. **Präsident:** Meine Herren! Ich eröffne die Sitzung. . . . . . .

Aus dem Einlaufe der Kammer habe ich Ihnen mitzutheilen: . . . . . .

Die Kammer der Reichsräthe
an die
Kammer der Abgeordneten.

Die Kammer der Reichsräthe hat über den ihr mit sehr geehrtem Schreiben vom 12. Mai lfd. Js. mitgetheilten, anruhend zurückfolgenden Entwurf eines Gesetzes, das Unschädlichkeitszeugniß betreffend, in ihrer heutigen Plenarsitzung Berathung gepflogen und beschlossen,

dem Gesetzentwurfe in der von der Kammer der Abgeordneten angenommenen Fassung mit nachstehenden Modifikationen die Zustimmung zu ertheilen:

1. Art. 2 Abs. 1 sei zu fassen, wie folgt:

Die Feststellung der Unschädlichkeit darf nur erfolgen, wenn die durch die Veräußerung des Trennstücks entstehende Minderung

des Umfangs und des Werthes des Grundstücks im Verhältnisse zu dem Umfang und dem Werthe des übrigen Theiles eine geringe ist; sie ist davon abhängig zu machen, daß die Werthminderung in Geld oder durch ein anderes Grundstück ausgeglichen wird. Erstreckt sich die Belastung auf andere Grundstücke, so gelten diese im Verhältnisse zum Trennstücke mit dem übrigen Theile des Grundstücks zusammen als ein Grundstück. S. 966.

In Abs. 3 dieses Artikels sei das Wort „verhältnißmäßigen" zu streichen.

2. Art. 7 Abs. 1 sei zu streichen.

3. In Art. 8 Abs. 1 sei das Citat „Artikel 7 Absatz 3" umzuändern in „Artikel 7 Abs. 2".

4. In Art. 11 Abs. 1 seien die Citate „Artikel 3 bis 5" in „Artikel 1 bis 5" und „Artikel 7 Abs. 1, 2" in „Artikel 7 Abs. 1" richtig zu stellen.

5. Art. 14 Abs. 1 Satz 1 sei zu fassen, wie folgt:

Soll zum Ersatz eines abgebrannten Gebäudes auf einem anderen Grundstück ein Gebäude errichtet werden u. s. w.

In Abs. 3 dieses Artikels sei an dem Citat „Artikel 7 Abs. 1, 2" die Ziffer 2 zu streichen.

6. In Art. 15 Abs. 2 und 3 sei das Citat „Artikel 7 Abs. 3" umzuändern in „Artikel 7 Abs. 2".

In Abs. 3 dieses Artikels sei der oben gestrichene Art. 7 Abs. 1: „Das Unschädlichkeitszeugniß ersetzt die Bewilligung der Berechtigten zu der Löschung ihrer Rechte an dem Trennstücke" als drittletzter Satz einzusetzen.

Gefälliger Rückäußerung hierüber entgegensehend, besteht die Kammer der Reichsräthe mit ausgezeichnetster Hochachtung.

München, den 26. Mai 1898.

Ich werde die weitere geschäftliche Behandlung dieser Rückäußerungen veranlassen.

Die Rückäußerung über den Gesetzentwurf, betreffend das Unschädlichkeitszeugniß, geht an den hiefür bestehenden Ausschuß. . . .

13.

Bericht

des XVII. (besonderen) Ausschusses der Kammer der Abgeordneten über den Entwurf eines Gesetzes, das Unschädlichkeitszeugniß betreffend.

(Beilage Nr. 1148 z. d. Verhandl. d. K. d. Abg. 1898 Bd. XVI S. 405, 406.)

München, den 3. Juni 1898.

S. 405. 1. Die Kammer der Reichsräthe hat in ihrer Sitzung vom 26. Mai lfd. Js. an dem oben bezeichneten Gesetzentwurfe, dem die Kammer der Abgeordneten am 12. Mai ds. Js. ihre Zustimmung nach den Ausschußvorschlägen ertheilt hatte, einige Aenderungen vorgenommen und wurden diese Aenderungen heute im Ausschusse mit nachstehendem Ergebnisse berathen.

1. Die Kammer der Reichsräthe hat in Artikel 2

a) in Abs. 1 das von der Kammer der Abgeordneten gestrichene Wort „Umfang", dem Entwurfe der k. Staatsregierung entsprechend, wieder eingefügt und damit bestimmt, daß die Unschädlichkeit nur festgestellt werden könne, wenn das Grundstück nur eine geringfügige Minderung nach Werth und Umfang erfährt und sohin das Trennstück selbst im Verhältnisse zu dem Grundstücke nur von geringem Werthe und Umfang ist.

Eine Verbesserung des Gesetzes liegt kaum in dieser Aenderung. Die k. Staatsregierung hat seinerzeit selbst anerkannt*), daß das Hauptgewicht auf die Geringfügigkeit der Werthminderung falle. Der Werth eines Grundstücks ist ein Produkt, das sich aus der Größe und Beschaffenheit des Grundstücks und anderer mitwirkenden Faktoren ergibt, und es hätte deßhalb genügt, die Geringfügigkeit des Werthes als eine Bedingung für die Feststellung der Unschädlichkeit zu erklären. Dadurch, daß nunmehr auch der Faktor des Umfanges für die Ausstellung des Zeugnisses bestimmend sein soll, wird dieselbe in allen Fällen ausgeschlossen sein, in denen ein schlecht bonitirter, sandiger, steiniger, sumpfiger oder sonst wenig nutzbarer Theil des Grundstücks, dessen Umfang im Verhältniß zum Umfang des übrigen Theiles des Grundstücks nicht geringfügig ist, veräußert werden will, obwohl den Berechtigten dadurch vielleicht weniger Nachtheil erwachsen würde, als durch die Veräußerung eines geringfügigen, aber gut bonitirten und nutzbaren Streifens. Indessen werden diese Fälle vielleicht nicht allzu häufig sein, und da auch in den preußischen Gesetzen die Geringfügigkeit des Werthes und des Umfanges die Voraussetzung für die Feststellung der Unschädlichkeit bildet, so wird zur Vermeidung von Weiterungen beantragt:

dem Beschlusse der Kammer der Reichsräthe beizutreten.

b) In Abs. 3 wurde das Wort „verhältnißmäßigen" gestrichen.

---

*) Vergl. oben S. 56 ff.

Die Gründe, welche für die Einschaltung dieses Wortes sprechen, sind S. 405.
im Ausschußberichte vom 3. Mai lfd. Js.*) eingehend erörtert. Die Möglichkeit, daß seine Streichung zu Mißverständnissen führen wird, ist nicht ausgeschlossen.

Unter der wiederholten Konstatirung, daß Abs. 3 und 1 des Artikels im Zusammenhalte aufgefaßt und ausgelegt werden müssen und daß deßhalb die Ausgleichung der Werthminderung bis zu 50 Mark nur dann nicht erforderlich ist, wenn diese bezüglich des Werthes und Umfanges des Trennstücks im Verhältnisse zu dem Werthe und Umfange des übrigen Theiles des Grundstücks eine geringe ist, wird indessen beantragt:

auch diesem Beschlusse der Kammer der Reichsräthe beizutreten.

2. Der Abs. 1 des Artikel 7, wornach das Unschädlichkeitszeugniß die Bewilligung der Berechtigten zu der Löschung ihrer Rechte an dem Trennstücke ersetzt, wurde von der Kammer der Reichsräthe hier gestrichen und dem Artikel 15 Abs. 3 eingefügt.

Hiegegen ist nichts zu erinnern, da die bezügliche Bestimmung nach dem rechtsrheinischen Hypothekenrecht überhaupt nicht und auch für die Pfalz nur bis zur Geltung des künftigen Grundbuchrechtes nothwendig ist, deßhalb aber einen lediglich transitorischen Charakter hat, weßhalb sie ihren Platz in Artikel 15 finden kann.

Daher wird beantragt:

der Streichung des Abs. 1 zuzustimmen.

3. Durch die Streichung des Artikels 7 Abs. 1 ergeben sich die folgenden Artikeländerungen in den Citaten und zwar:

in Artikel 8 Abs. 1:
Artikel 7 Abs. 2 statt Artikel 7 Abs. 3,
in Artikel 11 Abs. 1:
Artikel 7 Abs. 1 statt Artikel 7 Abs. 1, 2,
in Artikel 14 Abs. 3:
Artikel 7 Abs. 1 statt Artikel 7 Abs. 1, 2,
in Artikel 15 Abs. 2 und 3: immer
Artikel 7 Abs. 2 statt Artikel 7 Abs. 3.

Es wird beantragt:

diese Aenderungen der Citate gleichfalls zu genehmigen.

Außerdem ist im Artikel 11 Abs. 1 statt Artikel 3 bis 5 zu setzen:

Artikel 1 bis 5.

Auch hiezu wird Zustimmung beantragt.

4. Die Kammer der Reichsräthe hat endlich beschlossen, den Eingang des Artikel 14 Abs. 1, wie folgt, zu fassen:

„Soll zum Ersatz eines abgebrannten Gebäudes auf einem anderen Grundstück ein Gebäude errichtet werden" —

Diese Fassung ist logisch richtiger als die bisherige, auch schon im S. 406.
Ausschusse beanstandete Fassung:

„Soll ein abgebranntes Gebäude auf einem anderen Grundstück wieder aufgebaut werden".

Sie ist auch lediglich redaktionell und wird beantragt:

dem Beschlusse der Kammer der Reichsräthe beizutreten.

*) Vergl. oben S. 154 ff.

S. 406. 5. Es wird beantragt, dem Artikel 15 Abs. 3 in Folge des Beschlusses zu Artikel 7 folgende Fassung zu geben:

> In der Pfalz gelten als Hypotheken auch die Vorzugsrechte und als eingetragene Rechte diejenigen, welche im Hypothekenregister eingeschrieben sind. Der Antragsteller hat einen Hypothekenauszug vorzulegen; die Ergänzung des Auszugs ist erforderlichen Falles durch das Amtsgericht zu veranlassen. Die Ausgleichung der Werthminderung durch ein anderes Grundstück findet nicht statt. Das Unschädlichkeitszeugniß ersetzt die Bewilligung der Berechtigten zu der Löschung ihrer Rechte an dem Trennstücke. Die Vorschriften des Artikel 7 Abs. 2, des Artikel 9 Abs. 2 Satz 2 und des Artikel 14 bleiben außer Anwendung. Besteht wegen einer durch ein Vorzugsrecht gesicherten Forderung auch ein Auflösungsrecht, so erlischt in Ansehung des Trennstücks mit dessen Befreiung von dem Vorzugsrechte auch das Auflösungsrecht.

Der XVII. Ausschuß:

Kraußold, Stellvertreter des Vorsitzenden; von Walter, Berichterstatter; Fuchs, Schriftführer; Aigner, Dr. Casselmann, Ganzleben, Joseph Geiger, Eusebius Hofmann, Joseph Huber, Lerno, Lutz, Michel, Segitz, Wieland abwesend.

14.

Stenographischer Bericht

über die

Verhandlungen der bayerischen Kammer der Abgeordneten.

I.

Vierhundertfünfundfünfzigste öffentliche Sitzung vom 6. Juni 1898.

(Stenogr. Berichte d. K. d. Abg. 1898 Bd. XII S. 1111 bis 1113.)

S. 1111. **Präsident** . . . . .

Wir kommen nun zum nächsten Gegenstand der Tagesordnung:

> **Berathung und Beschlußfassung zu dem Berichte des XVII. (besonderen) Ausschusses über den Entwurf eines Gesetzes, das Unschädlichkeitszeugniß betreffend, hier zu der Rückäußerung der Kammer der Reichsräthe vom 26. Mai 1898.**

Ich eröffne die Diskussion und ertheile das Wort dem Herrn Berichterstatter, Abgeordneten von Walter.

von Walter (Berichterstatter): Meine Herren! Eine Generaldiskussion zu der Rückäußerung der Kammer der Reichsräthe hat im Ausschusse nicht stattgefunden. Ich glaube, es wird auch hier im Plenum eine solche nicht veranlaßt sein, und ich werde mit Erlaubniß des Herrn Präsidenten sofort zur Spezialberathung und zu den Aenderungen sprechen, welche die Kammer der Reichsräthe in Art. 2 des Gesetzes, wie es aus unserer Berathung hervorgegangen ist, getroffen hat. S. 1111.

Meine Herren! In Art. 2 hat die Kammer der Reichsräthe in Abs. 1 eine Aenderung dahin beschlossen, daß das Wort „Umfang", das von uns gestrichen wurde, wieder eingesetzt wird und in Abs. 3 eine Aenderung dahin, daß das von uns eingesetzte Wort „verhältnißmäßig" gestrichen wird.

Meine Herren! Man kann heute noch verschiedener Meinung darüber sein, ob das Gesetz durch den Beschluß der Kammer der Reichsräthe eine Verbesserung oder eine Verschlimmerung erfahren hat. Wie die Geschäftslage jetzt steht, glaube ich, wird es uns darum zu thun sein müssen, so schnell als möglich einen Gesammtbeschluß zu Stande zu bringen und deßhalb dem Beschlusse der Reichsräthe beizutreten.

Im Einzelnen bemerke ich zunächst zu Abs. 1, daß nach dem Regierungsentwurfe vorgesehen war, daß das Unschädlichkeitszeugniß nur dann ausgestellt werden könne, wenn das Trennstück nach Werth und Umfang im Verhältniß zu dem Werthe und Umfang des übrigen Theiles gering ist. Wir haben geglaubt, daß es einer Bestimmung dahin nicht bedürfe, daß das Trennstück auch nach seinem Umfang gering sein müsse, und zwar insbesondere deßhalb nicht, weil in dem Worte ohnehin sowohl der Umfang als auch die Bonität und verschiedene andere bestimmende Momente inbegriffen sind und weil deßhalb, wenn der Werth ein geringfügiger ist, die Sache auch dann für die Berechtigten und Gläubiger keinen Schaden haben wird, wenn selbst der Umfang ein etwas größerer sein wird. Es kann ja ein sandiger Hügel, es kann ein versеuchter Theil einer Wiese, ein mit Gesträuch bewachsener Rain u. s. w. im Verhältniß zum Grundstücke an und für sich eine ziemliche Ausdehnung haben, es kann aber gleichwohl, wenn ein derartiger Theil abgetrennt wird, den Gläubigern gar kein Nachtheil erwachsen.

Nun ist aber die Sache anders, und der Ausschuß hat sich der Hoffnung hingegeben, daß die Wiedereinstellung des Wortes „Umfang" vielleicht doch zu keinen besonderen Schwierigkeiten in der Anwendung des Gesetzes führen wird.

Das gleiche Verhältniß ist auch bezüglich des Abs. 3. Meine Herren! Das Wort „verhältnißmäßig" wurde seiner Zeit im Abs. 3 nach langen Kämpfen im Ausschusse deßhalb eingestellt, weil man damit den Amtsrichter, der das Gesetz zur Anwendung zu bringen hat, aufmerksam machen wollte, daß das Verhältniß, welches in Abs. 1 ausgesprochen ist, auch dann berücksichtigt werden muß, wenn die Werthminderung überhaupt nur 50 M. macht. Es kann ja möglich sein, daß die Gesetzesanwendung auch ohne das Wort „verhältnißmäßig" gut von Statten geht, aber einen Schaden hätte es jedenfalls nicht gebracht, wenn das Wort stehen geblieben wäre.

Ich kann Ihnen Namens des Ausschusses nur die Zustimmung zu den Abänderungen empfehlen, welche die Reichsrathskammer zu Art. 2 vorgenommen hat.

Präsident: Zum Worte ist Niemand gemeldet; ich kann die Diskussion über die Abänderung in Art. 2 schließen.

Die Reichsrathskammer beantragt:

1. Art. 2 Abs. 1 sei zu fassen, wie folgt:

Die Feststellung der Unschädlichkeit darf nur erfolgen, wenn die durch die Veräußerung des Trennstücks entstehende Minderung des

S. 1111. Umfanges und des Werthes des Grundstücks im Verhältnisse zu dem
S. 1112. Umfang und dem Werthe des übrigen Theiles eine geringe ist; sie ist davon abhängig zu machen, daß die Werthminderung in Geld oder durch ein anderes Grundstück ausgeglichen wird. Erstreckt sich die Belastung auf andere Grundstücke, so gelten diese im Verhältnisse zu dem Trennstücke mit dem übrigen Theile des Grundstücks zusammen als ein Grundstück.

Ich bitte diejenigen Herren, welche nach dem Ausschußantrage der Abänderung ihre Zustimmung ertheilen wollen, sich von den Sitzen zu erheben.

(Geschieht.)

Der Antrag des Ausschusses ist angenommen.

In Abs. 3 des Art. 2 sei das Wort „verhältnißmäßigen“ zu streichen.

Ich bitte diejenigen Herren, welche dem Antrage ihre Zustimmung ertheilen wollen, sich von den Sitzen zu erheben.

(Geschieht.)

Auch dieser Antrag ist angenommen.

Wir kommen zu

2. Art. 7 Abs. 1 sei zu streichen.

Herr Referent!

von Walter (Berichterstatter): Meine Herren! In Art. 7 Abs. 1 des Gesetzentwurfes, wie wir ihn festgestellt haben, war die Bestimmung enthalten, daß das Unschädlichkeitszeugniß die Löschungsbewilligung der Berechtigten zu ersetzen habe. Die Kammer der Reichsräthe hat nun beschlossen, diesen ersten Absatz aus dem Art. 7 zu streichen und ihn dafür in den dritten Absatz des Art. 15 als drittletzten Satz einzustellen. Es ist ja richtig, daß eigentlich die hier gestrichene Bestimmung nur einen transitorischen Charakter hat und deßhalb in Art. 15, der überhaupt die transitorischen Bestimmungen trifft, besser untergebracht ist als hier. Allein es würde auch keinen Schaden gebracht haben, wenn man den Abs. 1 des Art. 7 stehen gelassen hätte.

Die Sache ist ganz gleichgiltig, und ich kann ihnen deßhalb, nachdem der Ausschuß die Zustimmung zu dieser Aenderung beschlossen hat, nur empfehlen, das Gleiche zu thun und ebenfalls dem Beschlusse der Kammer der Reichsräthe beizustimmen.

Präsident: Das Wort ist nicht verlangt worden; ich schließe die Diskussion zu dieser Frage.

Wir haben abzustimmen und ich bitte die Herren, welche den Art. 7 Abs. 1 streichen wollen, sich von den Sitzen zu erheben.

(Geschieht.)

Dem Antrage des Ausschusses ist zugestimmt.

3. In Art. 8 Abs. 1 sei das Citat „Artikel 7 Abs. 3“ umzuändern in „Artikel 7 Abs. 2“.

Ich eröffne die Diskussion.

Herr Referent!

von Walter (Berichterstatter): Ich würde es für zweckmäßig halten, wenn die sämmtlichen Citatänderungen zusammengenommen würden.

Präsident: Ich rufe die sämmtlichen Citatänderungen auf.

von Walter (Berichterstatter): Meine Herren! Dadurch, daß der Art. 7 Abs. 1 nunmehr gestrichen ist, werden natürlich alle Citate sich ändern müssen, welche auf irgend einen Absatz des Art. 7 Bezug nehmen. Es ist dieß der Fall in Art. 8 Abs. 1. Hier muß es statt Art. 7 Abs. 3 nunmehr heißen Art. 7 Abs. 2, in Art. 11 Abs. 1 statt Art. 7 Abs. 1, 2 nunmehr Art. 7 Abs. 1, in Art. 14 Abs. 3 statt Art. 7 Abs. 1, 2 gleich nunmehr Art. 7 Abs. 1 und endlich in Art. 15 Abs. 2 und 3 statt Art. 7 Abs. 3 nunmehr überall Art. 7 Abs. 2. S. 1112.

Außerdem, meine Herren, kommt noch eine Citatänderung vor, die eigentlich nicht durch die Abstreichung des Art. 7 Abs. 1 veranlaßt ist, sondern die nothwendig wird, weil ein Druckfehler unterlaufen ist. In unserem Beschlusse ist nämlich in Art. 11 Abs. 1 unrichtiger Weise citirt worden Art. 3 bis 5. Es muß aber heißen: Art. 1 bis 5, und diese Berichtigung werden wir deßhalb heute ebenfalls in Uebereinstimmung mit der Kammer der Reichsräthe vorzunehmen haben.

Präsident: Das Wort wird nicht begehrt.

Das Citat in Art. 8 Abs. 1 ist also von „Artikel 7 Abs. 3" umzuändern in „Artikel 7 Abs. 2".

4. In Art. 11 Abs. 1 seien die Citate „Artikel 3 bis 5" in „Artikel 1 bis 5" und „Artikel 7 Abs. 1, 2" in „Artikel 7 Abs. 1" richtig zu stellen.

Widerspruch wird hier nicht erhoben; ich konstatire die Zustimmung.

5. Art. 14 Abs. 1 Satz 1 sei zu fassen, wie folgt:

Soll zum Ersatz eines abgebrannten Gebäudes auf einem anderen Grundstück ein Gebäude errichtet werden u. s. w.

In Abs. 3 dieses Artikels sei an dem Citat „Artikel 7 Abs. 1, 2" die Ziffer 2 zu streichen.

Ich eröffne die Diskussion.

Das Wort hat der Herr Referent.

von Walter (Berichterstatter): Meine Herren! Im Regierungsentwurfe und in unseren Beschlüssen hatte der Art. 14 Abs. 1 zu lauten: „Soll ein abgebranntes Gebäude auf einem anderen Grundstücke wieder aufgebaut werden" — Es wurde bereits im Ausschusse diese Diktion als ungenau und unlogisch bezeichnet. Der Ausschuß und auch die hohe Kammer hat übrigens von einer Beanstandung dieser Diktion Umgang genommen. Nunmehr hat die Kammer der Reichsräthe eine Lösung gefunden, wie man die betreffende Bestimmung mit den Sprachgesetzen und mit den Gesetzen der Logik besser vereinbaren kann, und zwar dahin, daß der Satzeingang nunmehr lauten soll:

„Soll zum Ersatz eines abgebrannten Gebäudes auf einem anderen Grundstück ein Gebäude errichtet werden" —

Richtiger ist das: aber verständlich wäre auch die ursprüngliche Fassung um so mehr gewesen, als im Brandversicherungsgesetz auch immer der Ausdruck gebraucht ist, dessen sich der Entwurf und unser Beschluß bedient.

Ich empfehle übrigens die Zustimmung zu dem Beschlusse der Kammer der Reichsräthe Namens des Ausschusses.

Präsident: Zum Worte ist Niemand gemeldet; ich schließe die Diskussion.

Ich bitte die Herren, sich von den Sitzen zu erheben, welche dem Ausschußantrage ihre Zustimmung ertheilen wollen.

(Geschieht.)

S. 1112. Die Zustimmung zu dem Beschlusse der Kammer der Reichsräthe ist auch damit ertheilt.

6. In Art. 15 Abs. 2 und 3 sei das Citat „Artikel 7 Abs. 3“ umzuändern in „Artikel 7 Abs. 2“.

In Abs. 3 dieses Artikels sei der oben gestrichene Art. 7 Abs. 1: „Das Unschädlichkeitszeugniß ersetzt die Bewilligung der Berechtigten
S. 1113. zu der Löschung || ihrer Rechte an dem Trennstücke.“ als drittletzter Satz einzusetzen.

Ich eröffne die Diskussion.

Das Wort hat der Herr Referent.

von Walter (Berichterstatter): Meine Herren! Diese Dinge sind schon alle erledigt.

Präsident: Zum Worte ist Niemand gemeldet; ich schließe die Diskussion.

Wir haben abzustimmen.

Ich bitte diejenigen Herren, welche dem Antrage des Ausschusses die Zustimmung ertheilen wollen, sich von den Sitzen zu erheben.

(Geschieht.)

Der Antrag des Ausschusses ist angenommen und damit auch die Rückäußerung der Kammer der Reichsräthe.

Herr Referent!

von Walter (Berichterstatter): Meine Herren! Ich habe nur für zweckdienlich gehalten, den Art. 15 Abs. 3, wie er sich durch die jetzige Beschlußfassung herausstellt, noch einmal eigens in dem Ausschußberichte aufzuführen, damit keine Mißdeutung entsteht. Sie haben den Wortlaut des Abs. 3 im Art. 15 in dem Ausschußberichte vor sich und es wird dagegen gewiß nichts einzuwenden sein.

Präsident: Die Ueberschrift und Einleitungsworte des Gesetzentwurfes bleiben bestehen.

Wir haben aber über den ganzen Gesetzentwurf noch einmal namentlich abzustimmen.

Die Abstimmung beginnt mit dem Buchstaben „F“.

Den Namensaufruf nimmt der Herr Abgeordnete Wagner vor.

Ich bitte diejenigen Herren, welche dem Gesetzentwurfe in der modifizirten Fassung die Zustimmung geben wollen, bei Namensaufruf mit „Ja“, und diejenigen, welche es nicht wollen, mit „Nein“ zu antworten.

(Folgt Namensaufruf.)

Das Alphabet wird wiederholt.

(Geschieht.)

Die Abstimmung ist geschlossen.

Mit „Ja“ stimmen die Herren Abgeordneten: 1) Aichenbichler, 2) Aigner, 3) Altinger, 4) Dr. Andreae, 5) Dr. Aub, 6) Bachmaier, 7) Bär, 8) Baumann, 9) Beckh, 10) Bischoff, 11) Bittner, 12) Bolzano, 13) Brach, 14) Burger, 15) Dr. Casselmann, 16) Dr. von Clemm, 17) Conrad, 18) Dr. Daller, 19) Dr. Deinhard, 20) Diehl, 21) Dirmeier, 22) Echinger, 23) Ecker,

24) Joseph Erhard, 25) Exter, 26) Fasel, 27) Faulstich, 28) Dr. Frank, S. 1113.
29) Freinecker, 30) Freudenberg, 31) Frickhinger, 32) Fuchs, 33) Ganzleben, 34) Joseph Geiger, 35) Gerstenberger, 36) Gimpel, 37) Grieninger, 38) Grünzinger, 39) Harder, 40) Dr. Heim, 41) Heimeran, 42) Heinrich, 43) Hirlmair, 44) Eusebius Hofmann, 45) Leonhard Hoffmann, 46) Joseph Huber, 47) Michael Huber, 48) Dr. Jäger, 49) Kaub, 50) Franz Keller, 51) Johann Keller, 52) Kilian Keller, 53) Ludwig von Keller, 54) Kraußold, 55) Kuby, 56) Landmann, 57) von Langhans, 58) Lautenschlager, 59) Lehemeir, 60) Leidig, 61) Leinenweber, 62) Lerno, 63) Lerzer, 64) Lichtenberger, 65) Liebl, 66) Mahla, 67) Martinus, 68) Mauderer, 69) Michael Mayer, 70) Bernhard Mayr, 71) Michel, 72) Karl Müller, 73) Neckermann, 74) Neudecker, 75) Neuner, 76) Orb, 77) Dr. Orterer, 78) Ott, 79) Pfister, 80) Dr. Pichler, 81) Rottmann, 82) Dr. Schädler, 83) Scheubeck, 84) Schloßstein, 85) Franz Xaver Schmidt, 86) Karl Schmidt, 87) Johann Schmitt, 88) Kleophas Schmitt, 89) Schramm, 90) Schröder, 91) Schubert, 92) Schulz, 93) Schwarz, 94) Seeberger, 95) Sellner, 96) Seyboth, 97) Dr. Freiherr von Stauffenberg, 98) von Stobäus, 99) Stöcker, 100) Wagner, 101) von Walter, 102) Weinhart, 103) Weiß, 104) Wenglein, 105) Widmann, 106) Wimmer, 107) Wirth, 108) Wörle, 109) Wolfram, 110) Zimlich, 111) Zinner, 112) Zott.

Mit „Nein“ stimmt Niemand.

Entschuldigt sind die Herren Abgeordneten: 1) Aumüller, 2) Brünings, 3) Friedel 4) Sinzinger, 5) Stigler, 6) Wildegger.

Beurlaubt ist der Herr Abgeordnete Dr. Günther.

Nicht anwesend sind die Herren Abgeordneten: 1) Bäurle, 2) Georg Bauer, 3) Johann Nepomuk Baur, 4) Braun, 5) Daiser, 6) Deuringer, 7) Franz Joseph Ehrhart, 8) von Fischer, 9) Flurschütz, 10) Johann Geiger, 11) Häring, 12) Hoffstätter, 13) Keßler, 14) Kohl, 15) Krauß, 16) Kurz, 17) Löwenstein, 18) Lutz, 19) Meußdörffer, 20) Modschiedler, 21) Moritz, 22) Nißler, 23) Pauli, 24) Prosinger, 25) Dr. Ratzinger, 26) Ruedorffer, 27) Sartorius, 28) Scherm, 29) Schöpf, 30) Segitz, 31) Dr. Sigl, 32) Steindl, 33) Steininger, 34) von Vollmar, 35) Weber, 36) Wenz, 37) Wieland, 38) Wießner, 39) Witzlsperger.

Ein Mandat ist erledigt.

Präsident: Meine Herren! Das Resultat der Abstimmung ist folgendes:

Es haben abgestimmt 112 Herren, sämmtliche mit „Ja“.

Wie Sie wissen, sind für diesen Gesetzentwurf die strengeren Formen des Tit. X § 7 der Verfassungsurkunde einzuhalten. Die Dreiviertel-Majorität wäre 118, da ein Mandat erloschen ist. Wir müssen wegen der Nichttheilnahme einer Anzahl von Herren, die auch nicht entschuldigt sind, die Abstimmung morgen wiederholen. Es wird an sämmtliche Herren Abgeordnete Nachricht gegeben und ich hoffe, daß die Herren morgen da sein werden.

II.

Vierhundertsechsundfünfzigste öffentliche Sitzung vom 7. Juni 1898.

(Stenogr. Berichte d. K. d. Abg. 1898 Bd. XII S. 1139.)

S. 1139. **Präsident** . . . .

Wir kommen nun zum folgenden Gegenstand der Tagesordnung und zwar zuerst zur

namentlichen Abstimmung über den Entwurf eines Gesetzes, das Unschädlichkeitszeugniß betreffend,

wie er in der gestrigen Sitzung in definitivem Wortlaut festgesetzt worden ist.

Ich bitte diejenigen Herren, welche diesem Gesetzentwurfe ihre Zustimmung ertheilen wollen, beim Namensaufruf mit „Ja", die das nicht wollen, mit „Nein" zu antworten.

Den Namensaufruf nimmt vor der Herr Abgeordnete Stöcker; derselbe beginnt mit dem Buchstaben „G".

(Folgt Namensaufruf.)

Das Alphabet wird wiederholt.

(Geschieht.)

Die Abstimmung ist geschlossen.

Mit „Ja" stimmen die Herren Abgeordneten: 1) Aichbichler, 2) Aigner, 3) Dr. Andreae, 4) Dr. Aub, 5) Bachmaier, 6) Bär, 7) Bäurle, 8) Georg Bauer, 9) Baumann, 10) Johann Nepomuk Baur, 11) Beckh, 12) Bischoff, 13) Bittner, 14) Bolzano, 15) Brach, 16) Brünings, 17) Burger, 18) Dr. Casselmann, 19) Dr. von Clemm, 20) Conrad, 21) Daiser, 22) Dr. Daller, 23) Dr. Deinhard, 24) Deuringer, 25) Diehl, 26) Dirmeier, 27) Echinger, 28) Ecker, 29) Franz Joseph Ehrhart, 30) Joseph Erhard, 31) Exter, 32) Fasel, 33) Faulstich, 34) Flurschütz, 35) Dr. Frank, 36) Freinecker, 37) Freudenberg, 38) Frickhinger, 39) Fuchs, 40) Ganzleben, 41) Johann Geiger, 42) Joseph Geiger, 43) Gerstenberger, 44) Gimpl, 45) Grieninger, 46) Grünzinger, 47) Dr. Günther, 48) Häring, 49) Harder, 50) Dr. Heim, 51) Heimeran, 52) Heinrich, 53) Hierlmaier, 54) Eusebius Hofmann, 55) Leonhard Hofmann, 56) Hoffstätter, 57) Joseph Huber, 58) Michael Huber, 59) Dr. Jäger, 60) Kaub, 61) Franz Keller, 62) Johann Keller, 63) Kilian Keller, 64) Ludwig von Keller, 65) Keßler, 66) Kohl, 67) Kraußold, 68) Kuby, 69) Kurz, 70) Landmann, 71) von Langhans, 72) Lautenschlager, 73) Lehemeir, 74) Leidig, 75) Leinenweber, 76) Lerno, 77) Lerzer, 78) Lichtenberger, 79) Liebl, 80) Löwenstein, 81) Lutz, 82) Mahla, 83) Martius, 84) Mauderer, 85) Michael Mayer, 86) Bernhard Mayr, 87) Meußdörffer, 88) Michel, 89) Modschiedler, 90) Karl Müller, 91) Neckermann, 92) Neudecker, 93) Neuner, 94) Orb, 95) Dr. Orterer, 96) Ott, 97) Pauli, 98) Pfister, 99) Dr. Pichler, 100) Prosinger, 101) Dr. Ratzinger, 102) Rottmann, 103) Ruedorffer, 104) Sartorius, 105) Dr. Schädler, 106) Scherm, 107) Scheubeck, 108) Schloßstein, 109) Franz Xaver Schmidt, 110) Karl Schmidt, 111) Johann Schmitt, 112) Kleophas Schmitt, 113) Schöpf, 114) Schramm, 115) Schröder, 116) Schubert, 117) Schulz, 118) Schwarz, 119) Seeberger, 120) Sellner, 121) Seyboth, 122) Dr. Sigl, 123) Sinzinger,

124) Dr. Freiherr von Stauffenberg, 125) Steindl, 126) Stigler, 127) von Stobäus, S. 1139.
128) Stöcker, 129) Wagner, 130) von Walter, 131) Weber, 132) Weinhart, 133) Weiß, 134) Wenglein, 135) Widmann, 136) Wieland, 137) Wießner, 138) Wimmer, 139) Wirth, 140) Wörle, 141) Wolfram, 142) Zimlich, 143) Zinner, 144) Zott.

Mit „Nein" stimmt Niemand.

Entschuldigt sind die Herren Abgeordneten: 1) Aumüller, 2) Friedel, 3) von Vollmar, 4) Wenz, 5) Wildegger.

Nicht anwesend sind die Herren Abgeordneten: 1) Altinger, 2) Braun, 3) von Fischer, 4) Krauß, 5) Moritz, 6) Nißler, 7) Segitz, 8) Steininger, 9) Witzlsperger.

Ein Mandat ist erledigt.

Präsident: Das Resultat der Abstimmung ist folgendes:

Es haben abgestimmt 144 Herren, sämmtliche mit „Ja".

Ich konstatire, daß dadurch den in Tit. X § 7 der Verfassungsurkunde vorgeschriebenen Formen Genüge geleistet ist.

15.

Beschluß.

(Beilage Nr. 1185 z. d. Verhandl. d. K. d. Abg. 1898 Bd. XVI S. 446.)

Die Kammer der Abgeordneten

an die

Kammer der Reichsräthe.

Die Kammer der Abgeordneten hat über die sehr geehrte Rückäußerung der Kammer der Reichsräthe vom 26. vor. Mts. zum S. 446.

Entwurfe eines Gesetzes, das Unschädlichkeitszeugniß betreffend,

in ihren Plenarsitzungen vom 6. und 7. ds. Mts. berathen und beschlossen,

den Modifikationsbeschlüssen der Kammer der Reichsräthe zuzustimmen.

Mit ausgezeichnetster Hochachtung

München, den 7. Juni 1898.

Der Präsident:
(gez.) **Dr. von Clemm.**

Der I. Schriftführer:
(gez.) Wagner.

16.

Gesammt-Beschluß.

(Beilage Nr. 1186 z. d. Verhandl. d. K. d. Abg. 1898 Bd. XVI S. 447 bis 449.)

S. 447. **Allerdurchlauchtigster, Großmächtigster König!**

Allergnädigster König und Herr!

Die allerunterthänigst treugehorsamsten Kammern der Reichsräthe und der Abgeordneten haben über den von der k. Staatsregierung unter'm 28. Januar lfd. Js. vorgelegten

Entwurf eines Gesetzes, das Unschädlichkeitszeugniß betreffend,

in ihren Plenarsitzungen vom 26. und beziehungsweise 12. vor., 6. und 7. ds. Mts. Berathung gepflogen und beschlossen,

dem Gesetzentwurfe in der aus der Anlage ersichtlichen Fassung die Zustimmung zu ertheilen.

In allertiefster Ehrfurcht

Euerer Königlichen Majestät

München, den 7. Juni 1898.

allerunterthänigst treugehorsamste

Kammer der Reichsräthe:

Der I. Präsident:
(gez.) Graf von Lerchenfeld.

Der I. Sekretär:
(gez.) Graf von Drechsel.

Kammer der Abgeordneten:

Der Präsident:
(gez.) Dr. von Clemm.

Der I. Schriftführer:
(gez.) Wagner.

Anlage.

Entwurf eines Gesetzes,

das Unschädlichkeitszeugniß betreffend.

Im Namen Seiner Majestät des Königs.

Seine Königliche Hoheit Prinz Luitpold, des Königsreichs Bayern Verweser, haben nach Vernehmung des Staatsraths mit Beirath und Zustimmung der Kammer der Reichsräthe und der Kammer der Abgeordneten und in Ansehung der Artikel 14 bis 16, 18 unter Beobachtung der in Tit. X § 7 der Verfassungsurkunde vorgeschriebenen Formen beschlossen und verordnen, was folgt: S. 447.

Artikel 1.

Wird eine Theilfläche eines Grundstücks, das mit Hypotheken, Grundschulden, Rentenschulden oder Reallasten belastet ist, veräußert, so wird das Trennstück ohne Einwilligung der Berechtigten von den Belastungen frei, wenn von dem Amtsgerichte, bei welchem das Grundbuch für das Grundstück geführt wird, festgestellt ist, daß die Veräußerung für die Berechtigten unschädlich ist.

Artikel 2.

Die Feststellung der Unschädlichkeit darf nur erfolgen, wenn die durch die Veräußerung des Trennstücks entstehende Minderung des Umfanges und des Werthes des Grundstücks im Verhältnisse zu dem Umfang und dem Werthe des übrigen Theiles eine geringe ist; sie ist davon abhängig zu machen, daß die Werthminderung in Geld oder durch ein anderes Grundstück ausgeglichen wird. Erstreckt sich die Belastung auf andere Grundstücke, so gelten diese im Verhältnisse zu dem Trennstücke mit dem übrigen Theile des Grundstücks zusammen als ein Grundstück.

Wird das Trennstück zu einem öffentlichen Zwecke unentgeltlich abgetreten, so wird auf die Werthminderung die Wertherhöhung angerechnet, die sich aus der dem öffentlichen Zwecke dienenden Anlage ergibt.

Die Ausgleichung der Werthminderung ist nicht erforderlich, wenn diese den Betrag von fünfzig Mark nicht übersteigt.

Artikel 3.

Soweit die Ausgleichung der Werthminderung in Geld erfolgt, muß der erforderliche Betrag zur Vertheilung unter die Berechtigten bei der Hinterlegungsstelle des Gerichtsbezirkes hinterlegt werden. Die Hinterlegung hat mit der Bestimmung zu geschehen, daß zur Rücknahme die Ermächtigung des Amtsgerichts erforderlich ist.

Soweit die Ausgleichung durch ein anderes Grundstück erfolgt, müssen die Rechte der Berechtigten auf dieses erstreckt werden.

Im Falle der unentgeltlichen Abtretung zu einem öffentlichen Zwecke muß mit der Ausführung der den Werth des Grundstücks erhöhenden Anlage begonnen sein.

S. 447. Artikel 4.

Zu dem Antrag auf Feststellung der Unschädlichkeit ist der Eigenthümer des Grundstücks berechtigt.

Der Antragsteller hat

1. das Grundstück zu bezeichnen und einen von der Messungsbehörde
S. 448. angefertigten Plan, in welchem das ‖ Trennstück ersichtlich gemacht ist, sowie den amtlichen Nachweis der Größe des Grundstücks und des Trennstücks vorzulegen;
2. den Betrag der durch die Veräußerung des Trennstücks entstehenden Werthminderung unter Vorlage der vorhandenen Belege anzugeben;
3. zu erklären, in welcher Weise die Werthminderung, soweit erforderlich, ausgeglichen werden soll, und im Falle der Ausgleichung durch ein anderes Grundstück dieses zu bezeichnen und dessen Belastung anzugeben.

Im Falle des Artikel 2 Abs. 2 ist die auf die Werthminderung anzurechnende Wertherhöhung unter Vorlage der vorhandenen Belege anzugeben und glaubhaft zu machen, daß mit der Ausführung der Anlage begonnen ist.

Artikel 5.

Das Amtsgericht hat nach Vornahme der erforderlichen Ermittelungen über den Antrag Beschluß zu fassen.

Der Beschluß, durch welchen die Unschädlichkeit festgestellt wird (Unschädlichkeitszeugniß), hat, soweit die Ausgleichung der Werthminderung in Geld erfolgen soll, die Angabe des zu hinterlegenden Betrags, soweit sie durch ein Grundstück erfolgen soll, die Bezeichnung des Grundstücks und die Angabe der Belastungen zu enthalten, welche den auf das Grundstück zu erstreckenden Rechten im Range vorgehen dürfen. Die Angabe von Grunddienstbarkeiten, die nach Artikel 187 des Einführungsgesetzes zum Bürgerlichen Gesetzbuch der Eintragung nicht bedürfen, ist nicht erforderlich.

Im Falle des Artikel 3 Abs. 3 ist anzugeben, daß mit der Ausführung der Anlage begonnen ist.

Artikel 6.

Das Unschädlichkeitszeugniß kann außer dem Falle des Artikel 2 Abs. 3 ohne Ausgleichung der Werthminderung ertheilt werden, wenn die Berechtigten von dem Amtsgericht aufgefordert worden sind, innerhalb einer Frist von einem Monate zu erklären, ob sie auf der Ausgleichung bestehen, und nicht vor dem Ablaufe der Frist erklärt haben, daß sie die Ausgleichung verlangen.

Berechtigte, die nicht im Grundbuch eingetragen sind, werden nur berücksichtigt, wenn sie Erben eines eingetragenen Berechtigten sind oder wenn ihre Rechte angemeldet und auf Verlangen des Amtsgerichts glaubhaft gemacht sind.

Artikel 7.

Wird die gerichtliche Aufforderung der Berechtigten beantragt, so kann sich der Antragsteller die Erklärung darüber, in welcher Weise die Werthminderung ausgeglichen werden soll, vorbehalten, bis einer der Berechtigten die Ausgleichung verlangt hat.

Die Aufforderung muß die Mittheilung, daß die Feststellung der Unschädlichkeit bevorsteht, die Angabe der Größe des Trennstücks und des Betrags der Werthminderung enthalten; als Rechtsnachtheil ist den Berechtigten anzudrohen, daß die Unschädlichkeit ihnen gegenüber ohne Ausgleichung der Werthminderung festgestellt werden würde.

Ist die Mittheilung an einen Berechtigten nicht thunlich, so ist die an ihn zu richtende Aufforderung an die Gerichtstafel anzuheften und einmal in das für die Bekanntmachungen des Amtsgerichts bestimmte Blatt einzurücken. Das Gleiche gilt, wenn ein Berechtigter gestorben und der Erbe dem Amtsgerichte nicht bekannt ist. Die Erklärungsfrist beginnt mit dem Ablaufe von zwei Wochen seit der Einrückung. S. 448.

In dem Unschädlichkeitszeugnisse sind die Berechtigten zu bezeichnen, denen gegenüber die Ausgleichung der Werthminderung nicht erforderlich ist.

Artikel 8.

Die Feststellung der Unschädlichkeit kann nicht im Wege der Beschwerde angefochten werden.

Artikel 9.

Die Wirksamkeit des Unschädlichkeitszeugnisses tritt in den Fällen des Artikel 5 Abs. 2 nicht vor der Hinterlegung oder der Erstreckung der Rechte auf das andere Grundstück ein.

Im Falle des Artikel 6 ist das Unschädlichkeitszeugniß nur wirksam, wenn die Unschädlichkeit ohne Ausgleichung gegenüber allen Berechtigten festgestellt ist, welche zur Zeit der lastenfreien Abschreibung des Trennstücks im Grundbuch eingetragen sind.

Artikel 10.

Wird das Trennstück von einer Hypothek, Grundschuld- oder Rentenschuld befreit, so ist zur lastenfreien Abschreibung des Trennstücks die Vorlegung des Hypotheken-, Grundschuld- oder Rentenschuldbriefs und bei einer Hypothek für die Forderung aus einer Schuldverschreibung auf den Inhaber, aus einem Wechsel oder einem anderen Papiere, das durch Indossament übertragen werden kann, die Vorlegung der Urkunde nicht erforderlich.

Artikel 11.

Ist ein Geldbetrag zur Vertheilung unter die Berechtigten hinterlegt, so hat das Amtsgericht diesen die Hinterlegung mit der Aufforderung mitzutheilen, innerhalb einer Frist von einem Monate zu erklären, ob sie auf der Vertheilung des hinterlegten Betrags bestehen; als Rechtsnachtheil ist den Berechtigten anzudrohen, daß die Unterlassung der Erklärung als Verzicht auf die Rechte an dem hinterlegten Betrag angesehen werden würde. Die Vorschriften des Artikel 6 Abs. 2, des Artikel 7 Abs. 3 und des Artikel 9 Abs. 2 finden Anwendung.

Wird die Vertheilung nicht verlangt, so ist der Eigenthümer zur Rücknahme des hinterlegten Betrags zu ermächtigen.

Ist die im Artikel 6 bestimmte Aufforderung erfolgt, die Unschädlichkeit aber vor dem Ablaufe der Erklärungsfrist festgestellt worden, so gilt der Ablauf der Erklärungsfrist als Verzicht auf die Rechte an dem hinterlegten Betrage, wenn nicht der Berechtigte vorher erklärt, daß er auf der Ausgleichung der Werthminderung bestehe.

Artikel 12.

Der zu vertheilende Betrag tritt für die Berechtigten an die Stelle des Trennstücks.

Auf die Vertheilung des hinterlegten Betrags unter die Berechtigten finden die für die Vertheilung des Erlöses im Falle der Zwangsversteigerung von Grundstücken geltenden Vorschriften entsprechende Anwendung. Die Ver-

S. 448. theilung ist erst zulässig, wenn die lastenfreie Abschreibung des Trennstücks im Grundbuch erfolgt ist.

S. 449. Artikel 13.

Ist das Grundstück mit einem Vorkaufsrechte belastet, das sich nicht auf den Fall der ersten Veräußerung beschränkt, so finden auf die Befreiung des Trennstücks von dem Vorkaufsrechte die Vorschriften der Artikel 1 bis 9 entsprechende Anwendung. Die Ausgleichung der Werthminderung in Geld ist ausgeschlossen.

Erfolgt die Veräußerung des Trennstücks im Wege des Verkaufs, so darf die Unschädlichkeit erst festgestellt werden, wenn der Berechtigte von dem ihm für diesen Veräußerungsfall zustehenden Vorkaufsrechte keinen Gebrauch macht.

Artikel 14.

Bei Familienfideikommissen, landwirthschaftlichen Erbgütern, Lehen und allodifizirten Lehen finden die Vorschriften der Artikel 1 bis 5, 8 und des Artikel 9 Abs. 1 auf die Befreiung des Trennstücks von den Rechten der Anwärter oder der Anerben entsprechende Anwendung. Fideikommißschulden stehen den Hypotheken gleich.

Für die Veräußerung eines einzelnen Grundstücks gilt das Gleiche, wie für die Veräußerung eines Trennstücks.

Zur Ausgleichung der Werthminderung kann gegenüber den Anwärtern oder den Anerben und den Fideikommißgläubigern auch die Forderung auf den Kaufpreis dienen, wenn das veräußerte Trennstück an erster Stelle hinter den zur Zeit der Veräußerung bestehenden Belastungen mit einer Hypothek für die Forderung belastet ist. Auf die Forderung oder den zu hinterlegenden Geldbetrag sind die von der Abtrennung betroffenen Rechte zu erstrecken.

Bei Familienfideikommissen ist zur Feststellung der Unschädlichkeit das Fideikommißgericht zuständig.

Artikel 15.

Die Vorschriften der Artikel 1 bis 14 finden auf die Aufhebung eines dem jeweiligen Eigenthümer des Grundstücks an einem anderen Grundstücke zustehenden Rechtes entsprechende Anwendung.

Artikel 16.

Die Vorschriften der Artikel 1 bis 15 gelten auch für Verfügungen, die vor dem Inkrafttreten dieses Gesetzes erfolgt sind.

Artikel 17.

Soll zum Ersatz eines abgebrannten Gebäudes auf einem anderen Grundstück ein Gebäude errichtet werden, so wird die Entschädigungssumme von den Rechten der Hypotheken-, Grundschuld- und Rentenschuldgläubiger ohne Einwilligung der Gläubiger frei, wenn von dem Amtsgerichte, bei welchem das Grundbuch für das belastete Grundstück geführt wird, festgestellt ist, daß der Wiederaufbau auf dem anderen Grundstücke für die Gläubiger unschädlich ist.

Die Feststellung der Unschädlichkeit darf nur erfolgen, wenn die Rechte der Gläubiger in der bestehenden Rangordnung sich auf das andere Grundstück erstrecken oder auf dieses erstreckt werden. Ist das Grundstück mit Rechten belastet, welche den Rechten der Gläubiger im Range vorgehen, so darf die Feststellung erfolgen, wenn die vorgehenden Belastungen durch den Werth, den das Grundstück als Baustelle hat, offenbar gedeckt werden.

Die Vorschriften des Artikel 4 Abs. 1, 2, des Artikel 5 Abs. 1, 2, des Artikel 8 und des Artikel 9 Abs. 1 finden entsprechende Anwendung. S. 449.

Artikel 18.

Der Anspruch auf die Entschädigung für die im öffentlichen Interesse erfolgende Entziehung, Beschädigung oder Benützung eines Grundstücks, der Theilfläche eines solchen oder eines Zubehörstücks, Beschränkung des Eigenthums oder Entziehung oder Beschränkung eines Rechtes der im Artikel 15 bezeichneten Art wird von den Rechten Dritter frei, wenn von dem im Artikel 1 und Artikel 14 Abs. 4 bezeichneten Gerichte festgestellt ist, daß die Befreiung für die Berechtigten unschädlich ist.

Die Befreiung des Anspruchs steht der Aufhebung eines Rechtes der im Artikel 15 bezeichneten Art gleich.

Artikel 19.

Bis zu dem Zeitpunkt, in welchem das Grundbuch als angelegt anzusehen ist, ist für die Feststellung der Unschädlichkeit in den Landestheilen rechts des Rheins, unbeschadet der Vorschrift des Artikel 14 Abs. 4, das Amtsgericht, bei welchem das Hypothekenbuch für das Grundstück geführt wird, in der Pfalz das Amtsgericht, in dessen Bezirke das Grundstück belegen ist, zuständig.

Soweit es nach Artikel 6 Abs. 2, Artikel 9 Abs. 2 und Artikel 12 Abs. 2 Satz 2 auf Eintragungen im Grundbuch ankommt, treten in den Landestheilen rechts des Rheins an deren Stelle die entsprechenden Eintragungen im Hypothekenbuch.

In der Pfalz gelten als Hypotheken auch die Vorzugsrechte und als eingetragene Rechte diejenigen, welche im Hypothekenregister eingeschrieben sind. Der Antragsteller hat einen Hypothekenauszug vorzulegen; die Ergänzung des Auszugs ist erforderlichen Falles durch das Amtsgericht zu veranlassen. Die Ausgleichung der Werthminderung durch ein anderes Grundstück findet nicht statt. Das Unschädlichkeitszeugniß ersetzt die Bewilligung der Berechtigten zu der Löschung ihrer Rechte an dem Trennstücke. Die Vorschriften des Artikel 9 Abs. 2, des Artikel 12 Abs. 2 Satz 2 und des Artikel 17 bleiben außer Anwendung. Besteht wegen einer durch ein Vorzugsrecht gesicherten Forderung auch ein Auflösungsrecht, so erlischt in Ansehung des Trennstücks mit dessen Befreiung von dem Vorzugsrecht auch das Auflösungsrecht.

Artikel 20.

Die Vorschriften dieses Gesetzes finden keine Anwendung auf die Bodenzinse, für welche die Vorschriften des Artikel 15 des Gesetzes vom 28. April 1872, die Grundentlastung betreffend, gelten.

Artikel 21.

Für die Entscheidung, einschließlich des Verfahrens, über Anträge auf Feststellung der Unschädlichkeit werden drei Zehntheile der Sätze des § 8 des Reichsgerichtskostengesetzes bis zum Meistbetrage von zwanzig Mark erhoben.

Erfolgt die Veräußerung oder die Aufhebung eines Rechtes unentgeltlich zu einem öffentlichen Zwecke, so kommt die im Abs. 1 bestimmte Gebühr nicht in Ansatz.

Für das Vertheilungsverfahren nach Artikel 12 gelten in Ansehung der Gebühren und Auslagen dieselben Vorschriften wie für das Vertheilungsverfahren im Falle der Zwangsenteignung.

17.

Gesetz, das Unschädlichkeitszeugniß betreffend, vom 15. Juni 1898.*)

(Ges.- und Verordn.-Bl. 1898 Nr. 29 S. 301 bis 307.)

S. 301. **Im Namen Seiner Majestät des Königs.**

Luitpold,

von Gottes Gnaden Königlicher Prinz von Bayern,

Regent.

Wir haben nach Vernehmung des Staatsrathes mit Beirath und Zustimmung der Kammer der Reichsräthe und der Kammer der Abgeordneten und in Ansehung der Artikel 14 bis 16, 18 unter Beobachtung der in Tit. X § 7 der Verfassungsurkunde vorgeschriebenen Formen beschlossen und verordnen, was folgt:

Artikel 1.

Wird eine Theilfläche eines Grundstücks, das mit Hypotheken, Grundschulden, Rentenschulden oder Reallasten belastet ist, veräußert, so wird das Trennstück ohne Einwilligung der Berechtigten von den Belastungen frei, wenn von dem Amtsgerichte, bei welchem das Grundbuch für das Grundstück geführt wird, festgestellt ist, daß die Veräußerung für die Berechtigten unschädlich ist.

S. 302. Artikel 2.

Die Feststellung der Unschädlichkeit darf nur erfolgen, wenn die durch die Veräußerung des Trennstücks entstehende Minderung des Umfanges und des Werthes des Grundstücks im Verhältnisse zu dem Umfang und dem Werthe des übrigen Theiles eine geringe ist; sie ist davon abhängig zu machen, daß die Werthminderung in Geld oder durch ein anderes Grundstück ausgeglichen wird. Erstreckt sich die Belastung auf andere Grundstücke, so gelten diese im Verhältnisse zu dem Trennstücke mit dem übrigen Theile des Grundstücks zusammen als ein Grundstück.

Wir das Trennstück zu einem öffentlichen Zwecke unentgeltlich abgetreten, so wird auf die Werthminderung die Wertherhöhung angerechnet, die sich aus der dem öffentlichen Zwecke dienenden Anlage ergibt.

Die Ausgleichung der Werthminderung ist nicht erforderlich, wenn diese den Betrag von fünfzig Mark nicht übersteigt.

---

*) Ausgegeben am 18. Juni 1898.

Artikel 3. S. 302.

Soweit die Ausgleichung der Werthminderung in Geld erfolgt, muß der erforderliche Betrag zur Vertheilung unter die Berechtigten bei der Hinterlegungsstelle des Gerichtsbezirkes hinterlegt werden. Die Hinterlegung hat mit der Bestimmung zu geschehen, daß zur Rücknahme die Ermächtigung des Amtsgerichts erforderlich ist.

Soweit die Ausgleichung durch ein anderes Grundstück erfolgt, müssen die Rechte der Berechtigten auf dieses erstreckt werden.

Im Falle der unentgeltlichen Abtretung zu einem öffentlichen Zwecke muß mit der Ausführung der den Werth des Grundstücks erhöhenden Anlage begonnen sein.

Artikel 4.

Zu dem Antrag auf Feststellung der Unschädlichkeit ist der Eigenthümer des Grundstücks berechtigt.

Der Antragsteller hat

1. das Grundstück zu bezeichnen und einen von der Messungsbehörde angefertigten Plan, in welchem das Trennstück ersichtlich gemacht ist, sowie den amtlichen Nachweis der Größe des Grundstücks und des Trennstücks vorzulegen;
2. den Betrag der durch die Veräußerung des Trennstücks entstehenden Werthminderung unter Vorlage der vorhandenen Belege anzugeben;
3. zu erklären, in welcher Weise die Werthminderung, soweit erforderlich, ausgeglichen werden soll, und im Falle der Ausgleichung durch ein anderes Grundstück dieses zu bezeichnen und dessen Belastung anzugeben.

Im Falle des Artikel 2 Abs. 2 ist die auf die Werthminderung anzurechnende Wertherhöhung unter Vorlage der vorhandenen Belege anzugeben und glaubhaft zu machen, daß mit der Ausführung der Anlage begonnen ist.

Artikel 5. S. 303.

Das Amtsgericht hat nach Vornahme der erforderlichen Ermittelungen über den Antrag Beschluß zu fassen.

Der Beschluß, durch welchen die Unschädlichkeit festgestellt wird (Unschädlichkeitszeugniß), hat, soweit die Ausgleichung der Werthminderung in Geld erfolgen soll, die Angabe des zu hinterlegenden Betrags, soweit sie durch ein Grundstück erfolgen soll, die Bezeichnung des Grundstücks und die Angabe der Belastungen zu enthalten, welche den auf das Grundstück zu erstreckenden Rechten im Range vorgehen dürfen. Die Angabe von Grunddienstbarkeiten, die nach Artikel 187 des Einführungsgesetzes zum Bürgerlichen Gesetzbuche der Eintragung nicht bedürfen, ist nicht erforderlich.

Im Falle des Artikel 3 Abs. 3 ist anzugeben, daß mit der Ausführung der Anlage begonnen ist.

Artikel 6.

Das Unschädlichkeitszeugniß kann außer dem Falle des Artikel 2 Abs. 3 ohne Ausgleichung der Werthminderung ertheilt werden, wenn die Berechtigten von dem Amtsgericht aufgefordert worden sind, innerhalb einer Frist von einem Monate zu erklären, ob sie auf der Ausgleichung bestehen, und nicht vor dem Ablaufe der Frist erklärt haben, daß sie die Ausgleichung verlangen.

S. 303. Berechtigte, die nicht im Grundbuch eingetragen sind, werden nur berücksichtigt, wenn sie Erben eines eingetragenen Berechtigten sind oder wenn ihre Rechte angemeldet und auf Verlangen des Amtsgerichts glaubhaft gemacht sind.

Artikel 7.

Wird die gerichtliche Aufforderung der Berechtigten beantragt, so kann sich der Antragsteller die Erklärung darüber, in welcher Weise die Werthminderung ausgeglichen werden soll, vorbehalten, bis einer der Berechtigten die Ausgleichung verlangt hat.

Die Aufforderung muß die Mittheilung, daß die Feststellung der Unschädlichkeit bevorsteht, die Angabe der Größe des Trennstücks und des Betrags der Werthminderung enthalten: als Rechtsnachtheil ist den Berechtigten anzudrohen, daß die Unschädlichkeit ihnen gegenüber ohne Ausgleichung der Werthminderung festgestellt werden würde.

Ist die Mittheilung an einen Berechtigten nicht thunlich, so ist die an ihn zu richtende Aufforderung an die Gerichtstafel anzuheften und einmal in das für die Bekanntmachungen des Amtsgerichts bestimmte Blatt einzurücken. Das Gleiche gilt, wenn ein Berechtigter gestorben und der Erbe dem Amtsgerichte nicht bekannt ist. Die Erklärungsfrist beginnt mit dem Ablaufe von zwei Wochen seit der Einrückung.

In dem Unschädlichkeitszeugnisse sind die Berechtigten zu bezeichnen, denen gegenüber die Ausgleichung der Werthminderung nicht erforderlich ist.

S. 304.

Artikel 8.

Die Feststellung der Unschädlichkeit kann nicht im Wege der Beschwerde angefochten werden.

Artikel 9.

Die Wirksamkeit des Unschädlichkeitszeugnisses tritt in den Fällen des Artikel 5 Abs. 2 nicht vor der Hinterlegung oder der Erstreckung der Rechte auf das andere Grundstück ein.

Im Falle des Artikel 6 ist das Unschädlichkeitszeugniß nur wirksam, wenn die Unschädlichkeit ohne Ausgleichung gegenüber allen Berechtigten festgestellt ist, welche zur Zeit der lastenfreien Abschreibung des Trennstücks im Grundbuch eingetragen sind.

Artikel 10.

Wird das Trennstück von einer Hypothek, Grundschuld oder Rentenschuld befreit, so ist zur lastenfreien Abschreibung des Trennstücks die Vorlegung des Hypotheken-, Grundschuld- oder Rentenschuldbriefs und bei einer Hypothek für die Forderung aus einer Schuldverschreibung auf den Inhaber, aus einem Wechsel oder einem anderen Papiere, das durch Indossament übertragen werden kann, die Vorlegung der Urkunde nicht erforderlich.

Artikel 11.

Ist ein Geldbetrag zur Vertheilung unter die Berechtigten hinterlegt, so hat das Amtsgericht diesen die Hinterlegung mit der Aufforderung mitzutheilen, innerhalb einer Frist von einem Monate zu erklären, ob sie auf der Vertheilung des hinterlegten Betrags bestehen: als Rechtsnachtheil ist den

Berechtigten anzudrohen, daß die Unterlassung der Erklärung als Verzicht auf die Rechte an dem hinterlegten Betrag angesehen werden würde. Die Vorschriften des Artikel 6 Abs. 2, des Artikel 7 Abs. 3 und des Artikel 9 Abs. 2 finden Anwendung. S. 304.

Wird die Vertheilung nicht verlangt, so ist der Eigenthümer zur Rücknahme des hinterlegten Betrags zu ermächtigen.

Ist die im Artikel 6 bestimmte Aufforderung erfolgt, die Unschädlichkeit aber vor dem Ablaufe der Erklärungsfrist festgestellt worden, so gilt der Ablauf der Erklärungsfrist als Verzicht auf die Rechte an dem hinterlegten Betrage, wenn nicht der Berechtigte vorher erklärt, daß er auf der Ausgleichung der Werthminderung bestehe.

Artikel 12.

Der zu vertheilende Betrag tritt für die Berechtigten an die Stelle des Trennstücks.

Auf die Vertheilung des hinterlegten Betrags unter die Berechtigten finden die für die Vertheilung des Erlöses im Falle der Zwangsversteigerung von Grundstücken geltenden Vorschriften entsprechende Anwendung. Die Vertheilung ist erst zulässig, wenn die lastenfreie Abschreibung des Trennstücks im Grundbuch erfolgt ist.

Artikel 13. S. 305.

Ist das Grundstück mit einem Vorkaufsrechte belastet, das sich nicht auf den Fall der ersten Veräußerung beschränkt, so finden auf die Befreiung des Trennstücks von dem Vorkaufsrechte die Vorschriften der Artikel 1 bis 9 entsprechende Anwendung. Die Ausgleichung der Werthminderung in Geld ist ausgeschlossen.

Erfolgt die Veräußerung des Trennstücks im Wege des Verkaufs, so darf die Unschädlichkeit erst festgestellt werden, wenn der Berechtigte von dem ihm für diesen Veräußerungsfall zustehenden Vorkaufsrechte keinen Gebrauch macht.

Artikel 14.

Bei Familienfideikommissen, landwirthschaftlichen Erbgütern, Lehen und allodifizirten Lehen finden die Vorschriften der Artikel 1 bis 5, 8 und des Artikel 9 Abs. 1 auf die Befreiung des Trennstücks von den Rechten der Anwärter oder der Anerben entsprechende Anwendung. Fideikommißschulden stehen den Hypotheken gleich.

Für die Veräußerung eines einzelnen Grundstücks gilt das Gleiche, wie für die Veräußerung eines Trennstücks.

Zur Ausgleichung der Werthminderung kann gegenüber den Anwärtern oder den Anerben und den Fideikommißgläubigern auch die Forderung auf den Kaufpreis dienen, wenn das veräußerte Trennstück an erster Stelle hinter den zur Zeit der Veräußerung bestehenden Belastungen mit einer Hypothek für die Forderung belastet ist. Auf die Forderung oder den zu hinterlegenden Geldbetrag sind die von der Abtrennung betroffenen Rechte zu erstrecken.

Bei Familienfideikommissen ist zur Feststellung der Unschädlichkeit das Fideikommißgericht zuständig.

Artikel 15.

Die Vorschriften der Artikel 1 bis 14 finden auf die Aufhebung eines dem jeweiligen Eigenthümer des Grundstücks an einem anderen Grundstücke zustehenden Rechtes entsprechende Anwendung.

S. 305. Artikel 16.

Die Vorschriften der Artikel 1 bis 15 gelten auch für Verfügungen, die vor dem Inkrafttreten dieses Gesetzes erfolgt sind.

Artikel 17.

Soll zum Ersatz eines abgebrannten Gebäudes auf einem anderen Grundstück ein Gebäude errichtet werden, so wird die Entschädigungssumme von den Rechten der Hypotheken-, Grundschuld- und Rentenschuldgläubiger ohne Einwilligung der Gläubiger frei, wenn von dem Amtsgerichte, bei welchem das Grundbuch für das belastete Grundstück geführt wird, festgestellt ist, daß der Wiederaufbau auf dem anderen Grundstücke für die Gläubiger unschädlich ist.

S. 306. Die Feststellung der Unschädlichkeit darf nur erfolgen, wenn die Rechte der Gläubiger in der bestehenden Rangordnung sich auf das andere Grundstück erstrecken oder auf dieses erstreckt werden. Ist das Grundstück mit Rechten belastet, welche den Rechten der Gläubiger im Range vorgehen, so darf die Feststellung erfolgen, wenn die vorgehenden Belastungen durch den Werth, den das Grundstück als Baustelle hat, offenbar gedeckt werden.

Die Vorschriften des Artikel 4 Abs. 1, 2, des Artikel 5 Abs. 1, 2, des Artikel 8 und des Artikel 9 Abs. 1 finden entsprechende Anwendung.

Artikel 18.

Der Anspruch auf die Entschädigung für die im öffentlichen Interesse erfolgende Entziehung, Beschädigung oder Benützung eines Grundstücks, der Theilfläche eines solchen oder eines Zubehörstücks, Beschränkung des Eigenthums oder Entziehung oder Beschränkung eines Rechtes der im Artikel 15 bezeichneten Art wird von den Rechten Dritter frei, wenn von dem im Artikel 1 und Artikel 14 Abs. 4 bezeichneten Gerichte festgestellt ist, daß die Befreiung für die Berechtigten unschädlich ist.

Die Befreiung des Anspruchs steht der Aufhebung eines Rechtes der im Artikel 15 bezeichneten Art gleich.

Artikel 19.

Bis zu dem Zeitpunkt, in welchem das Grundbuch als angelegt anzusehen ist, ist für die Feststellung der Unschädlichkeit in den Landestheilen rechts des Rheins, unbeschadet der Vorschrift des Artikel 14 Abs. 4, das Amtsgericht, bei welchem das Hypothekenbuch für das Grundstück geführt wird, in der Pfalz das Amtsgericht, in dessen Bezirke das Grundstück belegen ist, zuständig.

Soweit es nach Artikel 6 Abs. 2, Artikel 9 Abs. 2 und Artikel 12 Abs. 2 Satz 2 auf Eintragungen im Grundbuch ankommt, treten in den Landestheilen rechts des Rheins an deren Stelle die entsprechenden Eintragungen im Hypothekenbuch.

In der Pfalz gelten als Hypotheken auch die Vorzugsrechte und als eingetragene Rechte diejenigen, welche im Hypothekenregister eingeschrieben sind. Der Antragsteller hat einen Hypothekenauszug vorzulegen; die Ergänzung des Auszugs ist erforderlichen Falles durch das Amtsgericht zu veranlassen. Die Ausgleichung der Werthminderung durch ein anderes Grundstück findet nicht statt. Das Unschädlichkeitszeugniß ersetzt die Bewilligung der Berechtigten zu der Löschung ihrer Rechte an dem Trennstücke. Die Vorschriften des Artikel 9 Abs. 2, des Artikel 12 Abs. 2 Satz 2 und des Artikel 17 bleiben außer Anwendung. Besteht wegen einer durch ein Vorzugsrecht gesicherten Forderung auch ein Auflösungsrecht, so erlischt in Ansehung des Trennstücks mit dessen Befreiung von dem Vorzugsrecht auch das Auflösungsrecht. S. 306.

Artikel 20. S. 307.

Die Vorschriften dieses Gesetzes finden keine Anwendung auf die Bodenzinse, für welche die Vorschriften des Artikel 15 des Gesetzes vom 28. April 1872, die Grundentlastung betreffend, gelten.

Artikel 21.

Für die Entscheidung, einschließlich des Verfahrens, über Anträge auf Feststellung der Unschädlichkeit werden drei Zehntheile der Sätze des § 8 des Reichs-Gerichtskostengesetzes bis zum Meistbetrage von zwanzig Mark erhoben.

Erfolgt die Veräußerung oder die Aufhebung eines Rechtes unentgeltlich zu einem öffentlichen Zwecke, so kommt die im Abs. 1 bestimmte Gebühr nicht in Ansatz.

Für das Vertheilungsverfahren nach Artikel 12 gelten in Ansehung der Gebühren und Auslagen dieselben Vorschriften wie für das Vertheilungsverfahren im Falle der Zwangsenteignung.

Gegeben zu München, den 15. Juni 1898.

Luitpold,

Prinz von Bayern,

des Königreichs Bayern Verweser.

Dr. **Frhr. v. Crailsheim.** Dr. **Frhr. v. Riedel.** **Frhr. v. Feilitzsch.** Dr. **Frhr. v. Leonrod.**
Frhr. v. Asch. Dr. **v. Landmann.**

Auf Allerhöchsten Befehl:
Der Oberregierungsrath
im k. Staatsministerium des Innern:
Dr. Proebst.